누가 조선의 영의정인가

이원준 지음

이가출판사

초대 선장 태조 이성계부터 난파선에 갇힌 고종과 순종까지 이어온 조선호(號)의 항해는 오래 전 멈췄다. 그 파란곡절 풍랑 속 일등항해사였던 영의정들의 행보는 어떠했을까?

영의정은 현재 국무총리에 해당되는 왕 다음 권력서열 2위로 중책의 위치다. 성군, 현군, 혼군, 패군, 폭군 등의 왕이 존재한 것처럼 충신, 성신, 간신, 역신, 권신의 영의정이 있었다. 왕이 국운을 책임지지만 영의정 역시 자질에 따라 나라의 흥망성쇠가 갈렸다.

태조의 위화도회군 때부터 함께하며 개국 일등공신에 오른 배극렴, 킹메이커로서 태종의 측근이자 정도전의 맞수였던 하륜, 18년간 세종의 곁을 지켰지만 청백리에 대한 재조명을 받아야 했던 황희, 계유정난으로 영의정에 오른 뒤 왕까지 된 세조 이유, 세조의 책사로서 정치계 블랙리스트를 작성하고 출세가도를 달린 한명회, 연산군의 폭정을 향해 칼은커녕 붓조차 들지 못했던 유순, 반정 뒤에도 중종 앞에서 거침없는 성격을 드러낸 무신 출신 박원종, 첩 정난정과 함께 무소불위의 권력을 휘두르다 비참한 최후를 맞은 윤원형, 임진왜란의 난국 속에서 구국의 일념을 지킨 유성룡, 오성 이항복과 더불어 종묘사직을 위해 노력하면서도 해학과 여유를 잃지 않았던 한음 이덕형, 끝없는 전횡과 궁궐과의 유착을 이어간 유자광, 임사홍과 함께 조선 3대 간신으로 불린 김자점, 일생의 염원인 북벌을 이루지 못하고 눈감은 효종을 바라봐야 했던 정태화, 노론

4대신을 숙청하고 역사의 심판을 두려워하지 않았던 조태구, 영조와 사도세자 사이에서 중심을 잡지 못했던 홍봉한, 죽어서도 넋이 되어 정조에게 충신으로 남은 채재공, 홍경래에게 거사자금이 될 줄 모르고 거금을 주었다가 훗날 은폐하려고 했던 김재찬, 불운의 왕 철종의 눈물을 보며 괴로웠던 정원용, 마지막 왕과 함께 마지막 영의정이 된 김홍집 등의 삶과 행적이 담겨있다.

단순히 영의정을 지낸 한 인물의 출생, 성장과정, 출세, 업적, 최후 등 일대기를 담은 서술이 아니다. 당대 왕과 역사적 사건에 당면한 그가 보여줬던 자세 및 결행이 드러나 있다. 그 안에서 읽을거리가 될 만한 일화들을 위해 '팩션'에 가까운 부분들이 발생했다. 정사와 야사를 바탕으로 작가적 상상력을 보탰다. 다만 흥미나 찬양을 위해서가 아닌 보다 넓어졌으면 하는 바람의 펜으로 써내려갔다.

정사 위에 적절히 야사를 덧칠한 것은 단순한 흥밋거리를 위해서가 아니라 감춰진 속살을 들여다보기 위해서다. 자칫 여러 제약으로 숨겨졌을지도 모를 당시의 이야기와 삶을 보다 근거리에서 들춰보고자 한 작업이었다.

선과 악 또는 청렴과 부정이란 잣대로 쉽게 구분할 수 없는 것이 영의정이다. 양면성 탓으로 충신과 청백리라는 평가 속 영의정에게도 과오와 허점은 있었다.

하륜은 동문이자 넘을 수 없는 벽과 같았던 정도전을 사후 모함해 만고역적으로 만들었다. 황희는 살인범 은닉죄와 간음죄 추문에 시달리고 부패, 청탁, 뇌물수수라는 꼬리표를 남겼다. 신숙주는 세종과 문종의 고명을 저버린 채 단종의 사사를 주청하고 끝내 세조를 섬겼다. 유성룡은 임진왜란이 끝난 뒤에야 이이의 '십만양병설'을 지지하지 못했던 자신을 원망할 수밖에 없었다. 김자점은 병자호란 때 도원수로서 전투에 소극적이고 북벌계획마저 청나라에 일러바쳤으며 정태화는 고모 사위의 인사 청탁을 했다. 허적은 흉년 때 이권에 개입하고 왕실용품을 함부로 가져와 사용했으며 채제공은 중인 소유의 산을 가로채려고 감금하고 속전까지 거뒀다.

그밖에도 여러 영의정이 오점을 남겼다. 그들의 공통점은 지속적이든 일시적이든 권력과 재력을 탐했다는 것이다. 적폐청산보다 전 대를 답습하려는 왕 곁에서 현상유지에 급급했기 때문이기도 하다. 민심을 먹고 사는 왕이 성군에 이를 수 있게 도와야 하는데 소임에 충실하지 못했다. 이런 요인들이 수명을 단축시켰고 불명예를 불러왔다.

영의정은 쉽게 오를 수 있는 자리가 아니다. 때로는 누군가를 공격하고 반격을 받는 과정 속에서 살아남은 자가 차지하는 곳이다. 그렇다고 부귀와 영달만을 누릴 수 있는 것은 아니다. 끊임없는 천재지변과 왜구와 오랑캐의 침입은 물론 가시지 않는 당파갈등으로 침몰 직전 위기까지 자초해 탄핵받거나 사퇴하기 일쑤였다. 그 안에서 그들은 어쨌든 각자 후세를 위해 마인드맵 한 장씩을 남긴 것만은 사실이다. 그 평가는 지금의 독자들 몫이다.

난파된 조선호가 역사의 바다에 지금도 표류중이지 않을까 상상해 본다. 인양해서 더 세세히 조사해보면 미래가 보일까. 그곳에 둔 채 다시 항해를 이어가야 한다. 안전을 책임질 선장과 일등항해사를 믿으며 대한민국호는 항해를 멈출 수 없다.

문득 정치적으로 혹은 개인적인 이념으로 탄생시킨 역사 속 영웅들이 떠오른다. 그들에 가려져 제대로 된 평가를 받지 못하는 진정한 인물들에 대해서도 생각해 보는 기회가 될 것이다.

역사는 후대가 평가해줄 것이라는 모호한 기대 속에서 지금도 철면피로 살아가고 있는 사람들이 있다. 그들보다 오래 기억되는 것은 나라를 먼저 생각했던 이들이다. 누가 나라를 생각했고 누가 자신만을 생각했는지, 선별한 26명 역대 영의정의 삶과 사상 그리고 실천력을 통해 헤아려볼 수 있다. 어떤 인물을 지금의 국무총리로 추천하면 좋을지 상상해보는 재미도 있을 것이다.

권력과 재력은 한순간에 잃을 수도 있다. 반면에 정신력은 쌓아갈수록 자신을 돋보이게 한다. 정신력은 그 모두를 잃어도 소멸되지 않는 진정한 중심이다.

집필하는 과정에서 흐릿하게 머릿속을 감돌며 내내 지배하던 문장 하나가 있는데 탈고되면서 비로소 선명해졌다.

물질을 좇던 자 육체의 노쇠를 슬퍼하고, 사상을 좇는 자 정신의 쇠약을 한탄한다.

2017년 새롭게 돛을 올린 대한민국호의 순항을 바라며
이원준

| 차 례 |

태조의
배극렴

정절(貞節) 배극렴(裵克廉, 재임 1392~1392)

두 왕조의 정승을 지내다

조선을 세운 태조 이성계가 등극하던 날이었다. 태조와 개국(開國) 일
등공신들 모두 흥겹게 술잔을 들었다. 망국의 한을 품은 채 내색조차 못
하고 있는 고려 유신(遺臣)들만 참담한 심정이었다.

"전하의 만수무강을 비옵나이다. 천세! 천세!"

태조를 향한 배극렴의 선창에 모두 목소리를 높였고 술자리 흥취는
더욱 고조되었다. 불쾌해진 배극렴이 술을 따르는 기녀에게 물었다.

"이름이 무엇이더냐?"

"설매라 하옵니다."

배극렴은 일등공신인 자신에게 하룻밤의 기녀 따위는 하찮은 존재일 뿐이었다. 더군다나 이 남자 저 남자 품에 안겼을 터인데 식은 죽 먹기나 마찬가지가 아니던가.

"동가숙 서가식 하는 계집이니 오늘은 날 한번 모셔 보거라."

배극렴의 말에 주변의 시선이 날아들었다. 태조도 상황이 궁금한지 호기심 어린 눈으로 바라보았다. 설매가 배극렴을 빤히 쳐다보며 입을 열었다.

"어느 분의 명인데 당연히 수청을 들라시면 그리 해야지요. 동가식 서가식 하는 팔자를 가진 이년이 어제는 왕씨를 오늘은 이씨를 섬기는 분을 모신다는 것은 가히 사리에 맞는 일이겠지요."

설매가 유독 왕씨와 이씨라는 대목에서 힘을 주다보니 순간 좌중이 싸늘해졌다. 왕씨를 짓밟고 왕이 된 이씨 태조의 얼굴은 아예 잿빛이었다. 당사자인 배극렴 역시 쥐구멍이라도 찾아 숨고 싶었는데 설매만이 묘한 미소를 감추지 않았다.

배극렴의 낮잠을 깨운 이성계

조선시대 초대 최고 정승인 배극렴(1325~1392)은 고려 말 조선 초의 무신이자 문신이다. 신진사대부 조준, 정도전과 함께 고려 제34대 공양왕을 폐위시키고 이성계를 새로운 왕으로 추대해 개국 일등공신이 되었다. 본관은 성산(星山)으로 아버지는 위위시소윤으로 있던 배현보이며 어머니는 성주 이씨다. 부인은 순흥 안씨로 슬하에 1녀만 두었다.

배극렴이 관향인 경상도 성주 관하리에 있을 때의 일이다. 황무지를 개간해 마을 백성들에게 나눠준 뒤 농사를 짓게 했다. 감복한 백성들은 그의 성을 따서 그곳에 있는 강과 시내를 '배천(襄川)'이라 부르며 칭송을 아끼지 않았다. 마을 이름도 '배리(裵里)'라 부르게 되었다.

　배극렴이 본격적으로 새로운 나라를 꿈꾼 것은 태조 이성계를 만나면서부터였다. 그도 고려가 위기 속에서 신음하고 있음을 절감하던 중이었다. 조선 개국 직전 고려 말기는 국운이 쇠해가던 상황이었다. 반원정책(反元政策) 아래 원나라를 배척하고 개혁정치를 추구하던 고려 제22대 공민왕이 살해되자 중심을 잃고 표류했다. 강력한 왕권이 사라진 틈을 이용해 중앙조정에서 권력을 휘두르던 도당(都堂, 도평의사사)의 권문세족은 나라의 부(富)까지 독점해버렸다. 백성들은 귀족들이 토지를 모두 강탈해버려 농사지을 기회조차 얻지 못하는 도탄에 빠져 허덕였다. 성리학의 이념을 숭상하던 조준, 정도전, 남은 등 신진사대부들은 고려의 현실에 가슴을 태웠다. 그 가운데 더 이상 고려왕조로는 백성을 위할 수 없다고 판단해 역성혁명(易姓革命, 타성에 의한 왕조 교체)을 꿈꾸는 자들이 구심점이 되어 역사의 수면 위로 떠올랐다.

　그 무렵 항간에 비밀스레 떠돌던 말이 있었다.

　"비의(非衣) 군자의 지혜로 다시 삼한을 바로잡는다."(《국조보감》)

　사람들은 '非'와 '衣'를 합하면 '裵'가 되니 배극렴을 가리킨다고 해석했다. 이성계가 잠저에서 생활할 때 한 사람이 지리산 석벽 속에서 발견했다는 글을 바친 일이 있었다. 그 가운데 일부인데 여기서도 '非衣'가 나온다.

　　　굳세고 굳센 목자가 때를 타고 일어나니　(桓桓木子 乘時而作)
　　　누가 그를 돕느냐 주초의 그 덕이로세　　(誰其輔之 走肖其德)
　　　비의의 군자가 금성으로부터 오고　　　　(非衣君子 來自金城)
　　　삼전 삼읍이 도와서 공을 이루리라　　　　(三奠三邑 贊而成之)

이를 '목자(木子) 장군의 칼, 주초(走肖) 대부의 붓. 비의(非衣) 군자의 지혜로 다시 삼한을 바로 잡으리라.'(《삼봉집》)로 풀이했다. 한자를 분리해 해석하는 당시 유행했던 파자(破字)에 의하면 '木子'는 '李'의 이성계, '走肖'는 '趙'의 조준, '非衣'는 '裴'의 배극렴, '奠邑'은 '鄭'의 정도전을 각각 나타내고 있다.

조선 개국과 운명을 함께하게 될 배극렴은 문과급제 뒤 진주와 상주의 목사를 시작으로 화령부윤을 역임했다. 그가 진주목사로 있을 때 관청 뜰에 잣나무를 심은 일이 있었다. 훗날 '진주 백성이 그의 덕을 사모해 그 나무를 시중(侍中) 잣나무라 불렀다.'(《동국여지승람》)

그 후 우왕 2년(1376) 경상도도순문사로 우인열, 양백연 등과 진주에 침입한 왜구를 반성현에서 격퇴하고 2년 뒤에는 삼도원수 자격으로 사근내역(현 경상남도 함양)으로 출전했다. 선박 5백 척을 앞세운 채 하삼도(충청·전라·경상도)를 침략한 왜구가 노략질을 일삼으며 그곳까지 이르고 있었다. 왜구들의 만행은 상상을 초월해 닥치는 대로 도륙하고 창고들을 불살라 시체가 산을 이루었다. 심지어 '두세 살 된 여자아이를 잡아다 머리를 깎고 배를 갈라 깨끗이 씻은 뒤 쌀과 술을 함께 차려놓고 하늘에 제사를'(《용비어천가》) 지내기까지 했다.

"천하의 극악무도한 놈들을 가만두지 않겠다!"

배극렴이 기세등등하게 나섰으나 참패였다. 두 장수와 수백 명의 군사까지 잃고 말았다. 전사한 군사들의 피가 흘러 붉게 물든 시내를 혈계(血溪, 피내)라고 불렀다. 그 명칭을 꺼려해 국계(菊溪)라 고치기도 했다.

그 후 이성계 휘하에 들어가고부터는 승승장구였다. 배극렴은 이성계보다 무려 10세나 위였어도 문제될 것이 없었다. 오히려 이성계의 마음에는 배극렴이 강하게 자리하고 있었는데 그와 관련된 많은 야사(野史)가 있다. 그중에서 대표적인 것이 두 가지로 하나는 공민왕 23년(1374) 공민왕 시역사건(환관 최만생 등의 주동으로 공민왕이 살해됨)이 일어났을 때의 일이다. 평소 공민왕에게 총애를 받던 배극렴은 충격과 슬픔을 이기지 못하고 돌연 부인과 충청도 어느 산(충청북도 충주시 주덕읍 삼청리 위치)에 있는 동굴로 숨어버렸다. 그는 세상에 나가지 않겠다고 다짐한 채 다래와 머루 등을 먹으며 어렵게 연명해나갔다.

우군도통사로 있던 이성계는 요동정벌을 위해 출전했다가 '의거(義擧)로 군사를 돌려 돌아왔다.'((고사촬요))는 위화도회군 후 최영을 제거하고 우왕을 몰아낸 뒤 창왕을 세우고 있었다. 수시중으로 도총중외제군사가 되어 정권은 물론 병권까지 장악해버렸다. 그 여세를 몰아 다음 해 정도전 등과 함께 창왕마저 폐위시키고 공양왕을 세웠다. 자신의 정권을 위해 고려 중신이었던 이색, 정몽주, 배극렴과 같은 인재가 필요했지만 뜻대로 되지 않았다. 이색을 옥에 가두고 정몽주를 격살하는 일이 벌어졌다.

이제 남은 사람은 배극렴이었다. 그의 행방이 묘연하자 전국 팔도에 명을 내려 수소문했다. 그러다 충주의 한 산에 칩거한다는 소식을 듣고 직접 찾아갔다. 두 번의 헛걸음 끝에 겨우 동굴 속에서 낮잠을 자고 있던 배극렴을 만날 수 있었다.

"새로운 나라가 바로 눈앞에 펼쳐지려는데 한가히 낮잠을 즐기시다니요. 얼른 저와 함께 개성으로 가십시다."

배극렴은 집권계획을 전하는 이성계의 진지한 눈빛을 보며 고심했다. 그동안 직접 겪은 바로는 결코 심지 없는 소리를 할 사람은 아니었다. 그는 오랜 생각 끝에 협조요청을 받아들였고 결국 개국 일등공신이 될 수 있었다.

그 후 사람들은 이성계가 직접 세 번 찾아왔다고 해서 마을을 '삼방리(三訪里)'라 했고 배극렴이 있던 산을 '어래산(御來山)'이라 불렀다. 또 이성계와 국사를 논의했던 곳이 국사봉, 나무하던 골짜기는 배나무골이 되었다고 전해진다.

또 다른 이야기에서는 역시 이성계가 배극렴을 찾아 나선 것은 같지만 배경이 다르다. 배극렴이 나이가 들어 벼슬을 벗고 산으로 갔을 때다. 이성계는 아끼는 벗이자 신하였던 배극렴이 걱정되어 세 번 찾아갔고 그래서 삼방리와 어래산이란 이름이 탄생되었다는 것이다.

두 일화 모두 시기적으로 맞지 않는 부분이 발견된다. 배극렴은 이성계의 위화도회군 때 함께했었고 사직하고 물러난 이틀 후 죽었다. 원래 야사는 붙인 살에 살을 덧대거나 반대로 잘라내며 요약하는 과정에서 조금씩 변화가 생기기 때문이다. 하나의 전언을 보여주고 있는 것만은 분명하다. 이성계에게는 배극렴이 절실했다는 것이다.

또 다른 공통점은 숫자 '3'이다. 유비가 제갈량을 군사로 삼기 위해 세 번 찾아갔다는 데서 유래된 '삼고초려(三顧草廬)'와 흡사하다. 이성계와도 밀접한 관계가 있다. 이성계가 허물어진 집에서 막대기 세 개를 갖고 나온 꿈을 무학대사에게 말한 적이 있다. 무학대사는 세 개의 막대기가 왕(王) 자를 의미하니 왕이 될 길몽이라고 풀이해주었다. 이성계가 무너진 집에서 세 개의 서까래에 깔리는 꿈을 꿨을 때는 무학대사가 절까지 했다. 이성계가 어새를 받은 것도 세 번의 사양 뒤였다.

북을 울리고 천세를 외치다

이성계와 함께 여러 차례 왜구를 토벌한 배극렴은 우왕 14년(1388) 우군의 조전원수로 요동정벌에 참전했다. 이성계가 요동정벌을 위해 북진하자 그의 잠저가 있는 곳 주변 아이들이 이런 동요를 불렀다.

서경성 밖에는 불빛이요   (西京城外火色)

안주성 밖에는 연기로세　(安州城外煙光)

그 사이 오가는 이원수여　(往來其間李元帥)

원컨대 백성을 구제하소서 (願言救濟黔蒼)

　동요가 유행하고 얼마 안 되어 이성계는 위화도회군을 단행했고 배극
렴은 그를 따라 개성으로 돌아왔다. 그 후 양광도찰리사가 되어 한양 궁
궐 조성을 감수하고, 판삼사사로서 개성의 내성 축성 총책을 거쳐 수문
하시중에 올랐다. 공양왕 4년(1392) 문하우시중으로 조준, 정도전 등과 공
양왕을 폐위시키고 이성계를 새 왕조의 왕으로 추대할 계획을 세웠다.

　위화도회군 때 남은이 조인옥 등과 함께 이방원(훗날 태종)에게 이성계
의 추대에 대해 은밀히 의논한 적이 있었다.

　"이와 같은 대업을 가볍게 입에 달고 다녀서는 안 됩니다."

　이방원의 말에 사람들은 이성계를 새로운 왕으로 확신하게 되었다.
그들은 공공연하게 '천명과 민심이 이미 기울어졌거늘 어찌 하루속히
왕위에 오르기를 권하지 않는가?'《국조보감》라며 여론몰이에 나서기도
했다.

　공양왕 4년(1392) 6월, 드디어 이방원이 동지밀직사사 남은과 머리를
맞댔다. 문하우시중 배극렴, 이조판서 조인옥, 판삼사사 조준, 충의군
정도전, 대사성 조박 등 52명은 이성계를 추대하기로 최종의견을 모았
다. 이성계가 대노할지 모른다는 것이 걸림돌이었다. 이방원은 직접 고
하지 못하고 우선 이성계의 둘째 부인인 강씨(훗날 신덕왕후)에게 뜻을 전
했다.

　7월, 배극렴은 조준, 정도전과 함께 대비 자격으로 있는 공민왕의 비
정비 안씨를 찾아가 강력히 주장했다.

　"전하께서는 사리에 어둡고 덕마저 없어 더는 사직과 백성의 주인이

될 수 없사옵니다. 청컨대 부디 폐위토록 하시어 백성의 근심을 덜게 하옵소서!"

정비 안씨도 세상형편을 모르는 바 아니라 거부할 수가 없었다. 배극렴은 공양왕을 폐위한다는 전교와 어새를 손에 넣을 수 있었다. 공양왕은 곧바로 폐위된 뒤 강원도 원주로 유배되었다.

다음 날 정비 안씨는 이성계를 감록국사(監錄國事)로 삼는다는 전교를 내렸다. 이성계에게 말 그대로 왕권을 맡기는 일이었다. 감록국사는 국정을 감독하고 인사권을 갖는 임시 직책이어도 왕과 같은 위치였다. 고려의 당대 최고 관직인 문하시중도 신하일 수밖에 없었다.

며칠 후 배극렴은 조준, 정도전 등과 앞장서서 어새를 전하고자 이성계가 있는 잠저로 달려갔다. 거리에는 많은 백성으로 가득했는데 대부분 호기심과 기대감으로 상기된 표정들이었다.

유독 대사헌 민개만이 고개를 숙인 채 말이 없었다. 그를 본 남은이 죽이려고 칼을 뽑아들자 이방원이 '의리상 그렇게는 못 한다.'(《용비어천가》)며 만류했다. 민개는 이성계의 추대를 유일하게 동의하지 않은 인물로 남은이 참수할 것을 주장했지만 조준이 막아서 살아났다고도 한다.

이성계는 쉽게 문을 열어주지 않았다. 대문을 굳게 걸어 잠그고 배극렴의 부름에 귀까지 닫았다. 배극렴은 참다못해 강제로 '문을 밀치고 들어가 어새를 마루 위에 놓은 채 절하고 북을 울리며 천세를 외쳤다.'(《국조보감》) 또 여러 관청과 관원의 뜻을 하나로 모은 상소를 통해 왕위에 오르기를 강권했다.

이윽고 이성계가 모습을 보이더니 격양된 목소리를 냈다.

"예로부터 임금이 태어나는 것은 천명이 있어야 가능하다고 했다. 나는 실로 부덕한 사람인데 어찌 감히 감당할 수 있겠는가?"(《용비어천가》)

이성계의 강경함에도 대소 신하들과 나이든 중신들까지 좌우로 도열한 채 물러가지 않았다. 이성계는 끝내 52명이 주창하는 대의를 받아들여만 했다. 그것이 곧 천명이자 민심이라는 사실을 누구보다 잘 알고 있었다. 더군다나 '서로 모의한 사실도 없는 벼슬아치들과 원로까지 왕위에 오르라고 입을 모으고 있는'(《동문선》) 상황이었다.

이성계는 세 번 사양 끝에 어새를 받았다. 이날 '저자에는 아무런 소동이 없고 창칼에 피를 묻히는 일 없이 천하가 하루아침에 밝아져 백성들은 크게 즐거워했다.'(《양촌집》)고 한다.

> 고려의 국운이 오백 년 만에 끝나니　(運訖高麗五百年)
> 성인이 나오시어 천명을 받았다오　(聖人有作誕膺天)
> 제도와 규모가 억만년 터전 되었으니　(制度規模基萬億)
> 단군과 기자 이후 다시금 조선이라오　(檀箕以後又朝鮮)(《무명자집》)

918년 제1대 태조 왕건부터 1392년 제32대 공양왕까지 475년을 흘러온 고려는 항해를 멈췄다. 역사상 군대를 동원하지 않고 이룬 무혈혁명이란 평가를 받기도 한 518년 격랑 속 새로운 조선호(號)의 출발이었다. 그 중심에 배극렴이 있었다. 그의 역할이 어느 때보다 빛을 발하던 순간이었다.

그는 이성계의 등극으로 더 무거운 어깨를 실감하게 된다. 이성계 나이 이미 58세로 서둘러 후계자를 결정해야 했다. 엄청난 피바람을 예고하는 일이기도 했다.

짧고도 허망했던 자리를 떠나며
이성계가 왕이 되자 공신들의 논공행상이 있었다. 배극렴은 단연 개국 일등공신으로 성산백에 봉해졌고 문하좌시중이 되었다. 문하좌시중은 조선 초 문하부에 둔 으뜸 벼슬로 태조 3년(1394) 좌정승으로 개칭된다. 고려에 이어 조선에서도 정승에 오른 배극렴은 명실공히 최고 권력자가 된 것이다. 그가 대접받을 수 있었던 것은 태조와 함께 왜구를 퇴치했고 위화도회군에 참가한 공신이기 때문이었다. 또 태조의 추대에 큰 역할을 했으며 연륜과 공로가 높아 이견 없이 인정되었다.

흔히 배극렴을 조선 초대 영의정(領議政)이라고도 하는데 직책이나 임무로 보자면 틀린 말은 아니다. 정1품의 영의정이라는 관직명이 정식으로 등장한 것은 태종 1년(1401) 의정부 설치 때부터다. 그 전에 죽은 배극렴은 생전에 듣지 못한 말이고 그의 관직명은 문하좌시중이었다. 또 한 사람 영의정에 필적하는 입지를 남긴 인물이 조선호의 프레임을 설계한 정도전이다. 한편 정몽주는 태종 5년 권근의 주청을 받아들인 태종에 의해 영의정에 추증된다. 자신이 살해한 사람을 사후에 품계를 높여준 것이다. 손에 형제의 피를 묻히고 왕위에 오른 자신에게도 포용력이 있다는 점을 과시하려는 의도로 보인다.

조선 최초로 영의정(당시 관직명 영의정부사)에 임명된 인물은 이서다. 마지막 영의정은 김홍집이고 유일하게 왕이 된 영의정은 조선 제7대 왕인 세조다. 세종 대(代)의 황희는 18년이라는 가장 오랜 기간 영의정을 지낸 인물로 기록되고 있다. 최연소 영의정은 세조 대의 이준으로 28세였고 최고령은 84세의 광해군 대 정인홍이다. 무관 출신 영의정으로는 중종 대의 박원종과 인조 대의 신경진을 들 수 있다.

태조는 개국 직후 인적청산 차원에서 끌어안을 수 없는 고려 유신들은 유배를 보냈다. 반면 조선왕조를 빛낼 수 있는 인재들은 적극 수용할 자세였다. 벼슬도 물리치고 강원도 오대산에 들어가 살던 이색에게 관직을 내리려고 불렀다. 이색이 태조 앞에 서자마자 쓴 소리를 뱉었다.

"어찌 개국하던 날을 소신께 알리지 않았나이까? 만일 알렸다면 예를 다해 더욱 빛났을 터인데 하필 마고(馬賈, 말 장수) 같은 자로 하여금 추대를 이끌게 하셨사옵니까?"(《태조실록》)

마고는 배극렴을 빗대어 한 말이었다. 이성계에게는 어새를 바친 충신이었지만 충절을 꺾은 고려의 신하라는 의미로 비아냥거린 것이다. 그러자 곁에 있던 남은이 역정을 냈다.

"어찌 그대 같이 못 생긴 선비에게 알리겠는가?"

고려 말 이색이 사신으로 명나라에 가서 제1대 황제 홍무제(주원장)를 만난 적이 있었다. 남은은 그때 홍무제가 얼굴이 못난 이색을 보고는 '이 노인의 얼굴은 그림을 그릴 만하구나!'(《필원잡기》)고 희롱했던 일을 떠올린 것이다.

태조가 남은을 꾸짖고는 이색을 오랜 벗으로 '예를 다해 대접한 뒤 중문까지 직접 나가 배웅했다.'(《동각잡기》) 이색은 단순히 배극렴을 꾸짖기 위해 찾아온 것인지 태조의 제안을 사양해버렸다. 그 후 여강(현 경기도 여주시)으로 유배를 가던 중 죽었다. 야사에서는 독살설이라는 단어를 조심스럽게 끼워 넣고 있다.

배극렴이 먼저 풀어가야 할 일은 세자책봉에 관한 문제였다. 태조의 비 신덕왕후 강씨는 건국과 함께 조선왕조 첫 왕비에 오른 상태였다.

태조에게는 조강지처가 있었다. 신의왕후 한씨로 그녀 사이에 6남 2녀를 두었다. 첫째 진안대군 방우, 둘째 영안대군 방과(훗날 정종), 셋째 익안대군 방의, 넷째 회안대군 방간, 다섯째 정안대군 방원, 여섯째 덕안대군 방연(요절), 딸 경신공주와 경선공주다. 그러나 한씨는 조선 건국 바로 직전인 공양왕 3년(1391) 55세로 세상을 떠난 뒤라 강씨는 태조의 총애 속에 무소불위 영향력을 행사하고 있었다.

태조가 의견이 분분한 세자책봉에 대해 묻자 배극렴이 답했다.

"평온한 시국에는 적자(嫡子, 정실 아들)를 세상이 어수선할 때는 공이

있는 자를 세워야 하옵니다."(《동각잡기》)

배극렴은 개국 초 비상시국이니 건국의 공이 있는 이방원을 세자로 추대하겠다는 생각이었다. 원래 세자는 적장자인 진안대군 방우의 몫이었으나 자리에 없었다. 그는 고려를 배신할 수 없었고 아버지 태조의 역성혁명을 지지하지도 않아 황해도 해주로 떠나버린 상태였다. 그는 그곳에서 세상을 한탄하며 술로 모진 목숨 이어가다 다음 해 41세로 눈을 감는다.

현실적으로 배극렴의 주장은 일리가 있었지만 그때 들려온 소리에 조선호의 방향키가 살짝 돌아간다.

"아이고, 이 일을 어찌 할꼬. 내 두 아들은 이제 무슨 꿈으로 살란 말인가!"

이는 강씨의 대성통곡으로 옆방에서 몰래 엿듣고 있었다. 그녀는 노골적으로 태조에게 자신의 소생(방번·방석)을 세자로 삼아달라고 간청하는데 정도전도 한몫 거들었다.

'강씨는 무슨 수를 써서라도 자기 아들을 세우고자 할 텐데…'

배극렴은 고심 끝에 대신들과 의논한 뒤 '방번은 광패(狂悖)하니 막내아들 방석이 조금 낫다.'(《동각잡기》)며 의안군 방석을 추천했다.

강씨는 신의왕후 한씨 소생들을 모두 물리치고 자신의 아들 가운데서도 차남인 방석을 세자로 세우는데 성공했다. 결과적으로는 두 아들 모두를 죽게 한 '왕자의 난'의 단초가 된다.

개국을 위해 나름대로 심신을 아끼지 않았던 배극렴은 소임은 다하지 못했다. 태조 1년(1392) 11월, 병석에 눕게 되어 사직하고 물러났다. 그리고 이틀 후 최고 정승으로서 약 4개월 남짓한 짧은 업적을 남긴 채 68세로 돌연 세상을 떠났다.

배극렴이 죽자 태조는 3일 동안 조회를 금지시키고 음식을 가리며 예로써 장례를 치르라 명했다. 그리고 곧은 절개의 '정절(貞節)'이라는 시호를 내렸다. 정절의 배극렴을 놓고 '성품은 청렴하고 근신하며 몸가짐은 근실하고 검소했다.'고 평가하는 실록의 다른 행간에는 '수비는 잘 했어도 싸워서 이기거나 공격해 취하는 것은 뛰어나지 못했다.'며 냉정한 시각도 담아내고 있다. 혹평의 기록도 《태조실록》에 담겨있다.

'고려 말기에 이르러 임금에게 마음을 돌려 조준 등과 더불어 서로 모의해 임금을 추대하고는 마침내 재상이 되었다. 허나 배우지 못해 학술이 모자라 임금에게 의견을 아뢴 것이 없었다. 세자책봉을 두고도 임금의 뜻에 아첨해 어린 서자를 세울 것을 청하고는 스스로 공(功)으로 삼으니 식자들이 혀를 찼다.'

태조는 친히 배극렴의 빈소를 찾아 애도했다. 조문이 이어졌는데 배극렴에게 아들이 없어 누이의 외손자 안순이 주상(主喪) 역할을 대신했다.

배극렴은 눈을 감는 순간 과연 후회 없는 삶이었다고 회상했을까? 자신의 주장으로 세자가 정해졌고 왕자의 난까지 벌어졌으니 지하에서도 마음이 편치 않은 세월을 바라봤을지 모른다.

배극렴은 훗날 태종 이방원에 의해 폄하되고 만다. 신덕왕후 강씨 소생인 방석이 세자에 책봉되도록 힘을 실었다는 사실 때문이다. 태종은 비록 처음에는 배극렴이 자신을 추천했어도 방석에게로 이목이 집중된 꼴이 되었으니 너그러울 리 없었다.

태종은 태종 8년(1408) 태조가 죽자 다음 해 하륜, 유관, 변계량 등에게 《태조실록》 편찬을 명했다. 사관이 조선의 실록 편찬은 처음이고 당대에 활동하던 사람들 대부분이 생존해 있어 시기상조라고 했지만 태종은 고집을 부렸다. 실록에 드러난 배극렴에 대한 부정적인 평가가 태종의 불편했던 심기와 무관하지 않다고 보는 이유가 되었다.

배극렴은 죽어서도 한동안 고려 사람들에게 원망의 대상으로 남았다.

그들은 망국의 슬픔을 쉽게 떨치지 못하고 조선 개국 후에도 고려에 대한 향수에 젖은 채 살아야 했다. 그들에게 배극렴은 정비 안씨에게서 어새를 빼앗아 이성계에게 바친 역적에 지나지 않았다. 그래서 한을 품은 기녀 설매에게까지 수모를 당했던 것이다. 대부분 야사의 붓 끝은 어새를 넘겨받는 과정에 대해 '빼앗았다.'고 적고 있다.

배극렴과 함께 등장하는 전설 속 백여우는 조선 건국에 일조한 동물로 알려져 있다. 어느 날 배극렴이 백여우를 만났는데 여인으로 둔갑해 재물을 훔치는 중이었다. 배극렴이 범인으로 몰려 누명을 쓰지만 나중에 백여우에게 재물을 모두 받게 된다. 새로운 나라를 세우는 일에 필요한 자금을 마련하기 위해서 그랬다는 것이다. 역설적으로 '고려가 망하고 조선을 세우는 과정에 민중적인 호응이 약했다는 점을 보여준 것'이라는 해석이다.

모든 백성에게 환영을 받지 못한 채 출발한 조선의 초대 최고 정승 배극렴. 그 자리가 길지 않았어도 내내 좌불안석은 아니었을까. 그래도 태조에게 만큼은 시호처럼 정절의 신하이자 벗이었던 것만은 분명하다.

정종의 조준

문충(文忠) 조준(趙浚, 재임 1403~1405)

그 나물에 그 밥이었네

"아, 도행역시(倒行逆施)로다! 마땅히 지켜야 할 사람의 도리가 사라졌으니 이 일을 어쩔 것인가?"

궁궐을 거닐던 조준은 저절로 터지는 탄식에 괴로웠다. 공민왕과 자제위에 소속된 용모 수려한 청년들의 음란한 일들이 자꾸만 불거져 노심초사였다.

공민왕은 사랑하는 노국공주가 난산으로 죽자 성격이 달라져갔다. 그녀의 초상화를 벽에 걸어두고 밤낮으로 바라보며 눈물을 적실 뿐 정사조차 제대로 돌보지 않았다. 변태적인 성향까지 갖게 되어 자제위 청년들을 가까이 했고 밤이면 그들과 은밀히 놀았다.

대를 이을 아들이 없던 공민왕은 급기야 그들로 하여금 자신의 비들과 강제로 동침시키기에 이르렀다. 그 가운데 낳은 아들을 후계자로 삼기 위해서였는데 정비, 혜비, 신비는 죽음으로써 항거했다. 충신들의 진언이 빗발쳐도 공민왕은 귀담아듣지 않았다. 조준은 암담하기만 했다.

"도리도 없고 죄를 다스리고 벼슬을 주는 일마저 군자를 놔두고 늘 소인배들과 의논하고 계시니 참으로 위태로운 시국이로다!"(《고려사절요》)

조준은 처음 공민왕을 만났던 2년 전이 떠올랐다. 어느 날 서책을 끼고 수덕궁 앞을 지나다 그의 눈에 띄게 되었다.

"오, 항상 서책을 가까이 하는 모습이 장하구나!"

조준은 공민왕의 총애로 첫 관직생활을 할 수 있었다. 그러나 은혜에 보답하기도 전에 참담한 현실과 맞닥뜨렸다. 공민왕 23년(1374) 자제위의 홍륜이 익비(공민왕 3비)를 임신시키자 이를 환관 최만생이 알려왔다. 공민왕은 비밀이 누설될까봐 홍륜은 물론 최만생 등도 함께 처치하려고 했으나 그들에게 역습을 당해 죽었다.

조준에게는 커다란 슬픔과 충격이었고 새로운 다짐의 시간이었다. 어쩌면 이때부터 그의 가슴에는 더 나은 세상에 대한 갈구가 싹텄던 것은 아니었을까. 군자를 가까이 두는 어진 왕을 기다리며….

소신 있는 신하가 되기 위하여

조준(1346~1405)은 고려 말과 조선 초의 문신으로 전제개혁(私田改革) 단행을 통해 조선 개국의 기반을 닦은 인물이다. 정도전, 배극렴 등과 함께 이성계를 추대해 개국 일등공신이 되었다. 본관은 평양(平壤)으로 아버지 판도판서 조덕유와 어머니 오씨 사이에서 6형제 가운데 5남으로 태어났다. 훗날 아들 조대림이 경정공주(태종 2녀)와 결혼해 태종과는 사돈이 된다.

조준의 집안은 형제가 많았으나 아무도 과거급제한 사람이 없어 어머니는 늘 시름에 젖어 살았다.

"게 물렀거라!"

어느 날 과거급제한 사람이 고관 집에 인사를 다니느라 거리가 요란스러웠다. 그 광경을 보던 어머니가 자식이 많아도 쓸모가 없다며 한숨을 내쉬었다. 조준이 그 자리에 무릎 꿇고 울면서 말했다.

"어머니, 하늘을 두고 맹세해 소자가 기필코 급제하겠습니다."

그날부터 조준은 다짐을 지키기 위해서라도 열심히 학업에 몰두했다. 그러나 어느덧 스무 살 중반이 되도록 앞길을 정하지 못하고 있었다. 고려 제31대 공민왕 20년(1371) 26세의 조준에게도 기회가 찾아왔다. 서책을 빌려오던 중 마침 수덕궁에 나와 있던 공민왕이 발견하고는 불러 세웠다. 조준을 대견하게 여긴 그는 보마배지유라는 벼슬을 내려주었다. 왕을 모시는 군사들인 보마배의 지휘관으로 하급 무관에 속했다.

자신을 총애하며 기대하던 공민왕이 시해되자 다시 앞날이 캄캄해졌다. 조준은 좌절하지 않고 고려 제32대 우왕이 즉위하던 1374년 마침내 과거에 급제해 좌우위호군으로 통례문부사 겸 지방장관의 하나인 강원도안렴사가 되었다.

조준이 강원도 정선 순행 길에 지었다는 시가 전해진다.

동해를 씻어낼 날이 있으리니　　　　　(滌蕩東溟知有日)
백성들은 눈을 씻고 맑아지기를 기다리라 (居民拭眼待澄淸)

이 시를 접한 '많은 식자는 조준에게 큰 뜻이 있음을 짐작했다.'(《해동잡록))고 한다. 실제 조준은 이곳에서 선정을 베풀어 아전과 백성들에게 존경을 받았다.

조준이 지제교(知製敎, 왕의 교서 등의 초안을 지어 바치던 관직) 시절 기도문을 쓸 때의 일이다. 조준의 '정직하고 충실한 사람을 멀리하고 아첨하고 참소하고 사특한 사람을 가까이 한다.'는 글을 보던 지신사 김도가 물었다.

"정직하고 충실한데 소외된 자는 누구며 아첨하고 참소하여 친압케 된 자는 누구냐고 하면 무어라 대답하겠는가?"

김도는 조준으로 하여금 즉시 고쳐 쓰게 했다. 소신으로 권력을 누를 수 없음을 절감하던 순간이었다. 그런 조준은 우왕 8년(1382) 최영 휘하에서 체찰사로 사기가 저하된 고려군의 기강을 바로잡아 왜구를 토벌했다. 우왕 14년 전리판서 허금 등과 우왕의 폐위를 모의한 뒤 태조 이성계를 만나면서 소신 있는 행동을 하게 된다.

조준은 위화도회군 후 이성계에 의해 지밀직사사 겸 대사헌에 발탁되었다. 이성계가 대소사를 일일이 자문하며 신뢰를 보이자 조준은 크게 감격해 성심성의껏 도왔다. 조준의 의견은 개혁의 방향이기도 했다.

당시 '전제가 크게 문란해 겸병(다수를 합쳐 소유)하는 집들이 토지를 빼앗아 산과 들을 차지해 백성들이 서로 원망하고'((고려사절요)) 있었다. 조준은 이성계, 정도전과 전제개혁에 대해 논의한 뒤 구체적인 방안을 정하고 상소를 올렸다.

"토지의 사적인 소유를 제한하고 사사로이 주고받는 토지겸병을 금해야 하옵니다."

이른바 '논전제소(論田制疏)'였는데 우왕의 스승 이색이 반대하고 나섰다.

"옛 법을 경솔하게 고쳐서는 아니 될 것이오!"

이색의 주장은 우왕의 국구(國舅, 왕의 장인) 이림, 판삼사사 우현보 등 많은 사람의 귀를 현혹시켜 사전을 공전으로 회복하려는 개혁논의가 결정되지 못했다. 한마디로 '예문관제학 정도전, 대사성 윤소종은 조준의 의견에 찬동하고, 후덕부윤 권근, 판내부시사 유백유는 이색의 의견에 찬동하고, 찬성사 정몽주는 두 사이에서 갈팡질팡하는 판국이었다.'(《고려사절요》) 각 관청에 알려 사전개혁을 의논하게 한 결과 53명 중 대부분이 찬성했다. 반대한 자는 모두 대갓집 자제였다.

국운이 다해가는 고려에 대한 보수작업은 끝이 없었다. 조준은 지체 없이 자신의 신념을 왕에게 알리고자 노력했다. 반면 사리사욕에 눈이 먼 권신(權臣, 권력·세력을 갖춘 신하)들은 닥치는 대로 자기 배만 채우고 있었다. 고통 받던 백성들이 하나 둘 터전을 버린 채 떠나는 사태까지 벌어졌다.

조준은 나라의 전반적인 개혁을 위해 권신부터 일소하고자 나섰다. 전제개혁을 반대하던 대사헌 조민수와 외교정책을 달리하던 친원파 이인임 등을 탄핵했다. 조민수는 경상도 창녕으로 유배되었다가 그해 창왕의 생일에 특사로 풀려났다. 그러나 창왕이 폐위되고 공양왕이 등극하자 우왕의 혈통을 놓고 이성계 일파와 논쟁을 벌이다 서인(庶人, 평민)으로 강등되어 유배지에서 죽었다. 국정농단의 실세 이인임도 그 일파였던 염흥방, 임견미 등의 부패와 조정의 몰락을 초래했다는 죄명까지 더해져 최영의 건의로 경상도 고령에 안치되었다가 병사했다.

한편 이인임은 무학대사와 함께 이성계가 왕이 될 것이라고 한 인물이다. 고려에 충성하던 이성계가 새 왕조의 태조가 될 줄은 누구도 예상하지 못했다. 일찍이 이성계의 해몽을 해주면서 예언한 무학대사와 함께 이인임만은 예외였다. 그는 '이성계가 반드시 나라의 주인이 될 것이다.'(《여사제강》)고 한 적이 있었다. 그 자리에서 대노한 최영은 훗날 처형되기 전 '그 말이 진정 옳았구나!'며 개탄할 수밖에 없었다.

이인임의 최후가 알려지자 백성들은 '인력으로 죽이지 못하니 하늘이 대신 죽였다며 기뻐했다.'((해동잡록)) 조준이 공양왕에게 진언했다.

"이인임은 죄가 가득 들어차고 악이 쌓일 대로 쌓였는데 다행히 하늘이 죽였으니 청컨대 관작마저 삭탈해 철저히 징계하소서."

반면 이자송이 죽자 조준은 명백한 선과 악의 구분을 위한 조치를 취해줄 것을 간청했다.

"이자송은 청렴하고 근신하고 절개를 지킨 신하이옵니다. 그 죽음이 그의 죄가 아니라 백성들이 애석해하니 뇌(誄, 생전 덕행을 적은 글)와 시호를 내리시어 그 집을 후하게 구휼하소서."

이자송은 공민왕을 폐위하고 덕흥군(충선왕 서자)을 왕으로 세우는 데 가담하라고 압력을 가하는 원나라를 거부했었다. 우왕이 낙마하자 근신할 것을 간하다 미움을 사 파직된 일도 있었다. 결국 요동정벌을 반대하다 임견미 일당으로 몰려 죽임을 당했다.

정도전을 떠나 이방원에게로

조준은 창왕 폐위와 공양왕 옹립에 참여한 공으로 이성계, 정도전 등과 중흥공신에 서훈되었다. 공양왕 1년(1389) 전제개혁 단행 후 평리 겸 판상서시사에 올라 문관, 서리 및 무관에 대한 인사행정을 주관하기도 했다.

조준은 학자들의 자세를 환기시키기 위한 노력도 아끼지 않았다. 그는 책문(策問, 정치에 관한 계책을 물어 답하게 하는 시험)과 관련 논문을 통해 진정한 학자를 선별하고자 했다. 과거제도의 변혁을 통해서 문풍을 쇄신하고자 한 소신이었다.

이를 놓고 훗날 조선 후기의 학자 이익은 다음과 같이 적고 있다.

'조준은 고려 때 나라를 배반한 사람이다. 그 마음이 반드시 충성에서 나온 것이 아닌즉, 장차 간사한 일을 도모하려 한 것이다. 허나 그 말만은 허물할 바 없이 옳다.'(《성호사설》)

토지제도를 마련한 조준은 관제, 신분, 국방 등 국정 전반에 걸친 개혁도 주장했다. 문하부지사 겸 대사헌이 된 공양왕 2년(1390) 조준의 집으로 화살에 묶여 날아든 익명서로 긴장하는 일이 벌어졌다. 익명서에는 '고영수가 우인열과 함께 난을 일으키려 한다.'(《고려사절요》)는 내용이 적혀 있었다. 조준이 급히 진원지를 조사하게 했더니 고영수의 형 고영손의 소행으로 밝혀졌다. 조준을 허탈하게 만든 것은 재물을 두고 다툼이 벌어져 무고를 했기 때문이었다.

왜구의 침입까지 겹쳐 나라 안팎은 뒤숭숭했다. 조준을 비롯한 충심의 신하들 노력에도 고려는 회생불가의 세월만을 껴안고 있었다. 신진 사대부들의 눈에 그런 위기는 곧 혁명의 도화선을 만드는 호기였다. 이미 조준도 그들과 의기투합해 새로운 나라를 꿈꾸고 있었다.

위기가 닥쳤다. 추대 모의를 눈치 챈 정몽주가 이성계 일파를 숙청하려고 조준, 정도전 등을 탄핵했다. 그러나 정몽주가 살해되자 조준은 풀려나와 판삼사사가 되었다.

조준은 마침내 공양왕 4년(1392) 6월, 이방원을 위시해 남은, 정도전, 조박 등 52명과 이성계 추대를 결정했다. 7월, 배극렴, 정도전과 정비 안씨에게 공양왕의 폐위 전교와 어새를 받아냈다. 그리고 이성계를 추대해 개국 일등공신으로 문하우시중 자리에 올랐다. 그 후 죽은 배극렴을 대신해 문하좌시중이 될 수 있었다.

당시 사람들이 조준과 정도전을 나란히 거론하는 이유 가운데 하나는 '고려 왕씨의 많은 자손이 배에서 죽은 것은 모두 조준과 정도전의 술책'(《송와잡설》)이라는 생각 때문이기도 하다. 조선은 개국 직후 수많은 왕씨를 섬 둥지로 추방했다. 왕화, 왕거 형제 등이 모반을 꾀하자 아예 몰살해야 한다는 상소가 빗발쳤다.

"씨를 말리지 않으면 반드시 후환이 있을 것이옵니다."《추강냉화》

조정의 명을 받고 급파된 관리가 왕씨들에게 알렸다.

"모두 서인으로 만들어 섬에서 살게 하라는 명이 내려졌으니 어서 배에 오르시오!"

바람 앞의 촛불 같았던 왕씨들은 서인이 되어도 목숨을 건질 수 있다는 생각에 앞 다투어 배에 올랐다. 수척의 배가 출발하자 얼마 후 사공들이 몰래 밑바닥을 뚫고 잠수해 도망쳤다. 물이 차오르자 배들은 순식간에 아수라장으로 변했다. 배 밖으로 뛰어내린 사람들은 헤엄을 칠 줄 몰라 허우적댔다. 배 안의 사람들은 구조를 기다리며 희망을 붙잡은 채 울부짖었다. 하늘을 찢을 듯 울리던 울음소리와 비명은 배와 함께 가라앉았다.

강화도에 있던 왕씨들도 강화나루에 강제로 던져졌고 강원도 삼척에서는 폐위된 공양왕과 그의 아들마저 목이 달아났다. 거제에서도 적지 않은 목숨이 수장되었다.

그 시각 태조는 무엇을 하고 있었을까? 지밀상궁에게 머리매무새를 가다듬게 하고 있었을까. 혹은 그새 깊어진 주름을 거울에 비쳐보며 세월의 야속함을 아쉬워하던 끝에 어의를 불러 시침이라도 받고 있었을까. 그는 낮잠을 자고 있었는데 꿈속에 고려 태조 왕건이 나타나 분노하며 꾸짖었다.

"내가 삼한을 통합해 이 백성들에게 공이 있거늘 네가 내 자손을 멸했으니 오래지 않아 보복이 있을 것이다. 이 말을 꼭 명심하라!"《축수편》

태조는 서둘러 왕씨의 왕실 족보 한 장에 대해 사면했으나 그들에 대한 핍박은 계속되었다. 다음 해인 태조 4년(1395)에는 아예 왕씨의 성을 사용하지 못하게 했다. 종친(왕 친족)이 아닌 다른 왕씨들마저 어머니의 성을 따라야 하는 세상이 되었다. 왕씨들 가운데 상당수가 신분을 감춘 채 산간벽지로 피신해 '玉'이나 '全' 등의 새로운 성으로 살아가야 했다. 본래의 성인 '王'자에서 획을 늘려 만든 것들이었다. '玉'은 왕씨의 씨를 전한다는 의미로 점을 찍은 것이고, '全'은 사람의 왕이라는 의미로 '人'을 얹은 것이라고 전해진다. 그밖에도 '田', '馬' 등으로 바꿔 '王'을 숨겨놓은 채 목숨을 이어갔다.

사람들 입에 함께 오르던 조준과 정도전도 서로 멀어질 수밖에 없었다. 실권이 점차 정도전에게 집중되자 그와 정치적으로 이견이 생겼다. 생사고락을 함께한 사이지만 고생은 나눠도 권력은 나눠가지 못하는 이치였다. 더군다나 세자책봉에 있어 정도전은 방석을, 조준은 이방원을 지지했었다. 두 사람이 더욱 벌어지는 원인이 있었다.

조준은 한밤중 태조의 부름에 달려갔다. 태조가 뿌듯하게 해주는 믿음을 어깨에 얹어주었다.

"경은 한나라 문제가 밤에 송창을 위장군에 제수해 남북군을 거느리게 한 뜻을 알고 있으리라 믿소."

중국 전한의 제5대 황제 문제가 황위에 오르기 전 위기에 처했을 때의 일이다. 모두의 의견이 한쪽으로 치우치는 가운데 송창만이 소신을 굽히지 않아 문제가 그 뜻에 따라 여씨들을 몰아내고 무사히 황제가 될 수 있었다. 문제는 그런 송창에게 천거를 거치지 않고 직접 관직을 내렸다.

조준은 태조에게서 '도통사 은장, 화각, 동궁을 하사받았다.'(《국조보감》) 조준으로 하여금 5도(道)를 모두 위임해 총관하게 한 것이다. 오도도통사가 된 조준은 판삼군부사로서 병권을 장악했지만 정도전과의 충돌이 불가피했다.

"고구려의 옛 땅을 회복하려면 요동을 쳐야 하오."

정도전은 남은 등과 함께 요동정벌계획을 주장하고 있었다. 조준은 몇 가지 이유를 들어 반대했다.

　"우리는 개국한 지 얼마 안 되어 군제가 불완전하고 명분이 약해 군사를 일으키는 것은 옳지 않소. 또 군량도 부족하고 소국이 대국을 친다는 것은 불가한 일이며 대규모 토목공사로 백성들이 시달려 민심이 어수선한 상황이라 변란이 일어날지도 모르니 찬동할 수 없소이다."

　조준은 정도전에게 등을 돌리면서 자연스레 이방원과 더욱 가까워졌다. 이방원에게 《대학연의》를 권하는 등 두터운 친교를 나눴다. 이는 중국 송나라 유학자이자 정치가인 진덕수가 지은 통치철학의 원론과 실제가 담긴 경서였다.

　태조 7년(1398) 정도전은 요동정벌계획의 방안으로 사병혁파를 단행했다. 왕자들과 종친세력 그리고 개국공신들 소유의 사병을 모두 삼군부(三軍府)에 소속시켜 정규군으로 개편하자는 것이었다. 권력의 마지막 기반인 사병을 잃게 될 처지에 몰린 이방원에게는 직격탄이었다. 설상가상 진법훈련에 불참한 왕자들을 처벌해야 한다는 논의까지 불거졌다.

　태조 7년(1398) 8월, 이방원은 사병을 동원해 배극렴 등에 의해 책봉된 세자 방석과 그의 형 무안군 방번, 정도전, 남은 등을 척결하는 '제1차 왕자의 난'을 일으켰다. 정치적 대립관계에 있는 인물들을 대부분 제거할 수 있었다. 정도전 등이 모두 죽자 태조는 세자 방석을 살려주는 조건으로 이방원의 정변을 인정했다. 방석과 그의 형 방번은 유배를 떠나기 위해 서문을 나간 뒤 조준 등에 의해 피살되었다.

　조준과 왕자들 그리고 종친 일부는 이방원의 세자책봉을 주장했다. 정작 이방원은 왕위를 둘째 형 이방과(정종)에게 돌아가도록 물밑작업을 했다. 정치적인 이유로 일단 이방과를 옹립하는 쪽으로 선회한 것이다. 한 마디로 그림이 좋지 않다는 판단이었다. 정변을 일으킨 명분은 왕위보다 그릇된 세자자리를 바르게 세우겠다는 것으로 비쳐지기를 원했다. 세자인 방석을 죽이고 자신이 곧바로 왕이 된다면 비난을 피할 수 없었다. 그래서 내세운 인물이 이방과로 장남 방우 다음이라 장자계승의 원칙을 따른다는 그럴듯한 밑그림에도 들어맞았다.

허수아비 왕을 바라보는 심정

조준 역시 배극렴처럼 '영의정'이란 관직명으로 불리지 않았다. 더군다나 엄밀히 따진다면 정종 대와도 연관이 없다. 조준을 영의정 급으로 보는 것은 배극렴에 이어 문하좌시중에 올랐던 경력 때문이다. 조준이 정식 영의정부사가 된 것은 정종 2년(1400) 이방원을 왕으로 옹립한 뒤 의정부좌정승을 거친 태종 3년(1403) 7월의 일이다.

조선은 고려의 제도를 이어받아 관제정비를 통해 정무기관 도평의사사를 의정부로 개편했다. 다음 해인 태종 1년(1401) 7월, 의정부가 설치되면서 이곳의 최고 관직인 '의정부영사'를 '영의정부사'라 했다. 그 후 의정부의 기능이 점차 강화되고 관제정비에 따라 세조 12년(1466) 1월, '영의정'으로 개칭되었고 《경국대전》의 편찬에 의해 성문화되었다.

사전적 풀이로 부연하자면, 영의정은 한 사람이며 의정부 삼정승 가운데 하나로 정1품에 해당하는 최고의 중앙관직이었다. 우리나라 제1공화국 때의 부통령과 현재의 국무총리에 해당되는 권력서열 상 왕 다음이다. 보통 영상(領相)이라 불렀고 수상, 상상, 원보, 수규, 영규라고도 한다. 주로 좌의정을 지낸 원로대신이나 우의정을 거친 자들이 임명되었다. 이 과정 없이 영의정이 된 인물은 태종 대의 심온과 세조 대의 이준이다.

영의정은 국정을 총괄하고 백관을 대표하는 등 막중한 역할을 했다. 차츰 권한의 변동을 겪으며 조선 후기까지 이어지다 고종 31년(1894) 갑오개혁 때 일본관제의 영향으로 총리대신으로 개칭된다. 곧이어 내각총리대신으로 불리다 의정대신으로 바뀐 뒤 사라진다.

조준을 정종 대에서 다루는 이유는 태종 대로 이어지는 혼란기에 있었던 인물이기 때문이다. 정종이 왕으로서 그다지 부각되지 못했던 것만큼 그 대의 대표적 재상의 부재라는 원인도 있다.

정종은 동생 이방원의 그늘에 가려져 언제 쫓겨날지 모르는 불안 속에서 2년이라는 재위를 지탱해야 했다. 매일 격구(擊毬)와 유흥에 젖어 그 힘든 시간을 견뎌냈다.

신하들이 태조에게 이방원을 세자로 삼기를 청했을 때의 일이다. 조준이 먼저 아뢰었다.

"전하, 정안군(이방원)은 개국에 있어 누구보다 큰 공을 세웠으니 보위를 이어받을 자격이 충분하다고 사료되옵나이다."

모든 신하가 동조하자 이방원이 정색하며 자신은 자격이 없고 당연히 형인 이방과의 몫이라고 맞섰다. 이방과가 놀라며 자신의 생각을 밝혔다.

"애당초 대의를 주창하고 개국을 도운 공은 정안군에게 있으니 제가 그리 할 수는 없사옵니다."((동각잡기))

이방원이 끝내 사양하자 태조가 이방과에게 재차 의사를 물었다.

"소자가 알아서… 그 세자라는 자리가 어려움이 닥치면… 이제 세자가 되었으니 아 참, 지금 소자가 뭐라고… 어쨌든 막상 세자가 되면 어디서부터 천하를 돌아보며…."

이방과는 유체이탈이라도 된 듯 영혼이 담기지 않은 대답만을 남겼다.

정종은 이방원의 큰 그림 그리기의 결실로 왕위에 올랐으니 처음부터 몸에 맞지 않는 자리였다. 허수아비 왕일뿐 실제 권력은 이방원의 손아귀에 있었다. 정치와 개혁, 왕권강화까지 그의 주도 하에 이루어졌다.

정종은 정무보다는 격구와 오락 등을 탐닉했는데 나름대로의 처신이었다. 그나마 이방원과의 우애를 그대로 유지할 수 있는 방패막이 되었다. 정종은 왕자의 난에 직접 가담하지 않았으며 성격마저 유약해 왕의 자질이 부족하다고 평가된다.

신하들까지 정종을 무시한 채 이방원 쪽으로 손과 시선을 모으고 있는 형편이었다. 정종은 이방원에게 등을 돌리는 사람들마다 나자빠지는 형국을 보며 더 보신지책에 열중했다. 그와 대립하면 목숨을 부지하기 어려웠다. 그 출구가 바로 격구와 사냥, 유흥과 오락이었다. 정종은 신하들의 걱정에 팔다리가 저리고 오래 앉아있으면 도리어 병이 생긴다며 핑계를 댔다. 정종은 이런 처신 덕분에 칼날을 피해 짧게나마 왕위를 유지할 수 있었다.

정종은 정비 정안왕후 김씨와의 사이에 소생이 없었다. 9명의 후궁에게서 17남 8녀를 두었어도 서자들일뿐이었다. 이래저래 위태로운 상황에서 결국 올 것이 오고야 말았다. 이방원과 또 대립이 생겼는데 '제2차 왕자의 난'이었다. 지중추부사 박포의 이간질이 뇌관을 건드린 꼴이 되고 말았다. 그는 개국공신의 한 사람으로 제1차 왕자의 난 때 일조했지만 지위가 오르지 못한 것에 불만을 품던 중 이방원과 반목이 생겼다. 이방원이 바로 위의 형인 회안대군 방간(태조 4남)을 죽이려고 한다는 거짓 밀고를 하기에 이르렀다. 정종 2년(1400) 1월, 방간은 그대로 믿고 거병을 했으나 혈투 끝에 수적으로 유리한 이방원의 승리로 끝났다. 이방원의 입지는 더욱 확고해지고 정종은 절체절명의 위기에 빠졌다.

정종은 스스로 왕권유지가 불가능하다는 것을 통감했다. 애당초 어울리지 않은 곤룡포였다. 태조가 왕업을 이루고자 애를 쓸 때 매번 의논 상대는 이방원이었다. 정종은 '그 자리를 피하고 매번 참석하지 않아 태조가 꾸짖기 일쑤였다.'(《축수편》) 그런 자신이 이제라도 물러나는 것이 새

왕조의 기틀을 위해서라도 최선이라고 자각했으리라.

"행여 더 욕심을 낼 경우 필시 정안군에게 죽임을 당할 것이옵니다. 하옵고 어이하여 그의 눈을 똑바로 바라보지도 못하시옵니까?"(《축수편》)

부인 정안왕후 김씨의 다그침에 공처가 기질마저 다분했던 정종은 선택의 여지가 없음을 통감하고 있었다.

조준은 더 이상 신하로서 관망만 해서는 안 된다고 판단했다. 새 왕조의 튼튼한 기반을 위해서 순조로운 양위가 절실했다. 그는 하륜 등과 함께 정종을 찾아갔다.

"전하께서도 전에 말씀하셨듯이 지난날 정몽주가 칼을 들었을 때 만약 정안군이 없었다면 대업은 불가능했을 것이옵니다. 정도전의 난 때도 정안군이 있어 지금이 있다는 사실을 모르시나이까. 어제를 살피면 무릇 하늘의 뜻과 사람의 마음을 알 수가 있는 것이니 서둘러 후계자를 정하시옵소서."(《동각잡기》)

정종은 막다른 길을 확인하고는 비장하게 말했다.

"좋다. 내 아우를 세제로 삼으리라. 이는 나의 뜻이다!"

정종은 상왕으로 물러나 있는 태조를 찾아가 뜻을 전했다. 태조는 이방원을 부른 자리에서 전부 수용한다는 태도를 보였다.

"일이 이렇게 되었으니 앞으로 군사와 나라의 일에 힘쓰기 바란다."

태조는 비로소 굳은 표정을 풀고 '쓰던 갓을 주며 술을 올리라 하고 지극히 즐거워했다.'(《동각잡기》)

태조의 즐거움은 당면현실에 대한 일시적인 자위에 의한 것이었는지 막상 이방원이 왕이 되자 증오심으로 아예 등을 돌렸다. 머물고 있는 함흥으로 태종 이방원이 보낸 차사를 모두 돌려보내지 않아 '함흥차사(咸興差使)'라는 말도 생겨났다.

풍채와 기개는 조준이 으뜸이로다

피를 밟고 선 이방원이 드디어 세자로 책봉되었다. 형 정종의 뒤를 이었으니 세제(世弟, 왕위를 이을 왕의 동생)가 되는 것이 원칙이었다. 왕위를 준 것은 정종이 아니라 아버지 태조라는 의미였다. 정종이 오랫동안 묘호(廟號)조차 받지 못하는 결과를 초래하기도 했다. 공정대왕으로 불리다 숙종 7년(1681)에 비로소 '정종(定宗)'의 묘호를 받았다. 정종은 그나마 명예로운 퇴진을 위해 정종 2년(1400) 11월, 2년 2개월의 재위를 끝으로 이방원에게 선위했다.

정종은 과도기와도 같은 조정을 이끌던 무기력한 왕으로 기억된다. 태조와 태종 사이 권력의 이음매에 지나지 않았고 유리상자 속 왕에 불과했다. 이방원 앞에서 위축된 채 격구와 유흥으로 소일하다 물러나고 말았다.

정종은 평소 조준을 내심 아꼈었다. 정종 2년(1400) 2월, 사헌부에서 조준이 '겉으로 정직한 것처럼 보이나 속으로는 간사하고 음험한 생각을 품었다.'(《정종실록》)며 탄핵한 일이 있었다.

"조준은 재상으로서 방석을 세자로 옹립하는 것을 막지 못했고 변란(제1차 왕자의 난) 때 마지못해 참여했으며 귀양 보낸 자들을 임금 몰래 장살(매를 쳐서 죽임)한 것도 모자라 감히 왕실의 길흉을 점치고 첩이 그 사실을 누설하자 입을 막고자 죽였으며 궁궐 같은 자신의 집을 보며 불평한 자를 극형에 처했고 방간의 거사 때(제2차 왕자의 난) 구경만 하다 사위를 보내 도우려고 한 일이 있사옵니다."

사헌부는 덧붙여 조준이 음란하고 사치스럽고 남의 전답과 노비를 강탈하는 등 붓으로 다 기록 못 할 정도라며 처벌을 강렬히 청했다. 정종은 탄핵상소를 읽고 난 뒤 한마디로 일축했다.

"이 죄목들은 과인이 아는 것과 다르니 더는 거론하지 마라!"

사헌부에서 다시 조준의 처벌을 청하려고 하자 정종은 단호한 뜻을 밝혔다.

"조준의 성품으로 보아 가슴 아프게 여길 것이다."(《정종실록》)

조준과 이방원의 사이는 더더욱 각별했다. 조준은 처음부터 이방원의 편에 서서 그의 세자책봉을 강력히 주장했었다. 신덕왕후 강씨의 차남 방석을 세자로 추천하는 배극렴과 맞서 이방원을 내세웠다. 그러나 묵살되자 사직했었고 태조의 만류로 다시 문화좌시중을 지냈지만 신덕왕후 강씨의 무고로 한때 투옥까지 됐었다. 또 제1차 왕자의 난 후에도 이방원의 세자책봉을 주장했고 결국 옹립할 수 있었다.

정종 2년(1400) 7월, 조준은 이방원의 부인인 민씨(훗날 원경왕후)의 동생 민무구와 민무질에게 무고되어 투옥된 적이 있었다. 조준은 민씨 형제가 벼슬을 청하는 것을 거절했는데 그들이 유언비어를 만들어 대간(감찰임무의 대관과 왕에 대한 간쟁임무의 간관)에 사주한 결과였다.

이방원이 적극적으로 엄호하고 나섰다.

"조준은 정인군자다. 옥사를 꾸며 사지에 넣을 수는 없다."

이방원의 도움으로 석방된 조준은 8월에도 다시금 옥에 갇히는 수모를 겪어야 했다. 대간에서 사병혁파를 위해 패기(牌記, 병적부)를 즉시 바치지 않았다고 상소해 참찬문하부사 이거이가 계림부윤으로 좌천되는 일이 벌어졌다. 그러자 경상도관찰사 조박이 지합주사 권진에게 건넨 말이 화근이었다.

"이거이 부사가 조준의 말을 믿은 것이 후회된다고 하였소. 사병을 혁파할 때 조준이 왕실을 호위하는 데는 군사를 강하게 하는 것보다 더한 것이 없다고 해서 그 말만 믿고 즉시 패기를 바치지 않아 죄를 짓게 되었다는 거요."(《동각잡기》)

신하들이 연명해 조준의 처벌을 청하자 정종은 일단 치죄를 명하면서 이방원에게 자문을 구하라고 일렀다. 조준은 격분해서 자신은 그런 말을 한 적이 없다고 눈물로 항변했다. 조사를 위해 옥에 들어갈 수밖에 없었다.

이방원이 힘주어 역설했다.

"태상(太祖)께서 개국하시고 주상께서 왕위를 이으시고 불초한 이 몸이 세자가 된 것은 모두 조준의 공이다. 옛날의 공을 잊고 허와 실을 고사하지도 않고 사람들 말만 믿는다는 것은 하늘이 두려운 일이로다. 행여 조준이 죄를 입어 죽게 된다면 사람들이 무어라 말하겠는가!"(《국조보감》)

신중하게 조사한 결과 조박과 권진의 말이 처음 대간에서 올린 상소와 달랐다. 이거이와 조박을 대질시키자 진실이 명백히 드러났다. 말문이 막혀버린 조박은 이천으로 좌천되고 권진은 귀양을 갔다. 조준은 '넋이 빠져 어리둥절하고 똑바로 쳐다볼 뿐 말을 한마디도 못해 거의 죄가 성립될 뻔했는데'(《동각잡기》) 이방원이 구원해 무사히 석방될 수 있었다.

조준은 그해 11월 이방원이 등극하면서 복직되었고 다시 좌정승을 거쳐 영의정부사로 승진할 수 있었다. 이미 조준은 제1차 왕자의 난 때 적극적인 참여는 없었지만 이방원의 책봉을 주장했고 그 후로도 뜻을 굽히지 않아 사직을 안정시켰다는 공로로 정사(定社) 일등공신에 책봉되었다. 이방원이 조준을 끝까지 끌어안은 것은 정도전에 맞서 정치적 대립을 벌여준 탓도 있을 것이다.

조준은 이방원, 태종 곁에 오래 머물지 못했다. 영광이 지속될 것만 같았던 조준도 역사의 무대에서 내려와야 했다. 태종 5년(1405) 60세로 세상을 떠난 그의 영의정부사로서 재임은 그다지 빛나지 않았다. 태종 곁이 아닌 그 전의 행보가 더욱 화려했다. 태종은 조준에게 '문충(文忠)'이라는 시호를 내렸다. 그는 시문에 능했고 토지제도에 밝은 학자로 하륜 등과 함께 《경제육전》을 편찬하고 시문집 《송당문집》을 남겼다.

훗날 조선 중기의 문신이자 청백리 가운데 한 사람인 김양진이 조준을 평한 내용이다.

'조준은 일찍이 임금 앞에서 문득 울었다가 문득 슬퍼했다는데 뉘우치는 것 같아도 속으로는 죄를 관대히 용서받고자 하는 계략이니 이는 거짓 회개한 것이다.'(《해동잡록》)

《태종실록》에는 조준을 이렇게 기록하고 있다.

'죽은 뒤 어진 정승을 평할 때 풍채와 태도 그리고 기개는 조준을 으뜸으로 삼았다. 또 항상 이름을 부르지 않고 조정승이라 칭했으니 처음부터 끝까지 공경하고 소중히 여겼다.'

태종의 슬픔과 아쉬움은 그리 오래가지 않았을 것이다. 왜냐하면 이미 그의 주변에는 입맛에 더 맞는 새로운 인물이 맴돌고 있었기 때문이다. 그중 하나가 바로 하륜이다.

문충(文忠) 하륜(河崙, 재임 1408~1409 1409~1412 1414~1415)

놀이기구를 만든 처세의 달인

왕자의 난으로 형 정종마저 왕위에서 물러나게 한 뒤 그 자리에 앉은 태종의 입가에 미소가 떠나지 않았다. 자신에게 등을 돌린 채 함흥으로 가버린 아버지 태조가 한성부로 오고 있는 중이었다.

태종은 기쁜 마음에 도성을 나와 미리 기다리고 있었다. 태조를 환영하기 위해 마련한 장막들 안에는 산해진미 잔칫상으로 가득했다. 연회장을 둘러보던 하륜은 불길한 생각이 들어 급히 태종에게로 다가갔다.

"상왕께서 노여움을 모두 풀어버리지는 않았을 터인데 전하를 향해

활이라도 겨누게 되면 큰일이옵니다."

태종의 미간이 심하게 일그러졌다. 태조가 신궁으로 명성을 떨쳤나는 사실을 누구보다 잘 알고 있는 그였다.

"당장 장막을 받치고 있는 기둥을 더 굵고 큰 것으로 교체하겠사옵니다."

얼마 후 태조가 모습을 보였는데 역시나 활을 메고 있었다. 예상대로 태조가 태종을 향해 '노한 낯빛을 띠더니 흰 새 깃털의 백우전을 힘껏 쏘았다.'(《축수편》) 태종은 재빨리 기둥 뒤로 피해 무사 할 수 있었다.

연회가 벌어지자 태종이 잔을 받들어 태조에게 헌수하려고 했다. 하륜이 환관을 시키라고 속삭였다. 태종이 환관에게 잔을 올리게 하자 태조가 단숨에 비우고는 웃으며 비로소 소맷자락에 숨겨둔 쇠방망이를 꺼내놓았다.

"하하하, 모두가 하늘의 뜻이로다!"

태조는 앙금이 남은 탓인지 한성부로 가지 않고 이곳에 장기간 머물게 되었다. 의정부 삼정승과 각 대신들은 정무논의와 재가를 위해 찾아와야만 했다. 태조는 아직 어새를 넘겨주지 않고 있었다.

현 경기도 중북부에 위치한 시(市) 의정부(議政府)의 지명을 유래시켰다고 할 만큼 태조의 가슴에 사무친 원망은 매우 컸다. 그 후 태종을 부른 자리에서 태조가 말했다.

"옛다. 네가 갖고 싶어 하는 게 바로 이것이니 가져가라."

태종은 눈물을 흘리며 태조처럼 세 번 사양하다가 어새를 받았다.

잠룡의 숨고르기

하륜(1347~1416)은 고려 말 조선 초의 문신으로 이방원을 도와 왕위에 오르게 했으며 왕권강화의 기틀을 다지는 데 큰 역할을 했다. 본관은 진양(晉陽)으로 순흥부사를 지낸 아버지 하윤린과 어머니 진주 강씨 사이에서 태어났다. 부인 예의판서 이인미(이인임 동생)의 딸 성주 이씨와 1남 2녀를 두었다.

이인복(이인임 형)을 스승으로 섬긴 하륜은 이색의 문하에서도 성리학을 수학하며 정도전, 정몽주, 조준 등과 교류했다. 10세부터 학업에 정진했는데 한번 익힌 것은 단번에 외우는 영특함으로 공민왕 9년(1360) 14세 때 사마시에 합격해 국자감유생이 되었다.

음양, 의술, 풍수, 도참, 천문 등에 능통했던 하륜은 늘 서책을 가까이했다. 그러다 공민왕 14년(1365) 과거에 급제하자 이인복이 대성할 인재로 판단해 동생 이인미의 딸과 혼인하도록 한 것이다. 하륜은 권신 이인임과도 친분을 쌓으며 정치수업을 받았다. 가장 대표적인 인척으로 불릴 만큼 각별했다.

하륜은 과거급제 후 춘추관검열을 거쳐 감찰규정이 되었다. 출세욕과 성취욕이 강했고 이를 뒷받침해줄 처세술도 남달랐던 그였다. 순조로울 것이라고 믿었던 관직생활에 첫 고비가 찾아왔다. 공민왕 18년(1369) 승려 출신 개혁정치가이자 권력실세였던 신돈의 식객 양전부사가 저지른 비행을 탄핵한 것이 시발이었다. 신돈의 막강하게 커진 권력을 상대로 맞서다 지영주군사로 좌천된 뒤 파직까지 당했다.

공민왕 19년(1370) 공민왕의 친정(親政) 선언으로 신돈의 집권시대는 막을 내렸다. 역모를 획책한 신돈이 다음 해 처형되자 하륜은 복직되어 다시 지영주군사의 자리로 돌아왔다. 그는 이곳에서 향교를 처음 세우고 백성들의 교육에 애썼다. 백성들의 구제를 위해 약재를 건조시킬 수 있는 제민루를 건립했다. 이는 훗날 놀이 장소와 학술 강습장으로도 활용되었다. 향서당을 지어 지역 사람들의 학풍을 진작시켰다. 이와 같은 선정이 안렴사 김주에 의해 높이 평가되어 보고되자 고공좌랑에 오르고

밀직사첨서사를 거쳤지만 시련과 또 맞닥뜨려야 했다. 우왕 14년(1388) '최영의 요동공격을 반대하다가 경기도 양주로 귀양 가게 되었다.'((태종 실록)) 위화도회군 이후 복직되었는데 《고려사절요》에 따르면 귀양의 원 인이 '이인임의 인척이었기 때문'이라고 한다.

공양왕 1년(1389) 영흥군 왕환(신종 6대손)이 일본에서 돌아왔을 때의 일 이다.

"저 자는 가짜다!"

하륜과 지밀직사사 이승인, 신극공, 박천상 등은 왕환이 아니라고 주 장했다. 왕환이 오자 '나라 사람들이 자못 그를 의심하고'((태종실록)) 있 던 차였다. 왕환은 공민왕 20년(1371) 처남 신순이 신돈의 일파로 몰려 처형되자 연좌되어 울릉도에 유배되었었다. 그 후 생사가 묘연했는데 일본에 표류되어 있다는 소식을 들은 부인 신씨가 종을 시켜 회례사(외교 사신)를 따라가게 해 데려올 수 있었다.

18년 만에 귀국한 왕환은 의심을 받기에 충분했다. 우선 외모가 닮지 않았으며 자신이 살던 장소도 못 알아보고 심지어 조부의 이름조차 기 억하지 못했다. 그의 아내 신씨는 지아비를 아는 것은 부인밖에 없다며 맞서 송사가 벌어졌다. 부인 신씨는 물론 두 아들과 종친들까지 왕환이 틀림없다고 증언하자 하륜 등은 무고죄로 유배형에 처해졌다.

다음 해인 공양왕 2년(1390) '윤이·이초의 사건'이 일어났다. 파평군 윤이와 중랑장 이초가 명나라 홍무제를 찾아가 공양왕과 이성계가 군사 를 일으켜 공격할 것이라고 무고했다. 또 이를 반대하는 이색, 우현보, 조민수 등 신하 19명이 살해되거나 유배될 것이니 토벌해줄 것을 요청 했다. 정도전이 명나라로 가서 모두가 무고임을 해명하고 돌아와 이색 과 우현보 등 온건개혁파세력을 일소할 수 있었다.

"그리고 이성계는 실은 이인임의 후손이옵니다."

이 말은 무려 2백 년간 이어진 '종계변무(宗系辨誣) 사건'의 발단이 되었다. 명나라 법령들을 집대성한 종합 행정법전인 《대명회전》에 태조가 이인임의 후손이라고 기록된 것이다. 이 사실을 뒤늦게 알게 된 조선은 오류를 바로잡아달라고 태조 3년(1394)부터 역대 왕들이 명나라에 주청했으나 매번 실패했다. 선조 22년(1589) 비로소 태조의 아버지 이자춘이 제자리를 찾을 수 있었다. 일종의 '조선 왕실 뿌리 찾기'로 조선의 왕실은 잃었던 조상을 되찾은 기쁨이었다.

귀양살이를 끝낸 하륜의 보폭이 빨라졌다. 공양왕 3년(1391) 전라도순찰사로 있다가 다음 해 조선의 개국을 맞이하게 되었다. 하륜이 전라도로 떠날 때 고관들이 연회를 베풀며 전송할 때의 일이다. 기녀 설매가 하륜을 향해 시 한 수를 바쳤다.

> 그대에게 다시 한 잔 술을 권하노니　　　(勸君更進一杯酒)
>
> 서쪽으로 양관을 나서면 벗들도 없을 걸세　(西出陽關無故人)

그곳에 모인 '사람들에게 아름답다고 칭찬을 한 몸에 받은'(《해동잡록》) 그녀는 훗날 수청을 들라는 배극렴에게 수모를 안겨준 바로 그 설매다. 하륜과 먼저 인연이 있었던 모양인데 그러나 정도전에게 만큼은 늘 우선권을 박탈당하는 위치에서 신음할 수밖에 없었다.

사실 하륜은 이색, 정몽주, 권근 등과 정치적 입장이 같아 처음에는 조선왕조를 반대했었다. 그러다 권근과 마찬가지로 정치적 변신을 꾀했고 태조 2년(1393) 경기좌도관찰출척사가 될 수 있었다. 이때 부역제도를 개편해 전국적으로 실시토록 했다. 백성들이 조상대대로 경작해온 사유지의 많고 적음으로 부역을 정한 것이다. 재물과 권세로 횡포를 일삼던 토호들의 원망이 있었으나 차츰 그 공평함에 복종하고 각 도에서 모두 이를 본받아 제도로 정할 수 있었다.

하륜은 개국 초기 정도전과의 불화로 그다지 비중 있는 직책은 맡지 못한 것으로 평가된다. 그렇다고 출세욕의 가쁜 숨소리까지 죽이며 살 수는 없었다.

왕의 남자

태조 3년(1394) 새 도읍지를 결정할 때였다. 이미 태조가 충청도 계룡 산으로 도읍을 옮기려고 하자 풍수학설을 근거로 반대해 중지시킨 일이 있었던 하륜이 나섰다.

"전하, 도선비기에 보면 한수(漢水)가 명당에 들어온다는 말이 있사오 니 무악(毌岳)의 남쪽으로 정하는 것이 옳은 줄 아옵니다."(《필원잡기》)

《도선비기》는 통일신라 후기 승려 도선의 풍수서로 무악의 남쪽은 현 재 서울시 서대문구 신촌 일대를 말한다. 조준이 반대 의견을 내놓았다.

"무악의 남쪽은 땅이 좁아 도읍으로 마땅치 않사옵니다."

조준과 신하 대부분이 반대를 해도 하륜은 뜻을 굽히지 않았다.

"비록 공간이 좁다 해도 송도의 강안전과 평양의 장낙궁에 비하면 조 금 넓은 편이옵니다. 하옵고 고려의 비록(秘錄)과 중국에서 통행하는 지 리의 법에도 부합한 줄 아옵나이다."(《태조실록》)

태조는 곰곰 생각하더니 왕사(王師) 무학대사에게 살펴보라고 명을 내 렸다. 얼마 후 길을 떠났던 무학대사가 돌아와 합당한 궁궐터에 대해 설 명했다.

"인왕산을 진산(鎭山, 뒤쪽 큰 산)으로 삼고 백악(북악산)과 남산이 좌우 의 용호(龍虎)가 되어야 하옵니다."

이번에는 정도전이 제동을 걸었다.

"예로부터 임금은 모두 남쪽을 향해 앉아 나라를 다스렸사옵니다."

무학대사는 자신의 말을 따르지 않으면 앞으로 후회할 일이 생긴다며 우려를 드러냈다.

"신라 의명대사가 일찍이 말하기를 한양에 도읍을 택할 적에 정씨(鄭氏)의 시비가 있다면 오 대(代)를 넘기지 못해서 왕위를 찬탈당하는 화가 일어날 것이며, 이백 년 만에 전국이 혼란에 빠지는 난리가 올 것이라고 하였사옵니다."(《오산설림》)

무학대사의 경고를 무시한 탓인지 제5대 단종 대에 세조의 왕위찬탈이 일어나고 약 2백 년 후에는 전국 혼란의 임진왜란이 발발한다.

정도전의 의견대로 궁궐터(현 경복궁 위치)가 정해지고 도읍지 '한양부'가 결정되었다. 태조 3년(1394) 정치기반이 마련되었다고 판단한 태조는 궁궐이 채 완성되기도 전에 천도를 단행했다. 한양부는 다음 해 조선시대 공식 명칭인 '한성부'로 개칭된다.

하륜은 자신의 주장이 실현되지 못한 아쉬움을 접은 채 중추원첨서사에 전보되었다. 하륜에게는 그만큼 정도전이 높고 단단한 벽과도 같은 존재였다. 두 사람 모두 이색의 문하에서 수학하던 동문이었어도 방향과 속도는 달랐다. 하륜과는 달리 정도전은 조선 개국 후 스승과 동문들을 가혹하게 대우했다. 하륜은 정도전을 포용할 수 없었지만 우위에 서지도 못했다. 상대적으로 능력을 펼치지 못한 채 중앙정계에서 권력을 휘두르는 맛조차 느낄 기회가 없었다. 그러나 훗날 태종 11년(1411) 정도전에 대해 기막힌 복수를 하게 된다.

만약에 도읍지 선정 때 하륜의 의견이 관철되었다면 또 다른 의미의 역사 속 주인공으로 이름을 남겼을지도 모른다. 한 나라의 심장이자 중심인 수도는 탄생시키지 못했어도 강원도 한 지역에서 만큼은 유래의 주인공 가운데 한 사람으로 회자되고 있다. 강원도 양양군 동남쪽 현북면 하광정리에 위치한 정자 '하조대(河趙台)'는 고려 말 이곳에 잠시 은

거했던 하륜과 조준의 성을 따서 붙인 이름이다. 두 사람이 풍류를 즐기며 놀았다고도 하는 이곳에는 정자와 울창한 소나무 숲을 배경으로 하조대해수욕장 등이 해안을 아름답게 꾸미고 있다. 조선 후기 실학자 이중환은 '하조대 경치를 한 번 보면 10년 세월이 흘러도 그 사람 얼굴에 대자연의 기상이 서려있다.'(《택리지》)고 수려한 경치를 극찬했다. 소나무와 조화를 이룬 하조대 일출 장면은 애국가 영상에 담겨져 '애국송'이라는 별칭이 붙기도 했다.

잠시 침체기를 견뎌내고 있던 하륜의 가슴에는 '애국'이 있었을까. 아니면 아직 발톱을 드러내지 않고 있는 '야욕'만이 가득 차 있었을까. 조선왕조를 찬성하지 않다가 정치적 변신을 통해 편승한 그에게 조선은 애국의 무대일지 출세의 무대일지 아직 불투명한 상황이었다. 사료 속 그의 동선을 들춰보면 입신양명에 목말라 있었던 것만은 분명하게 읽혀진다. 보다 깊게 역사에 새겨지는 이름을 원했으리라.

중추원첨서사로 있다가 다음 해 부친상을 당해 사직한 하륜은 다시금 도약을 위한 시간을 가져야 했다. 날개를 마음껏 펼치지 못하고 움츠려 있던 그에게 이방원과의 친교는 인생 전환점이 되었다. 어느 날 그는 오랜 벗인 민제(이방원의 장인)에게 넌지시 속내를 건넸다.

"그동안 내가 사람의 상을 많이 봤는데 공의 둘째 사위만한 사람은 없었소이다. 내가 보기를 청하니 소개 좀 해주시오."(《동각잡기》)

하륜은 이방원을 만나 첫눈에 왕기(王氣)가 있음을 느꼈고 가까운 사이로 발전할 수 있었다. 이방원에게서 왕이 되겠다는 야심까지 확인한 하륜은 그때부터 사람들에게 그를 일컬어 '하늘을 덮을만한 영특한 기상이 있다.'(《국조보감》)며 입버릇처럼 떠들고 다녔다.

이방원은 기대와 달리 자신이 개국공신에도 들지 못한 현실에 분통을 터뜨리고 있었다. 정도전, 조준 일파의 견제라는 사실에 더 분기탱천했다. 태조를 추대했던 52명의 신하들 모두 공적에 따라 차등으로 개국공신에 봉해졌고 엄청난 전답과 수십 명의 노비를 하사받았다. 개국 일등공신 조준의 경우 부귀를 감당 못 하겠다고 즐거운 비명을 지를 정도였다. 사병을 거느려 각자의 세력을 구축할 수도 있었다. 또 모두가 조정의 핵심인물로 부상한 채 권력을 쌓아가고 있는 판국이었다.

시기적으로 서로가 잠룡(潛龍)이었던 하륜과 이방원의 만남은 누구도 상상치 못할 힘을 조성하는 데 최적이었다. 하륜은 완벽한 이방원의 남자가 되어갔다. 이방원은 다른 형제들과는 사뭇 다른 자질을 갖고 있었다. 형제들 대부분 무인으로 성장한 반면 그는 무예나 격구보다는 학문을 더 좋아했다. 그런 면에서 무력도 중요했지만 하륜과 같은 존재는 해결사이자 책사로서 손색이 없었을 것이다.

날개를 단 킹메이커

하륜이 1년여의 공백기를 깨고 예문춘추관학사로서 다시 관복을 입은 것은 태조 5년(1396)이었다. 명나라와의 표전시비(表箋是非)로 정도전과 정면으로 대립하게 되었다.

조선에서 보낸 외교문서에 명나라를 모욕하고 예의에 어긋난 글귀가 있다며 홍무제가 트집을 잡았다. 문서를 작성한 정도전을 압송하라는 요구가 떨어지자 하륜은 마땅히 보내야 한다고 주장했다. 정도전이 체면상의 이유로 거부해 하륜이 대신 계품사로 가서 사건의 전말을 세세히 보고하고 납득시킨 뒤 돌아올 수 있었다. 정도전과의 승부에서 우위를 점한 것도 잠시 뿐이었다.

한성부부윤으로 있던 하륜은 정도전의 미움을 받아 계림부윤으로 좌천되었다. 현재의 서울시장에서 지방도시 시장으로의 추락이었다. 중앙 정계 권력의 날개를 꿈꾸던 그에게 무릎이 꺾이는 일이었다. 날기는커녕 뛰기조차 힘든 시간 속에서 태조 6년(1397) 설상가상 '박자안 사건'이 터졌다. 전라도안무사 박자안이 왜구를 놓친 일로 하륜도 연루되었다는 죄명 아래 정도전 일파에게 탄핵을 받아 파면 후 수원부에 안치되었다. 그의 정치적 맷집은 강해 곧 누명이 벗겨져 복직될 수 있었다. 정치 수난의 연속인 것은 분명했다.

그 무렵 이방원은 정도전 등에 의해 세자책봉에서 밀려나고 사병마저 빼앗길 위기에 몰려 돌파구를 찾고 있었다. 세자 방석을 돕고 인도한다는 구실로 정계를 주름잡던 정도전, 남은과의 대립으로 더 곤궁에 빠진 상태였다. 자신과 왕자들이 힘을 잃게 될 운명이라 칼을 먼저 뽑아들 수밖에 없었다.

관상과 도참에 능한 처세 달인 하륜의 발끝은 자연히 이방원에게 향했다. 그는 충청도순찰사로 임명되었는데 눈치 빠른 '정도전이 이방원에게서 떼어놓기 위해서였다.'(《용재총화》)고도 한다.

하륜은 임지로 가기 전 마음속 군주로 삼고 있는 이방원에게 전해야 할 말이 있었다. 마침 이방원의 집에서는 연회가 벌어지고 있어 손님이 많아 독대할 기회를 찾지 못했다. 하륜은 취한 사람처럼 비틀대며 이방원 앞으로 가서 술을 따르는 척하다가 술상 위로 넘어졌다. 술과 음식들이 옷에 튀자 이방원이 정색하며 안채로 들어갔다. 하륜은 불경죄를 저질렀으니 사죄해야겠다며 급히 뒤따랐다. 하륜이 이방원에게 은밀히 말했다.

"지금 정안공의 운명이 매우 위급합니다. 그래서 상을 엎어 장차 나라에 위태로운 환란이 있다는 것을 미리 알린 것입니다. 신은 곧 충청도로 떠나야 하니 오래 머물지 못합니다. 허나 이숙번이 한성으로 올 것이니 그 자를 믿어도 좋을 것입니다."(《용재총화》)

실록에서는 이방원이 먼저 하륜에게 자문을 구했다고 나와 있다.

"다른 계책은 없고 오직 선수를 써 쳐 없애는 것뿐입니다. 다만 아들이 아버지의 군사를 희롱해 죽음을 면하는 것이니 비록 상위(태조)께서 놀라더라도 결국 어찌하겠습니까?"(《태종실록》)

하륜은 정도전을 제거할 방법까지 귀띔하고는 자리를 떴다. 지안산군사 이숙번을 추천해 지원병력 동원의 조치를 취하는 치밀함도 잊지 않았다. 이숙번은 정릉 수비임무를 맡게 되어 군사들을 이끌고 오는 중이었다. 하륜처럼 권력에서 소외된 이숙번 등도 이방원을 지지하고 있었다. 정말 이방원이 이숙번을 불러 뜻을 전하자 그가 자신만만하게 대답했다.

"손바닥 뒤집듯이 쉽사온데 무슨 어려움이 있겠습니까."

태조 7년(1398) 마침내 이방원은 정변의 칼을 뽑아들 수 있었다. 하륜은 이 '제1차 왕자의 난' 때 현장에 있지 못했다. 그러나 이숙번 군사들이 이방원의 기동 호위병력이 될 수 있게 만드는 등 여러 도움을 주어 정변 성공에 결정적 역할을 했다. 이방원에게 하륜은 천군만마 이상이었다.

《태조실록》을 보면 정변 바로 직전 이방원 집 앞에 '모두 모이게 되었지만 기병은 겨우 10명 보졸은 9명뿐이었다.'고 기록되어 있다. 또 '여러 왕자의 시중꾼과 노복은 10여 명으로 모두 몽둥이를 들었고 소근만이 칼을 쥐고 있었다.'는 것이다. 아무리 기습을 노린다고 해도 이 병력으로는 불가능하다. 이숙번이 장사 두 명만을 거느렸다고도 하는데 그는 휘하 군사를 경복궁에 출동시킨 장본인이다. 이방원에게는 사병이 있었고 병기 역시 부족하지 않았다. 정도전의 사병혁파 조치 때 이방원이 모두 태워버리라고 한 것을 부인 민씨가 동생들과 함께 친정집으로 빼돌렸던 것이다. 그런데도 실록에 등장하는 병력이 터무니없게 축소된 이유는 무엇일까. 《태조실록》의 편찬이 이루어진 것은 이방원이 왕위에 오른 뒤 하륜에 의해서였다.

소식을 들은 하륜은 한성부로 급히 올라갔다. 우선 사람들을 동원해 정변의 선언부터 했다. 군사들에게 뒷수습을 지시한 뒤 도성 안팎의 동태를 살필 때였다. 갑자기 웬 여인이 달려들더니 하륜의 말 앞에 꿇어앉으며 간절히 말했다.

"저는 김주의 처되는 사람이옵니다. 제발 그때의 일을 헤아리시어 제 남편을 살려주십시오!"

하륜이 고려 공민왕 18년(1369) 신돈과 맞서다 지영주군사로 좌천되고 파직 후 다시 복직되었을 때 자신을 높이 평가해준 안렴사 김주를 말하는 것이었다. 그때 하륜은 고을 기녀들 모두와 관계를 가진 난잡한 자라며 담당 도사(都事)가 고과점수에서 최하급을 주려고 했었다. 그러자 김주가 '하륜의 기상을 보니 한 고을에 오래 굽히고 있을 인물이 아니니 그만 덮어 주라.'(《용재총화》)고 해서 최상급을 받을 수 있었다. 김주는 세자 방석의 편에 섰다는 이유로 목숨이 위태로운 지경이라 그의 부인이 나섰던 것이다. 하륜은 그때의 은혜를 생각해 김주를 구해주었다.

하륜은 개인적으로 눈엣가시였던 무학대사가 말한 '정씨의 시비', 정도전과 남은이 제거되자 비로소 날개를 단 기분이었다. 한마디로 신권(臣權)강화를 부르짖던 정도전이 왕권(王權)강화를 도모하려는 하륜에게 패한 것이다. 그 무렵 '저 남산에 가서 돌을 쪼는데 남은 정이 없다.'는 동요가 불려졌다. 돌을 다듬는 '정(釘)'은 정(鄭), '남은'은 남은(南誾)과 같은 음으로 예언이라도 된 듯 얼마 후 정도전과 남은이 살해되었다.

그 후로도 하륜은 킹메이커로서 이방원이 왕좌로 가는 길을 위해 온갖 소임을 다했다. 정종 즉위와 함께 정사 일등공신이 되었고 '제2차 왕자의 난'을 거쳐 이방원이 등극하자 좌명(佐命) 일등공신에 책훈될 수 있었다.

이방원에게 이제 남은 것은 자신이 구상한 밑그림을 통해 완성시킨 큰 그림에 마음껏 채색하는 일이었다. 그가 왕위에 오를 수 있었던 원동력은 감성보다 이성으로 현실을 직시하는 능력 덕분이었다. 형 정종을 즉위시킨 뒤 양위형식으로 그 자리를 물려받은 것은 한마디로 그의 정치철학을 요약할 수 있는 부분이다. 그 곁에는 왕권정치를 추종한 심복 하륜이 있었다.

이방원과 마찬가지로 야망을 이룬 하륜이었지만 승자의 여유였을까. 개인의 영달만을 추구하려는 게 아니었다는 듯 나름대로 소신을 펼쳤다. 전답을 조사하고 측량하라는 명이 내려지자 지체 없이 상소를 올렸다.

"고려 말기에는 근본적인 대책이 없어 미리 전답을 조사해 조세를 거두지 못했사옵니다. 그 탓에 혹 전쟁이 있거나 홍수와 가뭄을 당해도 수요를 공급치 못해 기민구제가 어려워 번번이 궁한 백성으로 하여금 고통 받게 하였나이다. 원하옵건대 다른 도(道)의 예에 의거해 토지의 비옥한 것과 척박한 것을 가려 조사 측량하게 하옵소서."(《고사촬요》)

정도전을 짓밟고 날아올랐다가

정종 대에 정무기관인 도평의사사를 의정부로 개편한 바 있었다. 태종이 즉위하고 다시 관제개혁이 이루어졌는데 '의정부와 삼군부를 혁파하고 좌정승과 우정승을 모두 정1품으로, 시랑찬성사를 종1품으로, 참찬을 정2품으로 해서 하륜, 성석린을 각각 좌정승과 우정승에 임명했다.'(《성소부부고》) 하륜은 이미 태종의 즉위 직전부터 정승 반열에 오른 채 정국을 주도해왔다. 우정승의 요직을 거친 그는 태종 2년(1402) 좌정승이 될 수 있었다.

태종은 하륜을 등극사로 명나라에 보내 제3대 황제 영락제의 등극을 축하하도록 했다. 하륜은 명나라로 떠나기 전 조박과 이첨 등에게 확고

한 신념을 밝혔다.

"황제가 이미 천하와 함께 새로운 출발을 했으니 우리 임금의 작명(爵命)과 인장도 그대로 둘 수 없소이다."(《국조보감》)

하륜이 조선왕조를 승인하는 고명인장(誥命印章)을 받아오자 태종은 크게 기뻐하며 전토와 노비를 하사하고 청화정에서 연회를 베풀었다. 하륜의 양 날개는 더욱 견고해져 태종 5년(1405) 좌정승 세자사(世子師, 세자 스승)가 되고 다음 해에는 중시독권관으로서 변계량 등 10명을 선발할 수 있었다.

더 높은 비상을 막으려는 듯 하륜의 날개를 꺾으려는 시도가 있었다. 태종 6년(1406) 거리 곳곳에 익명서가 내걸렸다. 가뭄이 든 이유가 하륜이 정권을 잡은 탓이라는 내용이었다. 하륜이 사직을 청하자 태종이 타일렀다.

"짐이 옛글을 본 바로는 가뭄은 누구의 잘못 탓이 아니다. 그 죄는 실상 짐에게 있을 터인데 어찌 경과 관계가 있다고 할 수 있겠는가. 지난 갑신년(1404) 여름에도 가뭄이 지속되자 경이 사직하고자 했지만 머지않아 홍수가 발생한 것만 봐도 알 수 있도다. 유언비어와 비방 따위를 믿지 않는데 경에게 어찌 혐의가 있다는 말인가."(《국조보감》)

하륜은 권력가로서 책임을 다할 수 있는 일에 몰두했다. 이첨과 함께 《동국사략》을 편수하고 태종 8년(1408) 태조가 죽자 다음 해 영의정부사가 되어 군정개정과 태종의 명에 따른 《태조실록》 편찬에 착수했다.

조정에서 《태조실록》의 편찬 시기에 대한 논란이 일었다. 사관이 예전의 사기(史記)를 보면 실록은 모두 3대 후에 쓰여서 불가하다는 주장을 펴자 하륜이 불편한 심기를 드러냈다.

"그 사기라는 것도 모두 사군(嗣君, 왕위를 이은 왕) 때에 이루어졌는데 근거 없는 말이 무엇이 그리 대단한가?"

사관이 옛 신하로서 섬기던 왕의 실록을 다룬다면 후세 사람들이 어떻게 여기겠느냐고 되묻자 하륜은 목소리를 높였다.

"태조대왕의 일을 사관이 어찌 완벽히 기록하겠소? 노련한 신하가 죽지 않았을 때에 본말(本末)을 갖추어 적어 실록을 만들어야 하는 게 마땅하오!"(《태종실록》)

개인 또는 특정 세력에 의해 실록(정사)은 은폐되거나 왜곡될 수 있다는 점에서 논의 여지가 많은 대목이다. 한 예로 실록에서 드러난 정도전의 최후는 비굴하기까지 하다. 죽기 직전 단검 한 자루를 든 채 방에서 기어 나오며 태종에게 '살려 달라'고 애걸복걸했다는 것이다. 상대적으로 신뢰성이 부족하다는 실록 초기 기록이고 왕실의 정당성을 세우는 과정에서 기술된 것이라 정확하다고 볼 수는 없다. 승자는 태종이고 실록을 만든 중심인물은 그의 핵심 측근인 하륜이다.

기록에 대한 남다른 재주가 있었는지 하륜은 태종 11년(1411) 또 다른 필화사건을 일으켰다. 태조 7년(1398) 스승 이색이 죽자 하륜은 비문을, 권근은 행장을 각각 썼었다. 그런데 '이색을 꺼려해 내쫓고 거짓을 꾸며 잡아 가두고 태조가 즉위하자 극형에 처하려고 했다.'(《태종실록》)는 대목이 문제를 일으켰다. 이색을 꺼려하는 사람이 바로 태종이라는 주장 때문이었다. 사지에 몰린 하륜을 구한 것은 그의 세치 혀였다.

"그는 전하가 아니라 바로 정도전이옵니다."

태종은 하륜의 주장을 그대로 믿어 '이색의 비문사건'은 일단락되었다. 하륜을 두고 '충직한 신하라 그의 덕의(德義)를 존중해 항상 손님이나 스승으로 대접하노라.'(《국조보감》)고 했던 태종이었기에 가능한 일이었다.

정도전에 대한 하륜의 마지막 앙갚음은 혹독한 상처를 남겼다. 정도전은 만고역적으로 역사에 새겨지고 그의 후손들은 벼슬길이 막혀 곤궁에 처해졌다. 그러나 하륜은 말할 것도 없고 정도전까지 역사 바로잡기에 있어 자유로울 수는 없게 된다. 두 사람이 저지른 살인교사는 오랫동안 묻혀 있다가 세종 대 영의정부사 황보인에 의해 수면 위로 떠오르고 망자의 원통함이 그나마 풀린다.

누군가를 탄핵하면 언젠가 자신에게도 똑같은 올가미가 돌아오는 법인지 '정치 미꾸라지' 같은 하륜에게 다시금 철퇴가 날아들었다. 권력이 생기면 재력에 눈길이 가는 법인가 보다. 태종 13년(1413) 하륜이 권세를 믿고 사사로운 인사 청탁을 수없이 받고 경기도 통진(김포) 고양포의 간척지 일부를 개인 농장으로 착복했다며 대간에서 탄핵했다. 하륜은 공신이라는 이유로 태종의 비호 속에 역시 무사할 수 있었다.

하륜은 다음 해 영의정부사에 재임명되었다. 파란곡절 끝에 단 날개로 너무 높이 날아올라 힘이 부쳤는지 70세가 된 태종 16년(1416) 치사(致仕, 늙어 벼슬을 사양하고 물러남)를 청했으나 태종이 윤허하지 않았다.

"신은 이제 나이가 많고 병까지 들어 전하 곁에 머물 수가 없사오니 통촉하여 주시옵소서."

태종은 끝내 그를 붙잡지 못했다. 나라에 큰 일이 있을 때 자문하는 것으로 만족을 삼았다. 그해 10월, 태종이 함경도에 사신을 보내 선왕의 능침을 두루 살피려고 하자 하륜이 자청했다. 태종은 하륜이 '늙은 신하라 망설인 끝에 뜻을 가상히 여겨 친히 교외까지 나가 전송했다.'(《동문선》) 태종의 우려대로 하륜은 돌아오는 길에 병이 났다. 태종이 놀라 급히 내의를 보냈으나 정평군 관아에서 숨을 거뒀다.

태종은 꿈에 '태조가 대노하는 것을 보고 깬 다음 병을 얻어 죽었다.'(《동각잡기》)는 하륜을 '한성부 집으로 운구해 빈소를 정하도록 명하고 친림해 매우 슬퍼하며 시호 문충(文忠)을 내렸다.'(《국조보감》)

다음 해 사헌부에서 도총제 이백온(태조 이복형의 아들)이 복상중인 하륜의 첩을 강제로 취하려고 한다며 치죄를 주청했다. 태종이 대노하며 호통을 쳤다.

"하륜은 사직의 원훈인데 종친인 이백온이 감히 그런 짓을 하다니 기필코 용서하지 않으리라!"

사후 명예까지 지켜줄 만큼 태종에게 총애를 받은 하륜을 야사에서는 '성품이 후중해 평소 언성을 높이거나 안색이 붉어지는 일이 없었고 정승이 돼서는 대체(大體)에 힘을 썼다.'고 적고 있다. 그는 왕권강화를 위해 정치제도 개편의 주도적인 역할을 한 것만은 사실이다. 그 일환으로 재상의 권한을 축소했다. 저화(楮貨) 발행으로 재정확충을 도모했으며 백성의 의견을 수렴할 수 있게 신문고 설치와 호패법 실시라는 치적도 남겼다. 또 '공민왕 이하의 기록이 대부분 진실하지 않다는 태종의 명에 따라 《고려사》를 다시 편수했다.'(《악천집》)

음양과 의술 그리고 풍수를 비롯해 도참, 천문, 지리, 역사, 고전, 예악 등은 물론 시문에도 조예가 깊었다는 하륜이 남긴 시다.

일찍이 젊어 예서 꽃을 한 번 보았는데 　(少年曾此一看花)
지금 늙어서 다시 오니 감개가 무량하네 　(老大今來感慨多)
세월은 머물지 않아 사람 모두 바뀌었는데 　(歲月不留人換盡)
눈앞의 풍물들은 오히려 번화하기만 하네 　(眼前風物尙繁華)

그 번화한 풍물들을 어느 위치에서 바라보게 될지 알고 싶었던 것일까. 그는 종정도(從政圖)라는 놀이기구를 만들었다고 알려져 있다. 놀이의 방법은 '종9품부터 정1품까지 관작의 차례를 놓고 주사위 여섯 면에 덕(德), 재(才), 근(勤), 감(堪), 연(軟), 빈(貧) 등 6자를 써서 덕과 재면 올라가고 연과 빈이면 그만 두는 것으로 마치 벼슬길과 같았다.'(《용재총화》)

종이 말판 위에서 누가 가장 먼저 높은 관직에 올라 최종점인 봉조하(奉朝賀, 은퇴 원로대신을 예우해 내리는 특별 명예직)에 도착하는가를 겨루는 놀이였다. 최고는 영의정부사를 거쳐 '사궤장(賜几杖)'으로 끝나고 최악은 파직에서 '사약(賜藥)'으로 종지부를 찍게 된다. 사궤장은 나이 들어 관직에서 물러나는 대신, 중신에게 앉을 때 벽에 세우고 기댈 수 있는 '등받이와 지팡이를 하사' 받는 것이고 사약은 말 그대로 불명예이자 죽음이다.

하륜은 희로애락이자 자신의 인생역정과도 같은 놀이기구를 남김으로써 무엇을 말하고자 했을까. 아마도 고착화된 사람이나 삶이 아니라 이런 사람 저런 인생도 있음을 말하고 싶었던 것은 아니었을지 생각하게 한다.

그가 남긴 것 가운데 또 하나가 다음 대 왕 세종의 속내다. 세종은 아버지 태종과 다르게 하륜에 대해 씁쓰레한 뒷맛을 감추지 않았다.

"하륜의 사람 됨됨이를 아는데 학식이 넓고 정사에 재주가 있어 재상의 체모는 있었어도 청렴결백하지 못했다. 또 일을 애매모호하게 처리했으며 늘 무엇이든 아뢸 때에는 여염의 청탁까지 시간을 끌며 두루 말해 태종대왕께서 피곤해하셨다. 내 생각에는 그를 보호하고 유지시키기 어려웠을 텐데도 태종대왕께서는 능히 보전하셨다."《세종실록》

세조 대 영의정을 지낸 최항이 과거에 응시할 때 지은 시다.

　　대지가 뜨거워서 일월이 이글거리니　(大地窮炎蕩二精)
　　들리는 우레 단지 하늘 한 쪽뿐이네　(尺天雷鼓但轟轟)《해동잡록》

'제1차 왕자의 난' 때 많은 관리와 백성이 하륜에게 해를 입었고 태조가 비록 개국의 공은 있으나 작은 한 쪽 하늘에서 내는 소리에 불과하다

는 뜻이다. 하늘에서 우레가 울릴지언정 누가 경계하고 두려워하겠느냐
는 냉소나 다름없다.

조선호 초대 선장 태조는 이미 이 세상 사람이 아니고 하륜마저 역사
에서 사라졌다. 우레와 같은 기적소리 울리며 본격적인 항해를 시작한
조선호는 과연 어느 넓이의 하늘을 거느릴 수 있을까. 순항을 위한 조선
전기의 일등항해사 영의정들은 어떤 역할을 할지도 기대된다.

황희

익성(翼成) 황희(黃喜, 재임 1431~1449)

아, 18년!
내가 이러려고 영의정을 했나?

황희가 퇴청 후 집에 오자 딸이 맞이하며 불쑥 물었다.

"아버님, 이는 옷에서 생기는 게 맞지요?"

황희가 그렇다고 하자 딸은 자신이 내기에 이겼다며 기뻐했다. 난처
해진 며느리도 물었다.

"이는 살에서 생긴다고 알고 있는데 아닙니까?"

황희가 또 그렇다고 하니 이번에는 며느리가 좋아했다. 이를 지켜보
던 황희의 부인이 끼어들었다.

"이그, 송사를 벌이는 마당에 양쪽 모두 옳다고 하시니 누가 대감께 슬기롭다고 하겠습니까?"

황희가 씩 웃으며 딸과 며느리를 한자리에 불러 모았다.

"무릇 이라는 것은 살이 아니면 생기지 않고 옷이 아니면 붙어 있지를 못하는 벌레라서 두 말 다 옳다고 한 것이니라. 허나 옷장 속에 있는 옷에도 이가 있고 행여 옷을 벗고 있다 해도 가려울 때가 있을 것이다. 이는 땀이 나는 살과 풀 먹인 옷 사이에서 떨어지지도 않고 붙어 있지도 않은 상태로 생기기 때문이니라."(《연암집》)

이를 놓고 가족송사까지 벌일 만큼 황희의 궁색함은 정승이 되어서도 변함이 없었다. 여름철 장맛비가 내릴 때면 집 곳곳이 새는 바람에 늘 도롱이를 입거나 갈모를 써야 할 지경이었다. 그런데도 걱정하는 부인에게 웃으며 '이런 것도 없는 집에서는 어찌 견디겠소?'(《필원잡기》)라는 여유를 부렸다. 다른 집에는 나름대로 준비가 돼있을 것이라는 부인의 대답에 그저 웃기만 할 뿐이었다.

황희는 마당의 복숭아를 이웃 아이들이 함부로 따먹자 '나도 맛 좀 보게 다 따지는 마라.'(《용재총화》)고 할 만큼 느긋함을 보였다. 그것이 너그러움에서 생겨난 것일 수도 있다. 어쨌든 무탈하게 세상을 살 수 있었던 처신의 근원이었다. 내외 관직을 두루 거치면서 조선 개국 초 문물과 제도의 정비에 한 획을 그은 그는 그래서 정적을 만들지 않고 순탄한 정치활동을 할 수 있었다. 그런 성품은 세종과의 만남에서 더 돋보였다.

입만 열면 파직이라니

황희(1363~1452)는 조선 전기의 문신으로 인품이 원만하고 청렴해 18년간 세종에게 두터운 신임과 함께 백성들에게도 존경을 받았다고 알려져 있다. 본관은 장수(長水)로 아버지는 판강릉대도호부사 황군서이며 어머니는 감문위호군 김우의 딸 용궁 김씨다. 첫째 부인은 판사복시사 최안의 딸 최씨로 딸 하나를 낳고 일찍 세상을 떠났다. 둘째 부인 공조전서 양진의 딸 청주 양씨와는 아들 치신, 보신, 수신, 직신과 딸 하나를 두었다.

황희는 명성 있는 집안의 아들로 태어났어도 어머니가 정실부인이 아니라 서자라는 꼬리표를 달게 되었다. 그는 일찍이 스스로 밝히기를 '나는 정실의 아들이 아니다.'(《단종실록》)고 할 만큼 치부로 여기지는 않았는데 어머니가 종이었다는 설도 있다. 열 달이나 말라있던 개성 송악산 용암폭포가 황희를 낳자 다시 흘렀다는 이야기가 전해진다.

황희는 서자의 운명과는 달리 어릴 때부터 총명하고 민첩하며 기억력이 뛰어나 한번 익힌 것은 잊지 않았다고 한다. 학업에 열중하는 모습을 보고 모두들 장차 큰 인물이 될 것이라고 칭찬을 아끼지 않았다. 그 응원의 힘이었는지 더욱 학업에 매진해 경서, 사기, 제자백가의 글에 통달했다. 14세 때인 우왕 2년(1376) 고관이나 공신의 자제에게 무시험으로 벼슬을 주는 음서제를 통해 출사해 복안궁녹사가 될 수 있었다. 그 후 '21세에 사마양시(생원, 진사시험)에 합격했으며 27세에 문과급제로 습유 우보궐이 되었는데 성격이 곧아서 바른 말을 과감히 했다.'(《조야첨재》) 창왕 2년(1390) 성균관학관으로 있다가 2년 뒤 고려가 망하자 유신들과 함께 개성 두문동으로 들어가 은거했다고도 알려져 있다.

역성혁명파에 의해 최영이 처형되자 고려 여인들은 그의 영혼을 달래는 당제를 지냈다. 제물을 위해 다진 돼지고기를 태조의 이름을 붙여 '성계육'이라고 부르며 만두소로 이용했다. 고기를 넣고 끓인 국을 '성계탕'이라고도 했다. 돼지를 제물로 바친 이유는 원수처럼 여기고 있던 태조가 태어난 것이 을해년(1335)으로 돼지띠였기 때문이다. 또 가래떡을 태조의 목이라 여겨 비튼 결과 생겨난 것이 '조랭이떡'이라고도 한다.

남자들은 무시와 외면으로 새 왕조에 항거했다. 조선에 나와 벼슬을 하라는 태조의 청을 거부한 조의생, 맹호성, 임선미 등 72명은 두문동에 들어가 나오지 않았다. 여기서 생겨난 말이 '두문불출(杜門不出)'로 태조를 인정하지 않겠다는 고려 유신들의 의지였다.

그들은 끝내 고려에 대한 충성과 지조를 위해 부조고개에서 조복을 벗어던지고 조선왕조를 거부했다. 여기서 '부조현(不朝峴, 새 왕조에 불복함)'이란 지명이 생겨났고 '갓걸재' 역시 마찬가지다. 갓을 벗어 걸어두고 고개 넘어 숨어버린 것이다. 한편 '부조고개'에 대한 유래도 있다. 유신들은 귀화를 반대하고 마을 입구에 문을 달아 잠가놓은 채 나가지 않았다. 그런데 조선왕조가 '과거에 응시하라는 명을 내리자 차라리 도붓장사를 하겠다며 고개 넘어 가버렸다고 해서 붙여진 이름이고 그 문을 괘관문(掛冠門)이라 했다.'(《두문동칠절비문》)는 것이다. 과거시험을 보려거든 맞고 가라고 채찍을 그 문에 걸어두기도 했다. 그렇게 떠난 개성의 고려 유신들은 정말 생존수단으로 신분계급 사농공상(士農工商) 가운데 최하위였던 상인을 선택했다. 이것이 '개성상인'의 시초가 되었다고 한다.

간의대부 차원부가 세상을 떠나자 대부분 귀향했지만 13명은 끝까지 남아 회유에 굴복하지 않았다. 조선 조정에서는 단호한 조치로 두문동을 포위한 채 불을 질러버렸다. 이때 죽은 사람 가운데 조의생, 맹호성, 임선미를 두문삼절(杜門三絶)이라 부른다.

황희가 그곳에 있었는지는 확실치 않다. 은거한 것은 사실이나 화재 직전 나왔다거나 태조의 간청으로 다시 벼슬길에 올랐다는 해석도 있다. 또 함께 있던 연로한 유신들이 망국의 고통 속에 사는 고려 백성들을 위해 벼슬을 받으라고 권유한 결과라고도 전해지고 있다. 만약 황희에 대한 청렴하며 충효가 지극하고 바른 말을 과감히 했다는 평가가 사실이라면 가능했을 것이다.

어쨌든 황희는 상인의 길 대신 조선왕조로 나아가 태조 3년(1394) 성균관학관으로 세자의 스승인 세자우정자도 겸임했다. 그 후 파직과 복직의 굴곡이 이어졌다. 태조 7년(1398) 문하부우습유 재직 중 간관(사간원·사헌부 관원)으로서 사사로이 국사를 논의했다고 문책되었고 파직 후 문하부우보궐에 복직되었다. 경기도도사를 거쳐 정종 2년(1400) 이후 형조, 예조, 이조, 병조 등의 정랑을 지냈다.

태종 1년(1401) 도평의사사경력에 발탁된 뒤 병조의랑에 체직되었지만 다음 해 부친상으로 사직했다. 태종 8년 민무휼(태종 처남) 등이 벌인 횡포를 일소해 태종이 가장 신임하는 신하로 발돋움할 수 있었다. 태종의 총애 속에 형조, 병조, 예조, 이조의 판서를 두루 역임하다가 태종 16년에는 세자 양녕대군의 행각을 감싸 다시 파직의 길로 들어섰다.

태종은 막내아들 성녕대군이 14세의 나이로 요절한 슬픔이 가시기도 전에 세자인 장남 양녕대군 일로 애를 태워야 했다. 양녕대군이 방탕한 생활로 자격 논란에 휩싸였다. 그가 하도 사고를 쳐서 태종은 속이 상한 나머지 밤새 울다 목이 쉴 정도였다. 11세 때 세자로 책봉된 양녕대군은 스승이 오는 날 해괴한 장난까지 서슴지 않을 정도로 천방지축이었다. 자유분방해서 엄격한 궁중생활을 견디지 못하고 몰래 빠져나가는 일이 허다했다.

양녕대군은 유교적 교육과 엄격한 궁중생활, 특히 세자로서 지켜야 할 예의법도에 잘 적응하지 못했다. 스승이 오면 공부할 준비는커녕 매를 부르는 소리를 냈다. 겨우 앉아 글공부를 하다가도 동궁 뜰에 놓은 새덫에 새가 잡혔다며 뛰쳐나가기 일쑤였다. 조정의 하례에 참석하기 싫어 꾀병을 부리거나 아예 늦잠을 자버렸다.

성인이 돼서는 사냥과 풍류를 즐기다 사고까지 치고 '노래와 여색에 빠져 학업에는 노력하지 않았다.'(《용재총화》) 유교적 생활을 추구하던 유학자 출신 신하들은 일찌감치 세자의 폐위를 거론하는 분위기였고 급기야 태종마저 양녕대군에게서 멀어져갔다. 양녕대군의 광패함은 날로 늘어 그를 밤마다 꾀어내 방탕한 짓을 함께 일삼는 무리가 생겨났다. 태종은 그들을 치죄한 뒤 양녕대군의 행실에 대해 묻자 황희가 답했다.

"신, 이조판서 황희 아뢰오. 그들이 한 짓은 그저 응견(鷹犬, 사냥매와 사냥개)에 불과할 따름이옵니다. 하옵고 세자저하께서는 아직 연소하옵니다. 아직 연소하옵니다."(《태종실록》)

황희는 23세의 양녕대군이 나이가 어리다는 점을 거듭 강조하다가 파직당했다.

누가 자식농사를 잘 지었나

정치생명이 끝나는가 싶었던 황희는 다시 태종의 부름을 받고 공조판서로 복귀할 수 있었다. 평양판윤을 거쳐 한성부판사가 된 태종 18년(1418) 더 커다란 난관에 봉착하고 말았다.

양녕대군의 폐위를 야기한 결정적인 사건이 터졌다. 그동안 '진상하는 매를 중간에서 갈취하고, 궁궐 담을 넘어 잡인들과 탄자로 등을 쏘고, 비파를 타며 거리를 쏘다니고, 밤이면 악공을 불러 아침까지 바둑을 두면서 술에 취하는 일'(《소문쇄록》) 따위는 부정(父情)으로 눈감아 줄 수도 있었다. 전 중추원부사 곽선의 첩 어리를 납치해 궁궐 안에 두고 임신까지 시킨 일은 태종으로서도 결코 용서할 수 없었다.

화가 난 태종은 양녕대군에게 궁궐 밖 외출과 알현마저 금하라는 명을 내렸다. 양녕대군은 처벌이 부당하다는 상소를 직접 올렸다.

"어이하여 전하의 여자만은 모두 궁궐로 들여 소중히 여기시나이까. 절대 앞으로 새사람이 되어 전하의 마음에 들게 하지는 않을 것이옵니다."

대노한 태종은 신하들의 주청에 따라 양녕대군을 폐위하고 세종을 새 세자로 책봉하고자 했다. 태종은 양녕대군을 바라보며 '내가 눈물을 흘리는 것은 너로 인해서가 아니라 나라에 부끄러워서다.'(《국조보감》)고 했을 만큼 가슴 깊이 남는 충격의 골이었다.

이번에도 황희가 양녕대군을 옹호했다.

"전하, 세자저하의 폐위만은 불가하옵니다. 국본(國本)을 쉽사리 바꿔서는 아니 되는 일이오니 부디 통촉하여 주시옵소서."

이미 태종의 마음에서 양녕대군은 떠난 뒤였다.

"지난번에도 양녕을 두둔하더니 저 행실을 보고도 또 그 따위 소리요? 다시는 그 이름을 입 밖에 내놓지 마시오!"

세자의 폐위를 막고자 극간했던 황희는 아예 조정을 떠나야 했다. 그 역시 폐서인(廢庶人)되어 경기도 파주로 귀양을 갔다.

세종에게 양위하고 물러난 태종은 쉽게 노여움이 가시지 않았다. 신하들이 파주가 한성부와 가깝다며 드세게 항의하자 황희를 전라도 남원으로 이배시켰다. 황희는 그곳에서 몇 년을 더 머물러야 했다. 그나마 위안은 이배될 때 압송하지 말라고 사헌부에 내린 명과 어머니와 함께 살도록 해준 태종의 배려였다.

태종의 완고함에는 충분한 이유가 있었다. 그의 심중에 자리한 것은 그 다음 차례인 효령대군이 아니라 셋째 아들 충녕대군(훗날 세종)이었다. 양녕대군의 폐위를 결정했을 때 태종은 자신의 속내를 털어놨었다.

"효령은 자질이 미약하고 성질이 곧아서 세심하게 일처리를 못 한다. 내 말에 그저 빙긋이 웃기만 해서 나와 중궁은 항상 그런 얼굴만 보아왔다. 충녕은 제 아들 가운데 아직 어려도 허우대가 크고 튼튼한 놈이 있으며 비록 술을 잘 못하나 적당히 마시고 그칠 줄 안다. 허나 효령은 한 모금도 마시지 못하니 이 또한 불가하다. 그리하여 충녕이 대위를 맡을 만하니 그를 세자로 정하겠다."

태종은 효령대군이 온순한 성격에 효성과 형제애 또한 지극했어도 그 것만으로는 왕위를 물려주기가 불안했다. 세자자리를 놓고 칼에 피를 묻혀야 했던 자신의 이력을 놓고 볼 때 나약한 효령대군이 탐탁지 않았 다. 그보다는 차라리 지혜롭고 현명하다고 여긴 충녕대군이 낫다는 판 단이었다.

태종을 원망했을지도 모를 황희의 아들들은 어떠했을까. 양녕대군을 지켜보며 그 역시 자식농사에 대한 청사진을 그려봤으리라. 첫째 아들 황치신은 동부승지, 예조참의를 거쳐 호조판서 등을 지냈으며 판중추부 사에 이르렀고 그 후 우의정에 추증되었다. 둘째 아들 황보신은 정4품 종친부전첨을 역임했고 한성소윤과 이조참의에 추증되었다. 셋째 아들 황수신은 우의정과 좌의정을 거쳐 영의정에 올라 2대에 걸쳐 가문의 영 광을 이뤘다. 반면 넷째 아들 황직신은 업적이 적은 것으로 보아 높은 벼슬은 하지 못한 듯하다.

황치신이 학업에 전념하자 태종이 '동중서가 장막을 가리고 강의했던 것에 뒤지지 않는다고 해서 동(董)이라는 이름을 하사했는데 나중에 치 신으로 고쳤다.'(《임하필기》)고도 한다. 동중서는 중국 한나라 유학자로 제 자를 가르칠 때 장막을 치고 그 안에서 강의하기로 유명했다. 장막 안에 서 강의를 들은 제자로 하여금 다음 제자에게 그 내용을 다시 설명하게 하는 독특한 방식이었다. 그 탓에 스승의 얼굴을 한 번도 보지 못한 제 자도 있었다.

조선 전기 문신 김종직의 시문집 《점필재집》 속 황치신에 대한 소감 이다.

'왕조가 열린 지 백 년이 되도록 그동안 태평현상(太平賢相)으로 불린 이는 겨우 한둘인데 그중에도 황희가 가장 으뜸이라고 모두가 칭송한다. 고국(故國)이란 교목(喬木)이 아니라 세신(世臣)이 있음을 이르는 것이다. 황희의 자손으로서 진정 부친의 업을 잘 계승하고 옛 녹봉과 벼슬을 잘 보존해서 부모를 욕되게 하지 않았다면 그가 바로 세신이니 황치신을 두고 하는 말이다.'

황치신은 '아전으로 있을 때 지나가는 여자와 간통'(《세종실록》)했으며 '남의 종을 탐내 함부로 빼앗았다가'(《세조실록》) 관직에서 잠시 물러나는 오점을 남기기도 했다.

황희의 아들 가운데 단연 돋보이는 것은 셋째 아들 황수신이다. 그가 대여섯 살 무렵 벗들과 신나게 뛰놀던 중 한 아이가 우물에 빠지는 사고가 벌어졌다. 모두 놀라 뒷걸음쳤지만 황수신은 주저 없이 우물에 들어가 아이를 구해냈다. 황희가 그 소리를 듣고는 흡족해서 말했다.

"사람을 구제하려는 뜻과 위급한 일을 구원하는 재능이 있으니 우리 집에 또 한 사람 큰 정승이 났다!"

황수신이 흥천사에서 공부를 하고 있을 때 수양대군(훗날 세조)이 마침 그곳을 찾게 되었다. 황수신과 아이들이 서책을 읽고 있자 수양대군이 모두 불러 모았다.

"지금부터 사운시를 외우게 할 텐데 누가 으뜸인지 지켜보겠노라."

사운시는 네 구(句)의 끝에 운을 맞추어 짓는 시로 황수신이 가장 먼저 한 글자도 빠뜨리지 않고 외웠다. 훗날 왕이 된 세조는 황희의 셋째 아들이 흥천사에서 만났던 황수신이란 사실을 알고 어명으로 그에게 관직을 내렸다.

황수신이 평양에 갔을 때 중국 사신 황엄을 위한 연회가 벌어지던 중이었다. 관상학에 뛰어난 황엄이 황수신을 보더니 대뜸 말했다.

"오, 아들은 당연히 이렇게 낳아야 하는 법이지. 장차 틀림없이 큰 그릇이 될 것이야. 참으로 잘 생긴 아이로다."

잘난 아이가 큰 그릇이 되기까지는 어려움이 따랐나보다. 조선 중기 문신 유몽인이 엮은 설화집 《어우야담》에 의하면 황수신에게 사랑하는 기녀가 하나 있었다고 한다. 황수신이 하루가 멀다 하고 기방 출입을 하자 황희는 못마땅했다. 몇 번이고 엄히 꾸짖었지만 황수신은 마이동풍이었다. 더군다나 '술을 종일 마음껏 마셔도 조금도 취한 빛이 없었다.'(《필원잡기》) 할 만큼 주당이라 하루라도 가지 않고는 못 견뎌했다.

늦은 밤 황수신이 거나하게 취해 집으로 올 때였다. 조복을 차려입고 기다리던 황희는 대문 밖까지 나가 귀빈을 맞이하듯 예를 다했다. 황수신이 당황해 넙죽 엎드리며 이유를 묻자 황희가 대답했다.

"그동안 이 아비가 너를 아들로 대접해왔는데 도통 말을 듣지 않았다. 이는 네가 나를 아비로 생각지 않은 것이니 이제부터는 손님을 대하듯 할 참이다."

크게 뉘우친 황수신은 그날로 기방 출입을 않기로 맹세하고 학업에 정진할 수 있었다. 세종 5년(1423) 사마양시에서 낙방의 쓴잔을 마셔야 했다. 이때 시험 감독관으로부터 부진한 학문을 지적받자 모욕감에 더욱 노력하게 되었다. 과거시험에는 다시 응시하지 않았다. 그는 과거시험을 거치지 않고 정승을 지낸 몇 안 되는 인물 가운데 하나가 되었다. 아버지 황희와 마찬가지로 음서제를 통해 관직에 나갔다. 그는 단종 1년(1453) 수양대군의 왕위찬탈을 지지해 좌익(佐翼) 삼등공신에 오를 수 있었다. 어쨌든 조선 후기의 붓은 '황치신과 황수신이 가문을 빛내고 벼슬이 높았던 것은 효성과 우애가 그 바탕이었다.'(《매천속집》)고 적고 있다.

부지런한 왕을 모신다는 것

황희는 태종과 달리 자식 교육에 있어 대놓고 서로를 비교하는 일은 없었을 것이라 짐작된다. 아마도 한 농부에게서 얻은 깨달음이 작용하지 않았을까 싶다. 황희가 밭을 갈던 농부를 만났을 때의 이야기다. 황희가 무심코 두 마리의 소 가운데 누가 부지런하고 일을 더 잘 하느냐고 물었다. 농부가 쟁기를 놓고는 황급히 뛰어오더니 황희의 귀에 대고 작은 소리로 말했다.

"실은 저기 저 검정소보다 누렁소가 훨씬 낫지요."

그것이 무슨 큰 비밀이라고 가까이 와서 속삭이느냐는 황희에게 농부가 진지한 표정을 들이밀었다.

"큰일 날 소리 마시오. 아무리 말 못 하는 짐승이라도 그 할 줄 모르는 말을 들으면 기분이 좋겠소? 하물며 행여 알아들을시 주인을 위해 죽으라고 일만 하는데 그 앞에 대고 편애를 한다면 저 검정소가 얼마나 속이 뒤집히겠소."

그 말에 깨달음을 얻어 명정승이 될 수 있었다고 야사는 전한다. 황희에게 소의 자존심보다 중요한 저울질이 기다리고 있었다. 유배지 남원에서 수년째 머물고 있던 그에게 희소식이 전해졌다. 그는 그곳에서 《춘향전》의 무대가 된 광통루를 짓고 있었다. 그 후 세종 16년(1434) 남원부사 민여공이 증축했고 현재의 '광한루'라는 명칭으로 불리게 된 것은 세종 26년 전라도관찰사 정인지에 의해서다. 광한루는 달 속 선녀가 사는 월궁인 광한전(廣寒殿)의 '광한청허루(廣寒淸虛樓)'에서 따온 것이다

이몽룡이 어사가 되어 돌아온 것만큼이나 기쁜 소식은 상왕으로 물러나 있던 태종의 부름이었다. 태종은 양녕대군 폐위를 반대하던 황희가 미웠어도 믿음만은 버리지 않고 있었다. 그래서 세종에게 '황희의 과거 잘못은 어쩌다가 저지른 것이니 끝내 버려서는 안 되고 나라를 다스리

려면 반드시 필요하다.'(《소문쇄록》)고 건의했다.

황희는 한성부로 향하면서 처음 파주로 유배되었을 때 생질 오치선이 가져온 태종의 어찰을 떠올렸다.

'경은 공신은 아니어도 공신으로서 대우했고 하루라도 보지 못하면 반드시 불러서 접견했으며 하루라도 좌우를 떠나지 못하게 했다. 허나 대신과 대간들이 경에게 더 큰 벌을 주기를 청하니 한성부와 개성 사이에는 둘 수 없다. 경의 본관 장수에 가까운 남원으로 옮기게 할 것이니 어머니를 모시고 편하게 같이 가도록 하라.'(《소문쇄록》)

오치선이 돌아가는 길에 황희는 눈물을 담아 마음을 드러냈는데 태종에게 그대로 전해졌다.

"살과 뼈는 부모께서 주셨어도 생각과 판단은 모두 전하의 성은이었으니 신이 어찌 그 은덕을 배반하겠나이까. 실로 다른 마음은 없었사옵니다."

그런 군신유의(君臣有義) 속에서 태종을 섬기다 새로운 왕 세종을 떠받들게 된 황희였다. 그는 직접 세종의 세자책봉을 반대한 것은 아니었다. 장자계승의 원칙에 따라 세자 양녕대군을 지켜주려고 한 것이지만 세종을 대하는 자세가 남다를 수밖에 없었다.

황희는 큰 키에 풍채가 좋고 눈이 부리부리하게 생긴 편이었다. 그새 몸집이 더 불어났는지 '승정원에 들어서자 막 시골에서 왔고 몸체만 큼직할 따름이라 사람들이 특이하게 여기지 않았다.'(《소문쇄록》)고 한다. 단 한 사람만이 특별하게 바라봤을 텐데 바로 황희와 풍채가 흡사한 세종이었다. 세종은 원래 체구가 커서 육중한 편이고 평소 유독 육식을 즐겼다. 오죽했으면 태종이 '주상의 몸이 비중하니 무예를 통해 조절하고자 한다.'(《세종실록》)고 경기도관찰사에게 특단의 체중조절 관련 유시를 내릴 정도였다.

태종이 죽고 몇 달이 지난 어느 날 세종의 수라상에 너비아니구이가 올라온 일이 있었다.

"오, 아직 소찬(육류, 생선이 없는 반찬)을 먹어야 하거늘 어인 고기인고?"

세종이 반색하자 고명대신들은 태종의 유교가 있었다며 대답했다.

"승하하신 상왕께서 이르시길 전하께서는 육찬(육류 반찬)이 없으면 수라를 들지 않으니 상중이라도 드실 수 있게 하라 하셨사옵니다."

세종은 식성이 좋기로도 유명한데 하루에 수라상을 네 번이나 차리게 했다. 보통 조선시대 왕들은 수라상을 오전 10시와 오후 5시 하루 두 번 받는다고 알려져 있다. 물론 자리에서 일어나 간단한 죽으로 빈속을 달래는 자릿조반과 정오쯤 미음 등의 낮것상과 저녁 수라 후 야참까지 차려지지만 세종은 진수성찬 수라상 앞에만 네 번을 앉았다.

육식 애호가 세종은 육찬이 올라오지 않으면 태종의 말대로 상을 물리칠 정도였다. 어쩌다 나물 등 소찬뿐인 식사를 했을 때다.

"아, 이런 걸 먹으니 기운이 없어 손가락 하나 까딱할 수가 없구나."

신하들은 세종이 가뭄 등으로 금식하거나 간소한 식사를 하게 될 때도 은근히 육식을 권할 수밖에 없었다. 농사의 장려를 위해 직접 논밭을 갈던 중 비가 내리자 마침 심한 '허기를 느낀 나머지 소를 잡아 국을 끓여먹었다.' 는 이야기도 만들어질 만큼 세종의 육식 애호는 대단했다.

황희는 세종과 풍채만 닮았지 식탐은 적었던 모양이다. 모친상을 당한 황희가 상중이라 육식을 하지 않고 정무를 보자 세종이 건강을 염려했다.

"상복을 입고 있어도 나이 육십이 넘으면 괜찮다고 했으니 그를 불러 고기를 먹이도록 하라."

황희가 부름을 받고 빈청으로 가자 지신사 정흠지가 육찬들이 가득 차려진 상 앞에서 어명을 전했다. 황희가 황망히 머리를 조아렸다.

"앓고 있는 병도 없는데 어찌 감히 고기를 먹겠나이까. 청컨대 전하께이 뜻을 잘 아뢰어 주시오."

정흠지가 어명이라고 강조하자 황희는 '그제야 이마가 땅에 닿도록절하고 눈물을 흘리면서 고기를 먹었다.'(《동각잡기》) 정말 식탐이 없었는지 평소 집에서 식사를 할 때면 으레 이웃 아이들이 모여들었는데 황희는 '밥을 덜어주고 소란스레 앞 다투어 먹는 모습을 보며 그저 웃을 뿐이었다.'(《용재총화》) 심지어 식사 중에 '집안 종의 어린 자식들이 떼를 지어 몰려와 떠들며 자신의 수염을 잡아당기고 밥까지 집어먹어도 꾸짖지않고 미소를 지었다.'(《청파극담》)

유배에서 풀려난 황희는 직첩과 과전을 환급받고 참찬으로 복직된 뒤예조판서로 제수될 수 있었다. 그 후 강원도관찰사, 이조판서 등을 거쳐우의정에 발탁되면서 판병조사를 겸임했다.

황희의 눈에 비친 세종은 육중해보여도 부지런한 사람이었다. 신하들을 고통스럽게 하는 결과를 낳기도 했다. 한마디로 아침보다 빠른 '새벽형 인간'으로 매일 사경(새벽 1~3시)이면 일어나 하루 일과를 시작할 정도였다. 중앙집권체제를 위해 집현전을 설치하고 황희, 맹사성, 허조 등을등용해 왕권과 신권의 조화를 꾀하면서부터 더 굳어진 자세였다. 세종이 항상 근정전에 앉아 골몰하고 있어 '황희는 불시에 찾을까봐 조정을벗어나서도 관복을 벗지 못했다.'(《정암집》) 세종은 집현전의 학사들에게일찍 등청해 늦게 퇴청하라고 명하면서 '아침과 저녁 식사 때는 손님처럼 대하라.'(《용재총화》)고 본인의 처지가 떠올랐는지 먹는 것에는 인색하지 않았다.

황희는 세종을 바라보며 그에 맞는 정치동선을 몸에 배도록 노력했다. 신하로서 갖춰야 할 자격 가운데 충언 다음으로 필요한 것은 왕을본받는 일이기 때문이다.

이러려고 영의정을 했나

채찍과 당근책을 적절히 활용할 줄 알았던 세종은 드세게 몰아붙이는 성격까지 갖고 있었다. 밤낮 없는 과중한 업무에 시달린 나머지 '도망치듯 삭풍 몰아치는 북방으로 가겠다는' 김종서와 '어머니 3년상을 핑계로 낙향하려했다는' 정인지의 이야기가 만들어질 정도였다. 훈민정음 반포식이 있던 날 집현전학사 절반이 불참한 이유가 과로로 자리에 누운 탓이었다.

아직 황희는 세종의 속도를 따라잡을 수 없었는지 또는 나이 탓인지 하는 일마다 어긋났다. 세종 9년(1427) 좌의정이 된 65세의 황희는 그해 바로 파직되었다. 사위 서달이 자신에게 인사를 하지 않는 지방관아 아전을 종을 시켜 몽둥이로 때려죽이게 한 사건 때문이었다. 황희가 사건의 전말을 축소하고 은폐했으며 직권남용으로 조작했다는 혐의를 받았다. 한 달 뒤 복직할 수 있었지만 다음 해 더 큰 오명을 뒤집어써야 했다.

살인범 은닉죄와 간음죄였다. 어느 날부터 황희가 박포의 부인과 간음했다는 소문이 파다해졌다. 박포는 정종 2년(1400) '제2차 왕자의 난'의 직접적인 원인제공자로 이방원에게 불만을 품고 회안대군 방간(이방원 넷째 형)을 조종했다가 참수된 인물이다. 그런데 충청도에 살고 있던 그의 부인이 집안 종과 관계를 가졌다가 이를 알게 된 우두머리 종을 살해했다. 연못에 감춘 시체가 떠오르자 겁을 먹은 그녀는 한성부까지 도망쳐왔다. 하필이면 '황희의 집 마당 북쪽 토굴 속에 숨어 몇 년째 살다가'(《세종실록》) 이를 목격한 사람에 의해 소문이 퍼졌던 것이다.

세종 12년(1430)에는 관리소홀로 국마(國馬) 1천여 필을 죽게 해 사헌부에 구금된 제주감목관 태석균의 선처에 나섰다가 된서리를 맞았다. 좌사간대부 김중곤 등이 황희가 '사사로이 사헌부에 개입한 것은 대신으로서 자격미달이며 관례를 남기는 일이니 엄히 다스려야 한다.'(《세종실록))고 상소를 올리자 파직되었다. 파주 반구정에서 은거생활을 하다가 다음 해 복직되어 영의정부사에 올랐다.

허물을 덮고 황희를 영의정부사로 임용할 만큼 세종의 총애는 특별했다. 황희는 그 후 세종 31년(1449) 치사하기까지 무려 18년 동안 국정을 관리했다. 일선에서 물러난 뒤에도 국정 중대사의 자문을 구하는 세종에게 충심을 다하며 영향력을 발휘했다. 문종 2년(1452) 90세의 나이로 죽자 시호 '익성(翼成)'이 내려졌다.

후대의 붓은 결코 그를 긍정적이게 평가하지만은 않고 있다. 그에게 따라붙는 수식어는 청렴한 관리, 백성의 존경, 원만한 인품, 높은 학덕, 깊은 사리, 지극한 충효 등등이다. 그 흔적들은 곳곳에서 발견할 수 있다.

평소 '욕심이 없고 마음이 깨끗했다.'(《임하필기》)는 황희가 국정을 논할 때 공조판서 김종서가 공조에 명해 약간의 주과를 내오게 한 적이 있었다. 황희는 화가 나서 '예빈시를 조정 곁에 설치한 것은 삼공(三公)을 접대하기 위해서인데 만일 시장하다면 당연히 그곳에서 가져오게 할 것이지 어찌 사사로이 제공한다는 말인가!'(《동각잡기》)고 꾸짖었다.

강원도의 기근을 구제하고 돌아가자 '백성들이 그의 은덕을 사모해 행차를 멈추었던 곳에 대를 쌓고 소공대(召公臺)라 이름 짓고'(《조야첨재》) 칭송했을 정도로 존경을 받은 황희는 '너그러워 남의 뜻을 거스르지 않았다.'(《성호사설》) 누군가 삼각산이 무너졌다고 말하면 너무 높고 뾰족했었다고 답하고 그렇지 않았다고 할 때는 기세가 완전하고 굳건했다는 식으로 받아치고는 했다. 이처럼 '마음이 넓고 모가 나지 않아 윗사람이나 아랫사람에게 변함없이 예의로써 대했고'(《소문쇄록》) 부리는 종의 어린 자식들에게도 예외가 아니어서 '술상이 차려지면 남루한 옷차림의 아이들이 맨발로 들어와 수염을 잡아당기고 옷을 밟으면서 음식을 모두

집어먹어도 나무라지 않았다.'《청파극담》) 관대함으로 '평생 다른 사람의 잘못을 들추는 법이 없고'《임하필기》) 또 '기쁨이나 노여움을 겉으로 드러내지 않아 종들을 은혜로 대우해 매를 대지 않았으며'《청파극담》) 심지어 버릇없이 '뺨을 때리는 종의 자식들까지 있어도 제멋대로 하게 두었으며 글을 쓰려는데 아이가 종이 위에 오줌을 싸도 노여워하지 않고 말없이 손으로 닦아냈을 뿐이었다.'《필원잡기》)

학덕마저 높은 황희는 귀양살이를 할 때도 '문을 닫고 단정히 앉아 손님도 맞지 않고 다만 운서(韻書) 한 질에만 눈을 대고 있었을 뿐인데 그 뒤 늙어서도 글자의 획이나 음과 뜻에 대해 백에 하나도 틀리지 않았다.'《필원잡기》) 또 '나이가 많고 벼슬이 무거워질수록 더욱 겸손해 90세나 되었어도 늘 조용한 방에 앉아 종일 말없이 두 눈을 감았다 떴다 하며 글을 읽을 따름이었다.'《용재총화》) 그래서 '조선의 어진 정승을 논할 때는 반드시 으뜸으로 삼았다.'《묘비》)

국사를 의논할 때에는 '전례를 잘 지켜 고치고 바꾸는 것을 좋아하지 않았다.'《소문쇄록》)는 깊은 사리의 그는 '죽는 날까지 왕에 대한 충심으로 나라의 큰 일이 있어 자문을 구하러 찾아오는 세종을 성의껏 반겨 맞이했다.'《묘비》) 효심도 깊어 부모의 '상을 당해서는 나라의 일로 기복(起復, 상중에 하는 벼슬)을 시키려고 했으나 간곡히 사양하고'《조야첨재》) 묘 근처 여막에서 거처하다 세종이 끝내 허락하지 않자 어쩔 도리가 없어 관복을 입었다.

황희의 이면에 따라붙는 또 다른 수식어는 비리, 부패, 청탁, 뇌물수수 등이다. 황희가 치사를 청하자 몇 번이고 들어주지 않으려고 했던 세종에게는 충신이어도 청백리라고 단정 짓기는 모호한 상황들이다. 지난 1970년대 《조선왕조실록》, 《대동야승》 등을 국역하는 과정에서 특히 그의 부패, 청탁행위가 드러나 다른 시각의 평가가 대두된 것이다.

'황희는 부인 형제들의 위법이 발각되자 사간원에서 풍문만 듣고 벌어진 일이라는 변명의 글을 올려 구하려고 했고 아들 황치신에게 관청에서 몰수한 과전을 바꾸어 주려고 했다. 첩으로 삼은 술과 안주 등을 관리하는 내섬시 여종 사이에서 낳은 서자 황중생이 죽을죄를 범하자 자신의 아들이 아니라며 성을 조씨로 바꾸니 애석하게 여기는 사람이 많았다.' 《세종실록》)

그런데도 황희에 대한 미담이 넘쳐나는 것은 기득권을 지키려는 조선의 양반계층에 의해 미화되고 신격화된 결과라는 해석이다. 미담 대부분이 조선 중기 이후에 창작된 것이라는 점이 이를 뒷받침해주고 있다.

황희의 장례 때 상복이 하나밖에 없어 그것을 찢어 딸들이 나눠입었다는 유명한 일화는 그의 청렴함을 한마디로 표현해주고 있다. 이에 대해 후대에서는 '황희의 자녀가 종을 부리는 것을 사람들이 모두 아는데' 《단종실록》)라며 잠시 실체를 환기시켜준다.

재상으로서 18년 재임이라는 최장기 기록을 남긴 그였다. 18년은 단순히 정치의 숫자에 불과한 것이었을까. 길다고 다 좋은 것만은 아닌 듯싶은 것이 '성품이 지나치게 관대해 집안을 다스림에 단점이 있었으며 청렴결백한 지조가 모자라서 정권을 오랫동안 잡고 있었으므로 자못 청렴하지 못하다는 비난이 일었다.' 《문종실록》)는 평 때문이다.

황보인

충정(忠定) 황보인(皇甫仁, 재임 1451~1453)

왜 곁에 두고 싶은 왕은
서둘러 떠나는가

아버지 세종의 외모뿐만 아니라 학문을 좋아하는 성품까지 물려받은 문종은 그러나 뜻을 펼 수가 없었다. 완벽한 군주의 자질을 갖췄어도 돋보이지 못했던 것은 건강 때문이었다. 쇠약해진 몸으로 정무에 매달리던 그는 결국 병석에 눕고 말았다.

문종의 부름을 받은 영의정부사 황보인은 좌의정 김종서와 함께 달려갔다. 문종이 힘겹게 입을 열었다.

"이제 과인은 얼마 살지 못할 것 같소. 경들은 어린 세자를 잘 보전해주기 바라오."

황보인이 머리 숙이며 말했다.

"전하, 어인 말씀이옵나이까. 어서 옥체를 보존하시어 만백성의 어버이로 다시금 성심을 펼치옵소서."

황보인은 문종의 병색이 짙어 희망이 없다는 생각에 암담했다.

얼마 후 다시 찾아갔을 때는 문종에게 이미 죽음의 그림자가 짙게 드리워진 뒤였다. 문종이 어렵게 말을 이어갔다.

"세상이 어찌나 험악하고 잔인한지… 경이 더 잘 알고 있을 게요. 사람들은 또 얼마나 무서운지… 내 거듭 부탁하노니 세자가 보위에 오르면 곁에서 잘 보살펴주기 바라오."

할 말 잃은 황보인에게 문종이 마지막 숨결을 토해냈다.

"과인의 형제들이 강성해 있소."((야언별집))

문종은 강성한 형제들 중에서도 수양대군을 지목하고자 했다. 수양대군의 세도를 경계하고 있었던 그의 우려는 현실이 되었다. 단종이 즉위하자 수양대군은 숨겨둔 발톱을 드러냈다.

문종의 죽음은 단종과 황보인의 최후와도 연결되어 있었다.

관모를 거꾸로 쓸 만큼

황보인(1387~1453)은 조선 전기 문신으로 문종의 고명을 받들어 단종을 보필하다 수양대군이 일으킨 계유정난(癸酉靖難) 때 김종서와 함께 살해된 인물이다. 본관은 영천(永川)으로 아버지는 지중추원사 황보임이고 어머니는 고려 장군 안우의 딸 탐진 안씨다. 부인 양성 이씨와 3남 4녀를 두었다.

음서제를 통해 사헌부감찰 등을 역임한 황보인은 태종 14년(1414) 왕이 직접 참관해 선발하는 친시문과에 급제했다. 세종 대 장령, 강원도관찰사를 거쳐 병조판서가 되었다. 형조참의, 형조좌참판, 병조우참판 등을 지냈으며 세종 14년(1432) 사은사 정효전의 부사로 명나라에 다녀왔다.

권력욕과는 거리가 먼 황보인은 강직한 성품의 소유자로 알려져 있다. 언제나 섬기는 왕의 뜻을 저버리지 않기 위해 애를 썼다. 인자함으로 아랫사람을 함부로 대하지 않아 따르는 이들이 많았다. 또 무엇이 옳고 어느 것을 제 위치로 바로잡을지를 소신 있게 실천했다. 그 대표적인 예가 하륜 등에 의해 살해된 고려 충신 차원부의 신원(伸寃)이었다.

차원부는 간의대부에 있으면서 이색, 정몽주 등과 함께 성리학의 대가로 명성을 떨쳤다. 고려 말 정치가 문란해지자 황해도 평산 수운암동에 은거했으며 조선 개국 후에는 태조의 벼슬 권유마저 거절했다. 두문동 72인 가운데 하나이기도 한 그는 '하륜과 정도전 등이 첩의 아들임을 족보에 사실대로 적어'(《명재유고》) 원한을 사게 되었다. 하륜은 태조 7년 (1398) '제1차 왕자의 난' 직후 결국 '정도전, 함부림, 조영규와 더불어 그를 죽였다.'(《대동운옥》) 차원부는 자객에 의해 가족을 포함한 80여 명과 함께 살해되었다.

"전하, 차원부가 원통하게 죽어 그의 자손들은 곤궁에 빠졌사옵니다. 지금이라도 그를 구제해주는 것이 옳은 줄 아옵나이다."

황보인은 늘 '차원부가 억울하게 죽었다는 것을 잊지 않고 경연에서 아뢰어 특명으로'(《설원록》) 신원될 수 있게 했다. 이때 황보인은 차원부의 한을 간절히 설명하느라 관모를 거꾸로 쓴 줄도 몰랐다고 해서 '사람들이 도모지시(倒帽之侍, 관모를 거꾸로 쓴 시종)라 일컬었다.'(《해동잡록》)고 한다.

차원부가 직접 심은 매화와 국화가 있는데 의정부좌참찬을 지낸 정갑손이 애도시를 지었다.

매화는 매우 독한 자를 미워해 오랫동안 원망했고　　(梅憎孤毒怨多年)

국화는 세 흉한 자를 분하게 여겨 천만 년 원통하리라 (菊憤三兇痛萬千)

여기서 '독한 자는 하륜을 세 흉한 자는 정도전, 함부림, 조영규를 가리킨다.'((해동잡록)) 대부분의 자료가 '하륜이 보낸 자객' 또는 '하륜 등이 보낸 자객'이라고 적고 있다.

황보인의 노력으로 차원부는 시중에 추증되고 전라도 순천 운암사에 제향될 수 있었다. 조선 중기의 문신 '차천로가 차원부의 7세손이라고 한다.'((성호사설))

황보인의 성품을 일찍이 알아본 세종은 늘 가까이 두려고 했다.

"경은 대소를 막론하고 늘 짐의 행차를 호종해주시오."

세종의 신임은 황보인이 의정부좌참찬 겸 판병조사가 되면서 더욱 두터워졌다. 황보인은 세종의 곁을 잠시 떠나야 했다. 세종에게 서운함일지 몰라도 황보인에게는 역사적 업적을 남길 수 있는 기회였다. 황보인은 '문종의 유명을 받아서 단종을 돕다가 계유년에 죽었다.'((해동잡록))는 한 문장으로 일생이 요약될 수도 있었다. 그런 면에서 체찰사로서 절제사 김종서와 함께 함경도에 파견되어 6진(六鎭)을 개척한 일은 의의가 크다고 볼 수 있다.

6진은 여진족의 침입을 막기 위해 두만강 중하류 남쪽 기슭에 설치한 군사적 요충지다. 원래 이 방면의 통치는 태조의 아버지 이자춘 때부터 있었다. 조선 건국 후에는 두만강 하류까지 조선의 영토로 편입했다. 여진족의 침입이 잦아지자 세종은 보루 설치로 북방의 방어를 강화했던 것이다. 종성, 온성, 회령, 경원, 경흥, 부령으로 이뤄진 이곳은 '지형이 강 굽이로 갑자기 들어가 적이 왕래하는 지역에 해당되어'((여지승람)) 그대로 방치할 수 없었다. 황보인은 김종서와 함께 '직접 갑옷을 입고 온갖 고생을 겪어 가며 변방에서 임무를 수행'(《택당집》)했는데 무려 10년이 넘는 기나긴 과정이었다. 6진이 설치되고 남쪽의 백성들을 몇 차례에 걸쳐 옮기게 해 두만강은 조선의 동북쪽 국경으로 확립될 수 있었다.

세종 27년(1445) 세종이 병들어 눕게 되었다.

"앞으로 중대사를 제외한 나머지 정무는 세자에게 재가 받도록 하라."

세종의 명에 따라 세자 향(문종)이 대신 정무를 처리했다. 문종은 약 30년간 세자로 있으면서 세종을 보좌한 경험이 있어 실무에 지장이 없었다. 세자시절부터 고른 문·무 관리의 등용을 실천했고 왕이나 조정과 소통할 수 있는 언로(言路)를 자유롭게 열어 민정파악에 힘썼다. 왕위에 오르고는 아직도 언로가 좁다고 여겨 6품관 이상의 신하들에게 모두 윤대를 허용했다. 지위가 낮은 신하의 의견이라도 언제나 온화한 얼굴과 부드러운 말투로 겸허히 받아들였다. 신하가 속에 담은 말을 다하도록 배려한 것이다. 왕의 독재를 미리 차단하고 신하들을 통해 조정현황과 백성의 텅 빈 쌀독까지 헤아리고자 하는 속마음이었다.

투병에 들어간 세종에게 문종의 효성은 지극했다. 정무에 시달려도 세종에게 올리는 탕약과 수라를 직접 맛보고 살폈으며 밤이 깊어도 곁을 떠나지 않았다.

"그만 물러가서 쉬어라. 나도 이제 자련다."

세종이 힘들게 손짓을 해보여야만 그제야 자리에서 일어났다.

대업을 무사히 마친 황보인은 세종 29년(1447) 우의정에 이어 좌의정에 올랐다.

"오, 경의 노고에 찬사를 보내는 바이오. 진정 수고가 많았소."

세종은 병석에서도 애써 미소 지으며 황보인을 맞이했다. 그 미소는 오래 가지 못했다. 어느 날 잠시 회복된 세종은 세손 홍위(훗날 단종)를 곁에 앉혀두고 신하들에게 '세손을 경들에게 부탁한다.'(《축수록》)는 말을 남겼다.

성군으로 칭송받게 되는 세종이다. 세자 향이 문종으로 짧은 치세를 남긴 채 병사하고 세손 홍위가 뒤를 잇지만 수양대군에게 죽임을 당하는 비참함을 목도하지 않게 된 것은 그에게는 다행이었을까. 혁명으로 새 왕조를 열고 강화시킨 조부 태조(위화도 회군)와 아버지 태종(왕자의 난)이 물려준 권력의 벨트에 유교정치라는 문양을 완성한 세종이었다. 이제 그것을 문종의 곤룡포 허리에 채워주게 되었지만 아들 수양대군(계유정난)마저 피를 묻히리라고는 꿈에도 예상치 못했으리라.

세종 32년(1450) 세종이 죽자 문종은 슬픔을 이기지 못하고 충격에 빠졌다. 여막에 기거하면서 미음과 물조차 입에 대지 않았다. 몸이 상할 정도로 슬픔에 잠겨 자신을 돌보지 못했다. 등창이 막 호전되려던 즈음이라 걱정이 된 황보인이 아뢰었다.

"아직 상처의 딱지가 덜 아물었기에 그만 따뜻한 방으로 옮겨 마저 치료를 하셔야 하옵니다."

문종은 끝내 허락하지 않고 빈틈없는 정사를 이어나갔다. 그것이 문종 자신과 황보인 그리고 단종의 운명을 좌우하는 일이 될 줄은 몰랐을 것이다.

수양대군의 야망을 보았지만

7세에 세자책봉이 되어 37세로 왕위에 오른 문종은 적통 장자계승의 원칙이 지켜진 첫 번째 왕이기도 하다. 조선시대 역대 27명 왕 가운데 적장자 출신은 9명으로 문종을 위시해 단종, 예종, 연산군, 인종, 현종, 숙종, 순조, 순종이다.

문종은 아버지 세종을 닮아 학문을 좋아하고 '성품이 너그럽고 어질고 효성과 우애가 지극해 웃어른을 받들고 아랫사람 대우하기를 늘 공손하고 지성스러웠다.'《문종실록》 다만 세종처럼 비대해서 끈기와 뚝심이 있어 보였지만 어릴 때부터 병치레가 많았다. 움직이기보다는 앉아서 독서하기를 좋아했고 조금 거리가 있다 싶으면 가마를 탔다.

문종은 여색과 음악 등 유흥은 좋아하지 않았고 '학문이 고명해 고금에 통달하고 성리학에 깊은 조예가 있었다.'(〈지문〉) 그래서 '문장 짓기를 할 때면 붓을 들자마자 곧바로 써내려갔으며 오랫동안 생각하지 않았다.'《필원잡기》

미남으로 알려진 문종의 수염은 미염공(美髥公)이라 불린 관우처럼 길고 미려했다. 명나라 사신이 왔을 때 문종이 세종을 대신해 황제의 조서를 받은 일이 있었다. 이 장면을 묘사한 《용재총화》에는 '얼굴이 아름답고 수염이 매우 길어 웅위(雄偉)한 모습이 범상치 않았다.'고 되어 있다.

문종 1년(1451) 황보인은 영의정부사에 오르자 양 어깨의 무게감이 막중한 소임 때문만은 아니라는 것을 절감했다. 나날이 심각해지는 문종의 건강으로 마음이 편치 않았다. 학식과 외모에서 모두 완벽했던 문종을 돋보이게 하지 못했던 것은 건강이었다. 등창으로 고생을 하면서도 성격 탓에 신하들이 모두 퇴청한 다음에야 어의를 불러 치료를 받았다. 쇠약해진 몸으로 정무에 매달리던 그는 문종 2년(1452) 재위 2년 4개월 만에 39세의 나이로 병사했다.

문종이 세상을 떠나자 백성들의 슬픔은 컸다. 그가 '원대한 계획을 한창 널리 펼치고 있어 태평정치를 바라던 중 갑자기 세상을 떠나니 여염집 부녀자와 거리의 아이들까지 모두 울부짖으며 슬퍼했다.'(〈지문〉) 문종의 묘호를 논할 때 원래 '효(孝)를 쓰려고 하다가 한 가지 덕에만 치우친다고 해서 문(文)으로 했다.'《용재총화》

세종이 죽기 전 단종의 앞날을 부탁했던 것처럼 문종 역시 마찬가지였다. 병약한 자신과 어린 아들의 미래가 걱정되어 기회 있을 때마다 근심을 털어놓았다.

"세자를 잘 돌봐주기 바라오. 마음이 놓이지 않아 거듭 당부하니 잊지 말아주오."

황보인은 성심을 다하겠다고 대답했지만 문종이 힘주어 말한 '강성한 형제'들 가운데 수양대군의 그림자를 의식해야만 했다. 단종이 즉위하자 그 그림자는 더욱 짙고 빠르게 궁궐 안을 점령해나갔다.

12세의 어린 단종이 즉위할 때 왕권은 유명무실해지고 권력이 황보인과 김종서 등에게 쥐어지게 되었다. 세종이 추구하고자 했던 왕권과 신권의 조화와는 거리가 먼 구도였다. 종친세력마저 팽창해 세종의 셋째 아들 안평대군이 대신들과 결탁하고 있었다. 둘째 아들 수양대군이 안평대군을 견제하자 세력경쟁은 한층 심화되었다. 종친 간의 힘겨루기는 피바람을 불러오게 된다.

상대적으로 어린 단종에게는 저력이 없었다. 문종이 황보인과 김종서 등에게 뒷일을 부탁했던 이유였다. 또 집현전학사 성삼문, 박팽년, 신숙주 등에게도 도움을 청하는 유언을 남겼다. 어린 단종이 정무를 처리하기에 무리가 있어 이들이 고안해낸 것이 황표정사(黃票政事)였다. 인사문제를 결정할 때 적임자라고 생각되는 인물의 이름 옆에 미리 황색 점을 찍어두는 것이었다. 단종은 이 표시를 보고 결정만 내리면 되었다. 안평대군은 고명대신 황보인, 김종서 등과 의기투합해 수양대군의 무신세력과 맞서 황표정사에 관여함으로써 조정의 배후 실력자로 부각되었다. 이 모두를 예의주시하고 있던 수양대군은 사은사로 명나라에 다녀온 뒤 황표정사부터 폐지시켰다.

수양대군은 불만이 많았다. 어렸을 때부터 문, 무, 예에 능했어도 그 재능을 발휘할 곳이 없어 항상 답답했었다. 더군다나 단종이 왕위에 오르자 폭발할 지경에까지 이르렀다.

'왕자 가운데 나만한 인물이 없거늘 어이 이 꼴로 지내야 한다는 말인가!'

마침 단종이 수양대군과 금성대군(세종 6남)에게 보필을 청해왔다. 금성대군은 정권욕이 없는 인물이라 수양대군에게는 절호의 기회였다.

"고명대신들이 안평군을 추대하기 위해 역모를 꾀했노라!"

수양대군은 그런 명분을 내세워 단종의 주변을 제거하고자 했다. 《동각잡기》에 실린 그때의 상황이다.

'단종이 어린 나이로 왕위를 이었고 여덟 대군은 강성하니 인심은 위태롭고 근심 속에 있었다. 황보인, 김종서, 정분이 삼공이었는데 김종서는 지략이 많아 사람들이 그를 대호(大虎)라 평하자 그부터 제거하려 했다.'

거사를 모의하던 수양대군이 황보인을 찾아왔다. 함께 정권교체를 도모하자는 그의 제안을 황보인은 단칼에 거절했다.

"조선이 출발한 지 이제 반백 년 밖에 되지 않았소이다. 지하에 계신 태조대왕께 또 누가 될 일은 절대 있어서는 안 될 것이오!"

그 결정이 무엇을 의미하는지 황보인은 확실히 깨닫지 못했으리라.

단종 1년(1453) 10월, 김종서 등을 살해하며 막이 오른 계유정난으로 수양대군은 권력전반을 손아귀에 넣을 수 있었다. 그 시각 단종은 경복궁과 창덕궁 사이 양덕방 향교동에 있는 누님 경혜공주의 집에서 자고 있었다. 단종은 평소에도 자주 들르고는 했는데 밤이 되어 궁궐로 돌아가지 않았던 것이다. 수양대군이 무사들과 들이닥치자 단종은 깜짝 놀라 자리에서 일어났다.

수양대군은 예를 갖추고는 있었지만 의미심장함이 담긴 말을 내뱉었다.

"김종서가 모반을 꾀해 상황이 급한 나머지 미처 고하지 못하고 이미 죽였나이다."

단종은 잔뜩 겁에 질려 온몸을 떨었다.

"그럼 이제… 어, 어찌 된다는 말이오?"

"어렵지 않은 일이니 신이 모두 처리하겠나이다."(《해동야언》)

"숙부, 나를 살려주시오!"

단종의 애원에 수양대군이 대수롭지 않게 말했다.

"그도 어렵지 않지요. 당장 명패를 돌려 재상들을 부르세요."(《황토기사》)

정치계 블랙리스트

군사들로 하여금 세 겹으로 에워싸게 하고 세 개의 문을 만들어 놓은 상태에서 수양대군의 책사 한명회는 생살부(生殺簿)를 든 채 앉았다. 잠시 후 검은 먹으로 작성된 정치계 블랙리스트 신하들이 들어오자 '따르는 하인들을 떼어내고 둘째 문을 통과할 때 쇠몽둥이로 때려죽였다.'(《황토기사》) 미처 오지 못한 윤처공, 민신은 군사들을 보내 살해했다.

황보인도 부름에 거역할 수 없었다. 초헌(외바퀴 수레)을 타고 오던 그는 종묘 앞을 지나쳤는데도 쉽게 내리지 못했다. 그렇다고 피해갈 운명이 아님을 너무도 잘 알았다.

"끝이야. 모든 것이 끝이로다."

체념한 듯 혼잣말을 남긴 그는 '의정부사인 이예장의 손을 잡고 뒷일을 부탁했다.'(《황토기사》)

수양대군은 황보인과 이조판서 조극관, 우찬성 이양 등 정적을 차례대로 살해하고 안평대군도 강화도로 귀양 보냈다. 계유정난으로 수많은 사람이 살해되어 곳곳에서 피비린내가 진동했다. 흘린 피가 시내를 이루고 그 냄새가 심해 주변의 백성들은 재를 가져다 길을 덮어야만 할 지경이었다. 그래서 '재를 뿌린 마을'이란 뜻의 '잿골(회동)'이 생겨났고 한

자로 표기한 것이 현재의 서울시 종로구 재동(齋洞)이다. 이곳에 현재 헌정사상 최초의 헌법 및 법률 위배로 만장일치 대통령 파면 결정을 내린 헌법재판소가 들어서있다. 인과응보, 자업자득, 사필귀정의 의미들을 되새기게 하는 장소이기도 하다.

진리에 가까운 사자성어를 의식할 사이도 없이 영의정부사가 된 수양대군이 축하연회를 베풀 때였다. 우참찬 허후도 초대를 받았는데 그는 수양대군이 사은사로 명나라에 가겠다는 것을 만류한 적이 있었다.

"지금 재궁(梓宮, 왕과 왕후의 관)은 빈소에 있고 어린 임금이 국사를 짊어진 시국입니다. 대신들은 아직 우왕좌왕하며 백성들도 의심하고 있는 이때 공께서는 종신(宗臣)인데 나라를 떠나 어디로 가시려 하십니까?"

수양대군은 명나라에 다녀왔지만 속으로는 허후의 말이 옳다고 여겼었다. 그 덕분에 허후는 계유정난 때 무사할 수 있었다.

풍악 소리 요란한 연회장에는 정인지와 한확 등이 박수를 치며 희희낙락거리고 있었다. 수양대군이 술잔을 높이 쳐들며 소리쳤다.

"죽은 황보인과 김종서를 효수하고 자손들 모두 멸족시키기로 했으니 축배를 드시오!"

유독 허후만이 힘없이 고개 숙인 채 술과 고기에 손도 대지 않았다. 허후가 조부의 제사 때문이라고 하자 수양대군은 더는 묻지 않았다.

연회가 끝나고 수양대군이 허후만을 따로 불렀다. 취기로 격양된 수양대군이 다시 황보인과 김종서의 처리에 대해 떠벌리자 허후가 비통함을 감추지 못했다.

"그들이 무슨 큰 죄가 있어 저잣거리에 머리를 매달고 처자마저 살육하려고 합니까. 김종서와는 신의가 있는 사이가 아니라 그 속뜻을 모르오나 황보인은 평소부터 잘 아는데 결코 모반할 리 없습니다."《추강집》

수양대군이 혹시 그래서 술과 고기를 먹지 않았느냐고 묻자 허후가 눈물을 흘렸다.

"그렇습니다. 조정의 원로들이 한날에 모두 죽었는데 저는 아직 살아 있는 것으로 족하거늘 어찌 고기를 먹을 수 있겠소이까."

수양대군은 부아가 치밀었지만 허후의 재능과 덕을 높이 사고 있어 용서하려고 했다. 그런데 정난(靖難) 일등공신 이계전이 죄를 물을 것을 강력히 주장해 '허후를 거제로 귀양 보냈다가 죽이자 이때부터 조정이 달라졌다.' ((명신록))

계유정난으로 황보인은 아들 황보석, 황보흠과 장남 황보석의 두 아들까지 멸족지화를 당해 대가 끊어질 위기였다. 화를 당하기 전 눈치 챈 차남 황보흠이 도망치려고 했다는 이야기가 전해진다. 도성은 이미 수양대군의 군사들이 장악한 채 검문을 강화하고 있어 난감한 상황이었다. 어린 아들 황보단을 살리고자 애를 태우던 그는 가장 믿을 수 있는 집안 여종 단량이 떠올랐다. 자초지종을 들은 단량은 물동이에 감춰 빠져나가면 된다는 지혜를 발휘했다.

동이 트기 전 단량은 물을 길러 가는 것처럼 하고는 무사히 탈출할 수 있었다. 자칫 대가 끊어질 위기에서 살아난 황보인의 피붙이들은 그 후 4대째 숨어살게 됐지만 한 가지 숙원이 있었다. 오랫동안 이뤄지지 못하고 있는 신원에 대한 염원이었다. 숙종 31년(1705) 한성부판윤 민진후가 올린 상소를 계기로 김종서와 함께 황보인의 복관(復官)이 논의되었지만 실행되지 못했다.

숙종 45년(1719) '이조에서 황보인과 김종서에 대한 복관의 옳음을 묻자 숙종이 대답하지 않았는데'((한수재집)) 그해 후손이 이조와 병조에 기재됨으로써 부분적으로 빛을 보게 되었다. 그 후 황보인의 복관이 이루어진 것은 영조 22년(1746)으로 완전히 신원될 수 있었다. 영조 34년에 '충정(忠定)'의 시호를 받았다.

조선 후기의 문신이자 학자 허목의 시문집 《미수기언》에 실린 내용
이다.

'황보인의 무덤은 파주 천참면 서쪽 발흥 큰길가에 있다. 단종 2년
(1454)에 화를 당했고 비석을 세워 그 무덤을 표시한 것은 중종 14년(1519)
으로 죽은 지 67년 만이었다. 화를 당해 자손이 모두 죽어서 현재는 황
보씨의 대가 끊어졌고 그 시신을 거두어 묻어 주고 또 무덤에 표석을 세
운 자도 모두 그 이름을 숨겨서 후세 사람들은 알 수가 없다.'

황보흠의 어린 아들 황보단을 물동이에 숨겨 도망쳤다는 여종 단량(丹
良). 반딧불잇과에 속한 곤충의 이름과 똑같은 것은 우연의 일치일까. 그
날 정말 도성을 빠져나가는 작은 빛 하나가 있었는지도.

단종의 이유

혜장(惠莊) 이유(李瑈, 재임 1453~1455)

왕이 된 영의정

거사의 칼을 뽑아든 수양대군 이유는 홍달손과 양정 등 심복무사를 이끌고 김종서의 집으로 향했다. 김종서의 집 대문 앞에는 그의 아들 김 승규와 무사들이 서성이고 있었다. 김승규는 거구로 장사인데다 무예까지 뛰어났다. 이유는 태연한 척 김종서를 불러 달라고 했다.

잠시 후 모습을 보인 김종서는 낌새가 수상한지 가까이 오지 않고 안으로 들어오기를 청했다.

"이미 날도 저물었고 성문이 닫힐 때가 되어 짬이 없소이다. 종부시(宗

簿寺, 종친의 과실규찰 담당관청)에서 영응군 부인의 일을 탄핵했으니 좌상께서 처리해줬으면 하오."

영응대군(세종 8남)의 부인 송씨가 부산 동래온정에서 목욕을 한 일이 있었다. 그 시절 온정은 남녀 구분이 없는 구조라 이를 문제 삼은 상소가 올라왔던 것이다. 김종서가 끝내 경계를 늦추지 않자 이유는 관모를 매만지며 난처한 척했다.

"어허, 언제 관모의 각이 뽑혀 달아났는가. 당장 입궐해야 하는데 이거 낭패로군. 혹시 여벌이 있으면 하나 빌릴 수 있소이까?"

김종서는 아들 김승규를 시켜 가져오게 했다. 이유는 김승규가 집 안으로 들어가자 긴히 할 말이 있다며 그 집 무사들을 물러나게 했다. 그리곤 김종서에게 봐달라며 서찰을 꺼내 내밀었다. 김종서가 그것을 달빛에 비춰보는 사이 이유가 재빨리 눈짓을 보냈다.

"헉!"

순간 김종서는 머리에 철퇴를 맞고 그 자리에서 고꾸라졌다. 마침 달려 나온 김승규가 황급히 쓰러진 김종서를 감싸 안자 칼날이 날아들었다.

이렇게 역량 있는 인물이거늘

이유(1417~1468)는 세종의 둘째 아들이자 문종의 동생으로 조카 단종이 즉위하자 '계유정난'으로 영의정부사를 거쳐 왕위찬탈로 조선 제7대 왕이 된 인물이다. 본관은 전주(全州)로 어머니는 소헌왕후 심씨며 부인은 파평부원군 윤번의 딸 정희왕후 윤씨다. 후궁으로 근빈 박씨가 있다. 정희왕후 윤씨와의 사이에 첫째 의경세자 장(덕종 추존), 둘째 해양대군 황(훗날 예종), 딸 의숙공주를 두었고 근빈 박씨와는 덕원군 서와 창원군 성을 낳아 모두 4남 1녀다. 무력으로 왕위찬탈까지 벌였어도 여자 욕심은 없었는지 후궁으로는 근빈 박씨가 유일했다. 그녀는 단종복위를 도모하다 죽은 박팽년의 누이로 끝까지 세조를 섬겼다.

처음 진평대군에 봉해진 이유는 함평대군, 진양대군이라 불리다 세종 27년(1445) 수양대군이 되었다. 여덟 형제 가운데 단연 키가 크고 호방한 기질을 지녔던 그는 활쏘기와 기마 등 무예에 뛰어났으며 예능에도 소질이 있었다.

아버지 세종이 종친을 위해 연회를 베풀 때의 일이다. 이유는 흥이 무르익어가면 으레 피리를 들고 나와 연주했다. 그 솜씨가 하도 뛰어나 종친 모두 감동했고 '학까지 날아들어 춤을 추었다.'(《세조실록》) 학문도 깊었다고 알려져 있지만 집현전 주변을 떠나지 않던 형 문종과는 달리 종종 기녀들과도 어울렸다.

이유가 14세 때 한 기방에서 자고 있었다.

"뭐, 수염도 안 난 새파란 어린놈이라고!"

이유는 기녀의 기둥서방이 찾아오는 바람에 잠에서 깼다. 당황한 그는 발로 방의 뒷벽을 차서 무너뜨린 뒤 재빨리 빠져나왔다. 약이 오른 사내가 죽일 듯이 쫓아오기 시작했다. 담장을 몇 번이나 넘어 달아나는데도 사내는 끈질기게 따라왔다. 한참을 도망치던 이유는 길가 속이 빈 늙은 버드나무를 발견하고 그 안에 겨우 몸을 숨겼다. 쫓아온 사내는 가뭇없이 사라진 이유의 그림자를 찾아 두리번거리다 포기하고 돌아가 버렸다. 이유가 안도의 숨을 고르고 있자 어디선가 인기척이 들렸다. 마치 처음부터 지켜보고 있었다는 듯 인근의 집 대문이 열리더니 웬 사내가 나왔다. 그가 버드나무를 슬쩍 확인하고는 다리 옆으로 가서 소변을 보며 밤하늘 향해 중얼거렸다.

"자미성(紫薇星)이 유성(柳星)에 걸렸으니 참으로 괴이한 일이로다!"

그가 집으로 들어간 뒤 나무에서 나온 이유는 고개를 갸웃거리며 발길을 돌렸다.

기이한 생각에 사로잡힌 이유는 밤새 잠을 못 이뤘다. 자미성은 고대 중국의 천문학에서 일컫는 북두칠성 동북쪽에 있는 15개의 별 가운데 하나로 천제(天帝)의 운명에 비유했다. 다음 날 날이 밝는 대로 수소문해 보니 그는 관상감(천문, 지리, 기후 등의 담당관청)에서 이름 난 자였다. 그 후 이유가 '등극한 뒤에 찾았지만 그는 이미 죽은 지 오래 되어 대신 그의 아들에게 후한 상을 내렸다.'(《오산설림》)

어느 날 이유는 아버지 세종의 부름에 형 세자 향(문종)과 함께 동생들을 데리고 궁궐을 나섰다. 무예강습을 위해 경기도 포천 왕방산으로 가는 길이었다. 이유는 향과 나란히 말을 몰며 세종의 행차 뒤를 따르고 있었다. 이유는 향이 자꾸만 자신을 힐끔 훔쳐보는 것을 의식했다.

'흐, 내가 활쏘기나 말 타기에 월등하니까 오늘도 벌써부터 주눅이 든 게 틀림없군.'

이유는 역시 도착하자마자 발군의 실력을 발휘해 오전에만 사슴과 노루를 수십 마리나 잡았다. 이유에게로 '피 묻은 털이 바람에 날아와서 겉옷이 다 붉었다.'(《동각잡기》)고 할 정도였다. 그 모습에 동행한 무사 이영기가 눈물까지 보이며 세종에게 말했다.

"전하, 감축드리옵니다. 오늘도 태조대왕의 신무(神武)를 뵈었나이다."

세종이 고개를 끄덕이며 흐뭇하게 미소 짓자 향이 이유의 활에 칭송 시를 적어주었다.

쇠와 돌 같은 활에 벼락의 화살이로다
당기는 것은 보이나 놓는 것은 못 보겠네

무인보다 문인을 더 선호하던 세종이라도 이유를 대견하게 바라보는 모습에서 향은 더욱 위축되었다. 삼각산 보현봉에서 일몰을 관측하게 할 때도 단연 돋보인 것은 이유였다. 안평대군(세종 3남)과 모두 깎아지른 벼랑 앞에서 두려워 망설였지만 이유만은 나는 듯 오르고 내렸다. 모두가 탄복해 그대로 보고했는데 마침 넓은 소매의 옷을 입고 불려나온 이유에게 세종이 칭찬을 아끼지 않았다.

"오, 참으로 장하구나. 또한 너처럼 용력 있는 자는 의복이 그렇게 넓고 커야만 될 것이다."

우려와 달리 세종은 '무(武)'가 아닌 '문(文)'을 선택해 향은 왕위를 물려받을 수 있었다. 하지만 이유의 용력은 끝내 피를 불러오고야 만다.

야망을 위한 준비

조선 전기 학자 서거정은 자신이 엮은 한문 수필집 《필원잡기》에서 이유는 '하늘이 낳은 호방한 인물이라 당 태종을 우러르고 한 고조를 박하게 생각했다.'고 적고 있다. 당나라 제2대 황제 태종 이세민은 태자인 형과 동생을 죽이고 황위에 오른 인물이다. 반면 한나라를 건국한 고조 유방은 젊은 시절 방탕하게 허송생활을 보냈다. 농사짓기 싫어 바람둥이 백수건달로 살다 우연한 기회로 반란군 수괴가 되어 황제의 자리까지 오를 수 있었다. 이세민을 추종한 수양대군 이유는 권력에 대한 소유욕 또한 강했다. 문제는 왕자 출신이라 정계에 진출할 수가 없다는 점이었다. 문종 2년(1452) 관습도감도제조에 임명되어 나라의 실무를 맡게 되었지만 그것으로 만족 못 했다. 총재관으로서 '집현전의 신의 있는 신하들을 모아 《역대병요》를 편찬하기도'((서애집)) 하지만 가슴을 채울 만한 뿌듯함과는 거리가 멀었다.

출구가 막혀버린 답보상태 속에서 지내는 동안 아버지 세종과 형 문종이 차례대로 세상을 떠나고 조카 단종이 왕위를 잇게 되었다. 거침없는 성격에 다혈질이기도 한 그는 뜻을 펴지 못하자 가슴이 터질 것만 같았다.

'참, 미치겠네. 홍위(단종)는 후궁 출신 어머니에게서 태어났지만 난 모든 면에서 월등한 정통의 왕실 출신이 아니던가. 학문이 남보다 부족한가 무예가 달리나. 말과 마차를 몰 때도 모퉁이 도는 기술은 따라올 자가 없고 뜀박질까지 잘하며 예까지 능한데 왜 권력을 갖지 못한 채 이러고 사는지 참. 마땅히 능력 있는 왕자가 왕위를 이어야 하거늘 왜 내게는 그 기회가 오지 않는다는 말인가!'

더군다나 조정은 고명대신 영의정부사 황보인과 좌의정 김종서의 손에서 좌지우지되고 있는 상황이었다. 이유는 돌파구를 모색하며 조정에서 눈을 떼지 않았다. 학수고대하던 절호의 기회는 머지않아 찾아왔다. 단종이 숙부인 자신과 동생 금성대군에게 보필을 부탁해왔던 것이다. 금성대군이 강직한 성격이어도 정권욕과는 멀다고 판단했다. 이유는 단종을 보살핀다는 명목 하에 자신의 세력을 키워나갈 수 있었다. 가슴에서 꿈틀대고 있는 왕위찬탈을 위한 힘이었다.

황보인과 김종서 등은 이유의 권세가 커지자 위협을 느껴 안평대군을 끌어들였다. 안평대군도 내심 형 이유를 견제하고 있던 차였다. 고명대신들이 자신과 견줄만한 왕족인 안평대군과 연합하자 이유의 위세는 조금 수그러들었다.

문종 2년(1452) 문종이 죽자 명나라에서 단종의 즉위를 승인한다고 알려왔다. 사례를 위해 누군가 사은사로 가야 했다. 이유가 자청하고 나선 것은 연합세력에게 자신은 정권야욕이 없음을 보여주기 위한 연막전술이었다. 철두철미한 그는 '황보인의 아들 황보석과 김종서의 아들 김승규와 함께 가면 저들이 감히 움직이지 못하리라.'(《야언별집》) 계산해 그들을 데리고 신숙주와 명나라로 갔다가 다음 해 돌아왔다.

이유가 명나라에 갔을 때의 일이다. 그를 보는 이들마다 '대장군이라 불렀으며 북경(베이징) 궁궐 밖에 서 있던 코끼리 8마리가 일제히 물러난 채 웅크리기도 해서 모두 이상하게 여겼다.'(《동각잡기》) 또 코끼리는 왕을 보면 두 무릎을 꿇고 제후를 보면 한쪽 무릎만을 꿇는다는 말이 나돌았는데 '이유를 본 코끼리들이 모두 절하며 두 무릎을 꿇었다.'(《유관잡록》)고도 한다.

명나라에 다녀온 이유는 그 즉시 연합세력을 제거하기 위한 거사계획에 돌입했다. 재상 중심으로 정권이 운영되는 것을 곱지 않게 바라보던 일부 집현전학사 출신 관료들도 이유의 세력에 합류했다.

이유는 우선 집현전교리 권람을 측근으로 끌어들였다. 권람은 평소 자주 찾아와 긴밀한 관계를 유지하고 있던 인물이었다. 단종이 즉위하고 재상 독재로 국정이 운영되자 불만을 품고 있던 차에 이유와 더욱 마음을 나누게 되었다. 이유의 잠저 종들은 그를 '국을 식히는 나리'라는 뜻의 한갱랑(寒羹郞)이라 불렀다. 이유를 만나면 으레 이야기가 길어져 밥상 들이는 것을 늦어지게 했기 때문이다.

이유는 한명회와 장사로도 알려진 홍윤성 등을 심복으로 삼았다. 특히 한명회는 가장 측근에서 보좌한 최고의 책사였다. 그는 사람들의 의심을 피하기 위해 자신을 '관원이나 의원이라 했고 날이 어두워지면 부르기 어렵다며 궁노 임운의 팔에 끈을 매게 해서 그 한 끝을 문 밖에 두었다가 잡아당겨 알렸다.'(《동각잡기》) 이것만 봐도 계유정난 계책이 그의 머리에서 나왔음을 짐작할 수 있다. 이유는 평소 그를 일컬어 '나의 장자방(한나라 개국공신)이다.'(《속동문선》)고 할 정도였다. 이유는 집현전학사 출신 신숙주마저 자신의 세력으로 만들고 홍달손과 양정 등 당대 무장들을 모아 무력을 키워갔다.

이유는 더 이상 망설일 수가 없었다. 황보인과 김종서 등 고명대신과 동생 안평대군이 자신의 세력을 약화시키려하자 거사 날짜를 정했다. 황보인과 김종서 등이 안평대군을 추대하기 위해 역모했다는 것이 명분이었다.

단종 1년(1453) 10월 10일 밤, 권람과 한명회를 양팔로 삼은 이유는 만반의 준비를 끝내고 거사를 실행하려고 했다. 그때 계획이 누설되어 잠시 주저하는 무리들이 생겨났다. 송석손 등이 먼저 단종에게 알려야 한다며 옷자락까지 잡고 만류하자 이유가 호통을 쳤다.

"장부는 사직을 위해 죽어야 한다. 만약 어리석은 고집으로 기회를 그르치는 자가 있으면 내가 먼저 베리라!"(《해동야언》)

이유는 '활을 집어 들고 일어나 말리는 자를 발로 차면서'(《동각잡기》) 의지를 되새겼다. 이유에게 갑옷을 직접 입혀주며 더욱 용기를 불어넣은 사람은 부인 윤씨(훗날 정희왕후)였다.

"너는 대군마님의 안전을 위해 끝까지 곁에서 도와야 하느니라."

궁노 임운에게 당부를 잊지 않을 만큼 그녀는 치밀하고 결단력도 뛰어났다. 이 같은 기질은 손자 성종의 즉위에 발휘되며 이유(세조)가 죽은 뒤 조선 개국 이래 최초의 여성실권자로서 7년간이나 국정을 운영할 수 있는 원동력이 된다. 원래 이유는 윤씨의 언니와 혼담이 오고 갔었다. 그런데 '사헌부감찰이 그 집을 찾아가 대면하는 자리에서 뒤에 숨어 구경하던 윤씨를 보고 기상이 범상치 않음에 탄복해'(《송와잡설》) 최종 결정되었다.

갑옷까지 갖춰 입은 이유가 의미심장하게 말했다.

"비록 우리의 거사가 알려졌다고 해도 상대보다 수적으로 유리하다. 모두가 이제 엎질러진 물이다. 김종서가 가장 교활하니 우선 쳐야 나머지를 없애기가 수월하다."

왕위찬탈을 꿈꾸는 영의정

이유는 김종서의 집으로 가서 그를 철퇴로 쓰러뜨렸다. 피를 흘린 채 숨이 거의 끊어졌던 김종서는 이유와 그의 일행이 사라진 얼마 후 꿈틀대며 의식을 차렸다.

"당장 궁궐로 가서 이 일을 고하고 전하께 내의를 보내달라고 아뢰어라. 어서!"

다급해진 김종서는 머리에서 쏟아지는 피를 막은 채 직접 도성 안으로 들어가려고 했다. 부인의 가마를 타고 '숭례문, 소덕문, 돈의문 등을 한 바퀴 돌았으나 한명회의 심복무사들이 각 문을 지키고 있어 들어가지 못했다.'(《황토기사》)

김종서는 겨우 집으로 돌아와 몸을 숨겼다. 잠시 후 검은 옷차림의 사내들이 들이닥쳤다. 김종서가 행여 살아날 것을 대비해 이유가 보낸 무사들이었다. 칼을 쥔 그들이 에워싸자 김종서가 발악하듯 외쳤다.

"내 어이 이런 몸으로 걸어가겠느냐? 초헌이라도 불러오너라!"

그 말이 떨어지기 무섭게 김종서의 온몸으로 시퍼런 칼날들이 내리꽂혔다.

이유는 그 시각 무사들을 이끌고 단종 앞에 있었다. 단종에게 고명대신 일파가 반역모의를 하자 상황이 급박해 김종서를 먼저 죽였다고 꾸며댔다. 그 다음 겁박을 통해 얻어낸 어명으로 대신들을 불러 모았다. 부름을 받고 하나 둘 입궐한 상당수가 한명회의 손에 들린 생살부로 목숨을 잃었다. 이유는 황보인, 정분, 홍윤성, 유수, 조극관, 이양, 조수량 등 조정의 핵심인물이자 정적을 모두 살해했다.

형제 가운데 가장 강력한 경쟁자였던 동생 안평대군도 강화도로 귀양을 보냈다. 차마 '형제에게만은 법을 적용하기 어려워 외지에 안치하라.'(《야언별집》)고 했지만 강화도에서 교동으로 옮겨진 안평대군은 곧바로 사약을 받았다.

이유는 '권람, 한명회 등과 은밀히 모의해 김종서를 죽이고 그의 무리를 가려내어 일망타진해'(《추강집》) 하룻밤 사이에 무력으로 정국을 전복시키고 권력을 손에 넣을 수 있었다. 야망을 위한 교두보를 확보한 셈이었다. 왕좌에 오르기 전 보다 탄탄한 포석을 위해 할 일이 있었다. 이유는 '영의정부사, 이조판서, 병조판서의 직책을 맡았고 내외병마도통사를 겸임해 정권과 병권을 손에 넣었다.'(《동각잡기》)

빛을 더하듯 신하들이 이유의 공을 성인으로 일컬어지는 주공에 비교해 널리 알리자고 단종에게 주청했다. 주공은 주나라를 창건한 무왕의 동생으로 권력강화에 힘쓰며 초기 기반을 다진 인물이다. 무왕이 죽은 뒤에도 변절 없이 어린 성왕(무왕 아들)을 보좌했다. 성왕에게 통치기술을 가르치고 반란을 진압하는 등 정권안정에 심혈을 기울였다.

집현전에서 교서를 초안하게 하자 학사들이 꽁무니를 감춘 채 달아나버렸다. 유성원만 협박에 못 이겨 그 일을 도맡게 되었다. 그날 퇴청한 '유성원은 집에 돌아와 통곡했다.'(《추강집》)고 한다.

붓에 눈물을 묻혀 작성했을 유성원의 '왕이 이르노라'로 시작되는 '수양대군 공신교서' 내용 일부다.

'간신 황보인, 김종서, 조극관, 이양, 민신 등은 과인이 총애한 은혜를 생각하지 않고 몰래 흉악한 화란을 일으킬 계책을 품어 암암리에 당(黨)과 배후를 만드니 모두들 적극적으로 따라 붙었다. 과인이 어리고 약함을 업신여겨 위엄과 복을 도둑질한 것이었다.'

보다 구체적인 단종의 심정도 담겨있는데 붓끝이 얼마나 떨렸을지 상상이 가는 대목이다.

'숙부는 효우가 천성에서 근본하고 충의가 지성에서 나왔다. 기운은 일세를 덮고 용맹은 삼군(三軍)의 으뜸이다. 〈중략〉 옛날 주공은 관숙과 채

숙을 죽여서 왕가를 안정시켰는데 지금과 옛날을 비교하니 세대는 달라도 일은 같도다. 이에 책훈해 경을 정난 일등공신으로 삼으리라. 아아, 경은 주공의 아름다운 재주를 갖추고 또 그의 큰 공을 겸했다. 과인은 아직 성왕과 같은 어린 나이로서 많은 난국을 당했기에 이미 성왕이 주공에게 맡겼던 바와 같이 숙부에게 맡기노라. 이에 따라 마땅히 주공이 성왕을 보좌한 바와 같이 이 몸을 도울지어다.'

이유가 전체권력을 장악하자 단종은 그저 이름뿐인 왕으로 몰락해버렸다. 단종의 비극은 그것으로 끝이 아니었다. 세종과 문종의 우려처럼 비운의 시간과 맞닥뜨리게 된다. 고명대신들이 황표보다 더 확실한 점을 만들어내지 못한 탓이기도 했다. 계유정난과 왕위찬탈, 사육신 사건 등 불안한 역사의 물줄기 앞에 서게 된 원인이었다. 단종 대는 무(태조, 태종)를 지나 문(세종)에서 문(문종)으로 이어지다 다시 무(세조)로 전환되는 급변의 시기였다.

이유는 자기 심복을 요직에 배치하는 선수도 잊지 않았다. 권람, 한명회, 홍달손과 간접적으로 도운 정인지, 한확, 최항, 신숙주, 성삼문 등 43명을 정난공신으로 봉했다. 정인지를 좌의정, 한확을 우의정에 앉혔다.

조정 내 반대세력을 제거한 뒤 후환을 막기 위한 조치도 병행했다. 군사를 동원할 수 있는 김종서 쪽 사람인 함경도절제사 이징옥 대신 박호문으로 교체했다. 중앙과 지방의 적대세력을 모두 제거한 것이다. 파면당한 이징옥이 반발해 박호문을 죽이고 자칭 대금황제(大金皇帝)라며 군사를 일으켰으나 진압되었다.

"궁중이 공허하고 대를 잇는 것이 중요하니 거상중이지만 권도에 따라 서둘러 왕비를 맞아들여야 한다."《소문쇄록》

영의정부사 이유의 뜻에 따라 14세 단종은 단종 2년(1454) 한 살 연상의 송현수의 딸 송씨와 혼인을 했다. 정순왕후 송씨가 성품이 온순하고 검소했기에 단종은 차츰 정이 들었다. 자괴지심과 허탈감 그리고 설움 등을 달랠만한 상대가 돼주었다. 3년이라는 짧은 시간이었지만 두 사람은 서로를 세상의 전부라 여기고 의지하며 행복을 누린다.

혼인까지 한 단종이었지만 앞날이 아득하기는 마찬가지였다. 시간이 지날수록 대세가 이유에게 기울어지자 더욱 위태로웠다. 한명회와 권람 등의 강요와 협박까지 심해져 불안한 날들이 이어졌다. 퇴진압박을 더는 견디지 못해 단종 3년(1455) 선위교서를 내렸다.

단종의 선위는 권람의 머리에서 나온 것이었다. 왕위를 내놓은 단종은 상왕이 되어 수강궁(현 창경궁)으로 옮겨갔다. 단종이 '어두운 밤에 불을 밝히지 않고 종루로 내려올 때는 좌우 행랑에서 모두 통곡하니 막을 수가 없었다.'(《추강집》)

조선 영의정 가운데 최초로 왕위까지 오른 이유. 그가 벌인 계유정난은 지난 1979년에 일어난 '12·12군사반란'과 여러모로 닮은꼴이다. 이유가 후대를 위해 남긴 반란의 로드맵일까. 혹은 반란군의 수뇌부가 계유정난을 철저하게 연구한 뒤 역사의 물줄기를 바꿔놓은 것은 아닐는지. 어느 정도 세력(육군 소장, 보안사령관, 계엄사령부 합동수사본부장)을 확보한 이유가 심복인 권람과 한명회 등을 이용(수경사 제30경비단장, 보안사 인사처장, 육본 범죄수사단장과의 사전 모의와 지시)한 것과 왕의 윤허를 받지 않고 수하 무사들과 김종서를 살해해 지휘부를 무력화(대통령 재가 없이 무력으로 육군참모총장 강제연행)한 일이 그 시작이다. 이 과정에서 첫 사망자(제33헌병대 소속 일병 사망)가 나온 것이 우연치고는 똑같고, 무사를 거느리고 경혜공주의 집에 가서 단종에게 명패를 돌리게 해 신하들을 불러들일수 있는 법적 근거(대통령의 사후 결재를 받음)를 마련한 과정도 그렇다. 어명을 빌어 생살부를 통해 조정대신들을 함부로 살해해 무력화(진압군 지휘부인 특전사령관과 수방사령관의 체포)시킨 것도 순서만 다를 뿐 일맥상통하다. 김종서가 피를 흘리며 성문 안으로 들어가려고 했지만 남대문, 소문, 서대문 등 주요 장소를 무력으로 선점(제1공수여단의 육본과 국방부 점령, 제9사단의 중앙청 진입)하고 있어 반격하지 못했던 상황 역시 다르지 않다. 군사반란을 성공하고 영의정부사, 이조판서, 병조판서, 내외병마도통사로 정권과 병권을 거머쥔 막강한 힘(중장, 중앙정보부장서리, 국가보위비상대책위원회 상임위원장, 대장)의 이유에게 남은 절차는 왕위에 오르는 일이었는데 이 점 또한 닮아 있다.

역사는 반복된다는 말이 실감난다. 과거를 읽으면 오늘과 내일을 조명할 수도 있다. 비록 오역(忤逆)의 역사라도 투명하게 새겨 교훈이 되고 지도가 된다면 미래지향적인 자간과 행간으로 남을 것이다.

조선 중기 문신 신흠은 자신의 시문집 《상촌집》을 통해 역사기록의 중요성과 불변에 대해 환기시키고 있다.

'명나라에서는 건문제(제2대 황제) 때 절개를 위해 목숨을 버린 신하와 경태제(제7대 황제) 때의 중신에 대해서 훗날 거의 모두 신원해 공을 인정하고 관직을 추증해주었다. 더불어 사람들에게 빠짐없이 전하고 집집마다 칭송하며 문자로 기록해 그 사적을 즉각 쓰게 함으로써 후세에 권장하고 격려하게 했다. 우리나라는 무인(제1차 왕자의 난)의 변과 계유(계유정난), 을해(왕위찬탈)의 변에 대해 대부분 모두 쉬쉬하며 감히 말하지 못했다. 2백 년이 지난 지금에 와서도 이런 현상은 더욱 심해지고 있다. 그래서 안평대군이나 황보인, 김종서 등이 억울하게 죽은 일이나 성삼문, 박팽년 등 대의를 위해 목숨을 바쳐 지킨 절개조차 모두 깜깜하게 묻힌 채 전해지지 않고 있다. 허나 향기와 악취는 뒤섞이기 어려운 것으로 하늘의 이치가 이렇듯 크게 밝으니 아무리 문자로 기록된 것이 없다 하더라도 세상 사람들의 입은 막지 못한다.'

특히 명나라 제2대 황제인 건문제의 운명은 단종과 닮은 부분이 많다. 제1대 홍무제의 장손인 그는 숙부 주체의 반란으로 황위를 빼앗겼다. 명나라 역대 황제 가운데 제16대 숭정제와 함께 가장 비극적인 결말을 맺은 인물이다. 숭정제는 반란군이 포위하자 처첩과 딸을 살해하고 목을 매 자살했다. 한편 제3대 황제가 된 영락제는 형제 가운데 지도자적 자질이 가장 뛰어났다고 한다.

단종이 빼앗긴 것은 왕위만이 아니었다.

세조의
신숙주

문충(文忠) 신숙주(申叔舟, 재임 1462~1466 1471~1475)

누가 내게
돌을 던질 수 있는가

세조는 산해진미 주안상 앞에서 좌의정 신숙주와 새로 우의정에 오른 구치관과 함께 즐거운 시간을 보내고 있었다. 거나해진 세조가 뜻밖의 제안을 했다.

"이제부터 한 사람씩 호명할 터인데 잘못 대답하는 사람에게 큰 잔으로 벌주를 내릴 것이다."

장난기 어린 표정의 세조가 바로 시작했다.

"신 정승?"

"네, 전하."

신숙주가 즉시 대답하자 세조는 회심의 미소를 지으며 자신이 부른 것은 이번에 새로 임명된 신(新) 정승이라며 벌주를 내렸다. 혼자 즐거워하던 세조가 구 정승이라 외쳤다. 신숙주와 구치관이 거의 동시에 대답하자 세조는 예전의 구(舊) 정승을 불렀다며 구치관에게 벌주를 마시게 했다. 다시 신 정승이라고 호명하자 두 사람 모두 대답하지 않았다. 두 사람이 당황하자 세조는 '왕이 부르는데 신하가 대답하지 않는 것은 예가 아니라며 모두에게 벌주를 내렸다.'《필원잡기》

세조의 교묘한 장난에 두 사람은 일찌감치 취해버렸다. 심드렁해진 세조는 자신도 벌주를 마실 수 있게 새로운 놀이라도 제안하라고 했다. 누구도 선뜻 나서는 사람이 없자 신숙주가 한마디 했다.

"신하된 도리로 어찌 전하께 벌주를 올릴 수 있겠사옵니까. 하오나 소신이 전하와 팔씨름을 한다면 혹 이길 승산이 있을 듯싶으니 벌주 대신 새로운 흥으로 삼아봄이 어떠하신지요?"

팔 힘이라면 자신 있던 세조는 흔쾌히 신숙주와 손을 맞잡았다. 팔씨름이 일곱 판이나 이어졌지만 모두 세조의 승리였다. 세조가 유쾌하게 웃자 신숙주가 찬물을 확 끼얹었다.

"전하, 소신이 황공하여 일부러 져드린 것이옵니다. 이번에는 절대 양보하지 않을 테니 한번만 더 기회를 주시옵소서."

그런데 손에 힘을 주기도 전 신숙주가 재빨리 세조의 팔을 꺾어 넘겨버렸다.

"어, 나는 시작도 안 했는데 뭐야? 이씨, 비겁한 놈!"

세조는 상대가 선수를 칠 것이라고는 전혀 예상하지 못했다. 본인이 그 전략으로 나라를 손에 넣었으면서도.

철저한 자기관리

신숙주(1417~1475)는 조선 전기 문신으로 특히 세종의 두터운 신임을 받았고 《훈민정음》 창제에 기여한 인물이다. 정치노선은 세조와 같아 계유정난 직후 정난 이등공신에 책훈되고 도승지로 임명되었다. 세조가 등극하자 대제학을 시작으로 영의정까지 지냈다. 본관은 고령(高靈)으로 아버지는 공조참판 신장이고 어머니는 지성주사 정유의 딸 나주 정씨다.

신숙주는 세종부터 문종, 단종, 세조, 예종, 성종에 이르기까지 모두 6명의 왕을 섬긴 기록을 갖고 있다. 이는 '현명하고 마음을 관대하게 가졌으며 젊었을 때부터 큰 뜻이 있어서 세세한 일에 마음을 기울이지 않았다.'(《동각잡기》)는 처신에서 비롯된 것일지 모른다. 학업에 임하는 자세에서도 마찬가지였다. 언제나 산사에 머물며 글공부를 쉬지 않았는데 집안일에는 마음을 두지 않았다고 한다. 이 때문에 학문이 크게 성취되었고 어떤 서책이든 한번 보면 기억할 수 있게 되었다.

학업에 대한 끝없는 노력과 철저한 자기관리는 마침내 빛을 보게 되었다. 세종 20년(1438) 22세 때 사마양시에 합격하고 다음 해 친시문과 을과로 급제해 전농시직장으로 관직생활을 시작했다. 세종 23년에는 집현전부수찬이 되어 평소 채우지 못하고 있던 아쉬움을 달래는 기회가 되기도 했다.

신숙주는 고서를 폭넓게 연구하고 싶었으나 집에는 서책이 다양하지 못했다. 집현전에서 근무하게 되자 '입직할 때 장서각에 들어가 평소에 접하지 못했던 서책을 가져다가 남김없이 모두 열람'(《필원잡기》) 할 수 있었다. 동료를 대신해 입직을 자청하며 밤새도록 독서하는 일도 잦았다.

그 소문을 들은 세종은 걱정이 되고 궁금하기도 했다.

"지금 입직하는 자가 무엇을 하고 있는지 살며시 엿보고 오너라."

촛불 아래서 서책에 몰두하고 있는 신숙주를 오랫동안 지켜보다 돌아온 환관이 고했다.

"글을 읽고 있었는데 서너 번이나 다시 가서 확인해도 똑같은 모습이더니 방금 전 닭이 울자 그제야 막 잠이 들었나이다."

세종은 자신의 수달피 두루마기를 벗어 환관에게 건넸다.

"행여 깨지 않게 더 깊이 잠든 뒤에 이것을 덮어주고 오너라."

아침에 잠에서 깬 신숙주는 감복해서 더욱 학문에 전념하게 되었다. 그를 독려하듯 세종 24년(1442) 세종은 신숙주 등을 인재양성 목적으로 건립한 전문 독서연구기구인 '독서당에 보내 글 뜻을 깊이 연구하고 완벽하게 해서 그 힘을 크게 펴도록'(《독서당기》) 했으며 '휴가를 주어 진관사에서 글을 읽게 했다.'(《용재총화》)

그해 신숙주는 일본으로 가는 사신의 서장관(기록 담당 임시직)으로 뽑혔다. 서장관을 선발할 때 많은 후보자들이 탈락하는 가운데 신숙주가 추천을 받았다. 마침 몸이 아파 오래 앓고 있던 뒤라 걱정이 된 세종이 상태를 물었다.

"신의 병이 이미 다 나앗거늘 어이 사양하고 심려를 끼치겠사옵니까."

일본에 도착한 신숙주는 뛰어난 시문을 선보여 사람들에게 찬사를 받았다. 그의 소문이 나자 더 많은 사람들이 '사방에서 모여들었는데 쉬지 않고 써 내려간 구절마다 모두가 놀라 앞다투어 서로 전하며 외웠다.'(《임하필기》) 신숙주는 객관에 머무는 동안 '전례와 고사에 관심을 두고 폭넓게 연구해 일본 정치세력의 강약, 병력의 다소, 풍속의 장단점, 산천의 형세, 재화와 곡식의 상태 및 역대 사신 교류에 쓰인 의전과 물품 등을 상세히 기록했는데'(《임하필기》) 이를 토대로 완성한 것이 《해동제국기》다. 이는 일본과의 외교에 도움이 되는 지침서 역할을 했다.

일정을 무사히 마쳤으나 돌아오는 길은 평탄하지 않았다. 배가 대마도를 떠난 지 얼마 되지 않아 태풍으로 거센 파도가 일었다. 배가 당장이라도 뒤집힐 지경에 이르자 사람들이 놀라 우왕좌왕했는데, 신숙주만이 태연하게 앉아있었다.

"대장부라면 널리 돌아다니면서 포부를 넓혀야 한다. 이번에 바다를 건너 해 뜨는 땅을 구경했으니 장관을 본 것이다. 만약 바람을 타서 명국에 닿는다면 그곳 산천의 경치를 실컷 구경하게 될 테니 이 역시 유쾌한 일이 아니겠는가."《추강집》

배가 더욱 심하게 기울자 한 사람이 누군가를 가리키며 다급히 외쳤다.

"저기 애를 밴 여자는 물길에서 꺼린다고 들었소. 저 여자를 바다에 던져 재앙을 막도록 합시다!"

사색이 된 여인이 자신을 애타게 바라보자 신숙주가 벌떡 일어나 막아섰다.

"사람을 죽여 살겠다는 것은 못할 짓이니 모두 그만두시오!"

신숙주가 결사적으로 말리자 소동이 가라앉았고 잠시 후 태풍도 잠잠해졌다. 일본으로 간 사신단 중에 '잡혀 갇히거나 물고기밥이 된 자들이 많았으나 무사히 임무를 완수하고 돌아온 것은 정몽주와 신숙주 두 사람뿐'《일본행록》이라고 할 만큼 위험천만한 상황들이 많았다.

사람들은 아마도 신숙주의 눈에서 거역 못 할 어떤 힘을 보았을지도 모른다. 한 여인과 뱃속의 생명까지 구할 수 있었던 신숙주는 그러나 자신이 지켜야 했을 단종은 적극 나서 죽이게 된다.

세종과 문종의 당부가 있었건만

신숙주는 한층 세종의 신임을 받았고 《훈민정음》 창제에도 기여할 수 있었다. 그는 어명에 따라 성삼문과 함께 유배중이던 명나라 언어학자 황찬의 도움을 구하고자 요동을 13차례나 다녀왔다. 중국의 음운을 한

글로 표기하기 위한 작업의 일환이었다. 황찬은 신숙주가 '말만 들으면 즉시 해득하고 완벽하게 알아맞히자'((동문선)) 감탄을 아끼지 않았다. 신숙주를 평할 때 탁월한 언어능력자라는 수식어가 늘 따라붙는다. 중국어와 일본어는 물론 인도어, 아라비아어까지 터득했다고 전해진다.

그 사이 세종은 병석에 몸져눕고 세자였던 문종이 정무를 처리하고 있었다. 어느 날 잠시 기력을 회복한 세종이 신숙주와 성삼문, 박팽년 등을 불렀다. 세종이 세손 홍위를 곁에 앉게 하고는 말했다.

'과인은 죽음을 대비하는 지경이고 경들은 세상을 준비하고 내일을 꿈꾸는 인재들이오. 경들에게 세손을 잘 부탁하오.'

말소리는 힘이 없었지만 그 안에 담긴 뜻을 잘 헤아린 신하들은 일제히 머리 숙여 다짐했다.

오랜 만에 병석에서 일어나고 든든한 신하들 앞이라 그런지 세종이 술을 권했다. 화기애애한 술판도 잠시 뿐 시간이 지나자 대부분 만취되어 쓰러진 채 정신을 차리지 못했다. ·

"전하. 이제 더는 못 마시겠나이다. 부디 통촉하여 주시옵소서."

그 말을 끝으로 신숙주마저 옆으로 고꾸라지자 세종이 미소 지으며 환관에게 명했다.

"여봐라, 들것으로 차례대로 실어서 입직청에 눕혀놓아라."

눈이 쏟아지는 한겨울이었는데 이튿날 아침 깨어난 그들은 '좋은 향기가 방 안에 가득하고 몸에는 임금이 손수 덮어준 담비 털로 된 옷이 있어 서로 감격해 눈물을 흘리며 특별한 은혜에 보답하기로 맹세했다.' ((축수록))

"신들은 결초보은 하겠나이다!"

신숙주는 맹세를 끝내 저버리게 된다.

그는 세종이 죽은 다음 해인 문종 1년(1451) 명나라 사신 예겸 등이 도착하자 어명으로 성삼문과 함께 시문 짓기에 참가했다. 이때 동방에서 가장 학식이 뛰어나다며 동방거벽(東方巨擘)이라는 찬사를 받았고 이어 장령과 집의를 거쳐 직제학의 자리에 올랐다.

세종이 부탁한 세손 홍위를 까마득히 잊을 만큼 자신에게만 몰입하며 지내던 신숙주를 일깨워주는 기회가 있었다. 문종 역시 세종처럼 세자에 대한 사랑을 보였는데 병약한 자신과 어린 아들의 미래 때문에 더욱 각별했다. 단종과 함께 집현전 앞을 지나던 문종이 신숙주, 성삼문, 박팽년이 모여있는 것을 보고 다가왔다.

"경들도 잘 알다시피 이 아이는 총명해 훌륭한 재목이 될 것이오. 그러니 경들이 잘 보살펴주고 뒷날 이 부탁을 부디 저버리지 말아주오."

문종의 말이 너무 간절해 모두가 황송해하며 부복했다. 성삼문은 눈물까지 흘리며 연신 머리를 조아렸다.

"전하, 지엄하신 어명을 어찌 신들이 거역하겠나이까. 지닌 힘과 정성을 다해 전하의 크나큰 은덕에 보답하겠사옵니다!"

나란히 엎드려 있던 신숙주는 문종이 사라지고 다시 머리를 들었을 때 가장 먼저 무엇이 보였을까.

문종 2년(1452) 수양대군과 특별한 유대는 신숙주의 운명을 바꿔놓는 계기였다. 문종이 죽자 명나라에서 단종의 즉위승인을 했는데 수양대군이 사은사로 가게 되었다. 신숙주가 그의 서장관이 되면서 보다 친밀한 관계가 이루어졌다. 동갑나기 두 사람의 만남을 '풍운의 재회는 천룡에 있었다(風雲密契在天龍).'(《서계집》)로 상징하고 있는데 한마디로 '훌륭한 군주와 신하의 만남'을 뜻한다.

수양대군에게 명나라 행은 중요한 분기점과도 같았다. 그곳에서의 활동이 아니라 귀국 후 결단을 위한 시간이었기에 그랬다. 신숙주는 그 시간을 보다 탄력 있게 해주는 존재였다.

명나라로 가기 전 상황을 담은 《단종실록》 속 두 사람의 관계는 필연으로 보인다. 신숙주가 수양대군 잠저 앞을 지날 때였다. 열려진 대문 안에서 자신을 부르는 소리가 들려왔다. 말에서 내려 안으로 들어가자 수양대군이 반기며 물었다.

"어이하여 문 앞을 지나면서 들어오지를 않는가?"

안채에서 함께 술을 마시던 중 수양대군이 농처럼 말했다.

"말동무를 하고 싶은 지 꽤 오래 되었는데 옛 친구를 찾아보지도 않았는가? 그리고 말일세… 사람이 죽지 않을지라도 사직에서는 죽는 법이라네."

잠시 수양대군의 말을 곱씹던 신숙주가 대답했다.

"장부가 편안히 아녀자의 수중에서 죽는다면 그것은 집에 있으면서 세상 돌아가는 것을 모르는 것이나 같지요."

수양대군이 무릎을 탁 치며 소리쳤다.

"그렇다면 나와 명국으로 가세!"

단종 1년(1453) 동부승지에 오른 신숙주는 우부승지와 좌부승지를 거쳤다. 그해 10월 수양대군의 계유정난이 일어났을 때는 외직에 나가 있었으나 정난 이등공신에 책훈되어 도승지로 승진할 수 있었다. 세종부터 문종, 단종을 거쳐 새로운 왕 세조를 섬기게 되는 순간이었다.

수양대군은 시선을 의식해서인지 처음에는 눈물까지 흘리며 완강히 사양했지만 이내 왕위에 올라 즉위교서를 반포했다.

"전하께서 대업을 이어받은 후 불행히도 나라에 어지러운 일들이 많았다. 그에 덕이 없는 내가 선왕(문종)과는 한 어머니에게서 나온 형제고 미흡해도 공이 아주 없다고 볼 수 없으니 이와 같은 결단을 내렸다. 종친과 대신들 모두 종사를 생각하라는 뜻을 새겨 이제 주상을 상왕으로 모시게 되었도다."

수양대군이 왕위에 오르던 날 단종은 경회루 앞에서 그에게 어새를 넘겨주었다.

"덕이 없는 제가 이것을 받아도 될는지…."

수양대군의 말에 좌우로 늘어선 신하들은 모두 실색하며 한 마디도 하지 못했다. 성삼문만이 어새를 끌어안고 엎드려 통곡을 멈추지 않았다. 세종의 당부를 지키지 못한 가책에서 생긴 통한의 눈물이었다. 그때 수양대군이 '부복한 채 겸양하는 척하다가 머리를 들어 슬쩍 성삼문을 노려보았다.'(《추강집》)

수양대군의 즉위는 처음부터 순조롭지 못했다. 박팽년이 참다못해 경회루 연못에 몸을 던지려고까지 했다. 깜짝 놀란 성삼문이 달려가 그의 허리춤을 잡아챘다.

"지금 무슨 짓인가? 비록 왕위는 옮겨졌어도 아직 전하께서 상왕으로 계시고 우리들이 살아있으니 얼마든지 일을 도모할 수 있네. 뜻을 이루지 못하면 그때 죽어도 늦지 않아. 그때 가서 죽자고!"

성삼문의 말에 박팽년도 의미심장하게 고개를 끄덕였다. 정작 성삼문은 상심을 달랠 수 없어 다시금 '하늘을 쳐다보며 샘솟는 눈물을 멈추지 못했다.'(《추강집》)

박팽년의 분개와 성삼문의 상심을 바라보는 신숙주의 속내는 어떠했을까? 일찌감치 그들과 노선을 달리한 그는 '젊었을 때부터 큰 뜻이 있어서 세세한 일에 마음을 기울이지 않았다.'는 인물이다. 정말 큰 뜻(세조 섬김)으로 인해 세세한 일(단종 보필)에는 마음을 쓸 여유가 없었는지 모른다.

성삼문의 눈을 피한 신숙주

용상에 앉은 세조는 천하를 얻은 상태라 거칠 것이 없었다. 상왕으로 물러난 단종 따위는 관심 밖이었다.

"상왕에게 문안은 매달 초하루와 열이틀 또 스무이틀에 친히 갈 것이고 만일 연고가 있으면 그 다음 날 가겠노라."

세조에게 있어 단종의 문안보다 더 관심 있는 것은 자신의 위치를 만끽하는 일이었나 보다. 한바탕 놀고자 공신들을 불렀다. 여느 때처럼 연회의 흥이 고조되자 술에 취한 세조는 장난기가 발동했다. 느닷없이 신숙주의 한쪽 팔을 잡은 채 놓아주지를 않았다. 신숙주는 불편해도 감히 어수를 뿌리치지 못한 채 난감할 뿐이었다. 세조가 눈치를 채고 괜찮으니 자신의 팔도 잡으라고 하자 신숙주는 기회다 싶었다. 아예 세조의 소매 속으로 손을 넣은 신숙주가 팔을 세게 움켜잡았다.

"아, 아파! 아파!"

세조가 비명을 지르자 난처해진 한명회와 구치관이 얼른 신숙주의 옆구리를 찔렀다. 이미 세조의 굴욕으로 끝나버린 뒤였다. 한명회는 신숙주가 취해서 실수를 한 것이라며 대신 머리를 숙였지만 세조의 화는 누그러지지 않았다.

눈치 보며 물러나온 세 사람은 각자 집으로 향했다. 신숙주가 집 안으로 들어가자 몰래 뒤따라온 한명회가 청지기에게 방에 있는 초와 촛대를 모두 치우라는 당부를 하고 돌아갔다.

세조는 분이 풀리지 않아 잠을 이룰 수가 없었다. 신숙주의 무엄한 행동이 괘씸했고 자신을 시험한 것이 아닐까 하는 상상마저 들었다. 세조는 정말 취중의 실수가 아니라면 용서하지 않겠다며 환관을 시켜 신숙주의 동태를 살피라고 명했다.

아직 어둠이 가시지 않은 이른 새벽, 잠에서 깬 신숙주는 평소대로 서책을 보려고 일어나 앉았다. 그러나 촛대는 물론 초도 보이지 않았다. 그는 숙취로 머리가 아프기도 해서 다시 자리에 누웠다.

신숙주의 방에 '불이 꺼져있는 것을 확인하고 돌아온 환관이 그대로 고하자'((소문쇄록)) 세조가 고개를 끄덕였다.

"정말 취하긴 취했나보군. 이 시각이면 글을 읽는 사람인데 그럼 그렇지. 내가 괜한 오해를 했군."

그런 세조를 경멸하듯 단종을 복위시키자는 움직임이 싹트기 시작했다. 사실 신하들은 예측과 달리 세조가 왕권강화로 왕 중심의 정치체제를 지향하려는 것에 불만이었다. 한마디로 '단종복위운동'의 드러난 명분은 세조의 왕위찬탈에 대한 반발이었지만 실제로는 정치체제의 대립과 갈등에서 빚어진 것이었다.

다음 해인 세조 2년(1456) 6월, 통한의 눈물을 흘렸던 승지 성삼문을 비롯해 박팽년, 이개, 하위지, 유성원, 무인 유응부와 단종의 외숙부 권자신 등에 의한 '제1차 단종복위운동'의 도모가 벌어졌다. 세조가 창덕궁에서 명나라 사신을 접대할 때 암살하겠다는 계획이었다. 한명회의 머리가 쉬고 있지만은 않았다.

"전하, 아무리 별운검(왕의 호위무사)을 동반하고 나선다 해도 위험할 뿐더러 창덕궁 연회장이 너무 좁아서 불가하옵니다."

연회절차에 변동이 있자 암살계획이 미뤄졌다. 이 과정에서 불안해진 성균관사예 김질이 그의 장인 정창손에게 알렸다. 정창손이 발 빠르게 다시 세조에게 고하는 바람에 거사는 수포로 돌아가고 관련자 모두 체포되었다.

국문장에 포박되어 끌려나온 성삼문은 세조 앞에서 고개를 빳빳이 들고 당당했다.

"상왕께서 한창 젊은 춘추에 손위하셨으니 다시 세우려 함은 신하된 자가 마땅히 할 일이다. 천하에 자기 임금을 사랑하지 않는 자가 없을 터인데 어찌 이를 모반이라 말하는가. 내 마음은 온 백성이 다 알고 있

디. 내가 이 일을 하는 것은 하늘에 두 해가 없고 백성에게는 두 임금이 없기 때문이다!"(《추강집》)

세조가 대노하며 불에 달군 쇠로 성삼문의 다리와 팔을 지지라고 명했다. 성삼문의 온몸에서 그을음이 피어오르고 살타는 냄새가 나기 시작했다. 안색 하나 변하지 않는 모습에서 세조는 부아가 치밀었다. 쇠가 식자 세조가 눈에 광기를 띠며 다시 달궈오라고 소리쳤다. 그때까지 지켜보고 있던 신숙주는 성삼문과 눈이 마주치자 슬쩍 시선을 피했다. 가슴으로 파고드는 사자후는 피해갈 수 없었다.

"네 이놈! 지난날 영릉(세종 능호)께서 세손을 잘 돌봐달라며 당부하신 말씀을 정녕 잊었느냐? 그 말씀이 아직도 귓전에 남아있는데 너의 악독함이 하늘을 찌르는구나!"

세조가 신숙주에게 자리를 피하라고 손짓했다. 그리곤 재능을 아까워하던 박팽년에게 굴복하면 목숨만은 구해주겠다고 회유했다. 박팽년이 보란 듯이 실소를 터뜨리며 입을 열었다.

"후, 나리는 내가 그럴 것이라 생각하시오? 나는 나리의 신하가 아니올시다."

"뭐, 나리?"

이성을 잃은 세조가 몽둥이로 박팽년의 입을 사정없이 치고 온몸을 지지라고 고함쳤다.

"넌 이미 짐의 신하로서 녹까지 먹어놓고 그게 무슨 소리더냐?"

세조의 말에 이가 부러지고 입술이 터져 피투성이가 된 박팽년이 안간힘을 다해 대꾸했다.

"나리는 수동적 복종과 충심에서 나오는 존앙이 다르다는 것을 아직 모르시오? 상왕의 신하로 충청도관찰사가 된 것이고 장계에는 나리에게 한 번도 신이라 일컫지 않았으며 녹도 먹지 않았소이다."

세조가 미심쩍어 확인해보니 정말 '臣'은 한 글자도 없고 모두 '臣'로 적혀 있었다. 이는 '부피나 수량이 많다', '조악하다'는 뜻으로 쓰이지만 '항거하다', '저항하다'는 의미도 있어 세조는 눈이 뒤집힐 지경이었다. 그동안 받은 녹도 창고에 고스란히 쌓아둔 상태였다.

이개, 하위지, 유응부에게도 고문이 가해졌으나·누구 하나 굴하지 않았다. 끝내 전향하지 않은 이들은 거열형에 처해졌고 유성원은 '자신의 집에서 자결하자 관청에서 나와 시체를 가져가 찢었다.'(《동각잡기》) 모반에 연루된 단종의 외숙부 권자신과 김문기 등도 처형당했다.

단종복위를 모의하다가 죽은 성삼문과 박팽년 등 6명이 사육신(死六臣)이다. 한편 세조의 왕위찬탈 후 벼슬을 버리고 평생 절개 속에서 죄인으로 산 김시습과 이맹전 등 6명을 생육신(生六臣)이라 부른다. 사육신이라고 명명하게 된 것은 생육신 남효온이 시문집 《추강집》의 〈육신전(六臣傳)〉에 이들의 행적을 자세히 적어 후세에 남긴 데서 비롯되었다.

단종도 무사하지 못했다. 밀모에 관계있다는 죄명 아래 세조 3년(1457) 6월, 상왕에서 노산군(魯山君)으로 강봉되고 강원도 영월로 유배를 떠나야 했다.

왕의 묘호를 정할 때 '공이 있으면 조(祖)로 하고 덕이 있으면 종(宗)으로 한다.'(《태조실록》)는 것이 원칙이다. 이와는 별개의 뜻으로 '군(君)'의 칭호를 받은 왕들이 있다. 왕위에 있는 기간을 아예 인정할 수 없거나 폭군 혹은 어리석고 무능한 혼군(昏君)일 경우다. 그 대표적인 인물이 노산군을 비롯해 연산군, 광해군이다. 노산군은 숙부 수양대군에 의해 왕위에서 쫓겨났기 때문이다. 폭정의 대명사 연산군 역시 '군'의 칭호를 받았고, 광해군은 세자시절인 임진왜란 때 의병을 모집하면서 나름대로 공적을 쌓았지만 당파싸움에 휩쓸려 폐군(廢君)이 된 경우로 본다. 인조반정을 정당화하기 위한 세력들의 명분으로 혼군이라는 불명예까지 떠안았다.

숙주나물로 불린 세조의 명신

단종이 쫓겨나자 비 정순왕후 송씨 역시 군부인(君夫人)으로 강봉된 뒤 관비로 몰락했다. 이에 대해 '신숙주가 공신으로서 노산군의 비를 받아 여종을 삼았다.'(《파수편》)든가 '송씨가 관비가 되니 신숙주가 공신비(功臣婢)로 받으려 했지만 세조가 그의 청을 듣지 않고'(《월정만필》) 그 후 '송씨로 하여금 궐내에서 정미수를 양육하도록 했다.'(《순암집》)는 등의 붓 자국이 있지만 많은 반론이 재기되어 사실여부는 불투명하다. 정미수는 단종의 누님 경혜공주의 아들로 그녀 역시 관비가 되었다고 한다.

그 후 세조는 송씨가 비록 신분은 관비라도 사역에서 제외시키라는 명과 함께 아무도 범하지 못하도록 정업원(淨業院)으로 보냈다. 정업원은 작은 여승방으로 18세의 송씨는 머리를 깎고 비구니가 된 채 단종이 있는 동쪽을 향해 눈물로 한을 씻으며 보냈다. 단종이 죽임까지 당하자 평생 남편의 명복을 빌며 살게 된다.

유배생활을 이어가던 단종에게 드리워진 비운의 그림자는 점점 짙어만 갔다. 그해 9월, 역시 경상도 순흥에서 유배 중이던 다섯째 숙부 금성대군이 '순흥부사 이보흠과 함께 거사를 꾀하다 발각'(《해동야언》)되었다. 실패의 원인은 관노의 밀고로 세조는 이 '제2차 단종복위운동'을 빌미 삼아 단종을 아예 폐서인시켰다.

좌찬성 신숙주가 세조와 독대한 자리에서 역설했다.

"작년에 노산군을 복위시킨다는 명목으로 역모를 하더니 이제 또 다시 그런 일이 벌어졌사오니 화의 근원을 이대로 편히 살게 둬서는 아니되옵니다."

세조는 신숙주, 한명회 등 대신의 주청에 따라 10월, 단종과 금성대군을 사사하라고 명했다. 금성대군은 사사되었지만 단종에게는 그마저도 허락되지 않았다.

단종에게 사약을 내리기 위해 강원도 영월로 간 사람은 공교롭게도 의금부도사 왕방연이었다. 단종을 호송하고 돌아온 지 4개월 만에 말 등에 사약을 지고 가는 50인마의 책임자로 다시 찾게 된 것이다.

단종이 사약을 받지 않겠다고 애원하자 왕방연은 난처했다. 그때 단종을 모시던 통인 화득이 뒤에서 몰래 활줄로 올가미를 만들어 목에 걸고 잡아당겼다. 단종의 처참한 주검 앞에서 왕방연은 자신의 신세를 한탄할 뿐이었다.

《세조실록》에는 단종이 '스스로 목매어 죽으니 예(禮)로써 장례를 치렀다.'고 기록되어 있다. 야사에서는 '이것은 당대 여우나 쥐 같은 놈들의 간악하고 아첨하는 붓장난이며 후일에 실록을 편수한 이들 모두 세조를 부추기고 따르던 자들이었다.'(《음애일기》)고 맞받아친다.

17세 억울한 죽음으로 짧은 생을 마친 단종의 복위는 2백 년이 지난 숙종 대에 이루어진다. 그때 문종과 세조 사이에 단종의 신위를 놓기 위해 세조 이하 왕의 위패를 한 칸씩 물린 일이 있었다. 그 순간 세조의 위패가 갑자기 휙 돌아섰는데 숙종이 한마디 했다.

"그러게 누가 이신벌군(以臣伐君)하라 합디까?"

그 말에 세조의 위패가 땀을 뻘뻘 흘렸다는 이야기가 전해진다. 이신벌군은 '신하가 왕을 친다.'는 뜻으로 원조는 태조 이성계가 아닐까 싶다.

신숙주는 우의정을 거쳐 좌의정에 올랐다. 여진족의 침입이 빈번해지자 그는 강경론을 펼치며 세조 6년(1460) 강원도, 함경도의 체찰사로 출정해 큰 전과를 올렸다. 그가 병법에도 조예가 깊었다는 것을 말해주고 있다. 세조 8년 영의정부사가 되지만 세조 10년 지위가 너무 높다는 우려로 사직했다.

한편 그 무렵인 세조 12년(1466)부터 '영의정부사'가 '영의정'으로 개칭되어 성문화된다.

세조 사후 신숙주는 한명회, 구치관과 함께 원상(院相)으로서 예종을 보좌했다. 예종이 급사하자 세조의 비인 대왕대비 정희왕후 윤씨에게 서둘러 다음 왕위를 건의해 대통승계에 공을 인정받으며 국정안정에 결정적인 역할을 해냈다. 성종 즉위 후 영의정에 다시 임명되어 《세조실록》, 《예종실록》, 《동국통감》의 편찬에 참여하는 등 여러 공적을 남기고 성종 6년(1475) 59세로 일생을 마쳤다.

임종 직전인 신숙주에게 성종이 할 말이 있느냐고 물었을 때다. 신숙주는 일본을 예의주시하면서 '원컨대 그들과의 화친만은 끊지 마옵소서.'(《조야기문》)라는 당부를 남겼다.

신숙주는 사육신, 생육신과 같은 하늘 아래 공존했어도 정치논리 상황에서 변절자로 비판의 대상이 되고 있다. 그와 관련해 가장 논란이 되는 부분은 '단종을 저버리고 세조를 선택한 결정'일 것이다. 그 결과 단종복위를 도모했던 성삼문 등 집현전 동료들의 척결에 한몫했고 단종과 금성대군의 사사까지 주장하게 되었다. 반면 학문은 두말 할 것 없고 외교와 국방 등에서도 폭넓은 능력을 발휘했다고 평가된다.

신숙주가 세종과 문종의 고명을 저버리고 변절하자 백성들은 맛이 쉽게 변하는 녹두나물에 빗대어 그를 숙주나물이라 불렀다는 이야기가 전해진다. 그가 정치적 갈림길에서 선택의 결정적 요인이 된 것은 일찍이 당나라 황제 태종을 추종했다는 세조가 평소 했던 이 말 때문이 아니었을까.

"신숙주는 유학자이자 지혜로운 장수이니 그는 곧 나의 위징(당 태종 대의 명신)이다."(《세조실록》)

예종의
한명회

충성(忠成) 한명회(韓明澮, 재임 1466~1467 1469~1469)

칠삭둥이 대갈장군
압구정에서 노닐다

명절을 맞은 관원들이 고려 때의 궁궐터인 개성 송악산 만월대에서
연회를 즐기고 있었다. 꽤 늦은 나이에 개성의 경덕궁지기를 하고 있던
한명회도 참석했다.

한명회는 의관에 신경을 쓰지 않았고 원래 멋 부리는 것조차 꺼려해
행색이 볼썽사나웠다. 초대된 사람들은 대갓집 자제들이 대부분으로 한
명회를 보더니 은근히 경멸하는 눈치였다. 연회의 흥이 고조되고 술기
운이 돌자 그들이 서로 사담을 주고받았다.

"우리들은 모두 한성에 사는 벗들인데 이런 곳까지 와서 벼슬을 하고 있으니 참 답답하네."

"그러게 말일세. 이런 즐거운 시간이 언제 또 있을지 모르고 서로의 만남도 기약하기 어려우니 우리 계(契)를 만들어보는 게 어떤가?"

그때 한명회가 불쑥 끼어들었다.

"나도 그 계에 참여했으면 하오."

그 말에 모두가 손가락질을 하며 크게 비웃었다. 평소 한명회의 됨됨이를 잘 알고 있던 한 사람이 한마디 던졌다.

"연작(燕雀, 제비와 참새) 따위가 어찌 홍곡(鴻鵠, 큰 기러기와 고니)의 큰 뜻을 알겠느뇨."(《송도기이》)

다음 해 한명회는 계유정난 때 공신이 되어 출세가도를 달리게 된다. 반면 한명회를 따돌리고 계를 맺었던 대갓집 자제들은 모두 그 품계에서 맴돌았다. 그들은 한명회를 부러워하며 스스로 부끄럽고 원망스럽게 여길 뿐이었다.

그 후 사람들은 '세력을 믿고 거만하게 구는 자를 가리켜 송도계원(松都契員)이라고 했는데 이를 듣는 자는 배를 안고 웃었다.'(《죽창한화》)

칠삭둥이 한명회는 과연 홍곡의 큰 뜻을 어떻게 품을 수 있었을까.

천리마 새끼 영의정에 오르다

한명회(1415~1487)는 계유정난 때 책사로서 수양대군이 왕위까지 오르는데 공을 세운 인물이다. 사육신의 '단종복위운동'을 수포로 만들었고 신숙주와 함께 유배 중이던 단종에게 사약을 내릴 것을 강력히 주장했다. 세조와 예종 대 영의정을 지낸 그의 본관은 청주(淸州)로 조부는 조선 개국공신이자 명나라에 가서 국호 '조선'을 확정짓고 온 한상질이다. 아버지는 사헌부감찰을 지낸 한기이며 어머니는 예문관대제학 출신 이

적의 딸 여주 이씨다. 부인 여흥 민씨 사이에서 1남 4녀를 두었는데 그 중 두 딸이 장순왕후(예종 정비)와 공혜왕후(성종 정비)다.

조실부모로 불우한 어린 시절을 보낸 한명회는 7개월 만에 태어났다고 해서 '칠삭둥이', 머리가 워낙 크다고 해서 '대갈장군' 등의 별명을 늘 달고 다녔다. 미숙아로 태어난 그를 '모두 돌보려하지 않자 유모가 솜으로 싸서 밀실에 두었더니 그 후 형체가 비로소 완전해졌고 성장하면서 골격이 남다르게 변했다.'(《명신록》)고 한다. 종조부 호조참판 한상덕은 늘 입버릇처럼 한명회를 일컬어 '우리 가문의 천리마 새끼다.'고 했다. 그러던 어느 날 아들이 없던 그가 결국 한명회를 데려다 키웠다.

한명회가 민씨와 혼례를 치렀을 때 모두 미천한 그의 신세에 탐탁지 않은 기색이었다. 장인 민대생만은 예외로 자신의 부인에게 특별히 당부를 하고는 했다.

"한 서방이 큰 뜻이 있어 마침내는 크게 현달할 것이니 다른 사위와 같이 대우하지 마시오."

한명회가 산사에서 글공부를 하고 있을 때의 일이다. 한밤중 산골짜기를 지나는데 호랑이 한 마리가 호위를 하듯 바로 옆에서 따르고 있었다.

"멀리까지 배웅해주는 호의가 참으로 크네."

한명회의 말에 호랑이가 '마치 머리를 숙이고 꿇어 엎드리듯 한 채 있더니 날이 밝아서야 돌아갔다.'(《사가집》)

호랑이조차 한명회가 범상치 않음을 알아봤음에도 큰 뜻을 펼칠 기회가 멀었는지 과거시험에 매번 낙방이었다. 38세 때인 문종 2년(1452) 벗인 집현전교리 권람의 알선으로 겨우 경덕궁지기가 될 수 있었다.

권람은 조선 개국공신 권근의 손자이자 의정부우찬성에 오른 권제의 아들이었다. 청년시절 때부터 서책 가득한 궤를 말에 싣고 명산고적을 두루 찾아다니며 학문을 닦는 등 원대한 포부를 갖고 있었다. 그 즈음 한명회와 만나 친밀한 관계를 유지하게 되었다. 그는 대군시절이었던 세조에게 가장 먼저 접근한 인물이기도 했다. 세조와 함께 《역대병요》를 편찬하면서 그가 대망을 품고 있음을 알고 측근이 되었다.

문종이 죽고 단종이 뒤를 잇자 세조의 움직임도 빨라졌다. 단종 1년 (1453) 무사들을 포섭 중이던 권람이 한명회를 찾아왔다.

"자네 언젠가 문장과 도덕은 내게 양보해도 나랏일에 대해서는 그리 못 한다고 했었지? 그래서 하는 말인데 수양대군을 한번 만나보세. 내가 자네를 추천했다네."

한명회는 권람을 따라 세조의 잠저로 가면서 작년에 만났던 노승의 말이 떠올랐다. 기괴하게 생긴 그가 자신을 보고는 대뜸 '머리 위에서 빛이 나니 이는 모두 귀할 징조로 내년 안에 반드시 뜻을 얻으리라.'(《묘비》)고 했었다.

한명회는 비록 말직이어도 세상형편쯤은 훤히 꿰뚫고 있었다.

"지금은 김종서가 발호하고 안평대군이 임금의 자리를 엿보고 있어 언제 화란이 일어날지 모르네. 예단하기 힘든 시국을 구제하고 다스릴 임금이 필요할 때지."

그 사람이 누구라고 생각하느냐는 권람의 물음에 한명회가 농처럼 짧게 대답했다.

"이제 만나러 갑니다."

세조는 '한명회를 만나자 구면인 듯 여기며 늦게 알게 된 것을 한탄했다.'(《동각잡기》) 세조가 유능한 인재를 구한다는 말에 한명회는 세상이 뒤집히면 문인보다 무인이 더 쓸모 있으니 그들과 결탁하라는 조언을 건넸다. 세조가 그 방법에 대해 묻자 한명회가 자세히 귀띔해주었다.

"우선 좋은 술과 안주를 넉넉히 장만하는 겁니다. 그런 다음 활쏘기 연습이라는 구실을 내세워 매일 모화관과 훈련원으로 나가 한바탕 시위

를 당기고 나서 무사들에게 먹이면 다 사귀실 수 있습니다.”(《야언별집》)

세조는 홍달손과 양정 등 무사 수십 명을 확보할 수 있었다. 세조의 책사가 되어 계유정난을 성공시킨 한명회는 권람과 마찬가지로 정난 일등공신이 되었다. 사복시소윤에 오른 그는 다음 해 동부승지를 거쳐 세조가 즉위하자 좌부승지로 승진했다. 세조 2년(1456) ‘단종복위운동’을 막고 사육신 등을 척결한 공으로 좌승지를 거쳐 도승지에 올랐다. 그의 승진가도는 거칠 것이 없어 이조판서, 병조판서, 사도체찰사를 두루 역임했다. 궁술에도 능했고 문치보다는 병권에 재능이 있었던 그는 북방파견도 마다하지 않았다. 북방을 견고하게 하는 공적을 쌓아 세조의 신임은 더욱 두터워졌다. 단단한 입지를 다져가며 우의정, 좌의정을 거쳐 마침내 세조 12년(1466) 영의정에 이를 수 있었다.

경덕궁지기에서 영의정에 오르기까지 14년이 걸렸다. 그의 출셋길을 열어준 결정적인 것은 계유정난으로 그 사건의 첫 희생자는 실세 김종서였다. 어두운 산골짜기를 무사히 지날 수 있게 배웅해준 것이 호랑이였다면 출세의 길로 안내해준 것은 대호라 불렸던 김종서였다. 양띠인 한명회가 전설과 현실에서 호랑이를 부린 셈이었다.

세조가 총애한 남이를 죽여서

한명회의 질주에 제동이 걸리는 일이 터졌다. 세조 13년(1467) 세조의 북방민 등용억제와 중앙집권체제강화에 반감을 가진 무신 이시애가 반란을 일으켰다. 반란 초 한명회가 신숙주 등과 반역을 도모한 혐의로 체포되었다.

“경들은 나의 심복대신이다. 행여 뜻밖의 변이 있으면 앞으로 큰일은 하지 못할 것이다!”

세조는 모두 의금부에 가두라고 명을 내렸다. 문초 과정에서 이시애가 사람을 통해 '한명회와 신숙주가 모두 자신과 내응한다.'는 거짓 투서를 하게 한 결과로 밝혀져 풀려날 수 있었다. 문초에서 도총사 이준이 두 사람이 모반했다고 한 이유를 묻자 이시애는 '조정의 우두머리 재상을 다 죽인다면 거사가 쉽게 이루어질 것'(《세조실록》)이기 때문이라고 실토했다. 일설에서는 세조가 그들을 창덕궁 '후원 서총대 근처에 입직하게 하고는 매일 저녁 친히 술과 음식을 가지고 가서 보살피고 위로와 격려를 극진히 하다가 반란이 끝난 뒤 그만두었다.'(《기재잡기》)고도 한다.

왕위찬탈로 인한 고뇌로 불교에 귀의했다고도 하는 세조가 자리에 누웠다. 그는 자신의 건강이 악화되어가자 한명회, 신숙주에게 세자를 부탁했다. 그리고 세조 14년(1468) 52세의 나이로 이승을 떠났다.

세조가 죽자 둘째 아들 예종이 세자책봉 2년 만에 급사한 형 의경세자 대신 왕위에 올랐다. 한명회는 어느 때보다 막중한 역할을 떠안게 되었다. 예종은 자신의 셋째 사위이기도 했지만 무엇보다 19세의 나이라 국정운영에 미숙했다. 그래서 즉위 초부터 '세조의 유교대로 한명회는 2~3명의 대신과 함께 승정원에 윤번으로 입직하게 되었다.'(《명신록》)

예종은 한명회, 신숙주, 구치관이 중심이 된 원상제(院相制)에 따라 그들과 국정을 상의해 결정했다. 원상제는 세조가 죽기 2개월 전 예종을 위해 마련한 것으로 신하들에 의한 섭정제도였다. 한명회의 말에 예종은 그대로 따르면 되었다.

예종 즉위년에 '남이의 옥사'가 벌어졌다. 예종은 즉위 당일 세조의 총애를 받았던 병조판서 남이를 겸사복장으로 강등시켰다. 병조판서에서 졸지에 왕을 호위하는 겸사복의 무관직으로의 좌천이었다. 현재의 국방부장관이 하루아침에 경호실장 자리로 옮겨진 것이다.

한명회 등의 의견에 따른 왕권강화를 위한 조치로 '세조가 벼슬 등급을 건너뛰어 병조판서로 임명했더니 세자 예종이 그를 몹시 꺼렸다.'(《국조기사))는 속사정도 한몫했을 수도 있다. 어쨌든 세조가 죽기 13일 전 병조판서에 임명되었던 남이는 예종이 즉위하자마자 실각의 쓴잔을 마셔야 했다.

17세 때 무과에 급제한 남이는 정난 및 좌익 일등공신이 되었고 이시애의 난에서 전공과 여진족 정벌의 활약으로 고속승진할 수 있었다. 찬란한 미래만이 기다리고 있을 것 같았던 그는 예종 즉위로 발목이 잡혀버렸고 이어서 완전히 꺾이게 된다.

한 사람이 주목받으면 구설이나 악설이 따르기 마련인지 누군가 '남이가 공주와 간음했다고 소문을 날조해 곤혹을 치렀다.'((부계기문)) 남이에게 들이닥친 불운은 그것으로 끝이 아니었다. 한 달 후 궁궐에서 입직하던 중 밤하늘의 혜성을 보고 저도 모르게 혼잣말을 흘린 것이 꼬투리가 되었다.

"오, 이는 묵은 것을 없애고 새것을 드러내게 하려는 제구포신의 징조로다."

이 모습을 '남이의 재능이나 명성과 벼슬이 자기 위에 있는 것을 시기하던'((동각잡기)) 병조참지 유자광이 엿보고 있었다. 그는 남이처럼 이시애의 난에서 공을 세워 등용된 자로 모사에 능하고 계략이 뛰어났다. 남이가 세조의 총애를 더 받았던 것에 불만이었던 그는 완전히 제거시킬 모략을 세웠다. 예종에게 '거짓을 꾸며 남이가 반역을 꾀한다고 은밀히 고했다.'((국조기사))

남이가 이시애의 난을 토벌하고 회군할 때 지은 시를 교묘히 이용했다.

백두산 돌은 칼을 갈아 다 없애고 　(白頭山石磨刀盡)
두만강 물은 말을 먹여 없어졌네 　(豆滿江波飮馬無)

사내 스무 살에 나라 평정 못 하면 (男兒二十未平國)

후세에 그 누가 대장부라 하리오   (後世誰稱大丈夫)

유자광은 '나라 평정 못 하면'의 '미평국(未平國)' 대신 '나라 얻지 못
하면'이라는 뜻의 '미득국(未得國)'으로 고쳐 올렸다. 평소 남이에 대해
거부감을 갖고 있던 예종은 유자광의 말을 그대로 믿었다. 남이는 '불온
한 생각을 품은 역모자로 화를 면하기가 어려웠다.' ((지봉유설)) 그는 즉각
체포되어 한명회의 지휘 아래 문초를 받았다. 처음에는 모반의 혐의를
강력히 부인하다가 '다리가 부러지는 혹독한 고문' ((기재잡기))이 가해지
자 시인하게 되었다. 4일 뒤 군기감 앞 저자에서 연루된 강순, 조경치
등과 함께 28세의 나이로 거열형에 처해졌다. 그를 돕던 조숙 등도 처형
되고 어머니 역시 연좌되어 능지처참을 당했다. 죄명은 상중에 고기를
먹고 아들인 남이와 비윤리적인 짓을 벌였다는 것이었다. 남이의 옥사
는 임진왜란 이전까지 역모사건으로 인식했으나 일부 야사에서는 유자
광의 모함으로 날조된 옥사라고 규정하고 있다.

한명회는 국구로서 남이의 옥사를 잘 다스린 공으로 익대(翊戴) 일등
공신에 책훈되고 예종 1년(1469) 다시 영의정에 복직되었다.

어렵지 않은 왕 만들기

예종 역시 급사하고 막내사위 13세의 성종(세조 손자)이 즉위하자 한명
회는 계속 원상이 되어 정무를 결재하는 일을 이어갔다. 원래부터 병권
에도 관심이 높았던 그는 병조판서를 겸임하며 절정의 세도를 과시했
다. 이조까지 겸임시키려고 하자 그는 눈물로 사양하며 병조만을 맡았
다고 한다.

성종은 어린 시절인 잘산군 때부터 세조의 특별한 사랑을 받았다. 그

는 학문을 좋아했고 글씨, 그림과 활솜씨가 뛰어났으며 매사냥도 즐겼다. 또 총명하고 도량과 기량이 훌륭해 세조를 늘 뿌듯하게 해주었다.

어릴 적 형 월산대군과 궁중에 있을 때 어느 날 갑자기 천둥이 요란하게 울리며 장대비가 쏟아졌다. 사람들이 깜짝 놀라 혼비백산할 정도였다. 순간 '번개가 궁궐 좌우 기둥을 때렸고'((오산설림)) 이어 환관 백충신이 맞고 즉사했다. 월산대군과 곁에 있던 모두가 비명을 지르고 몇몇은 나자빠지기도 했지만 성종만은 표정 하나 변하지 않았다.

이 일을 전해들은 세조는 부인 정희왕후 윤씨에게 의미심장한 말을 건넸다.

"기개와 도량이 태조대왕을 닮은 잘산군에게 장차 나랏일을 맡길 것이니 중전은 이 말을 명심하시오."

예종이 죽고 왕위를 논의할 때 정희왕후 윤씨가 성종을 적극적으로 내세울 수 있는 근거가 되었다. 윤씨는 한명회, 신숙주 등을 부른 자리에서 하교했다.

"원자는 강보에 있고 월산군은 평소 병이 있었다. 잘산군이 비록 나이는 어리나 승하하신 세조대왕께서 매번 그의 그릇과 도량이 태조대왕과 닮았다고 칭찬하였으니 그를 세워 뒤를 잇게 하는 것이 어떻겠소?"

원칙으로 따지자면 정비 장순왕후 한씨의 소생 인성대군이 요절했으니 예종 다음 왕위는 당연히 계비 안순왕후 한씨의 아들 제안대군 몫이었다. 정희왕후 윤씨는 4세의 제안대군이 너무 어리고 의경세자의 장남인 월산대군은 건강이 좋지 않다는 이유로 반대했다. 한씨가 한명회를 은밀히 부른 자리에서 말했다.

"의경세자의 둘째 아들이자 경의 사위인 잘산군을 죽은 주상과 한씨의 양자로 입적시켜 뒤를 잇게 하는 수밖에 없소이다."

성종의 즉위는 윤씨와 한명회의 결탁에 의해 이루어졌다. 제안대군이 후보명단에서 제외되었다면 16세 월산대군이 세자에 책봉되는 것이 순서였다. 윤씨의 입김으로 세자는 그의 동생 잘산군 성종에게 돌아갔다. 배후에는 정치적 내막이 숨겨져 있었다. 월산대군을 받쳐줄 만한 세력이 미약했다. 제안대군은 성종의 정통성에 위해 된다는 이유로 성종 5년(1474) 평원대군(세종 7남)의 봉사손(奉祀孫, 조상의 제사를 맡아 받드는 자손)으로 입양된다.

성종은 정희왕후 윤씨와 한명회, 신숙주 등 '세조 등극의 공신으로 정치적 실권을 장악한 후 형성된 집권 정치세력'인 훈구파의 뜻에 따라 왕이 된 셈이다. 하지만 성종 7년(1476)까지 조모인 대왕대비 정희왕후 윤씨가 섭정으로 수렴청정(垂簾聽政)을 하게 된다. 조선 최초의 시행이었다. 한명회, 신숙주, 홍윤성 등으로 구성된 원상제에 따른 국정운영도 이루어졌다.

성종 2년(1471) 좌리(佐理) 일등공신에 책훈된 한명회는 영춘추관사로서 신숙주 등과 함께 《세조실록》을 완성했다. 한명회가 두 딸 모두를 왕실과 혼인시킨 것은 입지강화를 위한 철저한 계략으로 신숙주와도 이미 오래 전부터 사돈지간이었다. 세조 생전 장녀가 신숙주의 장남 신주와 혼인한 상태였다. 그때 권람도 사돈이 되었으면 하는 뜻을 비친 일이 있었다. 한명회는 매몰차게 거절하기 어려워 신숙주에게 의견을 구했다.

"우리 세 사람은 공로가 같은데 그렇게 되면 전하께서 지나치게 가깝다고 여겨 의심할지 모른다고 하면 되지 않겠소."(《소문쇄록》)

신숙주가 일러준 대로 전하자 권람이 유쾌하게 받아들였다.

"내 생각이 미처 거기까지 이르지 못했소."

한명회도 추락하기 시작했다. 성종 5년(1474) 평소 쇠약했던 막내딸 공혜왕후가 1년 전부터 투병을 해오다 19세로 죽고 말았다. 한명회의 무소불위 권세도 시들해졌다.

관직에서 물러난 60세의 한명회는 성종에게 학문진흥을 위한 방안을 제시하고 서책이 부족한 성균관의 장서확충을 위해서도 노력했다. 자신의 노후생활에 대한 투자도 아끼지 않았다. 한강 두모포(현 서울시 성동구 옥수동 강변) 언덕에 정자 압구(狎鷗)를 지었다. 이 '이름은 그가 명나라에 사신으로 가서 그곳 한림학사 예겸에게서 얻어 온 것으로 정자가 명나라에까지 알려졌다.'(《동사개략》)고 한다.

명나라 사신이 압구정을 구경하려고 왔을 때의 일이다. 한명회는 어깨에 힘을 더 주고 싶었는지 궁중전용 용봉차일(龍鳳遮日)을 쳐서 화려하게 꾸미려고 했다. 이는 왕권을 상징하는 것으로 입궐해 청했지만 성종이 허락하지 않았다. 그가 불만스러운 자세로 있다가 정색하며 일어나자 대간들이 어전에서 팔짱을 꼈다고 비난했다.

"추워서 그랬소."

그는 왕 앞에 무례함을 범했다는 이유로 대간들의 탄핵을 받고 '귀양을 갔다가 얼마 후에 돌아왔다.'(《동각잡기》)

살인을 저질러 붙잡힌 상인이 죽을죄를 졌어도 세 번 용서해주라는 약속을 세조가 했다고 주장하는 일이 벌어졌다. 세조 생전에 공을 세운 자인데 거짓이 아니라며 어서(세조 글씨)를 증거로 내보였다. 대왕대비 윤씨는 그를 면죄해주려고 했으나 성종이 반박했다.

"살인한 자는 당연히 사형으로 다스리는 것이 만세의 공법입니다."

윤씨는 내심 섭섭했어도 엄연한 왕이라 어쩔 도리가 없었다. 이 잠깐의 마찰이 알려지자 윤씨의 섭정을 비난하는 익명서가 정원에 걸렸다. 윤씨는 자신은 이미 저무는 해였기에 화가 나도 억눌러야 했다.

윤씨는 수렴청정을 거둔다는 뜻을 성종에게 전했다. 성종은 더 보살펴줄 것을 청했지만 형식에 지나지 않았다. 소식을 들은 한명회는 노구를 이끌고 부리나케 입궐했다.

"대비마마께서 정권을 버리시면 백성들을 버리시는 것이고 신 또한 예궐해도 편히 술조차 마실 수 없게 되옵나이다. 부디 명을 거둬주시옵소서."

성종은 한명회를 책망했다. 대간들도 한명회를 문초하라며 공론을 보았다. 윤씨는 상황 자체가 불쾌했으나 결단으로 정치일선에서 물러났다.

친정이 시작되자 성종은 '사장 중시의 훈구파에 대응하는 경술 중시의 유학을 공부하던 문인, 학자 출신 세력'인 사림파 김종직, 김굉필 등을 등용해 한명회, 신숙주로 대표되는 훈구파를 견제하게 된다. 사림파들의 대거 등용으로 국정의 중심이던 훈구파세력을 약화시킬 수 있었다.

압구정에서 무엇을 생각하는가

성종은 소신껏 정치를 펼쳐나갔다. 그는 '집현전과 독서당마저 폐지하고 홍문관부터 열어 집현전의 옛 제도를 회복시켰다.'(《국조전모》) 그리고 홍문관을 예문관에서 다시 분리해 왕권보호 정치기구로 만들었다. 새 인물들을 과감히 발탁하는 등 왕권강화의 정치적 토대를 위한 노력에 집중했다. 그 결실로 정치, 경제, 사회, 문화 등의 안정적 기반을 마련한 왕이라는 평가를 얻게 된다.

성종은 사관이 항상 무릎 꿇고 엎드린 채 기록하자 명을 내렸다.

"앞으로는 허리를 곧게 편 채로 두루 살펴 기록하게 하라."

이때부터 사관들이 서서 기록하게 되었다.

이따금 입궐하는 재미조차 사라진 한명회는 압구정에서 주변 경치나 두루 살피며 여생을 보냈다. 실질적인 출세의 길을 열어준 은인이자 오랜 벗인 권람이라도 찾아와주었으면 좋으련만 그는 이미 세조 11년(1465) 50세 때 죽어 이 세상 사람이 아니었다. 경치가 워낙 뛰어난 곳이라 여전히 찾아와주는 사람들이 있어 그나마 위안이 되었다. 조정의 문사들까지 경쟁하듯 찾아와 시를 지어줬지만 대부분 꺼려하는 내용들이라 현판으로 쓰지는 않았다.

세월이 흐른 어느 날, 무신 이윤종이 적막감이 감도는 압구정 아래를 지나다가 시를 읊었다.

정자를 지어놨으나 돌아가지 않으니 (有亭不歸去)
이 인간 참으로 갓 씌운 원숭이로세 (人間眞沐猴)

세조 즉위 이후 성종 대까지 고관 요직을 두루 역임한 한명회는 성종 18년(1487) 73세로 숨을 거뒀다. 성종은 환관을 보내 '공의 훈업(勳業)과 덕망이 세상을 덮어서 다른 대신에 비할 바 아니었고 또 나에게는 의(義)가 한 집안과 다름없으니 슬픈 정이 어찌 끝이 있으리오.' (《죽창한화》)라고 조문했다.

《성종실록》에 실린 한명회 졸기 가운데 일부다.

'한명회에게 충성(忠成)의 시호가 내려졌다. 임금을 섬기어 절개를 다하면 충(忠)이라 하고 임금을 보좌하여 능히 잘 마친 것을 성(成)이라 한다. 한명회는 마음이 너그러이 크고 생각이 깊으며 대수롭지 않은 절조나 의리에 얽매이지 않고 항상 주장하는 지론은 화평에 힘쓰고 일을 결단할 때는 기본이 되는 큰 뜻을 들어서 행했다.'

충성 한명회는 연산군 10년(1504) 갑자사화 때 연산군 생모 폐비 윤씨의 사사사건에 관련됐다고 해서 부관참시를 당한다. 머리가 한성부 사거리에 걸리기도 했는데 중종반정이 일어나고 신원된다.

부관참시는 무덤에서 관을 꺼내 시신의 목을 베고 거리에 내거는 특히 연산군 대에 성행한 극형이다. 조선시대 죄인에게 가하는 형벌 가운데 낙형(烙刑)이 있다. 쇠를 불에 달구어 죄인의 몸을 지지는 단근질로 성삼문과 박팽년 등 사육신에게 가해진 것으로 잘 알려져 있다. 그 후 주로 반역 죄인들에게 적용되었으나 법전에 없는 고문이고 사실규명보다는 조작된 진술을 낳게 한다는 부작용이 있었다. 조선 후기 학자 이익은 '낙형의 기원은 중국 은나라 말부터였으며 우리나라로 말하면 한명회가 처음 만들어 낸 것으로 본시 이어나갈 거리가 못 된다.'(《성호사설》)고 적고 있다.

한명회의 등과 배에는 검은 사마귀가 있다고 한다. 별의 형상을 하고 있어서 사람들이 이상하게 여겼는데 마치 '삼태(三台)와 같았다.'(《명신록》)는 것이다.

일찍이 세조가 대군시절 기방에서 자다가 기둥서방에게 쫓긴 일이 있다. 그때 관상감에서 이름난 한 사내가 소변을 보며 밤하늘을 향해 '자미성이 유성에 걸렸으니 참으로 괴이한 일이로다!'고 했다. 자미성은 천제의 운명에 비유하고 큰곰자리에 속하는 삼태(상태, 중태, 하태)의 세 별은 천제가 있는 자미궁(紫微宮)을 지킨다고 한다. 결국 자미성(천제의 운명)인 세조가 머물게 되는 자미궁(궁궐)을 지키는 삼태(한명회)가 된다는 예시가 아니었을까.

한명회는 운명적으로 문종, 단종, 예종, 성종이 아닌 세조 왕의 남자로 태어났다고 하는 것이 맞다. 세조가 평소 자신에게 있어 한명회는 한 나라 개국공신 장자방과 같은 존재라고 했었다. 한명회도 권람에게 세조가 '활달하기가 한 고조와 같고 영특함과 용맹함은 당 태종과 같으니 천명이 있음을 분명히 알 수 있다.'고 했다. 한 세상 살고 난 뒤에 압구정에서 노닐며 속으로나마 또 이렇게 외쳤을지도 모른다.

'소신은 전하의 영원한 삼태였사옵니다!'

성종의 윤필상

윤필상(尹弼商, 재임 1484~1493)

백 년 동안 말하지 말라니까 왜?

젊은 시절 윤필상은 자신의 앞날이 궁금했다. 어느 벼슬자리까지 오르며 얼마나 장수할지도 알고 싶어 유명하다는 점술가를 찾아갔다.

"벼슬 운이 좋고 수명도 어지간히 길겠으나 단지 삼림(三林) 아래서 죽을 것이외다."((사재척언))

벼슬이 높고 오래 산다는 점괘에 기분은 좋았으나 얼른 이해되지 않는 것이 삼림이었다. 그가 말해주지 않아 다른 점술가들을 찾아갔지만 아는 이가 없었다.

그 후 점괘대로 영의정까지 올라 권세를 누리던 연산군 10년(1504) 갑자사화가 일어났다. 윤필상은 연산군 생모 윤씨의 폐위를 막지 않았다고 추죄되어 전라도 진도로 유배를 가게 되었다.

어느 날 이웃사람들이 내일은 상림(上林)에 있는 밭으로 가서 일하자고 떠드는 소리를 들었다. 젊은 날 점술가가 말해준 말이 떠올라 혹시나 해서 상림이 어디냐고 물었다.

"여기서 오리쯤 못 가면 상림, 중림, 하림이라는 데가 있습죠."(《해동잡록》)

윤필상은 자신이 있는 곳이 바로 삼림 아래라는 것을 비로소 깨달았다. 하루하루 근심에 싸여있던 그에게 찾아온 것은 연산군이 보낸 사약이었다.

그의 '시신을 들 밖에 엎어놓은 채 10일 넘게 방치해두었는데 까마귀나 솔개가 먹지 않고 마을 개도 쳐다보지 않았다.'(《사재척언》)

78세로 비교적 장수한 윤필상이 비참한 최후를 맞게 된 내막 역시 피로 얼룩져 있다. 피가 피를 부른 것이다.

작은 거인 금대를 두르다

윤필상(1427~1504)은 조선 전기의 문신으로 세종 대부터 연산군 대까지 영의정과 여러 관직을 지낸 인물이다. 본관은 파평(坡平)으로 아버지는 공조참판을 지낸 윤경이고 어머니는 한산 이씨다. 세조의 비 정희왕후 윤씨가 일족이며 정현왕후(성종 계비) 윤씨의 아버지이자 성종 대 실력가인 윤호는 당숙부가 된다. 부인 창녕 성씨 사이에 2남 3녀를 두었다.

대부분의 영의정들이 그렇듯 윤필상 역시 어릴 때부터 명석하고 특히 기억력이 비상해 한번 익힌 것은 쉽게 잊지 않았다. 몸집은 또래보다 작아도 담력이 크고 지혜로웠다고 전해진다.

청년시절 가난을 견뎌내며 학문에 매진해 21세 때인 세종 29년(1447) 사마시에 합격하고 3년 뒤 추장문과 병과로 급제할 수 있었다. 세조 즉위년(1455) 호조좌랑을 거쳐 경연청서연관이 되었다. 2년 뒤 문과중시에 급제 후 동부승지, 형방승지, 도승지 등을 역임하면서 세조의 신임과 총애를 받았다.

윤필상이 형방승지로 있을 때의 일이다. 찬바람이 불어오자 한성부와 각 지방 옥에 갇힌 죄인들 수를 비롯해 범죄의 경중을 파악해서 작은 서책에 기록해두었다. 세조가 그들을 걱정할지 모른다는 생각으로 항상 소매 속에 넣고 다니는 철저함도 잊지 않았다.

북풍한설 몰아치는 한겨울 어느 날 밤 세조의 부름이 있어 급히 달려갔다. 침전 마루 아래 부복하자 세조의 가라앉은 음성이 들려왔다.

"오늘 밤은 날씨가 몹시 차 따뜻한 방에서 털옷을 겹쳐 입어도 견디기 어렵구나. 하물며 옥중의 죄수들은 이 혹독한 추위에 얼마나 고통스럽겠는가. 먼 곳까지는 어렵겠으나 가까운 지방의 죄수 중에 가벼운 죄와 무거운 죄가 각각 얼마나 되는지 속히 기록해서 아뢰도록 하라."

윤필상이 소매에서 그 서책을 꺼내 앞에 놓았다.

"신은 형옥에 관한 일을 맡은 형방승지임을 늘 잊지 않고 있어 이미 그 숫자를 파악하고 있었사옵니다."

윤필상이 기록해놓은 것을 줄줄이 읽어내려 가자 세조가 크게 놀라며 기특해했다. 세조는 당장 주안상을 대령하게 해 어주를 내려주었다. 그리곤 누군가를 향해 껄껄거리며 말했다.

"이 사람은 내 보배로운 신하라오."

그제야 가까운 곳에 정희왕후 윤씨가 있는 것을 안 윤필상은 황공해하며 조용히 물러나왔다. 이때부터 윤필상은 '차례를 밟지 않고 선발되더니 얼마 가지 않아 높은 벼슬에 오를 수 있었다.' ((사재척언))

윤필상의 빈틈없고 신속한 일처리는 세조 13년(1467) 이시애의 난이 일어났을 때도 빛을 발했다. 도승지로서 어명을 지체 없이 처리하고 정보를 파악한 공을 세웠다. 세조가 부른 자리로 가보니 산해진미의 주안상이 차려져 있었다. 세조가 축하주라면서 연거푸 따라주는 술을 받아 마신 윤필상은 정신이 혼미해질 지경이었다. 그는 세조가 자신의 허리에 두른 은대를 풀고 있는 것초차 몰랐다.

다음 날 아침 입직실에서 잠이 깬 윤필상이 서둘러 밖으로 나가자 보는 사람들마다 의아해했다. 그는 그제야 '금대를 매고 있음을 알았고 얼마 후 참찬에 제수한다는 명이 내려졌다.'(《임하필기》) 우참찬으로 특진한 그는 적개(敵愾) 일등공신에 책훈되었다. 세조 14년(1468) 세조가 죽자 수묘관으로 3년간 능을 지켜 좌리공신에도 올랐다.

성종 2년(1471) 우찬성이 된 윤필상은 경상도에 가뭄으로 기근이 심해지자 진휼사로 파견되어 기민을 구제했다. 경상도관찰사를 겸해 다음 해까지 굶주림에 시달리는 백성들을 구제한 공으로 모피 두루마기와 사슴가죽으로 만든 녹비화를 하사받았다. 성종 5년 이조판서와 의금부당상을 겸직하고 있을 때 한명회, 노사신 등 권신들이 이조의 인사권까지 침해하는 것에 분개해 사직했지만 곧 복직되었다.

성종 7년(1476) 11월, 성종의 계비 윤씨가 아들 융(훗날 연산군)을 낳았다. 그의 탄생은 윤필상의 운명을 바꿔놓는 신호탄이기도 했다.

다음 해 윤필상이 백성들의 재산을 빼앗았다고 탄핵받아 파직당하는 일이 생겼다. 《성종실록》에는 그가 직접 나선 것으로 기록되어 있지는 않다. 호조에서는 성종에게 '윤필상의 종 숙석이 주인의 권세를 믿고 빌려준 곡식에 붙는 이자를 빙자해 백성의 재산을 뺏으니 간교하고 교활한 것이 이보다 심할 수가 없다.'고 고했다. 숙석이가 윤필상의 기와집 곳간 문고리 실세쯤 되는 것일까. 윤필상이 종 숙석이를 시켰을 수도 있다. 자식들에게 장사를 하게 해 부를 축적할 수 있었는데 이 소문으로 구설수에 휘말렸다고도 한다.

탄핵으로 파직까지 당한 윤필상은 그해 바로 좌찬성으로 복직되었다. 명나라에 주청사로 다녀오면서 건주여진(建州女眞, 남만주 일대 여진족)의 동태를 세세히 살펴 보고했고 다음 해 영중추부사를 거쳐 우의정에 올랐다. 우의정으로서 책임이 막중한 일과 맞닥뜨려야 했는데 엄청난 피바람을 몰고 올 판단이 될 줄은 꿈에도 몰랐다.

실패한 줄서기

성종 10년(1479) 6월, 융의 생모 계비 윤씨가 폐서인되어 사가로 쫓겨나는 일이 벌어졌다.

성종이 판봉상시사를 지내다 죽은 윤기견의 딸 윤씨를 맞이한 것은 성종 4년(1473)이었다. 숙의에 봉해진 그녀는 뛰어난 미색으로 성종의 총애를 받았는데 '서늘한 느낌을 주는 미인'이었다고 전해진다. 대왕대비 정희왕후 윤씨도 귀애하는 분위기 속에서 한명회의 딸 공혜왕후 한씨가 19세로 소생 없이 죽자 2년 뒤 왕비로 책봉되었고 그해 11월 융을 낳았다.

윤씨는 왕위를 이을 원자까지 생산했으니 천하를 얻은 기분이었다. 행복도 잠시뿐 성종은 예전과 달리 그녀의 처소를 잘 찾지 않았다. 성종의 마음을 빼앗고 있었던 것은 후궁 귀인 정씨와 엄씨였다. 그녀들은 틈만 나면 인수대비 한씨(성종 모)를 찾아가 중상모략을 일삼았다.

"대비마마, 중전은 보잘것없는 집안 출신이라는데 홀어머니 밑에서 교육이나 제대로 받았을지 의심스럽사옵니다."

"그러고도 국모의 자리에 앉았다니 지나던 새가 다 웃을 일이옵니다."

가뜩이나 윤씨의 자질에 대해 의구심을 품고 있던 한씨는 그녀를 더 멀리하게 되었다. 시어머니까지 곁을 주지 않자 윤씨는 심각한 위기에 몰렸다. 후궁들의 암투가 난무하는 궁궐에서 살아남아 아들을 왕위에 앉히려면 모든 수단과 방법이 절실했다. 그녀는 성종의 마음을 되찾고자 혈안이 되어갔다.

어머니 신씨가 권한 송장방사라는 요법에 손을 댔다. 성종이 자주 찾는 후궁 처소 길목에 시신의 뼈를 묻어두면 밝은 후궁이 죽는다는 것이었다. 바람과 달리 효과가 없자 '귀인 정씨와 엄씨가 장차 왕비와 원자를 해치려고 한다.'((야언별집))는 내용의 투서를 작성케 했다가 발각되었다. 윤씨의 처소에서 독약인 비상과 굿하는 방법을 담은 방양서(方禳書)까지 나왔다. 성종은 윤씨가 누군가를 해치고자 한 것이고 그 대상이 자신일 수도 있다는 생각에 이르자 이성을 잃었다.

"국모로서 할 짓이 아니다. 폐서인하든가 빈으로 강등시킬 것이다!"

성종이 분노하자 조정대신들이 극구 만류했다. 겨우 봉합되어 덮어지는가 싶었던 폐비 문제는 성종 10년(1479) 윤씨의 생일날 다시 터졌다. 성종과 윤씨는 오랜만에 주안상 앞에서 오붓한 시간을 보냈다. 성종은 그동안 윤씨의 그릇된 행실로 인해 거리를 두었으나 이해하고자 했다. 두 사람이 막 잠자리에 들려고 할 때였다.

"전하, 대비마마께서 찾으시옵니다."

성종은 어머니가 찾는다는 말에 자리에서 일어났다. 귀인 정씨와 엄씨가 인수대비 한씨에게로 몰려가 두 사람이 생일잔치를 벌인다고 고자질한 결과였다. 한씨는 성종에게 해악이라도 생길까 염려되어 환관을 시켜 불러낼 수밖에 없었다.

자초지종을 알게 된 성종은 어머니 한씨의 행동에 화가 났어도 어쩔 수 없었다. 그는 다시 윤씨에게로 가는 것이 불편해 다른 후궁의 처소로 발길을 돌렸다. 이를 알게 된 윤씨는 분기충천해서 달려가 성종이 있는 방문을 열어젖혔다. 그녀는 후궁을 끼고 앉아 술을 마시고 있던 성종에게 고함을 쳤다.

"이러자고 생일상을 차려준 것이옵니까?"

화를 참지 못한 그녀가 성종의 얼굴을 할퀴고 말았다. 용안에 상처가 나자 크게 노한 인수대비 한씨가 대신들에게 보이게 했다. 성종의 화를 더욱 부추긴 셈인데 엄중한 명이 뒤따랐다.

"지난날 중전을 폐위코자 했으나 불가하다는 경들의 말에 그만 두었소. 허나 이제는 과인까지 능욕하고 있으니 더 큰 실덕을 범하기 전에 폐위코자 하오."

신하들의 의견은 양분되었다. 도승지 홍귀달, 좌부승지 김계창 등은 원자와 대군을 낳은 윤씨를 폐서인하는 것은 불가하다는 입장을 밝혔다. 반면 우의정 윤필상과 영의정 정창손, 좌승지 김승경, 한명회 등은 찬성했다.

"중전께서는 이미 덕망을 잃었기에 폐위는 당연지사이옵니다."

윤씨는 '성종의 뜻을 받든 윤필상 등에 의해 폐출되어 사가로 쫓겨났다.'(《기묘록》) 《성종실록》에는 반대로 성종이 윤씨의 뺨을 때렸다고 기록되어 있다. 어쨌든 그냥 넘길 사안이 아니었다. 윤씨를 아끼던 대왕대비 윤씨조차 그녀를 구해주지 못했다. 조정대신 일부가 왕손을 낳은 윤씨의 폐위만은 불가하다며 재차 호소했지만 성종과 인수대비 한씨는 단호했다.

백성들은 성종이 윤씨에 대한 염증으로 멀리하고 있다는 것을 눈치챈 듯하다. 그 즈음 널리 알려진 동요가 '망마다승슬어이라(望馬多勝瑟於伊羅)'다. '망마다'는 세간의 속된 말로 굳이 사양해 받지 않겠다는 의미고, '승슬어이라'는 염증이 나서 싫다는 뜻이라고 한다. 모두 단절을 노래한 것인데 얼마 후 윤씨가 폐위되었다.

궁궐의 소요가 채 가시기도 전 윤필상은 한성부를 떠나야 했다. 그해 명나라에서 건주여진을 협공하자고 군사를 요청해왔다. 일단 어유소를 도원수로 삼아 정벌군을 출정시켰으나 얼음이 녹아 강을 건너지 못하고 되돌아왔다. 상황이 급박해지자 한명회 등이 다시 정벌군을 보낼 것을 강력히 주장했다. 이에 '윤필상은 체구가 매우 작았지만'(《동국여지승람》) 서정도원수로 선발되어 군사 5천 명을 거느리고 토벌해 큰 전과를 거두고 돌아왔다. 성종은 크게 기뻐했고 명나라에서도 칙서를 보내와 표창했다.

그 전에는 말편자를 칡 줄기로 만들었는데 '말굽에 쇠를 붙인 것은 윤필상이 시작했다.'(《임하필기》)고 한다. 그가 건주여진을 정벌할 때 '두만강이 얼어 말이 미끄러지자 둥글게 만든 철편의 끝부분을 틔우고 좌우로 구멍 여덟 개를 뚫어 못의 머리는 뾰족하게 하고 끝은 날카롭게 해 말굽에 박자 쉽게 건널 수 있었다.'(《청성잡기》) 이때부터 사계절 구별 없이 사용했는데 장거리를 가도 말이 발을 다치는 일이 없었다. 사람들 모두 유용하게 여기며 칡 줄기 편자를 대신했다고 '대갈'이라 불렀다. 한편 처음 만든 사람이 윤필상이 아니라 김종서라고도 한다.

사약은 사약을 부르고

사가로 쫓겨난 폐비 윤씨는 어머니 신씨와 함께 끼니 걱정을 할 정도로 궁박하게 살아가고 있었다. 다음 해 왕비 자리에 앉은 것은 또 다른 숙의 윤씨였다. 그녀가 윤호의 딸 정현왕후로 성종의 계비로서 진성대군(훗날 중종)과 신숙공주를 낳는다. 폐비 윤씨에게 실낱같은 희망이 보인 것은 폐출된 지 3년 후인 성종 13년(1482)이었다.

대신들은 융이 훗날 즉위했을 때 행여 폐비에 대한 진실이 밝혀지면 정치생명은 물론 목마저 달아날지 모른다는 두려움에 시달렸다. 예방책이 절실했던 그들은 윤씨의 대우를 달리하자는 상소를 연이어 올렸다. 윤필상 역시 앞날을 위해 그들처럼 보신책 마련에 매달렸다.

폐비 윤씨는 '밤낮으로 울어 끝내 피눈물까지 흘렸는데 궁중에서는 훼방하기 위한 중상과 이간이 날로 더했다.'(《기묘록》) 마침 성종이 윤씨에 대해 동정심을 품어가던 때였다. 인수대비 한씨와 귀인 정씨, 엄씨는 성종이 행여 다른 마음을 먹을까봐 현혹시켰다.

"발칙한 것이 쫓겨나면서 몇십 년을 살 만큼의 금은보화를 챙겼다지 뭡니까."

"죄를 뉘우치기는 고사하고 매일 놀이를 즐기며 산답니다요."

반신반의하던 성종은 환관 안중경에게 윤씨의 형편을 살펴보도록 했다. 안중경은 윤씨가 궁핍함 속에서도 품위를 잃지 않고 근신하며 지내는 것을 확인할 수 있었다. 성종에게 고하기 위해 입궐하자 인수대비 한씨가 보낸 무수리 하나가 미리 기다리고 있다가 그를 불렀다. 무수리를 따라 대비전에 간 안중경은 한씨로부터 큰 재물과 함께 엄청난 음모를 건네받았다.

"전혀 반성하지 않은 채 매일 몸치장과 화장이나 하면서 산다고 전하게."(《기묘록》)

귀인 정씨와 엄씨까지 값진 물건을 얹어주자 물욕에 눈이 먼 안중경은 성종에게 거짓으로 고했다.

"폐비는 조금도 뉘우침이 없었사옵니다. 내수사에서 보낸 음식도 독이 들었다며 내치고 화장하고 앉아서 꼭 원수를 갚겠다는 소리만 했사옵니다. 뒷날 원자가 장성하면 자신을 폐출시킨 자들을 모두 가만두지 않을 것이라 하니 악독함이 극에 달해 보기조차 두려웠사옵니다."

성종에게는 하늘이 무너져 내리는 일이었다. 복위까지는 몰라도 어려움 없이 지낼 수 있도록 해주고 싶었는데 속이 뒤집혔다. 성종은 윤씨

문제를 상의하기 위해 대신들을 급히 불렀다.

"후일 원자마마께서 전하의 뒤를 이으시면 폐비가 무슨 일을 저지를지 모르오니 어서 조치를 취해야 옳은 줄 아옵나이다."

윤씨에 대한 대우 개선의 상소를 올렸던 윤필상, 정창손, 심회, 한명회 등이 입을 모았다. 성종은 그들과 논의 끝에 윤씨에게 사약을 내릴 것을 명했다.

한편 안중경이 다녀가며 안심하라는 말을 남겼기에 윤씨 모녀는 좋은 소식만을 기다리고 있었다. 며칠 후 형방승지 이세좌와 환관 조진이 찾아오자 반갑게 그들을 맞이했다. 윤씨에게 놓인 것은 희망이 아니라 절망이 담긴 사약이었다.

'융아…'

한참을 하늘만 바라보던 윤씨는 각오한 듯 중전 옷인 연두색 당적삼으로 갈아입고 단정히 앉았다. 사약을 마신 윤씨의 표정이 잠시 후 심하게 일그러졌다. 그녀는 벗어둔 흰 명주적삼에 피를 토하며 유언을 남겼다.

"훗날 원자에게 이것을 전해 저의 원통함을 꼭 풀어달라고…"

그녀는 피가 묻은 명주적삼을 어머니 신씨에게 건네고 성종 13년 (1482) 8월, 28세로 한 많은 생을 마쳤다.

다음 해 8세가 된 융은 생모가 쫓겨나 사사된 줄도 모른 채 궁궐에서 무탈하게 자라고 있었다. 조정대신들은 그를 세자로 세울 수밖에 없었다. 반정으로 왕위에 오르는 진성대군이 태어나기 5년 전이었다.

폐비 윤씨는 성종의 명에 따라 묘비도 없이 동대문 밖에 묻혔다. 성종은 세자 융이 즉위했을 때를 생각하지 않을 수 없었다. 7년 뒤인 성종 20년(1489) '윤씨지묘'라는 묘비를 세우게 하고 2명의 제관을 두어 관리토록 했다. 그 후 윤씨의 묘는 회묘, 회릉, 회묘로 바뀌면서 지명 회기동

(현 서울시 동대문구 관할)의 유래가 되었다.

시어머니 인수대비 한씨와 후궁들의 모략과 이를 도왔던 윤필상 등 정치세력에 의해 죽은 윤씨는 갑자사화로 한을 푼다. 그 후폭풍은 상상을 뛰어넘는 것이었다. 너무 먼 미래라서 그랬을까, 20년 후의 일은 예측하지 못하고 있던 윤필상은 성종 15년(1484) 영의정이 되었다.

윤필상을 삶아먹지 못하고 죽은 이목

성종 24년(1493) 성종은 병석에 있었다. 예종의 계비인 대비 안순왕후 한씨가 은밀히 무당을 시켜 성균관 북쪽에 있는 정자 벽송정 아래서 제사를 지내게 했다. 이를 알게 된 성균관유생 이목이 동료들을 데리고 쫓아가 중단시키고 무당에게 매까지 쳤다.

무당이 억울함을 호소하자 한씨는 성종에게 고했다. 성종이 화를 내며 관련자들을 잡아들이라고 명하자 겁먹은 유생들은 모두 도망쳤다. 이목만이 동요하지 않고 자리를 지켰다. 성종은 그의 굳건함에 탄복해 어주를 내리면서 격려와 칭찬을 아끼지 않았다.

이목은 병으로 사직을 청한 뒤 낙향해 후학양성에 힘쓰다 1년 전 죽은 사림파 김종직의 제자였다. 김종직은 세조의 왕위찬탈을 풍자, 비판해 지은 〈조의제문〉으로 무오사화를 불러일으키게 되는 인물이다. 성품이 강직하고 곧은 말을 잘하던 23세 이목에게는 훈구파 영의정 윤필상 역시 탄핵의 대상이었다. 마침 가뭄이 들자 이목은 권세가 윤필상의 실정 탓이라며 힐난하는 상소를 올렸다.

"윤필상을 팽형(烹刑, 삶아 죽임)에 처해야 하늘이 비를 내려 줄 것이옵니다."

윤필상이 상소의 내용을 듣고 상심하던 중 이목과 우연히 마주쳤다.

"그대는 이 늙은이의 고기를 꼭 삶아먹어야만 하겠는가?"

이목은 고개를 빳빳이 쳐든 채 거들떠보지도 않고 지나쳤다. 얼마 후 윤필상이 대비 한씨의 뜻을 따라 '성종에게 불교를 숭상할 것을 권하자'(《숙종실록》) 이목은 유생들과 함께 다시 윤필상을 논핵했다.

"간귀(奸鬼) 윤필상을 참수형에 처해주시옵소서."

마음이 무거워진 성종이 직접 이목에게 물었다.

"어찌 그대는 나의 정승에게 간사한 귀신이라 부르며 배척하려고 드는 건가?"

이목은 굽힘없이 말했다.

"그의 소행이 저와 같은데도 사람들이 알지 못하고 있어 그리 부른 것이옵니다."

성종이 이목을 중죄인으로 다루려고 하자 다른 '정승들이 극력 변호해줘 공주에 유배되는 것으로 그쳤는데 그가 곧다는 소문이 더욱 퍼지게 되었다.'(《계곡집》) 윤필상은 뒷맛이 개운하지 않았다. 당시는 삼사(사간원·사헌부·홍문관)를 장악한 사림파가 상소 등을 통해 훈구파를 공격하고 있던 정국이었다. 윤필상을 표적으로 삼아 나선 것이 사림파 김종직의 제자 이목이었음은 당연했다. 윤필상은 치명타는 아니어도 정치적 타격을 입었다. 이 일은 그가 훗날 무오사화 때 사림파의 제거에 동참하게 되는 동기가 된다.

성종 25년(1494) 성종은 '오랫동안 병중에 있으면서도 정사를 돌보며 쉬지 않다가 위독해지자 대신들을 불러 뒷일을 부탁했다.'(《용천담적기》) 성종은 그동안 내뱉고 싶었으나 삼켜야 했던 속마음을 비로소 털어놓았다.

"앞으로 백 년 동안 폐비에 관해서 절대 거론하지 마라."

부담스러운 유명을 남긴 성종은 다음 날 세상을 떠났다. 평소 자연스러운 것을 존중했던 그였다. 성종 12년(1481) 11월, 장원서에서 영산홍 화분 하나를 올렸을 때다.

"겨울철에 피는 꽃은 인위적인 결과다. 나는 자연스럽지 못한 것은 좋아하지 않으니 다음부터는 올리지 마라."

마지막 가는 길에는 백 년 동안 함구하라는 지극히 부자연스러운 짐을 남겼다. 감당 못할 정도의 짐이 된 것은 그 함구령이 끝내 지켜지지 못해서였다.

마침내 융이 즉위하자 모두가 긴장하는 분위기였다. 그러나 연산군은 생모에 대한 진실은 전혀 모르고 있었다. 윤필상은 연산군 2년(1496) 궤장을 하사받는 영예를 누린 뒤 기로소(耆老所)에 들어갔다. 이대로 묻힌 채 성종의 유명대로 1백 년 후에나 밝혀질 것만 같아 안도했다.

기로소는 기사(耆社)라고도 하는데 태조가 경로와 예우를 목적으로 설치한 기구였다. 왕과 신하가 함께 참여하는 장소라고 해서 관청의 으뜸으로 삼기도 했다. 정2품 이상 전·현직 문관으로 70세가 넘으면 입소조건이 되었고 이들을 기로소당상이라 불렀다. 왕은 나이에 상관없이 연로하다고 판단되면 이름을 올렸다. 조선 역대 왕들 대부분이 장수하지 못해 기로소에 드는 경우가 많지 않았다. 숙종은 60세 때 죽어 태조 다음으로 기로소에 든 왕이 되었다. 그 다음이 가장 장수한 영조와 고종인데 조선왕조 5백 년 동안 4명뿐이었다.

유배에서 풀려난 이목이 별시문과에 장원으로 급제한 뒤 승진을 하고 있던 연산군 4년(1498) 윤필상은 가슴속 응어리를 조금 풀 수 있었다. 이목이 훈구파의 모함으로 '조의제문 사건'에 연루되어 김굉필, 정여창, 김일손 등과 함께 처형당했다. 이 무오사화가 일어나자 윤필상이 '이목을 김종직의 제자라며 죽였다.'(《해동야언》) 형장에 끌려나온 이목은 죽음을 앞두고 '기색이 평상과 다름이 없었고 스스로 절명가를 짓고 죽었는데 윤필상은 그래도 한이 풀리지 않았다.'(《명신록》)고 한다.

이목은 연산군 10년(1504) 갑자사화 때 다시 부관참시까지 당한 뒤 중종 1년(1506) 신원된다. 윤필상의 운명도 갑자사화와 함께 종지부를 찍었다. 연산군이 생모 폐비 윤씨의 죽음과 전모를 알게 된 것이다. 생모의 억울한 죽음 앞에서는 자비가 없다는 듯 연산군은 관련자 모두를 치죄로 다스렸다. 윤씨의 폐출과 사사를 선동한 인수대비 한씨, 귀인 정씨와 엄씨 그리고 막지 못한 윤필상의 앞날도 불 보듯 했다. 윤필상은 '여러 조정을 섬긴 구신으로서 기해년(폐위)과 임인년(사사)의 변에 마땅히 종묘사직의 대계를 부지하고 죽음으로써 간쟁해 왕비가 안정하기를 바라야 하거늘 일을 의논할 때 간사하게 아첨하고 영합에 힘써 큰 변고를 도왔다.'(《연산군일기》)고 추죄되어 전라도 진도로 유배를 간 뒤 사사되었다.

그의 죽음을 두고 '사사의 명을 받았지만 스스로 목매어 죽었다.' 또 '사약을 마셔도 목숨이 끊어지지 않자 독약을 먹고 자결했다.'는 식의 이야기가 있다. 그가 지은 죄에 비해 죽임의 방법이 가벼워서 만들어진 것은 아닐는지.

윤필상은 국정논의에 있어 왕의 의지에만 영합해 사림파들에게 미움을 샀다. 무오사화 때 세조의 왕위찬탈을 비꼬는 김종직의 제자들을 일소해 비판의 대상이 되었다. 조선 중기의 문신 이덕형(李德泂, 한음 이덕형과 동명이인)은 윤필상의 무략(武略)에 대해서도 '건주여진을 몰아낸 일이 족히 국위를 드날렸다고 하겠으나 이것도 옛날의 명장에 비교한다면 어린 아이의 장난에 지나지 않는다.'(《죽창한화》)고 폄하한다. 문신 김시양이 《부계기문》에 담은 윤필상에 대한 평이다.

'무오년의 사화는 사람들이 모두 이극돈, 유자광이 만들어 낸 줄은 알면서도 윤필상이 주장한 줄은 알지 못하니 어인 까닭인가. 우리나라 사람들은 일찍이 조선의 역사는 한 번도 보지 못해 겨우 수십 년 전 직접 듣고 본 것이 아니면 어질고 어리석음과 정직하고 간사함을 알지 못해서다. 윤필상이 사소한 감정으로 이목을 죽이려고 무오년의 사화를 일으켜 많은 선비가 희생되었고 노사신을 부추겨 조순을 죽이라고까지 했으니 그 마음가짐이 음험하고 참혹했다. 연산군이 포학한 짓을 한 것은 윤필상이 그렇게 인도한 탓이니 머리털을 뽑아 죽여도 그 죄를 다 갚을 수는 없을 것이다. 다만 윤비를 폐위할 때 의견을 내놨다가 연산군에게 죽임을 당한 것은 그가 지은 죄 때문이 아니었기에 중종반정 때 먼저 신원되었다. 지금도 옛일을 모르는 자는 때때로 그를 진실로 재상다운 사람이라 하니 참으로 통탄할 일이다.'

연산군의
유순

문희(文僖) 유순(柳洵, 재임 1504~1509 1514~1516)

붓은 칼보다 강하지 않았더라

연산군의 생모 폐비 윤씨를 사사하라는 명이 떨어졌다. 사약을 전하는 소임을 맡게 된 유순은 차마 발길이 떨어지지 않았다. 그때 부인이 호랑이에게 물려갔다는 급한 전갈이 도착했다. 유순은 허락을 얻어 경기도 포천 집으로 달려갔고 형방승지 이세좌가 대신하게 되었다.

졸지에 덤터기를 안게 된 이세좌가 퇴청 후 잠깐 집에 들르자 부인이 물었다.

"요즘 연일 조정에서 폐비에 대한 논쟁이 분분하다고 들었는데 장차 어찌 되겠습니까요?"

사사하라는 명이 내려져 사약을 자신이 가져가게 됐다고 하자 사색이 된 부인이 울먹였다.

"아이고, 이 일은 어쩌면 좋습니까. 어머니가 죄 없이 죽었다는 걸 나중에 알게 되면 모두 가만두지 않을 텐데 우리도 멸족을 당할 것입니다."

이세좌가 축 처진 어깨로 대문을 나서고 있던 그 시각 집에 도착한 유순은 가슴을 쓸어내렸다. 호랑이에게 물려갔던 부인이 구사일생으로 나무에 올라 가지를 잡은 채 버티고 있었던 것이다.

"부인, 천만다행이오. 아마도 내 곤란한 심정을 헤아려 산신이 호랑이를 보냈는지도 모르겠소."

유순은 부인과 함께 무사히 집으로 돌아올 수 있었으나 훗날 갑자사화 때 이세좌는 죽임을 면치 못했다. 그는 윤씨의 폐위를 막지 못했고 더군다나 사약을 전했다며 자결의 명이 내려져 스스로 목매 죽었다.

전해오는 이야기처럼 유순이 운이 좋았던 것은 품성 덕분이기도 했다. 그는 원만한 성격 덕분에 남에게 원망 사는 일 없이 영의정으로 연산군과 중종까지 섬기게 된다.

시인의 향기는 깊어도

유순(1441~1517)은 시문에 뛰어난 조선 전기의 문신으로 무오사화 때 잠시 파직되었다가 우의정, 좌의정을 거쳐 영의정에 오른 인물이다. 중종반정 후에도 다시 영의정을 제수 받는 등 큰 굴곡 없는 정치노선을 걸었다. 본관은 문화(文化)로 아버지는 세마 유사공이고 어머니는 종성절제사 홍상직의 딸 홍씨다. 부인 정장계의 딸 정씨 사이에 아들 하나를 두었다.

어릴 때부터 독서를 좋아한 유순은 문장에도 능해 한성부 남부학당에서 공부할 때 지은 시가 사람들 입에 오르내릴 정도였다. 형제간의 우애가 돈독해 성장해서는 형이 곤궁하게 지내자 사시사철 계절에 맞게 옷을 지어 보냈다.

유순이 사마시에 장원한 것은 19세 때인 세조 5년(1459)으로 3년 후에는 식년문과 정과로 급제해 예문관에 들어갔다. 또 세조 12년 문과중시와 발영시에 각각 3등으로 급제해 이조정랑이 될 수 있었다. 성종 1년(1470) 홍문관부제학이 된 그는 경연시강관으로 열정적인 모습을 보였다. 특히 빼어난 시문 덕분에 성종의 총애를 받았다.

성종이 어느 날 미인도를 내보이며 유순에게 시를 짓게 한 일이 있었다. 유순이 시 끝에 '임금이 스스로 여색을 멀리해 그림을 펴 보고는 눈살을 찌푸린다.'(《명신록》)고 적자 성종은 칭찬과 함께 흐뭇해하며 병풍으로 꾸미게 했다.

성종 대는 유교문화가 성숙기에 도달해 있던 시기였다. 세종과 문종 대에 번창했던 유학이 세조의 무단정치와 불교숭상으로 잠시 침체기를 겪었지만 성종 대에 다시 살아나게 되었다. 원래 학문을 좋아했던 성종은 중앙정계를 장악하고 있던 훈구파의 견제 목적으로 사림파를 등용했었다. 특히 이색, 정몽주와 함께 고려 삼은(三隱)이라 불린 길재의 학통을 이어받은 김종직을 중용한 상태였다. 또 그의 제자인 김굉필, 정여창, 김일손 등 경상도 출신 신진사류를 대거 불러들였다.

중앙에 진출한 그들은 훈구파에게 위협적인 존재였다. 그들은 주자학의 정통적 계승자라고 자부하고 있었다. 훈구파는 정의롭지 못한 방법으로 권세를 잡고 사리사욕에 눈이 먼 보수적 소인배들이라고 경멸했다. 반면 훈구파는 사림파를 향해 자신들만 고결하게 여기지만 경솔한 언행에 신중하지 못하다며 맞섰다. 두 세력은 매번 충돌을 빚었고 화합이 불가능한 적대관계로 고질화되어갔다.

그중에서도 대의명분을 중시하던 김종직과 그의 제자들은 세조를 불의의 대명사라고 매도했다. 단종의 폐위와 살해 사실을 놓고 연일 공방이었고 정인지 등 세조의 공신들까지 멸시의 대상으로 삼았다. 세조의 그릇됨을 지적하고 그의 공신들 일소를 위해 택한 방법은 상소였다. 대간에 몸담고 있는 자신들의 직책을 이용해 줄이어 탄핵상소로 올렸다.

사회 전반에 흡착돼 있는 모순과 부조리를 뜯어고치고 개혁하고자 하는 사림파와 기존 질서를 고수하며 현상유지에 급급한 훈구파의 충돌은 예고된 일이었다. 강한 냉기류 끝에 언젠가는 거대한 파괴력을 드러낼 시한폭탄과도 같았다.

폐비 윤씨의 사사가 있던 성종 13년(1482) 유순은 통정대부에 올랐다. 당대 대학자로 유명했던 서거정, 노사신 등과 어명을 받아 중국 원나라 한시작법인 《연주시격》을 번역했는데 20권 분량이었다. 성종 15년 공조참판, 대사헌, 동지중추부사를 거쳐 형조참판이 되었고 3년 뒤 천추사로 명나라에 다녀온 뒤 공조참판, 병조참판을 두루 역임하고 다시 대사헌에 임명되었다.

유순이 명나라에서 돌아오자 학자이자 문장가인 성현이 부벽루에서 맞이하며 지은 시의 첫째와 둘째 행이다.

나는 지금 황학루를 깨고 싶은 심정인데 (我欲搥碎黃鶴樓)
비단 향내 배인 그대는 명사가 되었구려 (君薰羅綺得名流)《허백당집》

첫 행 '황학루를 깨고 싶은 심정'이란 당나라 때 이백이 황학루에 올라 시를 지으려다가 최호의 시 〈황학루〉를 보고 탄복해 포기한 일을 말한다. 성현은 자신도 유순의 재능을 도저히 따라갈 수 없어 그가 시를 지은 부벽루라도 깨부수고 싶었던 것이다. 둘째 행은 그런 유순이 명나라 명사들과 교류하며 명성까지 떨치고 돌아왔음을 담아내고 있다.

갓김치를 예찬한 유순의 시 일부다.

날것으로 씹으니 어찌나 매운지　(生啖味何辣)

산방에서 전하는 묘법에 따라　　(妙法傳山房)

끓는 물에 데쳐 김치를 담그니　（湯燖淹作菹)

바로 기묘한 향내를 내는구나　　（俄頃發奇香)

한 번 맛보니 눈썹 찡그리고　　　(一嘗已攢眉)

두 번 씹으니 눈물 글썽이네　　　(再嚼淚盈眶)《동문선》

자유롭고도 다양한 시세계로 성종에게 총애를 받았으나 더는 그럴 수가 없게 되었다. 성종이 죽고 연산군 1년(1495) 연산군이 즉위하자 형조판서로 옮겨 지춘추관사와 동지경연사를 겸임했다. 이조판서, 도총관을 거쳐 한성부판윤이 된 연산군 4년에는 사초를 관장하는 수사관으로서 《성종실록》 편찬에 참여할 수 있었다.

성종의 실록에 자신의 손길을 보탤 수 있어 개인적인 영광이었다. 그러나 예상치 못한 사건에 손목을 담그는 일이기도 했다. 비교적 평탄하게 관직생활을 이어온 유순에게 찾아온 고비였다.

폭정을 피해보려고 했지만

연산군은 즉위 전 세자시절부터 자신에게 집중된 우려의 시선을 누구보다 잘 알고 있었다. 그는 내심 의욕적인 정사를 펼쳐 그런 눈총에서 벗어나고 싶었다. 성종 대 말기에 만연한 퇴폐풍조와 부패상부터 일소했다. 암행어사를 각 도로 파견해 민간의 동정을 살피고 관료들 기강확립에 주력했다.

흔히 그가 폭군이 된 것은 생모의 한 맺힌 죽음에 대한 비밀을 알게 되면서부터라고 말한다. 그러나 복수라는 행위 자체로만 따진다면 천성에 가까운 것은 아니었을까. 세자시절 아버지 성종과 후원에 갔을 때의 일이 반증하고 있다. 성종은 사향사슴 앞에서 훈육의 말을 꺼냈다.

"무릇 생명이 있는 모든 것을 귀하게 여겨야 할 것이다. 귀여워하고 사랑해주면 당연히 사람을 따르는 이 사슴처럼 백성들을 다스리는 것 또한 같은 이치니 명심하여라."

그때 사슴이 다가와 손등을 핥자 깜짝 놀란 연산군은 발로 차버렸다. 성종에게 꾸지람을 들은 그가 그 후 즉위하자마자 한 것은 직접 그 사슴의 목에 화살을 박는 일이었다.

연산군 1년(1495) 성종의 국장 때였다. 성종의 지석(誌石)을 살피던 연산군이 고개를 갸웃거렸다.

"성종대왕께서 판봉상시사 윤기견의 여식 숙의 윤씨를 비로 맞아 융을 낳았다. 영돈령부사 윤호의 여식 숙의 윤씨를 비로 삼았다?"

연산군은 윤호의 호를 윤기견이라고 잘못 써넣은 것이 아닌지 의구심이 들었다. 두 사람 모두 내명부 종2품 품계인 숙의로 성까지 같았다. 윤기견의 딸이 폐비 윤씨고 윤호의 딸이 성종의 계비 정현왕후였다. 연산군은 서로 다른 사람이라는 사실을 몰랐다. 이 일은 그대로 묻히는 듯 지나갈 수 있었다.

조선 역사 최초의 '사화(士禍)'라고 명명하게 된 것이 무오사화다. 그 불씨는 유자광과 이극돈의 개인적인 원한에서 야기된 것이기도 했다. 경상도 함양 학사루에 유자광의 글이 현판으로 걸려있었다. 함양군수로 부임하게 된 김종직은 훈구파 유자광이 남이를 무고해 죽게 만든 장본인이라 원수처럼 여기고 있었기에 그것을 떼어내 불태워버렸다. 이 소식을 듣게 된 유자광은 이를 갈았다. 이극돈은 전라도관찰사로 재임할 때 세조의 비 '정희왕후 윤씨의 국상인데도 한성부에 향(香)을 올리지 않았고 관기를 수레에 태우고 다니며 술을 마신'(《일두집》) 일이 있었다. 이극돈은 이를 사림파 김일손이 사초에 그대로 올려 유감을 품게 되었다. 두 사람은 합심해 보복하려고 했지만 성종 대는 김종직과 그의 제자들이 신임을 받고 있어 실행하지 못했다.

성종이 죽고 연산군이 즉위하자 기회가 찾아왔다. 연산군 4년(1498) 사림파와 훈구파의 곪아있던 세력 간의 응어리가 마침내 터졌다. 사관 김일손이 작성한 사초의 내용이 조정을 발칵 뒤집어놓았다. 《성종실록》 편찬을 위해 설치된 실록청 당상관에 임명된 이극돈은 사관 김일손이 기초한 사초 속에서 김종직의 글 〈조의제문〉을 발견했다. 단종을 몰아내고 죽게 한 세조를 중국 초나라 의제(회왕)를 죽인 항우에게 비유해 은근히 풍자하고 비난한 내용이었다. 김일손이 이 글을 끼워 넣었던 것이다.

김일손에게 이 사실을 전해들은 유자광은 세조의 신임을 받았던 노사신, 윤필상 등과 모의한 뒤 연산군에게 즉각 상주했다.

"김종직이 세조대왕을 비방한 것은 대역부도한 일인 줄 아옵나이다."

"당장 저 사악한 자들을 잡아들여 단죄해 주시옵소서."

유자광과 이극돈 등은 관련자 처벌을 불같이 주장하고 나섰다. 두 사람의 개인적인 불만도 거센 화력으로 더해졌다. 연산군은 김일손 등을 문초한 끝에 김종직이 교사한 것이라고 결론지었다. 가뜩이나 사림파를 꺼리고 있던 연산군에게는 호기였다. 그는 원래 학자와 문인들을 멀리하고 방종과 사치와 행락을 즐기는 자들을 선호했다. 《논어》와 《맹자》 밖에서의 치세를 더 원했기에 마주하기만 하면 간언하고 학업에 매진할 것을 권하는 사림파들이 눈엣가시였던 터였다.

"이미 죽은 김종직은 대역죄로 부관참시하고 김일손, 권오복, 이목, 허반 등을 능지처참에 처하라!"

사화(士禍, 사림의 참화)는 정론(正論)을 주장하는 문관이 간신의 모함으로 입은 큰 화를 뜻한다. 한편 이 무오사화는 〈조의제문〉을 삽입한 것이 발단되어 일어났다고 해서 '사화(史禍)'라 일컫기도 한다. 사초의 기록으로 인해 벌어진 갈등과 다툼인 무오사화가 대표적인 예고 인종 대의 을사사화 역시 같은 성격을 띠게 된다.

유순은 수사관으로서 문제가 된 사초를 알고도 보고하지 않았다는 죄로 윤효손, 김전 등과 파직되었다. 부관참시와 처형 그리고 유배 등으로 역사의 무대에서 사라진 다른 사람들보다는 그나마 다행일 수도 있었다.

사화로 식겁했을 유순이 다음 해 다시 형조판서에 재임용되자 건주여진에 대한 정벌론이 불거졌다. 유순은 이조판서 신수근과 함께 시기상조임을 적극 논해 일단 중단시킬 수 있었다. 역시 유순에게는 칼보다 붓이 더 어울렸던 모양이다. 좌참찬과 호조판서를 역임한 62세의 그는 연산군 8년(1502) 시문에 능한 10인에 선발되어 '시수상(詩首相)'이라는 칭송을 들었다. 어릴 때부터 독서광이었던 그는 노년에도 마찬가지였다. 하루는 '등불을 켜고 처음 보는 서책을 읽다가 감탄해서 늙은이가 하마터면 이것을 알지 못하고 죽을 뻔했구나!'(《패관잡기》)고 소리칠 정도였다. 아무리 직무가 바빠도 늘 손에서 서책을 놓지 않아 언어학에 조예가 깊어졌고 의학과 지리학에도 관심을 기울이게 되었다.

그런 유순이 왜 〈조의제문〉을 보고도 알리지 않았다고 파직당한 것일까. 어쩌면 한눈에 이해하지 못해서 벌어진 불찰일 수도 있다. 《연산군일기》에 실린 김일손이 국문에서 범죄사실을 진술한 내용이다.

'사초에 노산(단종)의 시체를 숲속에 던져버리고 한 달이 지나도 염습하는 자가 없어 까마귀와 솔개가 날아와 쪼아댔는데 한 동자가 밤에 와서 시신을 짊어지고 달아났으나 물에 던졌는지 불에 던졌는지 알 수가 없다고 한 것은 최맹한에게 들었습니다. 신이 이 사실을 기록하고 이어서 쓰기를 김종직이 과거급제하기 전 꿈속에서 느낀 것이 있어 조의제문을 지어 충분(忠憤, 충의로 생긴 분함)을 부쳤다고 한 다음 조의제문을 인용했던 것입니다.'

윤필상 역시 〈조의제문〉을 읽었지만 그 의미가 깊어 김일손의 '충분을 부쳤다.'는 주석이 없었다면 해독하기 어려웠을 것이라고 연산군에게 고하기도 했었다. 유순도 해독의 어려움 때문이거나 혹은 알면서도 모른 척 덮고자 했는지도 모를 일이다.

조용히 자기 자리를 지키며 학문에 몰두하는 신하와 반대로 연산군은 날로 난잡해져갔다. 그는 무오사화로 김종직 일파와 왕권을 견제하며 자신과 갈등을 빚어왔던 삼사를 동시에 처벌하고 경고할 수 있었다. 자신과 대립각을 세우던 사림파를 축출한 뒤 일부 훈구파마저 제거하면서 빠르게 조정을 장악해나갔다. 성취가 가져다준 안도감 때문인지 연일 연회를 열고 여인들 품에서 방탕한 생활을 이어갔다.

"임금은 민심을 먹고 산다고? 흥, 나는 이 술과 고기와 여자를 먹고 살련다!"

연산군의 주색잡기 농탕질은 나라 곳간을 바닥나게 하는 사태까지 불러왔다. 백성들에게서 전세와 공납 등을 더 거둬들이게 되었다. 공신에게 지급한 공신전까지 강제로 몰수하려고 들자 조정대신들이 반발했다.

"전하, 연회를 줄이고 나랏돈을 아껴야 하옵니다."

연산군의 폭정이 나날이 심해지자 유순은 일생일대의 결단을 내리고자 했다. 노쇠함을 구실로 관직에서 물러나겠다는 뜻을 비쳤지만 허락되지 않았다. 미온적인 처신 속에서 다음 해 우의정을 거쳐 좌의정에 오르게 되었다. 또 다른 역사의 무게를 감당해야 하는 자리였다.

연산군 10년(1504) 연산군은 지속되는 폭정으로 조정대신과 새로운 대립구도를 형성해갔다. 긴장과 불안감 속에서 정권을 노리고 있던 한 인물이 고개를 쳐들었다. 폐비 윤씨의 사건을 연산군에게 밀고하게 되는 임사홍이었다.

피 묻은 흰 명주적삼의 정체가 연산군 눈앞에 펼쳐지게 되었다. 임사홍의 폭로는 거센 피바람을 몰고 왔다. 그는 효령대군(세종 2남)의 손녀사위로 자신을 포함해 아들 둘을 왕실 사위로 만들어 든든한 배경을 갖고 있었다. 장남 임광재는 예종의 딸 현숙공주와, 셋째 아들 임숭재는 성종의 딸 휘숙옹주와 혼인했다.

성종의 총애 속에 출세가도를 달리던 임사홍은 성종 9년(1478) '흙비 사건'으로 한순간에 몰락의 길을 걷게 되었다. 그해 4월 흙비(황사)가 내리자 하늘의 노여움이라며 모두들 두려움에 떨었다. 성종도 불안해서 흙비가 내리는 이유와 중지시킬 방도를 연구하게 했다.

"금주령과 함께 기녀들을 끼고 벌이는 연회를 금해야 할 것이옵니다."

신하들의 주장에 반대상소를 올린 것은 당시 도승지 임사홍이었다.

"흙비는 별똥별처럼 그저 운수일 뿐 기이한 현상이 아니오니 금주령은 부당하옵니다."

임사홍을 탐탁지 않게 여기던 무리들의 강력한 반발이 이어졌다. 그는 탄핵을 받고 유배를 가게 되었다. 그가 유배에서 풀려날 수 있었던 것은 연산군 즉위 후 아들 임숭재와 며느리 휘숙옹주의 탄원 덕분이었다. 그는 복수의 칼을 갈기 시작했다.

칼 끝과 붓 끝 사이

가슴에 칼을 쥔 임사홍은 무오사화로 제거된 사림파 잔존세력을 완전히 쓸어내고 정권장악의 기회를 엿보았다. 마침내 성종의 함구령을 저버린 채 칼을 뽑아들었다.

"자순대비(정현왕후 윤씨)는 실은 전하의 생모가 아니옵니다. 전하의 생모는 왕비로 계시다가 사악한 무리들의 모함으로 폐출되어 사약을 받고 돌아가셨사옵니다. 귀인 정씨와 엄씨에 의해 벌어졌으나 실제로는 윤필상과 정창손 등이 획책한 일이고 전하의 외조모께서는 아직 살아계시옵나이다."

일파만파 엄청난 폭발을 예고하는 발언으로 갑자사화의 서막이 올랐다. 연산군은 '자순대비를 생모인 줄 알고 있다가 이 말을 듣고 깜짝 놀라며 매우 슬퍼했다.'(《기묘록》) 하늘이 무너지는 충격에 정신을 차리지 못할 지경이었다.

연산군은 우선 어머니 윤씨의 초라한 무덤을 정성껏 손 보고 비석도 세우게 했다. 전라도 장흥에 유배 중이던 외조모 신씨와 외숙부 윤구를 풀어주었다. 신씨는 눈물을 흘리며 연산군에게 폐비 윤씨가 남긴 피 묻은 흰 명주적삼을 건넸다.

"정씨와 엄씨의 투기로 억울하게 죽은 것입니다. 대비(인수대비)마저 합세해서 끝내 사약을 받게 하고…"

명주적삼을 끌어 안고 오열하는 연산군의 귓전에 어머니 유언이 신씨의 목소리를 통해 생생히 전해졌다.

"우리 아이가 다행히 목숨이 보전되어 힘을 얻거든 이것을 보여 저의 원통함을 들려주고 길가에 장사해 임금의 행차를 보게 해주시오."
(《기묘록》)

《파수편》은 연산군이 어머니의 통한이 묻은 '명주적삼을 밤낮으로 안고 울다가 그만 심병(心病)을 얻어 마침내 나라를 잃었다.'고 전한다. 또 '성종이 한번 집안 다스리는 도리를 잃게 되자 중전의 덕도 허물어지고 원자도 보전하지 못한 것'이니 뒤의 왕들은 이 일을 거울로 삼으라는 말도 덧붙이고 있다.

비록 마음의 병이 깊었던 연산군이었지만 자신이 무엇을 할지는 똑똑히 깨닫고 있었다. 그는 아마도 후세의 사람들이 어떻게 평가하든 현세에 반드시 해야 할 일이라고 믿었을 것이다. 분노의 정치는 그렇게 시작되었다.

윤씨의 폐비사건에 관련된 윤필상, 이세좌, 김굉필, 성준 등 10여 명이 유배 후 사사, 교살, 자결 등으로 죽었다. 그들의 자식마저 죽였으며 부인은 노비로 삼고 사위는 유배를 보냈다. 한명회, 한치형, 정창손, 남효온 등은 극형인 부관참시에 처해졌다. 《기묘록》에서는 윤씨의 사사가 결정된 어전회의에 참석했던 '대신과 심부름 한 사람 모두의 관을 쪼개 시체의 목을 베고 뼈를 부수어 바람에 날려 보냈다.'는 표현으로 그날의 참상을 보여주고 있다. 《연산군일기》에는 이를 포함해 연산군 대 자행되었던 형벌이 더 구체적으로 나열되어 있다.

'천장(穿掌, 손바닥 뚫기), 낙신(烙訊, 불에 달군 쇠로 지지기), 착흉(斮胸, 가슴 빠개기), 과골(剮骨, 뼈 발라내기), 촌참(寸斬, 도막내 자르기), 고복(刳腹, 배 가르기), 쇄골표풍(碎骨飄風, 뼈를 갈아 바람에 날리기)…'

어전회의가 열리던 당일 조정대신 허종과 허침 형제는 일부러 참석하지 않으려고 꾀를 부렸다. 입궐하던 중 다리에서 떨어져 부상을 당했다고 둘러대 화를 면할 수 있었다. 그 다리를 두 형제의 이름을 빌어 '종침교'라 불렀다고 한다. 줄여서 '종교'라고도 하며 서울시 종로구 내자동 부근에 있던 다리다.

윤씨가 폐위되었을 때 성종은 그 죄를 한글로 적어 승지를 통해 읽어주게 했었다. 연산군은 '당시의 승지들을 모두 물색해 처형했으나 한글을 모르던 채수만 혼자 살아남았다.'(《파수편》)

연산군은 귀인 정씨와 엄씨를 끌어내 직접 쇠도리깨로 머리를 쳐 죽였다. 소식을 듣고 달려온 인수대비 한씨를 보자 눈이 뒤집힌 그는 막아서는 그녀를 머리로 들이받았다. 상처와 충격을 받은 한씨는 '흉악하구나' 라며 자리에 눕고는 더 이상 입을 열지 않고'(《소문쇄록》) 있다가 며칠 뒤 다시 일어나지 못한 채 죽었다.

연산군은 한씨의 장례를 25일 만에 끝내버렸다. 3년상 대신 하루를 한 달로 계산한 '역월지제(易月之制)'라는 기발한 복상제도를 만들어낸 것이다. 어머니 윤씨에 대한 대우는 각별했다. 윤씨는 죽은 지 22년 만에 연산군에 의해 제헌왕후로 복위되고 묘호도 회릉(懷陵)으로 개칭되었다. 석물들을 왕릉의 형식과 같게 하고 제향절차도 종묘의식과 동일하게 했다. 대사간 강형이 성종이 금한 일이라고 진언했다가 날벼락을 맞았다. 분노한 연산군은 '법을 들어 논하던 자를 다 죽였고 특히 강형의 일족은 남김없이 멸족시켰다.'(《미수기언》) 연산군 12년(1506) 중종반정으로 연산군이 폐군신세가 되자 윤씨는 다시 서인으로 강등되고 회릉은 '폐비 윤씨지묘'로 격하된다.

다리에서 떨어질 꾀나 용기도 없고 한글 까막눈도 아니었던 유순은 살아남았다. 역사의 칼 끝은 여전히 그를 비켜가고 있었다.

유순은 영의정이 되었어도 차마 연산군에게 간언하지 못하는 처지였다. 재능이 술술 나오던 붓 끝으로도 끝내 전하지 못했다. 승지 이예견이 폭정을 극간하다 파직당할 때 그의 처벌에 깊이 관여했던 것처럼 여전히 연산군의 지시에 따라 움직이는 신세였다. 그도 그럴 것이 연산군은 갑자사화 이후 조정대신들을 완벽하게 제압한 상태였다. 조정에서는 싸늘한 기운만이 감돌고 유순은 더욱 식물 영의정이 되어갔다. 신하가 생존할 수 있는 방법은 왕에게 충성하거나 아부하는 길이지만 그는 어느 쪽도 선택하지 못하고 있었다. 그는 흑도 백도 아닌 회색인간이었는지 모른다. 대세를 좇아 안위만을 도모하려는 부화뇌동에 가까운 처세의 희생양이었을 수도 있다.

냉각정국 속에 연산군은 누구의 간섭도 받지 않고 자유롭게 욕망을 채워나갔다. 전국에서 선발된 미녀들인 운평(運平)에서 다시 가려낸 흥청(興淸)들과 연일 흥청거렸다. 궁궐을 아예 화류장으로 꾸며놓았다. 성균관은 유흥장으로 바뀌고 원각사마저 주색을 위한 장소로 전락되었으며 선종의 본산인 흥천사는 마구간으로 변했다. 방탕한 생활과 광폭한 정치를 이어가던 연산군은 대상을 가리지 않고 여인들을 범했다. 심지어 월산대군(성종 형)의 부인 박씨까지 겁탈하기에 이르렀다. 시조카에게 능욕당한 박씨는 자살하고 말았다. 누님의 억울한 죽음을 접한 동생 박원종은 분개해 연산군을 폐위시키려고 작심했다. 그러던 중 성희안이 거사제의를 해오자 의기투합한 뒤 유순정을 끌어들이고 연산군의 이복동생 진성대군을 추대하기로 결정했다.

그들은 마침내 연산군 12년(1506) 9월, 군사를 일으켜 반정에 성공하고 진성대군을 왕으로 세웠다. 연산군은 모든 것을 체념한 채 현실을 순순히 받아들였다. 왕위에서 쫓겨나 군(君)으로 강등된 그는 강화도 교동으로 유배된 지 2개월 만에 병을 앓다 죽었다.

유순은 '연산군 대 재상이 되어서는 세태를 따라 처신해 화를 면했고 중종 대에 나라를 바로잡는 일에 참가했다는 공으로'(《해동잡록》) 정국(靖國) 이등공신에 책훈되었다. 유순은 자신이 반정 때 딱히 한 일도 없다는 것을 누구보다 잘 알았다.

"신이 반정 때 영상으로서 변을 듣고 창황해 어찌할 줄을 몰랐거늘 공신에까지 오르게 되었으니 태평시대에 부끄럽사옵니다."(《음애일기》)

영의정으로서 소임을 다하고자 했던 그도 탄핵은 피해갈 수 없었다. 중종 4년(1509) 연산군 대 부역자라는 대간들의 논핵이 있자 마침내 은퇴를 선언했다. 아름다운 퇴진이 되는가 싶었으나 중종 9년 다시 영의정을 제수 받았다. 부담스러웠을 정치생명의 연장이었다. 그 후 국정을 총괄하다가 3년 뒤 부끄러움은 후세의 몫으로 남겨둔 채 77세로 눈을 감았다. 그의 일생을 요약해놓은 시호 '문희(文僖)'가 내려졌다.

파직당한 이예견의 아들 이자는 자신의 《음애일기》에서 유순을 이렇게 평하고 있다.

'유순은 글과 글씨로 출사하고 좋은 벼슬을 두루 거치며 세상의 미움을 받지 않고 정승에 이르렀다. 연산군 때에는 영상으로 있으면서 전적으로 네, 네, 대답하는 것만 일삼았다. 반정 뒤에도 공신에 끼었으나 이미 더러워졌음을 자신도 알고 별로 주장하고 건의하는 것이 없었다. 매사를 그럭저럭 우물쭈물하니 대간에서 상소로 파면을 청해도 벼슬을 사양하지 않다가 기사년 천변(天變)으로 다시 탄핵되어 파면되었다.'

파직당한 아버지를 생각하는 자식의 심정이 어느 정도 가미되었지만 《조야첨재》 역시 엇비슷한 인물평을 담고 있다.

'갑자년 살육이 벌어지던 때 유순은 그 틈에서 어름어름하며 겨우 몸을 보전했다. 반정 때도 회의에 참여는 했으나 놀라고 겁을 먹은 채 당황해 성희안이 할 것인가? 유순정이 할 것인가? 라고 말했다. 이는 이들이 임금이 되려는 줄 알고 의심해서 한 소리였다.'

원만하고 유순(柔順)한 성격 덕분에 남에게 원망 사는 일이 없었다는 유순에게 따끔한 일침을 가하는 것도 잊지 않았다.

'그 마음은 제 몸을 살리고 나라를 팔아먹으려고 했던 것뿐이니 장차 저런 정승을 무엇에 쓰랴!'

중종의
박원종

무열(武烈) 박원종(朴元宗, 재임 1509~1510)

한손에 칼을 들고
영의정에 오르다

박원종은 연산군의 국정운영을 비판하다가 좌천되는 등 어려운 시기를 겪고 있었다. 그런 그에게 더 청천벽력 같은 일이 닥쳤다.

월산대군의 부인인 누님 박씨가 연산군에게 겁탈당한 뒤 스스로 목숨을 끊었다.

"이런 씹어 먹어도 시원치 않을 패륜아 새끼!"

박원종은 끓어오르는 분노에 이를 갈았다. 기회를 엿봐 연산군을 몰아낼 작심 중에 찾아온 사람이 성희안이었다. 그는 이조참판 겸 오위도총부총관에 올랐으나 연산군과 양화도로 놀이를 갔을 때 미운털이 박혔다. 연산군을 비난하는 내용의 시를 짓자 말단 관직으로 좌천되었다.

반감을 품고 있던 성희안은 '분개해 반정할 뜻이 있었어도 함께 계획할 사람이 없어 답답하게 생각하고'(《음애일기》) 있던 중 박원종을 찾아왔던 것이다.

"어좌와 대전 마룻바닥 사이는 그리 높지 않소!"

성희안의 거사제의에 박원종은 통곡하며 소리쳤다.

"제가 밤낮으로 가슴에 품고 있던 일입니다. 우리가 한평생 충성과 절의를 지켜왔으니 마땅히 나라를 위해 목숨을 버려야 할 것입니다. 사내대장부 죽고 사는 것은 명에 달렸으니 종사의 위태함이 경각에 있는데 어찌 지켜만 보고 있겠습니까!"(《동각잡기》)

두 사람은 얼싸안고 눈물로 맹세했다.

반정으로 진성대군을 추대한 두 사람은 정국 일등공신이 되어 영의정까지 오를 수 있었다. 특히 박원종은 붓과 칼을 양손에 쥐고 영의정이 된다.

연산군을 화나게 한 박원종

박원종(1467~1510)은 조선 전기의 무신으로 성희안, 유순정 등과 함께 반정을 단행해 중종을 옹립한 인물이다. 무관 출신 최초의 영의정인 그는 본관이 순천(順天)으로 아버지 무신 판돈령부사 박중선과 어머니 양천 허씨 사이에서 태어났다. 첫째 부인 윤씨 사이에 자식이 없고 둘째 부인 성씨에게서 아들 하나를 두었다. 성종의 친형 월산대군, 예종의 차남 제안대군, 중종의 계비 장경왕후 윤씨 아버지 윤여필이 각각 매부와 매제가 된다.

박원종은 부귀한 공신 가문에서 태어나 성장했다. 큰 키에 용모가 수려하고 풍채가 뛰어나서 '한명회가 한번 보고 다른 날에 반드시 큰 그릇이 될 것이다.'(《용재집》)고 할 정도였다. 구속받는 것을 싫어해 '고깃간을 드나들며 활쏘기를 배우는'(《해동야언》) 등 젊었을 때부터 자유분방한 기질을 보였다.

그가 선전관이 된 것은 20세 때인 성종 17년(1486)으로 그해 무과에 급제하면서 성종의 특별한 관심을 받았다. 성종 23년 동부승지로 발탁되자 사헌부에서 이의를 제기했다.

"박원종은 아직 젊고 무과 출신이라 문관의 반열인 정삼품직을 제수할 수 없사옵니다."

성종이 공조참의로 발령하자 사헌부가 다시 제동을 걸어 결국 병조참의에 임명될 수 있었다. 승정원은 왕을 대변하는 곳이고 측근에 해당되는 중직이기 때문이었다.

무관이라서 받는 걸림돌도 잠시 연산군이 즉위하자 특명으로 동부승지, 우부승지, 우승지, 좌승지를 역임할 수 있었다. 시급한 정책과제들을 건의해 실현시키기도 했으나 연산군의 눈 밖에 나기 시작했다. 연산군은 무오사화로 조정을 장악한 채 연일 기녀들과 연회를 즐기고 있었다. 그의 방탕한 생활은 국고를 바닥나게 해 조정대신들의 반발을 샀다. 그런 상황에서 박원종의 긴축재정에 대한 건의는 연산군에게 환영받지 못했다. 지금으로 본다면 '금수저'를 물고 태어난 박원종은 머리와 가슴까지 텅 빈 부류는 아니었던 듯하다.

박원종은 연산군 6년(1500) 평안도절도사로 좌천되었지만 곧 동지중추부사와 한성부우윤을 역임할 수 있었다. 한성부우윤 때 함께 있었던 인물이 좌윤 홍흥이었다. 그는 백성에게는 따뜻해도 '성품이 엄중해서 나랏일에 있어서는 인정하는 이가 적었으나 박원종에게 항상 국기(國器, 나라를 다스릴 능력자)라며 칭찬을 아끼지 않았다.'(《용재집》)

강원도관찰사와 동지의금부사를 거치는 동안 또 한 번의 피바람인 갑자사화를 목도하게 되었다. 그 후 연산군 12년(1506) 경기도관찰사로 나갔다가 다시 연산군의 미움을 받아 삭직되는 일이 벌어졌다.

연산군의 방탕한 생활과 폭정은 날로 심해지고 있었다. 음란과 퇴폐의 원상이 된 연회가 매일 이어지는 반면 군사와 백성들은 궁궐 짓기에 동원되어 고된 부역에 시달렸다. 민간에서 소요가 벌어져 떠돌다 굶어 죽는 일이 속출해 숭례문 밖과 노량진 사이에 시체가 산더미를 이루었다. 연산군도 스스로 '자신이 옳지 못함을 알고 말하는 사람이 있을까 두려워 경연을 중지하고 상소와 신문고 두드리는 일들을 모두 폐지'(《풍암집화》)시켰다. 그러면서 도성 백리(40km) 안에 푯말(금표)을 세운 채 관사와 민가들을 헐어버리고 사냥터로 만들었다. 자신의 유희를 위해 통행 금지 명을 어기면 사형에 처하기까지 했다.

참다못한 박원종이 붓을 들어 실정을 지적하자 연산군이 대노했다.

"아무도 나를 거스르는 자가 없었거늘 박원종만이 감히 그러고 있다니 가만두지 않겠다!"(《용재집》)

연산군의 비행과 폭정이 극에 달하자 누군가 한글로 그 악행을 낱낱이 적은 익명서를 거리에 붙였다. 이른바 '한글방서사건'으로 연산군은 악에 받쳤다.

"이는 갑자년에 죄받아 죽은 자의 친족들 소행이렷다!"

그는 '귀양 간 사람들 모두 잡아다 매를 치고 참혹하게 고문하고 한글을 익히지 못하게 했다.'(《동각잡기》) 한글로 된 서적들이 불태워지는 '언문학대'가 자행되었다.

연산군의 사치와 향락과 음행은 계속되었다. 놋으로 두껍고 튼튼하게 만든 대형욕조에서 목욕을 즐겼으며 한번에 5만 명에 달하는 인원을 동원해 사냥을 다녔다. 경기도 과천 청계산으로 가기 위해 한강에 배다리를 설치했는데 무려 8백 척의 배가 사용되었다.

사냥에서 잡은 노루의 생식기는 정력제로 쓰였다. 날고기 애호가라 하루에 소 7마리나 잡기도 했고 그런 날이면 총애하는 숙용 장씨(장녹수)를 찾아가 밤을 샜다. 장씨는 미인이 아니고 나이도 연산군보다 두세 살이 많았지만 30대임에도 이팔청춘 앳된 소녀처럼 보일 정도로 동안이었다고 한다. 남자의 마음을 잘 헤아리는 것은 물론 가무에 능하며 영리하고 애교가 많아 연산군의 총애를 받기에 충분했다. 그녀의 운명도 기구해서 반정이 일어나자 그날로 끌려가 처형된다.

백성은 말할 것도 없고 신하 가운데서도 불만과 원한을 품은 자들이 늘어났다. 태평성대를 향해 속도 내는 것은 왕이 아닌 백성과 신하였다. 탁류로 혼탁해진 세상을 갈아엎기 위한 움직임이 싹텄다. 그 변혁의 물꼬를 트고자 나선 자가 성희안이었다.

성희안이 양화도로 놀이를 가는 연산군을 따라나섰을 때의 일이다. 연산군이 신하들에게 시를 짓게 했는데 성희안이 문제를 일으켰다.

"임금의 마음은 본래 청류(淸流, 맑게 흐르는 물)를 좋아하지 않는다."

성희안이 바친 시를 읽던 연산군의 눈에 살기가 스쳤다. 성희안은 아버지 성종이 아끼던 인물이라 죽이지는 못하고 말단 관직으로 좌천시켰다. 반감이 생긴 성희안은 함께 반정을 도모할 동지를 물색하고 나섰다.

반정의 칼을 들다

연산군은 자신에게 다가오는 날선 민심은 아랑곳하지 않고 주색에 더욱 빠져들었다. 그는 주변에 널린 후궁들로는 만족하지 못해 '선왕의 궁녀에게까지 음행을 저질렀으며 사대부 부인이 연회에 참석하면 이름을 옷섶에 쓰게 하고 미인일 경우 단장이 잘못되었다는 핑계를 대 구석진 방으로 끌어들였다.'《국조기사》 심지어 백모가 되는 월산대군의 부인 박씨를 겁탈하는 만행까지 저질렀다. 박원종의 누님 박씨는 미인으로 소문나 있었다. 여색에 빠져있던 연산군이 모를 리 없어 호시탐탐 기회를 엿보다가 세자보호를 구실로 끌어들여 겁탈해버렸다. 박씨는 조카에게 능욕당한 수치를 견디지 못하고 심신의 충격으로 건강마저 해친 나머지 독약을 먹고 자살했다. 박씨의 자살을 놓고 두 가지 설이 있다. 하나는 연산군에게 성병을 옮았기 때문이라는 것이다. 《해동야언》에는 박씨가 '연산군에게 더러움을 당하고 병이 전염되어 죽었다.'고 되어 있다. 다른 설은 연산군의 아이를 갖게 된 탓이라고 하는데 박씨의 나이가 당시 52세로 가능성은 높지 않다는 해석이다. 한편 박원종이 주동한 중종반정의 정당성을 위해 누님 박씨와 연산군의 관계를 조작했다는 일설이 있다. 또 불교에 심취해 있던 박씨가 유교적 사회에서 질타의 대상일 수밖에 없었다는 주장도 나온다.

연산군을 적대시하고 있던 박원종에게 누님의 죽음은 더 분개할 일이었다. 연산군을 폐위시키려고 작심하던 그때 찾아온 성희안은 울분을 씻어줄 수 있는 고마운 존재였다. 성희안이 새 왕을 세우기 위해 거사의 동지로 박원종을 택한 것은 무관 출신이기 때문이었다. 성희안은 거사를 도모할 지략은 충분했지만 무력을 갖추지 못해 주춤하고 있었다. 자신처럼 연산군에게 적대감을 품고 있던 박원종은 천군만마였다. 박원종은 '풍채가 좋고 일찍 귀한 신분이 되었기에 무인들이 그를 높이 받들고 있다.'(《음애일기》)는 것에 최적의 조력자였다.

두 사람은 의기투합 후 즉각 거사계획에 들어갔다. 세력보강을 위해 명망 있던 이조판서 유순정도 합류시켰다. 연산군이 임진강변에 있는 장단석벽으로 놀이 가는 날을 거사일로 잡고 만반의 준비를 끝냈다. 그날 성문을 닫아 막고 진성대군을 추대하기로 계획을 세웠으나 연산군이 돌연 놀이를 취소해버렸다. 잠시 주춤하는 사이 전라도에 유배 중이던 이과, 유빈, 김준손 등이 진성대군 추대 궐기를 알리는 격문을 돌리자 단행하기로 했다.

그들의 궐기문에는 '백성이 편안하고 물질은 풍성해 태평한 세상이 되었더니 뜻밖에 뒤를 이은 임금이 포학무도해 부왕의 후궁을 때려죽이고 왕자와 옹주를 귀양보내 죽였다.'(《동각잡기》) 등등 연산군의 폭정과 악행이 실려 있었다. 그래서 진성대군을 추대해 종묘사직의 위기를 바로잡겠다는 것이었다. 이미 그들이 '군사와 군마를 거느린 채 올라오고 있다.'(《기묘록》)는 소식까지 뒤따라 도착하자 시기를 늦출 수가 없었다.

진성대군의 장인인 신수근을 찾아가 거사합류를 종용하자 그는 단호하게 거절했다. 이 사실을 진성대군에게 알린 뒤 권력 실세인 훈구파 신수근, 신수영 형제와 임사홍부터 살해했다. 이들을 쇠몽둥이로 때려죽일 때 '피가 날려 뺨과 목에 가득하고 옷이 다 붉어졌으나 그 공을 과시하고자 수일 동안 씻지 않아 보는 사람들이 더럽게 여겼다.'(《음애일기》)다고 한다.

반정군은 일사불란하게 움직였다. 박원종이 '부채를 휘두르며 창덕궁 어귀에 진을 친 군사들을 진두지휘했는데 그 모습이 신과 같아 모두 거사를 먼저 제의한 사람은 그일 것이다.'(《국조보감》)고 할 정도였다. 박원종은 진성대군의 보호를 위해 장수와 군사들을 그의 사저로 보냈다.

진성대군은 군사들이 몰려와 집을 에워싸자 겁에 질려 떨었다. 거사가 실패해 연산군이 자신을 죽이려고 보낸 것으로 알았다. 외부사정에 대해 잘 몰랐던 탓도 있지만 워낙 연산군을 두려워했다. 그는 연산군이 언제든지 자신을 죽일 수 있다는 공포를 늘 갖고 살았다. 벌레 목숨처럼 사라지는 신하들을 보면서 이복동생인 자신도 잘못 연루되면 마찬가지라는 생각에 숨죽여 지내야 했다. 살얼음판 같은 생활 속에서 유일한 위안이자 사랑의 대상이었던 것은 12세 때 맞이한 부인 신수근의 딸 신씨

(훗날 단경왕후)였다. 진성대군은 차라리 신씨 앞에서 세상을 버리는 것이 낫다는 생각이었다.

"지금 내가 날 죽이는 게 현명할지 모르겠소. 만약 이대로 끌려가면 당장 죽이지 않고 모진 고문으로 끝까지 고통을 줄 게 분명하니 말이오."

신씨가 진정을 시켰다.

"섣부른 행동을 해서는 안 됩니다. 지금 대문 밖 상황을 확인하고 결정해도 늦지 않아요. 군사들의 말머리가 대문 쪽을 향하고 있으면 필시 우리를 죽이고자 찾아온 것이겠으나 밖을 향해 있다면 대군을 호위하기 위해서일 것입니다."

종에게 대문 밖을 살피게 하니 말머리가 거리를 향해 있었다. 비로소 안도한 진성대군은 새로운 고민에 빠졌다. 왕위에 오를 자신이 없었던 것이다.

그 시각 반정군은 궁궐 진입 시 협조하기로 약속된 군자감부정 신윤무 등의 도움을 받아 무사히 안으로 들어갈 수 있었다. 거사는 쉽게 성공해 궁궐을 완전히 장악했다. 박원종은 성희안 등과 함께 곧장 성종의 계비인 자순대비 윤씨를 찾아가 하교해줄 것을 청했다.

"위태로운 종사를 바로잡고자 모든 신하와 백성은 진성대군을 추대하고 있사옵니다."

윤씨는 세자 황이 어리지 않으니 왕위를 이을 수 있다면서 일단 거절했다. 그러나 거듭된 요청에 못 이겨 승낙을 하고 교서를 내렸다.

'어두운 임금을 폐하고 밝은 임금을 세우는 일은 고금에 통하는 당연한 도리다. 이에 진성대군을 왕위에 오르게 하고 임금은 폐하여 연산군으로 삼는다. 백성의 목숨이 끊어지려다가 다시 이어졌으며 종묘와 사직이 위태했다가 다시 편안하게 되었다.'(《국조보감》)

박원종은 유순정과 함께 진성대군 사저로 달려갔지만 예상외의 일이 벌어졌다. 왕으로 추대한다는 말을 꺼내기 무섭게 진성대군이 돌연 이웃집으로 도망쳤다.

"나는 두렵소!"

진성대군의 외침에 박원종이 부복하며 강한 어조로 말했다.

"모든 신하와 백성이 갈구하는 어진 임금이 되시옵소서!"

잠시 후 진성대군이 군복 차림에 가마를 타고 나오자 저자의 노인들이 만세 부르며 눈물을 흘렸다.

거칠고 사납고 견식이 없는 정승

반정이 시작되고 궁궐 안에 횃불들이 어지럽게 돌아다니자 놀란 연산군은 몇 번이고 밖으로 나와 살폈다. 그때 박원종, 성희안, 유순정이 의자에 앉아있고 신하들이 그 앞에 부복한 것을 본 연산군은 사태를 깨달았다. 급히 활과 화살을 가져오라고 명했으나 반정군이 이미 가져가고 남은 것이 없었다. 다급해진 연산군은 부인 신씨(거창군부인)에게 함께 나가서 애걸해보자고 매달렸다. 신씨가 단호하게 뿌리쳤다.

"사태가 이 지경인데 빌어 무슨 소용이 있겠습니까? 그동안 거듭 간했거늘 끝내 회개하지 못했으니 어쩌겠소이까. 다만 죄를 지은 사람은 죽어 마땅해도 불쌍한 두 자식은 어디에 둔다는 말이오."(《장빈거사호찬》)

가슴을 치며 통곡하는 신씨를 보던 연산군의 눈에서 눈물이 떨어졌다.

"말한들 무엇 하겠소. 아, 후회가 막심하도다."

연산군은 모두 체념한 채 현실을 순순히 받아들였다.

"내 죄가 하도 커서 이렇게 될 줄 알았으니 마음대로 해라."(《중종실록》)

어새를 내다주라는 마지막 명을 내렸다. 내전 문으로 걸어 나온 그는 땅에 엎드려 머리를 조아렸다.

"내 지은 죄가 큰데도 임금의 은혜를 입어 목숨만은 부지하게 되었구

나."《동각잡기》

신씨에게 일단 정청궁으로 나가 있으라는 조치가 내려졌다. 세자 황과 창녕대군은 유모와 함께 평소 신씨가 몰래 찾던 청파촌 무당집에 있었다. 배가 고프다는 말에 무당이 서둘러 식은 보리밥에 나물무침을 내놓았다. 창녕대군이 화를 내며 소리쳤다.

"여기에는 어찌 꺼병이(꿩 새끼) 고기가 없느냐?"

유모가 엎드리며 통곡했다.

"내일은 이거라도 다시 얻어먹을 수 있다면 천만다행이겠습니다."

폐세자 황과 창녕대군, 숙의 이씨의 소생 양평군, 또 다른 후궁의 소생인 돈수는 귀양 후 사사되었다.

왕위에서 쫓겨난 연산군은 강화도 교동으로 유배되었다. 그가 유배지로 향할 때 백성들이 거리에 나와 손가락질하면서 비웃었다. 폐군이 된 연산군은 단 한마디도 내뱉지 못한 채 묵묵히 새로운 현실을 향해 갈뿐이었다. 그를 기다리고 있는 곳은 위리안치 속이었다. 가시 울타리를 친 처소 안에서만 지내야 했다. 작은 문이 하나 있었지만 늘 잠긴 상태고 밥그릇이나 옷가지 등을 넣어주기 위한 구멍만이 세상과 통할 수 있는 통로였다. 그에게는 죽음보다 더 혹독한 시간이었다. 그래서인지 2개월 만에 두창과 화병으로 고생하다 31세로 눈을 감았다.

연산군의 폭정은 12년 만에 막을 내리고 19세의 새로운 왕이 탄생되었다. 이날 반정은 연산군의 폭정으로 신하뿐만 아니라 민심도 떠나 있던 상황에서 발생했기에 상당한 명분과 설득력이 있었다. 국정농단으로 대통령 탄핵정국과 맞물려 있던 지난 2016년 교수들이 선정한 올해의 사자성어가 '군주민수(君舟民水)'다. 강물인 백성이 화가 나면 왕인 배를 뒤집을 수 있음이다.

연산군 대에 널리 번졌던 동요가 '매이역가수묵묵(每伊數可首墨墨)'이다. 여기서 '매이'는 웃어른을 불러 여쭙는다는 것이고 '역'은 중종의 이름 역(懌)과 음이 같다. '가'는 어조사로 야(耶)와 같으며 '수묵묵'은 주모자 박원종과 성희안을 일컫는 것이다. 반정계획을 세운 두 사람 집이 모두 남산 기슭 묵정동에 있었다.

유순정을 포함한 세 사람에 대해 훗날 기록된 《국조보감》 속 평가는 긍정적이지 않다.

'박원종은 거친데다 사나우며 견식이 없었고, 성희안은 과단성은 있어도 학술이 없었고, 유순정은 천성이 너그럽고 나약해 집념이 없었다. 비록 충성과 절의에 북받쳐 공을 이루게 되었으나 일처리에 마땅함을 잃었으니, 전에 입은 은혜로 적신 유자광을 용납해 뒷날의 화를 열어놓고 멀고 먼 인척들에게까지 모두 철권을 주었다. 하물며 뇌물의 많고 적음으로 훈공의 등급을 정했으니 연거속구(連車續狗)의 허물은 지금까지도 비난거리가 되었다.'

논공행상 때 반정 주역들의 일가와 남이나 다름없는 사돈의 팔촌까지도 공신권을 받았다. 특히 바치는 뇌물에 따라 등급이 정해지자 '연거속구'라고 했는데 '수레를 연하고 개로 이었다.'(《해동야언》)는 뜻이다. 고관들은 초헌을 이용했는데 갑자기 그 수가 늘어나자 보통 수레를 타게 되었고 돼지가죽으로 장식한 초선을 써야 하지만 부족하게 되어 개가죽을 사용할 수밖에 없었다는 의미로 비난한 것이다.

거칠면서 사납고 견식마저 없던 박원종은 좌의정에 올라 중종 2년(1507) '이과의 옥사'를 잘 다스린 공으로 정난(定難) 일등공신이 되었다. 대사성을 지낸 이과는 부제학 재임 중 연산군이 후원에서 활을 쏘며 노는 것에 간언했다고 갑자사화 때 전라도로 유배를 갔었다. 그곳에서 유빈, 김준손 등과 진성대군을 추대하려다 앞서 중종반정이 성공하자 중단할 수밖에 없었다. 유배에서 풀려나 정국 원종공신(原從功臣)이 되고 대사간에 잠시 재직하기도 했으나 관작이 높지 않다는 불만이 쌓였다. 더군다나 박원종, 성희안, 유순정 등 정국공신 중심의 체제도 탐탁지 않아 새로운 거사를 도모하려고 했다.

중종이 성종의 능에 직접 제사지내러 가는 틈을 노렸다. 그때 이찬. 윤구수 등과 견성군(성종 서자)을 추대한 뒤 박원종 등을 제거할 계획이었다. 하지만 우림위(금군의 일종) 군졸 출신 노영손의 밀고로 발각되어 이과는 능지처참에 처해지고 연루자들은 유배되었다. 견성군은 추대를 받았다는 죄로 유배된 뒤 대신들의 강력한 처벌 요구에 사사되었다. 그 후역모에 가담하지 않았다는 것이 인정되어 다음 해 신원되었다.

세 개의 문을 열고 나가

정국, 정난 모두 일등공신에 책훈된 박원종에게 내려진 상은 상상을 뛰어넘었다. 그는 특별한 대우를 받아 대규모 토지는 물론 '홍청 출신 시녀 3백 명에 수많은 노비, 온갖 보화, 값진 의복과 거마 등 분수에 넘칠 만큼 호화스러운 것이 많았고 저택도 으리으리해서 대문 열고 세 개의 문을 더 지나야 마당이 나올 정도였다.'(《기재잡기》) 집 안에 작은 누각까지 지어 박원종이 연못가 평상 위에 누워있으면 양쪽에서 시녀가 부채질을 했다. 연회라도 열리는 날이면 진수성찬 가득한 가운데 기녀 수백 명이 연못을 에워싸고 악기를 연주하며 흥을 돋우었다.

박원종을 비롯한 정국공신들은 차근차근 입지를 다져가고 있는 반면 중종은 예외였다. 중종은 내키지 않았던 어좌였고 자신이 주도한 정변도 아니라 처음부터 영향력을 발휘하는 데 한계가 있었다. 그는 이미 공신들에 의해 부인 단경왕후 신씨와 생이별을 한 상태였다.

중종이 즉위하자 다음 날 박원종과 공신들이 찾아가 주청했다.

"신수근을 죽인 것은 거사를 이루기 위함이었사옵니다. 하온데 이미 반정을 반대해 죽은 그의 여식이 왕비로 있다면 민심이 불안해질 것은 자명한 일이옵니다. 괜한 의혹만 불러오니 종묘사직을 생각해 개인적인 정은 끊고 내보내시는 게 좋을 듯하옵니다."(《동각잡기》)

공신들은 죽인 자의 딸을 국모로 모시기가 곤란했던 것이다. 중종이 조강지처를 버리는 법은 없다며 맞서자 박원종의 천둥 같은 고함이 뒤따랐다.

"사사로운 정으로 종사를 그르쳐서는 아니 되오니 어서 용단을 내려 주시옵소서!"

박원종의 험악한 얼굴에 중종은 기가 죽었다. 그는 왕 앞에서라도 논한 말에 거슬리면 참지를 못했다. 중종은 그들에 의해 옹립된 왕이라는 현실을 절실히 깨달았다. 단경왕후 신씨는 남편 중종이 왕위에 오른 지 불과 7일 만에 폐서인되었다. 조선 역대 왕비 가운데 가장 짧은 국모자리였다.

사직골 사가로 쫓겨난 신씨는 매일 인왕산을 올랐다. 그곳 중턱 평평한 바위에 평소 중종이 아름답다고 하던 자신의 다홍치마를 깔고 경복궁을 바라보았다. 멀리서 중종을 몇 번 볼 수 있었지만 그 후 대신들의 반발에 거처가 죽동궁(영희정)으로 옮겨져 치마바위 전설만을 남긴 채 명종 12년(1557) 71세로 쓸쓸히 눈을 감는다.

조선 후기의 붓은 이렇게 기록하고 있다.

'반정 삼공신(三功臣, 박원종·성희안·유순정)이 나라를 안정시킨 공은 크다 해도 임금을 위협해 중궁을 폐한 죄는 영원히 피할 수가 없다. 만약 그들을 지하에서 일으켜 이를 묻는다면 반드시 목을 움츠리고 매우 부끄러워할 것이다.'(《축수편》)

심한 정체에 빠져있던 중종은 보다 강한 왕이 되고 싶었지만 마음처럼 되지 않아 자괴감에 시달렸다.

'아, 나는 허수아비 임금이었구나!'

그에게 필요한 것은 정국공신들이 아니라 자신의 뜻을 마음껏 펼치도록 곁에서 도움 줄 수 있는 또 다른 신하였다.

중종은 후원에 3개의 문을 나란히 세우게 해서 각각 청문(淸門), 열문(洌門), 탁문(濁門)이라 이름 지었다. 중종이 신하들을 부른 자리에서 말했다.

"스스로를 돌아본 뒤 하나의 문을 선택해 들어오도록 하시오."

어리둥절하던 신하들은 잠시 망설이더니 하나둘 문을 향해 걸어갔다. 양심껏 자신을 반성해 청렴하다고 여기면 청문으로, 맑지 못하면 탁문으로, 이도저도 아니면 열문으로 들어서라는 뜻이었다. 대부분 열문을 선택했으나 이조좌랑 조사수만이 당당하게 청문을 통과했다. 모두가 고개를 끄덕일 만큼 그는 청렴하고 소신 있게 행동한 인물로 중종에게는 충신이 되었다.

중종 4년(1509) 영의정이 된 박원종은 과연 어떤 문으로 들어가 그 자리에까지 오른 것일까. 중종이 마련한 청문, 열문, 탁문보다는 자신의 저택 세 개의 문이 더 익숙했을지 모른다. 그에게 붙는 가장 많은 꼬리표는 '부귀한 공신 가문에서 태어나 무예로 출세했으나 학문이나 책략이 없다.'는 것이다. 그래서인지 '명예나 절개와 지조에 구애받지 않았고 영의정이 되자 스스로 믿음과 덕망을 만족시켜주지 못할 것을 헤아려서 항상 겸손했다.'(《음애잡기》) 그가 '비록 거칠어도 국방경비에 대해서만은 융통성 있게 처리했다.'(《우복집》)는 평가도 있다.

병조판서까지 겸임하고 있던 박원종은 등창이 나서 경기도 양주의 별저에 머물고 있었다. 어느 날 병조낭관 정사룡과 황여헌이 찾아왔다. 정사룡이 찾아온 용건을 말하자 박원종은 공손한 태도를 보였다.

"내가 무신으로서 무슨 지식이 있겠는가. 종묘사직의 신령에 힘입어 때를 타서 지금 지위에 외람되게 앉아 황공할 따름인데 감히 조정의 공사에 참여하리요. 잘 처리하라 이르고 그대들의 젊은 풍채에서 참으로 원대한 미래가 보이는 것 같아 그러니 이 늙은이의 술이나 받아주게."

《기재잡기》

술을 내오라고 박원종이 명하자 일제히 대답하는 수십 명의 시녀들 소리가 집안에 쩌렁쩌렁 울렸다. 잠시 후 기녀들이 꿇어앉아 진수성찬 주안상을 차리는 모습에 정사룡과 황여헌의 입이 쩍 벌어졌다.

음악이 연주되고 술판이 벌어지자 시녀들에게 각각 시 한 수씩 짓게 하며 유쾌함을 더했다. 정사룡과 황여헌은 융숭한 대접에 해가 지는 줄도 몰랐다. 두 사람이 일어서자 박원종은 시녀들을 시켜 대문 밖까지 부축하게 했다. 두 사람은 앞으로 생활이 넉넉해지면 꼭 박원종의 한 가지만은 본받자고 다짐한 뒤 헤어졌다.

그 후 정사룡은 만년에 '의식주를 사치스럽게 누렸는데도 박원종의 만분의 일이라도 따를 수 있으랴.'《기재잡기》며 당시를 회상했다. 황여헌도 '저택에서 시녀들의 노래와 거문고 연주 속에 살았는데 이는 박원종을 본받은 것이었다.'《지소록》

누군가에게는 교훈이 되었던 박원종도 화무십일홍이라고 재임 1년을 채우지 못한 채 중종 5년(1510) 병사했다. 그의 나이 44세로 2년 후에는 54세의 유순정, 그 다음 해는 53세의 성희안마저 불귀의 객이 되어 반정 삼공신 모두 중종 대 무대에서 사라졌다.

시호 '무열(武烈)'을 받은 박원종은 무신이지만 문장을 즐기고 서화를 좋아해 수집하는 열성도 보였다고 한다. 그래서 '박원종은 장하도다, 그는 무신으로서 문(文)까지 겸한 자로다.'《상촌집》라는 말이 나왔는지 모른다. 《음애일기》 속 박원종의 인물평이다.

'박원종은 호화롭고 귀한 가문에서 태어나 무과로 벼슬을 시작해 청현직(淸顯職)을 역임했으나 예절과 법도에 얽매이지 않았다. 난세를 만나 계획과 처리를 잘해 뛰어난 공을 이루니 나무꾼이나 소 모는 목동들까지도 그의 이름을 알았다. 정승이 돼서는 공순하고 겸손하게 공부를 했다. 배운 것이 없어도 천성대로 거취에 당당해 극력 사직할 것을 청하니 사람들이 가상하게 여겼다.'

그 시절 박원종을 모르는 사람이 거의 없어 '먼 지방 사람이나 천한 종들까지 그의 이름이 입에서 떠나지 않았고 혹은 박야야(朴爺爺)라 불렀다.'(《이요정집》) '야야(爺爺)'는 조부 나이의 어른에 대한 존칭이다. 중종 역시 '추하고 사납고 무식해서 하는 일이 사리에 어긋나는'(《해동잡록》) 박원종이었지만 정국공신이라 함부로 대하지 못했다. 도리어 박원종은 윤임(대윤 거두)과 장경왕후 윤씨의 외숙부로서 막강한 권력을 행사할 수 있었다. 그는 이를 바탕으로 중종 대에 훈구파를 결성하는 데 산파 역할을 했다.

또 하나의 사화를 불러오는 일이었다.

인종의
홍언필

문희(文僖) 홍언필(洪彦弼, 재임 1545~1545 1548~1549)

세상에 나쁜 영의정은 없다

영의정 홍언필이 초헌에 실려 집으로 향할 때였다. 대사헌으로 있는
아들 홍섬이 말을 탄 채 앞에서 오고 있었다. 아버지를 발견한 홍섬이
황급히 말에서 내려 한쪽에 서서 기다렸다. 홍언필도 초헌을 세우고 몇
걸음 걷더니 다시 올라 가던 길로 갔다.

거리에 많은 사람이 오가자 곁을 따르던 길잡이 종이 크게 소리쳤다.

"물렀거라! 영상대감 행차시다!"

홍언필이 부채로 초헌의 팔걸이를 툭툭 쳤다.

"조용히 가거라. 내가 아무리 영상이라도 백성들의 걸음을 방해해서 쓰겠느냐."

그는 '벽제소리'를 하지 못하게 했다. 이는 원래 개벽(開闢)과 소제(掃除)의 뜻으로 '길을 열고 불결한 것들을 치우게 하던 일'이었는데 왕이나 고관대작의 위엄과 권위를 과시하는 의례가 되었다. 왕이 행차할 때는 '시위!'라고 외쳤고 만약 소란을 피우거나 고개라도 들면 경을 치기 십 상이었다.

홍언필은 자신의 위엄과 권위보다는 백성들의 생활을 더 중요시했다. 집에 도착한 그는 막 뒤따라 들어온 홍섬을 불렀다.

"우리 부자의 명예와 지위가 크게 성하다는 것은 누구나 알고 있다. 네가 대사헌으로 길에 서 있거늘 내 어이 감히 아무렇지도 않게 지나칠 수 있었겠느냐. 당부하건대 앞으로는 그냥 피하도록 하여라."《임하필기》

그는 덧붙여 홍섬에게도 초헌을 타게 되면 벽제소리를 절대 내지 못 하게 했다. 사위들에게도 마찬가지였고 홍섬이 판서가 돼서는 아예 초 헌의 사용마저 금지시켰다.

"네가 이제 정이품까지 올라 우리 집 지위가 하늘을 찌르니 두렵도다. 헌데 초헌까지 타고 다닌다면 외려 집안의 복이 아니니라."

그는 홍섬을 초헌에 태워 마당을 돌게 했다. 홍섬은 황공하게 여겨 다 시는 초헌을 타지 않게 되었다.

홍언필은 성품이 나약해 위험을 보면 반드시 피했다고 한다. 그래서 위험요소가 될 불씨를 막기 위해 남을 먼저 생각하고 매사 근신하려고 했을 수도 있다. 그런 그가 어떻게 기묘사화를 겪어내고 을사사화 이후 공신까지 될 수 있었을까?

점괘대로 관직생활을 시작하다

홍언필(1476~1549)은 조선 전기의 문신으로 사마시에 합격했으나 갑자사화에 연루되어 유배당했다가 중종반정 이후 사면된 인물이다. 관직생활을 이어가다 기묘사화 때 역시 휘말려 투옥되기도 했지만 영의정에 오를 수 있었다. 본관은 남양(南陽)으로 아버지는 우부승지를 지낸 홍형이고 어머니는 사간원정언 조충손(조광조 조부)의 딸 한양 조씨다.

연산군 10년(1504) 사서삼경을 암송하는 강경과(유생, 생원, 진사 대상)를 볼 때였다. 홍언필이 장원을 할 수 있는지 묻자 점쟁이가 점괘를 내놓았다.

"감히 장원을 바라다니 정묘년에나 급제하겠소이다."

홍언필은 부아가 치밀었지만 무시하고 그대로 시험을 치렀다. 그는 생각보다 일찍 마칠 수 있어 자신을 했다. 다시 만난 점쟁이에게 따지듯 말했다.

"내가 이미 합격한 것이나 다름없으니 당신은 망언을 한 것이오."

점쟁이가 잠시 눈을 감고 생각하더니 속삭였다.

"급제는커녕 당장 큰 액운이 닥칠 것이니 조심하는 게 나을 게요."

그 말이 떨어지기 무섭게 '홍언필은 갑자사화로 철퇴를 맞은 죄인의 제자라는 죄로 잡혀가 귀양길에 올랐다.'(《기재잡기》) 그 후 중종반정 때 신원되어 점괘대로 중종 2년(1507) 증광문과 을과로 급제해 저작을 거쳐 부수찬에 승진할 수 있었다.

중종 4년(1509) 부교리가 된 뒤 지평과 헌납 등을 역임한 그는 장령으로 특진하고 병조참지, 병조참의 등을 지냈다. 우부승지가 되었을 때 즉위 초와 달리 의욕적인 자세로 조정을 이끌어가는 중종의 모습을 볼 수 있었다.

중종은 19세의 성숙하지 못한 나이로 왕위에 올라 처음부터 주도적인 권력구조를 펼치지 못했다. 이복형인 연산군과 달리 세자수업 과정이 없었고 즉위 초부터 정국공신들에게 휘둘리는 위치라 저력확보에 한계가 있었다. 나날이 허수아비가 돼가는 그에게 그나마 기둥역할을 해준 것은 몇몇 신하들이었다. 중종은 공신세력을 견제하기 위해 신진사류를 정치일선으로 불러들였다. 철저한 유교정치의 전개를 위함이었는데 그중 빼놓을 수 없는 인물이 대사헌 조광조였다. 그는 타협을 불허하는 대쪽 같은 성격으로 사림파의 지지 속에 도학정치(道學政治) 실현을 위해 적극적이었다.

그는 향약을 바탕으로 한 지방자치와 현량과를 통한 인재등용 그리고 기득권층인 정국공신들의 제거를 내세웠다. 특히 정국공신이 많다는 것을 비판하며 그 가운데 공이 없음에도 녹을 먹고 있는 자들을 추려 삭제해야 된다고 역설했다. 정국공신들인 훈구파는 조광조 일파의 개혁방법이 지나치게 급진적이고 이상적이라며 저항하고 나섰다. 중종도 신진사류의 급격한 개혁주장에 달갑지만은 않았다. 이미 원로가 된 정국공신들을 소인배로 매도해 배척하려는 것이 못마땅했다. 급기야 우려했던 일이 터졌다. 정국공신 가운데 2, 3등 일부와 4등 전원 등 76인의 훈작이 삭탈 조치되었다. 훈구파의 강한 반발은 예고된 일이었다.

중종 14년(1519) 심정, 남곤, 홍경주 등 훈구파들은 조광조 일파를 제거하기 위해 물밑작업에 들어갔다. 일단 중종 후궁인 홍경주의 딸 희빈 홍씨를 통해 고하게 했다.

"민심이 자기에게 기울자 조광조가 안하무인으로 군다지 뭡니까요. 정국공신들 중에 조금이라도 다른 의견을 품는 자가 있으면 모두 배척하고 내쫓는다고 하옵니다. 그를 방치했다가는 후일 어떤 불화가 생길지 모를 것이옵니다."((기묘당적보))

훈구파는 조광조가 아예 정국 일등공신들마저 없애려고 한다는 소문도 퍼뜨렸다. 국정문란을 초래한 조광조와 그의 일파를 치죄해야 한다는 상소가 이어졌다.

후원의 한 나무에 해괴한 일까지 벌어졌다. 나뭇잎에 '주초위왕(走肖爲王)'이라는 글자가 파인 것이다. 미리 나뭇잎에 과일즙으로 네 글자를 써놓게 한 음모였다. 벌레들이 몰려들어 과일즙을 따라 갉아먹자 네 글자가 선명하게 드러났다. '주초위왕'은 주초가 왕위에 오른다는 뜻으로 '走'와 '肖' 두 자를 합친 것이 '趙'라 곧 조씨 성을 가진 자가 왕이 된다는 풀이였다. 남곤 일파는 당장 이것을 중종에게 보여주었다.

"조광조와 그 무리들이 붕당조성으로 조정을 어지럽히는 것도 모자라 역심마저 품고 있사옵니다."

중종은 격분했다. 조광조와 그를 추종하던 사림파들은 유배 뒤 사사되었다. 이 '기묘사화' 이후 훈구파의 전횡이 자행되었다. 즉위 초부터 위축된 권력구조 속에서도 어진 왕이 되고자 노력했던 중종은 끝내 강력한 힘을 얻지는 못했다. 정치는 현실이었다. 특히 기묘사화 이후 간신들의 창궐로 혼탁한 정세가 이어졌다.

사림파에서 명망 있던 홍언필도 조광조와 내외종간이라 일파로 지목되어 옥에 갇히게 되었다. 다행히 영의정 정광필의 적극적인 변호로 풀려날 수 있었다.

성군의 탄생을 기다리며

홍언필은 검소하고 화려한 것을 좋아하지 않았다. 또 아들 홍섬이 뵙고자 할 때 겉옷을 입지 않고서는 허락하지 않을 정도로 엄격한 집안 법도를 지켜나갔다. 그의 엄격함은 집안에만 국한된 것이 아니었다. 중종 20년(1525) 대사헌으로서 지위를 이용해 악행을 저지르는 지방관서 향리들의 비리를 적발했다. 그들은 공물(貢物, 나라에 진상하는 물건)을 백성들

대신 바치고 대가를 받았는데 터무니없이 착취해 폐단이 많았다.

홍언필이 성균관 앞을 지날 때 막 공부를 마치고 나오는 11세의 세자 호(훗날 인종)와 마주쳤다. 홍언필이 급히 허리를 숙이자 호가 미소 지었다.

"경의 낡은 관복과 신을 보니 오직 소임에만 전념하는 청렴한 신하 같아 흐뭇하오."

"세자저하의 말씀에 황공하여 몸 둘 바를 모르겠나이다."

"항상 그런 몸과 마음으로 전하를 잘 보좌해주기 바라오."

세자 호는 아버지 중종의 두 번째 계비인 문정왕후 윤씨의 그늘 아래서 자라고 있었다. 생모는 폐비 신씨 뒤를 이어 중종의 첫 번째 계비가 된 장경왕후(박원종 외조카) 윤씨로 호를 낳고 산후병을 얻어 6일 만에 죽었다.

문정왕후 윤씨의 성품은 선하지 않아 호에게 좋은 영향을 끼치지 못했다. 그럼에도 맑은 천성의 호는 3세 때부터 글을 읽는 등 학문을 좋아했다. 그가 5세 때 '소학을 읽자 물 흐르듯 했으며 뜻을 해득하고 분석함에 부족함이 없었다.'(《동각잡기》)고 한다. 관례(冠禮)를 치른 8세 때부터 성균관에 들어가 매일 세 차례 글을 읽었다. 그 성실하고 올곧은 자세는 많은 이들에게 꿈을 주었다.

'인종이 유생들과 함께 옛글을 강론하기를 낮과 밤으로 게을리 하지 않자 선비들은 자기 집에서 심신을 닦았다. 그들은 등용되어 어진 임금의 신하가 될 희망을 품고 간절히 기다렸다. 사람들은 요순(고대 중국의 요왕·순왕)이 될 소년 임금이라고 일컬었다.'(《괘일록》)

한마디로 성군의 탄생을 손꼽아 기다렸던 것이다. 호는 기대에 부응하듯 10세 때 인성왕후 박씨와 혼인한 후 인품을 더해갔다. 궁궐 내 시녀들 가운데 화려한 옷을 입은 자가 있으면 즉시 내쫓을 정도로 검약했고 특히 효성이 지극했다. 아버지 중종뿐만 아니라 계모 문정왕후 윤씨에게도 효로써 정성을 다했다.

윤씨는 아들을 낳지 못해 애를 태우는 처지였다. 기필코 아들을 낳아 호 대신 왕위를 물려받게 하리라는 희망을 품은 채 견뎌내고 있었다. 그녀가 와신상담 속에서 세월을 기다리던 중 중종 22년(1527) '작서의 변'으로 후궁 경빈 박씨가 날벼락을 맞았다. 경빈 박씨 역시 장경왕후 윤씨가 죽고 중종의 총애를 받자 자신의 아들 복성군을 세자로 만들겠다는 야심 속에 살던 여인이었다. 그러다 세자인 호를 저주했다는 혐의를 받게 되었다. 기묘사화 때 피해를 본 권신 김안로가 정적인 심정과 유자광을 제거하기 위해 아들 김희를 시켜 일으킨 조작극이었다.

호의 생일날 동궁 후원 은행나무에 커다란 쥐의 사체가 걸린 채 발견되었다. 네 다리와 꼬리가 잘려나가고 눈, 코, 입이 불에 지져있어 모두를 경악케 했다. 경복궁 대전 침실에서도 불에 탄 쥐가 발견되자 사람들은 저주사건이라고 입을 모았다. 호의 띠인 돼지가 쥐와 비슷하다는 인식 탓이었다. 쥐와 같은 운명이라는 저주로 받아들인 조정대신들은 범인색출에 열을 올렸다.

경빈 박씨와 다른 후궁들 그리고 그 시녀들까지 추궁했으나 단서를 찾지 못했다. 사건이 오리무중에 빠지려고 할 때 자순대비(성종 계비) 윤씨가 경빈 박씨를 범인이라고 지목했다.

"모함이옵니다. 어찌 그런 망측한 일을 벌일 수 있겠사옵니까!"

박씨는 눈물로 억울함을 호소했지만 중종도 어쩔 수가 없었다. 그녀는 누명을 쓴 채 아들 복성군과 함께 폐서인되어 궁궐에서 쫓겨났다. 중종 28년(1533) 세자 호처럼 꾸민 인형에 해괴한 글이 적힌 나무패를 걸어놓은 혐의까지 얹어져 두 사람은 사약을 받았다. 심정도 동조했다는 혐의로 사사되었는데 중종 36년 김희가 진범으로 밝혀져 모두 신원되었다. 한편 이 사건은 문정왕후 윤씨 동생 윤원형의 첩 정난정이 궁궐로 들어와서 꾸민 일이라고 전해진다.

대윤과 소윤 사이에서

홍언필은 중종 24년(1529) 이조판서에 올라 인사를 공정히 처리했다는 평가를 받았다. 이어 형조판서, 병조판서, 호조판서, 대사헌 등을 거쳤다. 특히 대사헌을 여섯 차례나 지내면서 관리들의 규율 확립에 공헌했다. 중종 29년 우찬성에 올랐지만 김안로와 대립으로 모함을 받고 물러나는 일이 벌어졌다. 당시 권력을 손에 쥐고 공포정치를 펼치던 그에게 반기를 든 것이 원인이었다. 3년 뒤 김안로가 실각되자 호조판서에 재임용된 뒤 우의정에 오르고 이어 좌의정까지 이를 수 있었다.

기회만을 기다리고 있던 문정왕후 윤씨 입가에 회심의 미소가 생겨났다. 34세의 늦은 나이로 낳은 아들 경원대군(훗날 명종)이 어느덧 10세가 되어 있었다. 그녀는 노골적이고 구체적이게 경원대군을 세자로 세우려고 광분했다. 호를 저주하는 것보다 더 확실한 방법을 택했다.

중종 38년(1543) 호가 잠든 동궁에 화재가 발생했다. 호는 부인 인성왕후 박씨에게 피하라고 하면서 자신은 그대로 죽을 작정이었다. 나름대로 판단한 바가 있어서였는데 박씨가 함께하겠다고 고집을 부리는 사이 화염은 더욱 거세졌다. 그때 자신을 부르는 중종의 목소리가 들렸다. 순간 자신이 죽으면 윤씨에게는 효지만 아버지에는 불효이자 불충임을 깨달았다. 그는 박씨의 손을 잡고 가까스로 불길을 헤쳐 나왔다. 탈출하면서 불에 탄 수십 마리의 쥐들이 널브러져 있는 것을 보게 되었다. 누군가 쥐의 꼬리에 화선을 매달아 동궁으로 이어지는 외길로 몰았던 것이다.

날이 밝자 조정은 발칵 뒤집혔다. 다음 왕위를 이을 세자의 생명이 하룻밤 화마로 끝날 수도 있었던 일이라 심각성은 매우 컸다. 모두들 방화범을 색출해야 한다고 아우성이었지만 중종의 우유부단한 성격이 문제였다. 호도 입을 굳게 다물어 이 일은 시간이 지나면서 유야무야되었다. 그렇지만 '누군가 불을 지른 증거가 명백히 드러나자 사람들은 모두 간신 윤원로를 지목했다.'((을사전문록)) 윤원로는 문정왕후 윤씨의 오라버니이자 윤원형의 형이었다. 두 사람 역시 김안로에 의해 정계에서 쫓겨났다가 재 등용되어 세력 확장을 꾀하고 있었다.

실록에서는 문정왕후 윤씨가 직접 호를 해치려고 한 흔적은 찾을 수 없다. 다만 윤씨가 호에게 '장차 경원대군과 자신의 친정가문을 죽이지 말라고 협박 아닌 협박을 했다.'는 기록에서 두 사람의 이해관계를 짐작하게 한다.

당시의 정국은 두 윤씨로 대표되고 있었다. 그 가운데 윤임은 장경왕후 윤씨의 오라버니로 세자 호를 끼고 세력을 거머쥔 상태였다. 반면 윤원로, 윤원형 형제는 문정왕후 윤씨와 경원대군을 중심세력으로 두고 있는 형국이었다. 성씨가 같아 전자를 '대윤', 후자를 '소윤'이라 했으며 두 세력은 권력투쟁의 한복판에 있었다.

세력 간의 다툼이 심화되고 불협화음이 연일 불거지자 예의주시하던 중종이 나섰다. 그는 홍언필 등을 부른 자리에서 단호함을 보였다.

"불안해진 인심을 안정시키기 위해 윤임의 직첩을 빼앗고 윤원형을 파면토록 하라!"((중종실록))

몇몇 신하들이 유언비어에 현혹되지 말라고 간언해도 중종은 뜻을 굽히지 않았다.

나약한 성품이라 위험 앞에서 몸을 사렸다는 홍언필은 조정과 궁궐 곳곳에서 벌어지는 알력과 상관없는 행보를 이어가는 듯 보였다. 좌의정인 그는 내의원제조도 겸하고 있었는데 중종이 매번 의녀 장금을 찾는 것이 불만이었다. 건강에 이상이 생기면 으레 그녀에게 진맥을 받고 처방도 일임하고 있었다. 그럴 때마다 쌀과 콩을 하사하는 것도 잊지 않았다. 홍언필은 내의원 총책임자로서 중종에게 언짢은 속내를 드러냈다.

"전하의 증세는 심한 것이 아니라 다만 냉기로 인해 그리 되셨으니 반총산(蟠葱散)을 복용하심이 마땅할 듯하옵니다. 하옵고 천박한 식견을 가진 의녀가 진맥하니 제대로 알겠사옵니까. 앞으로는 박세거로 하여금 진맥하게 하소서."(《중종실록》)

중종은 홍언필을 한참 응시하더니 짧게 대꾸했다.

"알았다."

환자가 가장 편하게 느끼는 의사가 최고라고 했던가. 장금의 진료가 중단돼서인지 중종의 병환은 급속도로 악화되었다. 등창으로 고생한 적이 있던 중종은 심한 견갑통과 심열증세에 시달리다 노환까지 겹쳐 위중해졌다. 호는 '밤낮으로 관과 띠를 풀지 않고 미음조차 먹지 않아 더욱 수척해가면서도'(《행장》) 곁에서 간병을 할 정도로 효심을 보였다.

중종 39년(1544) 11월, 홍언필은 중종이 급히 부르자 우의정 윤인경과 함께 달려갔다. 익선관을 쓴 중종은 이불로 몸을 덮은 채 앉아 있었다. 38년 전 즉위식 때도 익선관을 썼었다. 익선관은 평복차림에 정무를 볼 때 쓰는 것으로 면류관을 갖춰야 했지만 다급히 즉위식을 했기 때문이었다. 그 곁에 호가 엎드려있었는데 중종이 홍언필에게 가까이 오라고 이르더니 힘겹게 말했다.

"내 병이 위중해 세자에게 왕위를 전하고자 한다."(《괘일록》)

중종은 다음 날 눈을 감았다. 호는 슬픔과 충격이 커서 '머리를 풀고 맨발로 마당에 엎드려 엿새 동안 물 한 모금 먹지 않은 채 통곡했으며 밤에도 눕지 않고 지냈다.'(《행장》)

인종을 위해 무엇을 했는가

홍언필이 인종 즉위 후 가장 먼저 받은 것은 비난의 손끝이었다. 조정 대신으로서 확실한 족적을 남기지 못하고 영의정에 오른 탓인지 대간에서 일처리를 잘못한 부분이 많다며 논핵했다. 인종은 너그럽게 받아들였다.

"아버지의 신하를 갈지 않는다는 옛말이 있도다. 선왕께서 서거하신 지 이제 겨우 한 달이 지난 마당이다. 이때 대신을 물러나게 한다면 선왕의 죽음에 누가 될 것이며 덕망 높은 원로대신을 대우하는 도리마저 잃게 된다."(《국조보감》)

홍언필은 물러나겠다고 여러 번 청했으나 인종이 끝내 허락하지 않았다.

인종의 즉위식에 방문했던 명나라 사신이 돌아가면서 안타까워한 일이 있었다.

"임금을 보았는데 성인이 틀림없소. 허나 조그만 나라라 그대들은 참으로 복이 없소이다."(《아성잡기》)

비록 작은 나라의 왕이었지만 인종은 소신 있는 정치를 펼치려고 노력을 아끼지 않았다. 인재를 고루 등용하기 위해 기묘사화로 폐지되었던 현량과(賢良科, 조광조 등의 제안으로 시행된 관리채용제도)를 부활시켰다. 사사되었던 조광조 등 사림파들을 신원했다. 인종의 개혁정치는 그의 유언에 따라 사후에 이루어질 수밖에 없었다. 생전에는 문정왕후 윤씨의 권력욕에 시달려 죽을 고비와 싸우느라 겨를이 없어서였다.

인종이 즉위하자 문정왕후 윤씨는 더욱 더 초조해졌다. 대윤 윤임의 세도가 무시 못 할 정도로 막강해졌다. 윤씨가 인종 앞에서 신세타령을 늘어놓았다.

"이제 나는 애처로운 자식 하나마저 보전치 못하는 신세요. 대윤의 득세가 눈앞이니 그저 앞날이 캄캄할 따름이외다. 이번 참에 아예 절로 들어가 선왕의 명복이나 빌어야겠소."

"그게 무슨 당치 않은 말씀이옵니까?"

인종은 깜짝 놀라 윤씨의 안색만을 살피며 전전긍긍이었다. 인종의 효심을 누구보다 잘 알고 있는 윤씨가 노린 꼼수였다. 그녀는 자신이 억지를 부리면 인종이 석고대죄라도 할 것으로 예상했다. 가뜩이나 허약한 인종이 중종의 상을 치르는 동안 잘 먹지도 못해 더 건강을 해쳤기에 틀림없이 쓰러질 것이라 계산하고 있었다. 실제 몇 달 전 인종을 진찰한 어의는 '심장과 폐, 비장과 위의 맥이 미약하고 입술이 마르고 낯빛이 수척하며 때때로 가는 기침을 했다.'(《인종실록》)고 진술하고 있다. 인종은 윤씨의 예상대로 5월의 강한 햇빛이 쏟아지는 가운데 대비전 앞에서 석고대죄에 들어갔다.

"소자 비록 부족해도 동생 경원대군을 끝까지 보호할 것을 맹세하옵니다. 그만 노여움을 푸시고 마음 편히 하시옵소서!"

인종은 대답 없는 대비전을 향해 조아리고 또 조아렸다. 시간이 더 지나자 인종은 견디지 못하고 쓰러져 병석에 눕게 되었다. 윤씨의 계략에 그대로 당하고만 꼴이었다.

6월로 접어들자 인종은 이질증세까지 보이는 등 갈수록 병색이 깊어만 갔다. 설사를 자주한 탓에 기운이 빠지고 구토증세도 뒤따랐다. 대비전에서 인종에게 먹이라고 닭죽을 보내왔다. 인종은 뜻밖의 마음에 감격해서 달게 먹었다. 이질에는 닭죽이 상극이라 피하는 것이 상식이었다. 인종은 그마저 헤아리지 못할 정도로 윤씨의 말과 행동 하나하나에 민감했고 무조건적인 효가 앞서고 있었다. 윤씨는 닭죽을 매번 올리게 했고 인종은 거절하지 않고 받았다.

인종은 이질뿐만 아니라 병명도 불분명한 합병증까지 생겨 가중된 고통 속에서 병마와 싸웠다. 겨우 기력을 회복한 날이면 어김없이 윤씨에게 문안인사를 하기 위해 대비전을 찾았다.

여느 때와 달리 윤씨가 미소까지 보이며 인종을 반겼다.

"참으로 효자이옵니다. 옥체도 편치 않은데 이렇듯 문안을 오셨다니요. 마침 맛있는 떡이 있으니 주상도 맛을 좀 보시오."

인종은 윤씨가 자신을 자식으로 대하는 것 같아 내심 기뻤다. 그날 떡을 맛있게 먹은 인종은 심하게 앓다가 절명했다. 왕이 된 지 8개월만이었다.

역대 조선 27명 왕 가운데 독살설에 관련된 인물은 무려 9명이나 된다고 알려져 있다. 그 가운데 인종을 비롯한 경종, 정조, 고종이 가장 유력하며 정설로까지 받아들여지고 있다. 《인종실록》은 독살설과는 달리 '인종이 중종의 죽음을 너무 슬퍼한 뒤 병을 얻어 사망했다.'고 전하고 있다.

인종은 사림파들의 신원을 생각할 만큼 죽음 앞에서도 이상적인 사림정치에 대한 열망을 놓지 않았다. 그래서 사림파에게는 인종이 기대를 걸 만한 존재였었다. 인종의 갑작스러운 죽음은 그들의 분노와 함께 좌절을 가져왔다. 인종이 죽은 뒤의 상황은 《인종실록》한 대목으로도 짐작케 한다.

'도성 안 사대부와 백성들이 통곡하기를 마치 부모의 초상과 다르지 않았다. 먼 지방이나 궁벽한 시골의 유생으로부터 천민에 이르기까지 양식을 싸들고 와 궁궐 밖에서 우는 자가 인산인해를 이뤘다.'

인종은 흐려지는 정신을 부여잡고 유언을 남겼다.

"내가 이을 자식이 없고 선대왕의 적자는 오로지 나와 경원대군뿐이다. 그가 비록 나이는 어리나 총명하며 슬기롭고 성숙해 뒷일을 부탁할 만하니 경들은 함께 도와서 성심껏 세우게 하라."《치재일록》

인종이 죽자 하루아침에 권력의 핵심이 된 문정왕후 윤씨에게로 아부의 손바닥들이 몰려들었다. 병조판서 이기는 인종의 장례절차를 축소하는 것으로 눈도장을 찍으려고 했다.

"한해를 못 넘긴 임금에게 대왕의 예는 옳지 않사옵니다."((동각잡기))

이기는 인종의 국상을 5개월도 채우지 못하게 한 원인제공자가 되었다.

즉위한 명종은 아직 12세의 어린 나이라 문정왕후 윤씨의 수렴청정이 시작되었다. 윤씨의 조정장악은 곧 소윤 윤원로, 윤원형 형제에게 가공할만한 권력을 안겨주는 일이었다. 그들이 대윤 윤임 일파를 일소하기 위해 벌인 것이 을사사화였다.

숨은 청백리라 불러다오

명종이 즉위하고 정국의 형세가 역전되어 소윤이 칼자루를 쥐게 되었다. 그들은 윤임이 조카 봉성군(중종 8남)을 왕으로 옹립한다는 무고를 앞세워 공격했다. 또 인종이 승하할 때 윤임이 명종의 추대를 원치 않아 계성군(성종 3남)의 양자 계림군을 내세웠고 유관과 유인숙 등이 동조했다는 소문도 퍼뜨렸다.

이 사화로 윤임과 연루자 모두 유배 후 사사되거니 사형 및 유배에 처해졌다. 피의 숙청 후 대윤의 기세는 일시에 꺾여 죽은 권력이 되었다. 그 후 문정왕후 윤씨의 수렴청정을 비방하는 '양재역 벽서사건'까지 이어지면서 수년간 백여 명에 달하는 선비들이 화를 입게 된다. 대윤과 소윤의 격전 속에는 사림파에 대한 훈구파의 철저한 공격이 숨겨져 있었다.

영중추부사로 전임돼 있던 홍언필은 윤임, 유관, 유인숙 등의 처벌을 논의하기 위해 대신들과 함께 명종 앞에 섰다. 수렴 뒤에서 문정왕후 윤씨의 목소리가 범상치 않게 들려왔다.

"그들의 죄상이 끝이 없거늘 조정에서는 어이해 모른다는 게요. 지금 처럼 절의 있는 선비가 없을 때 종사를 생각하는 자 누구라는 말이오?"

홍언필이 먼저 입을 열었다.

"신은 나이가 이미 일흔이라 금명간 땅속으로 들어가게 되었고 원래 질병이 많아 지금도 간신히 당도했사옵니다. 그동안 털끝만큼도 보익함 이 없이 녹을 축내면서 큰 지위만 차지하고 앉았으니 이 늙은 신하에게 큰 죄를 내림이 가한 줄 아옵니다. 그리하여 신은…."

윤씨가 말을 싹둑 잘랐다.

"누가 지금 경의 죄를 묻고 있소이까?"

잠시 움찔하던 홍언필이 말을 이어갔다.

"그들의 일에 노여워하심은 당연하고 무죄라고 할 수도 없는 상황이 옵니다. 신이 구원할 수도 없사오니 참작해서 조처하시옵소서. 신이 유 관과 비록 동년이라고는 하나 그와 생각을 나눈 일도 없사옵니다."

영의정 윤인경, 우의정 이기, 우찬성 권벌 등은 홍언필의 말이 떨어지 기 무섭게 경쟁하듯 입을 열었다. 《명종실록》 속에 그려진 그날의 풍경 이다.

'임금은 처음부터 끝까지 말이 없었고 자전(문정왕후)이 반복해 윤임 등의 죄가 크고 무거워 처벌해야 한다는 뜻을 비쳤다. 홍언필 등은 평소 임금을 향한 정성과 윤임 등이 벌인 상황을 몰랐다는 식으로 앞 다투어 아뢰어 화를 면하고 총애를 지키려했다. 또 온갖 말을 다하지 못할까 염 려해 한 사람의 말이 채 끝나기도 전에 다른 사람이 발언했다. 말이 어 눌한 자는 거침없는 자에게 기회를 매번 빼앗겼다.'

윤임 등에 대한 처벌의 전교가 내려지자 '이언적, 정옥형, 윤개, 민제 인, 나세찬 등은 비통한 안색이었고 홍언필과 나머지는 대개 웃고 떠들

면서 평일과 다를 바 없었으며 득의만면한 기색을 띠는 자도 있었다.'
(《명종실록》)

홍언필은 을사사화에 가담한 사림파들의 처벌에 앞장선 공으로 위사(衛社) 이등공신이 되었다. 그 후 명종 3년(1548) 좌의정과 영의정에 재임되고 궤장을 하사받았다. 그해 11월, 함경도관찰사가 올린 장계에 '길주에 사는 임성구지라는 자가 양의(兩儀)를 모두 한 몸에 갖고 있어 장가도 가고 시집도 갔다.'(《명종실록》)는 내용이 있었다. 당황한 15세의 명종은 법조문에도 없는 일이니 대신들에게 의논하게 하라고 명을 내렸다. 세조 대의 사방지는 어떻게 처리했는지도 알아보라고 지시했다. 홍언필이 곧 아뢰었다.

"임성구지의 일은 괴이한 정도를 넘어선 것이옵니다. 그 역시 사방지의 예에 따라 외진 곳에 따로 두고 왕래를 금지시켜 사람들과 섞여 살지 못하게 해야 옳은 줄 아옵나이다."

그리고 20여 일 후 병으로 사직했고 경흥부사의 인사문제 등 한두 건의 정무를 끝으로 일선에서 물러났다. 자리보전에 들어간 그는 다음 해 명종 4년(1549) 1월, 74세로 세상을 떠났다. 시호 '문희(文僖)'가 내려진 그의 졸기 가운데 일부다.

'홍언필은 정승으로 세 조정을 섬기는 동안 한 번의 건의도 없었고 논의할 때는 임금의 전교가 지당하다는 말이 아니면 다른 정승의 말을 좇을 뿐이었다. 늘 두려워하면서 자리 보존에만 급급했으니 어디에 쓰겠느냐는 비난을 면할 수 있겠는가. 그는 옛사람의 글을 많이 읽고 천성 또한 청근(淸謹)했어도 항상 화를 두려워해 바른말을 입 밖에 내지 않았으니 나라가 혼란할 때 동량(棟樑, 마룻대와 들보) 구실을 할 재목은 아니었다.'

줏대가 없고 현실만 고수한 채 화가 두려워 직언조차 내뱉지 못한 것이 홍언필의 삶이었을까. 정적이라면 누구라도 무차별 처벌을 가하며 전횡을 일삼던 권신 김안로에게 저항했던 사실은 어떻게 해석해야 할지. 물론 다른 일에 있어서는 대부분 소극적이고 위축된 자세를 보이고 있다. 이를 신중한 처신이었다고 한다면 그 역시 나름대로 최선을 다한 인물이다. 자기 한 몸의 안위만을 위한 것이 아니었을 수도 있다.

홍언필이 환갑을 맞이했을 때의 일이다. 대갓집답게 광대와 기녀들을 부르는 등 대규모 축하연회가 열렸는데 처음부터 탐탁지 않았던 홍언필은 결국 중지시켰다.

"내가 외람되게 나라의 높은 벼슬을 하고 있어 늘 경계하고 조심하며 살아왔다. 헌데 감히 화려한 술판에 유흥까지 벌이다니 가당치 않도다."
《해동잡록》

손님들이 가져온 온갖 선물마저 돌려주게 할 만큼 청빈했다고도 평가되는 것이 홍언필이다. 숨은 청백리 찾기 대회가 있다면 가장 먼저 지목될 만하다.

"내가 원래 깨끗해서가 아니라 깨끗한 세상을 만들기 위해서 깨끗해지려는 것이다."

이처럼 그는 백성과 특히 나라의 녹을 먹는 관리들에게 모범을 보이고자 했던 것은 아니었는지. 그래서 위엄과 권위를 내세우지 않았고 대사헌 시절에는 관리들의 비리를 적발하고 규율을 바로 세우려고 노력했다. 평소 아들 홍섬에게도 집안의 지위가 하늘을 찌르니 두렵다고 늘 가르쳤다. 높은 벼슬일수록 처신을 조심해야 한다는 점을 잘 알고 실천한 것이다.

갑자사화, 기묘사화를 겪으며 더욱 굳어진 보신책의 하나로 해석될 수도 있다. 정권욕마저 없었던 그의 자세는 굴곡지지 않은 자취를 남겼다. 또 홍섬을 선조 대 영의정에 오를 수 있도록 큰 밑거름을 만들어 주었다. 홍언필의 장인 송질 역시 중종 대 영의정을 지낸 인물이다. 훗날 영의정을 세 번 역임하게 되는 홍섬이 궤장을 하사받는 자리에서 노수신이 지은 축시다.

삼종 모두 재상의 문을 벗어나지 않으니 (三從不出相門閭)
이 일은 이제 와서 처음 있는 일이로다   (此事於今始有之)

정아, 난정아!
우리 어디까지 갈거나?

정난정은 쌀 두어 섬이나 되는 밥을 지어 말에 싣고는 한강 두모포로 갔다. 밥을 물고기에게 던져주고 그 공덕으로 복을 얻고자 함이었다. 모두가 '백성의 밥을 갈취해 물고기에게 먹이는 것은 시신을 까마귀에게서 빼앗아 개미에게 준다는 옛말보다 더 심하다.'(《패관잡기》)며 비난했다.

명종 20년(1565) 두모포에서 잡힌 '배(舟) 만한 물고기'를 조정에 바치자 모두 변이라고 놀라며 한마디씩 했다.

"큰 물고기가 스스로 먹지 못하고 대감의 먹이를 탐내다가 어부에게 잡히니 불쌍하구나."

"원형의 형(衡)자는 행(行)과 어(魚)니 고기(魚)의 죽음은 바로 원형이 죽을 징조로다!"

문정왕후 윤씨가 죽어 20년간의 독재는 막을 내리고 소윤 일파 역시 날개 잃은 채 추락해버렸다. 윤원형은 정난정과 함께 쫓겨나 황해도 강음으로 도망쳤다.

목숨은 부지했어도 언제 죽을지 모르는 상황이라 정난정은 나름대로 꾀를 부렸다. 행여 자신들을 죽이려고 조정에서 사람을 보내면 미리 알려달라고 강음 길목 벽제관사령에게 신신당부를 해두었다.

얼마 후 벽제관에 의금부도사가 와서 잠시 머물게 되었다. 그는 다른 일로 지나던 길이었는데 사정을 알길 없던 벽제관사령이 정난정에게 알렸다. 그녀는 주저 없이 독약을 먹고 자살해버렸다. 나중에 자초지종을 알게 된 윤원형은 허탈하고 희망마저 사라져 자포자기 심정이었다.

"난정아!"

그 역시 정난정의 시신을 끌어 앉고 울부짖다 스스로 목숨을 끊었다.

정적을 없애고 당대 최고의 권력가로 위세를 떨치던 윤원형의 최후는 비참하고도 허망했다.

기묘사화의 남은 싹을 쳐라

윤원형(미상~1565)은 조선 전기 문신으로 중종 두 번째 계비 문정왕후 윤씨의 동생이자 권력실세로 떠오른 인물이다. 윤씨 후광으로 이룬 파벌 소윤의 영수로서 '을사사화'와 '양재역 벽서사건'을 통해 대윤의 잔당까지 모두 숙청했다. 본관이 파평(坡平)인 그는 아버지 판돈령부사 윤지임과 부제학을 지낸 이덕숭의 딸 어머니 전의 이씨 사이에서 5형제 중

막내로 태어났다.

　윤원형은 '키가 작고 풍채가 초라한'(《기재잡기》) 편인데 '사람됨이 음험하고 독하며 이익을 즐겼다.'(《석담일기》)고 한다. 중종 23년(1528) 생원시에 합격하고 5년 뒤 별시문과 을과로 급제해 사관에 등용되었다. 그 무렵 누님 문정왕후 윤씨는 아들이 없어 속내를 태우고 있었다. 윤원형 역시 조카의 탄생을 은근히 갈망했다. 윤씨가 아들을 낳아 세자로 세울 수만 있다면 자신에게도 부귀영화가 돌아오기 때문이었다. 하지만 이미 장경왕후(중종 1계비) 윤씨 아들 19세의 호(인종)가 그 자리를 차지하고 있는 현실이었다.

　중종 29년(1534) 경원대군 환(훗날 명종)이 태어나자 상황은 달라졌다. 문정왕후 윤씨는 물론 윤원형까지 세자 호를 폐위하고 환을 대신 앉히기 위해 기회를 엿보기 시작했다. 중종 32년 권신 김안로에 의해 파직된 뒤 유배를 가는 바람에 야망의 돛이 잠시 꺾였다. 하늘이 도왔는지 그해 윤씨의 폐위를 기도하다 발각된 김안로가 유배 뒤 사사되자 복귀해 수찬, 교리, 지평, 응교 등을 역임하며 다시 저력을 쌓아갔다.

　윤원형이 문정왕후와 환을 배경으로 하는 반면 윤임은 세자 호의 외숙부로서 부상하고 있었다. 중종 38년(1543) 대윤 윤임과 소윤 윤원형과의 외척 간 세력다툼이 본격화되었다. 인종이 '동궁에 있을 때 윤원형 형제가 윤임과 틈이 생겨 날이 갈수록 깊은 원한을 품었으며 그때부터 대윤과 소윤이라는 말이 생겼으니 식자들은 이미 그것이 화근이 되리라는 것을 알았다.'(《국조보감》)

　성절사로 명나라에 다녀온 윤원형은 좌부승지와 좌승지를 거쳐 공조참판이 되었다. 중종 39년(1544) 인종이 즉위하자 정권을 장악하게 된 대윤 일파 송인수의 탄핵으로 삭직되는 일이 벌어졌다. 인종 즉위로 왕위계승문제가 매듭지어져 윤임이 세력을 얻은 결과였다.

형조판서를 거쳐 찬성에 오른 윤임은 인종에게 신임을 받던 유관과 이언적 등 사림파 주요 인물들을 등용해 뜻을 펼치려고 했다. 또 이조판서 유인숙에 의해 기묘사화 이후 물러났던 신진사류들도 정치일선으로 대거 참여하게 되었다. 그렇지 못한 일부는 소윤 윤원형 일파에 가담해 사림파는 대윤과 소윤으로 양분되어 정치적 대립을 형성했다.

다음 해 인종이 재위 8개월 만에 죽고 명종이 즉위해 문정왕후 윤씨가 수렴청정을 하자 정세가 급반전되었다. 천하의 권력은 윤씨 손에 넘어갔고 윤원형도 예조참의에 복직되었다.

명종이 아직 12세라 정치는 윤씨의 독단 속에서 전개되었다. 명종은 윤씨 앞에서 늘 눈치만 살폈다. 자신보다 욕망이 큰 어머니의 말 한마디 행동 하나하나가 두려움 자체였다.

"요즘 보아하니 신하들의 말에 갈피를 못 잡고 있던데 주상은 이 어미가 수렴 뒤에 있다는 것을 잊은 게요?"

윤씨의 표독스러운 눈초리에 잔뜩 주눅 든 명종은 입을 열 수가 없었다.

"어미가 아니었다면 감히 그 자리에 앉을 수나 있었겠소?"

윤씨는 왕을 마치 민가의 여염집 아낙들이 철부지 자식 다루듯 했다. 그녀의 서릿발 같은 언행은 가히 하늘을 찔렀다. 조금이라도 기대에 차지 않으면 며느리 인순왕후 심씨까지 불러 심하게 질책했다. 심지어 명종의 종아리와 뺨을 때리는 일도 있었다.

명종은 천성이 효성스러워 윤씨에게 순종했지만 마음의 골은 깊어졌다. 이따금 후원 구석진 곳으로 가서 남몰래 흐느끼거나 통곡하듯 목 놓아 울기까지 했다. 명종이 서서히 화병으로 멍들어가는 동안에도 윤씨의 무소불위 행보는 지속되었다. 윤씨의 국정농단이 이어지자 '간사하고 아첨하는 무리들이 기회를 얻어 선동하고 화란을 일으키니 정대한

사람과 훌륭한 학자로서 화를 면한 이가 매우 적었다.'(《일월록》)

윤씨와 함께 실권의 정점에 있던 윤원형이 은밀한 움직임을 개시했다. 그는 이미 발톱 빠진 대윤 일파를 아예 전멸시키고자 쐐기 박기에 나섰다. 대윤 일파는 '기묘의 남은 싹'(《기묘록속집》)이라고 여겼다.

역모라는 올가미

윤원로가 무고의 카드를 꺼내들었다. 대윤 일파가 명종을 해치려했다는 내용이었는데 역풍으로 탄핵받아 유배되었다. 소윤 내에서 불만이 커지자 윤원형이 후속조치로 마련한 것은 첩 정난정의 입이었다.

"대비마마, 윤임이 글쎄 자기 조카 봉성군을 임금으로 추대하고자 역모를 꾸미고 있다지 뭡니까요."

정난정의 고변에 문정왕후 윤씨는 핏대를 세웠다.

"뭐라? 이것들이 남은 목숨마저 재촉하려드는구나!"

정난정은 이미 '작서의 변'으로 경빈 박씨 축출에 중요한 역할을 했던 여인이었다. 그녀는 중종반정 때 정국 삼등공신이었던 무신 정윤겸과 군영 소속 관비 출신 이씨 사이에서 서녀로 태어났다. 노비종모법(奴婢從母法)에 의해 출생과 함께 천민신세였던 그녀는 어릴 때 집을 나와 기녀가 된 뒤 윤원형을 만나게 되었다. 윤원형이 문정왕후 윤씨의 회임 축원을 위해 봉은사에 갔다가 승려 보우의 소개로 알게 되었다고 한다. 그녀의 미모에 반한 윤원형은 꼭 정실로 만들어달라는 조건을 받아들여 소실 자리에 앉혔다. 그녀는 집안에서 치맛바람 휘날리며 당당하게 굴었다. 윤원형의 부인 김씨는 아들을 낳지 못해 기가 죽어 사는 처지였다.

정난정은 오래 전부터 문정왕후 윤씨가 무엇을 원하고 있는지 정확히 꿰뚫고 있었다. 당시 이미 인종이 세자로 책봉된 상태에서 경빈 박씨마저 장성한 복성군을 끼고 희망을 좇고 있었지만 윤씨만 아들이 없었다.

윤씨에게 경쟁자의 제거가 힘이 되리라고 판단한 그녀는 '작서의 변'으로 두 사람을 없애버렸다. 윤씨가 품은 꿈과 가까워지면 자신도 정실이 될 수 있다는 속셈이었다. 그런 그녀가 이번에는 폭발력 강한 고변을 알려왔다.

윤원형은 대윤 일파와 개인적인 감정이 있던 우의정 이기, 이조판서 임백령, 동지중추부사 정순붕 등을 심복으로 삼아 음모를 도모하고 있었다. 이와는 별도로 정난정을 입궐시켜 물밑작업도 해놓은 것이다. 인종의 국상을 서둘러 끝내게 했던 이기의 경우 병조판서가 되려고 할 때 유관이 방해한 일이 있었다. 임백령은 첩 때문에 여색을 밝히던 윤임과 다툰 일로 원한을 품었고 정순붕은 평소 사림파를 증오해 분풀이하려고 벼르던 참이었다.

안로의 《기묘록보유》에 실린 내용이다.

'남곤은 기묘년에 어진 선비들을 모함하려고 남서방이라 사칭하면서 백의 차림으로 영상의 집에 갔고, 윤원형이 을사년에 명현들을 무함할 때 윤생원이라 하면서 미복으로 한밤중 정순붕 집에 갔으니 소인들의 간사함은 예나 지금이나 방법이 같았다.'

그들은 윤임의 제거와 동시에 유관과 유인숙 등에게까지 철퇴가 가해지도록 암계를 꾸몄다. 윤임이 조카 봉성군을 왕으로 옹립한다는 무고와 함께 명종의 추대를 반대해 계림군을 내세우려고 할 때 유관, 유인숙 등도 동조했다는 내용이었다. 소윤의 공격에 대윤은 꼼짝없이 역모라는 올가미를 뒤집어쓰게 되었다.

문정왕후 윤씨가 윤원형에게 윤임, 유관, 유인숙을 처리하라는 밀지를 내렸다. 처벌을 반대하는 몇몇 목소리를 묵살한 채 그대로 집행되었다. 다음 날 후원 충순당에서 세 사람의 죄를 결정하는 논의가 있었다. 이때 '이기, 임백령, 정순붕이 옆에서 으르렁대자 좌중 모두 두려워했

다.'(《백사집》)

윤임은 아들 삼형제와 함께 사사되었고 유관, 유인숙, 봉성군, 계림
군도 유배 후 사약을 받았다. 그 밖의 연루자 10여 명 역시 사형 및 유
배에 처해졌다. 유관은 사약 앞에서 하늘 향해 한숨 쉬며 마지막 말을
남겼다.

"아, 내 어찌 선왕의 아들에 대해 감히 배반하려는 마음을 가질 수 있
으리오. 하늘과 땅은 이 마음을 알아주리라."(《야언별집》)

윤원형은 을사사화의 공으로 보익(保翼) 삼등공신과 위사 이등공신에
책훈되었다. 권력을 거의 독점하게 된 그에게 장애될 것은 없어보였다.
살아있는 권력의 실체 그 자체였다.

다음 해 유배에서 풀려난 윤원로는 돈령부도정에 기용되었으나 불만
이었다. 공신대열에 오르지 못한 것을 분통하게 여겨 윤원형과 힘겨루
기를 벌였다. 그러나 막강한 권력 앞에서 좌절을 맛봐야 했다. 명종 1년
(1546) 윤원형의 족질이자 심복인 병조좌랑 윤춘년의 탄핵을 맞고 유배
뒤 사사되었다. 윤원형의 세력은 더욱 탄탄해져 누구도 침범 못 하는 철
옹성과도 같았다.

윤원형 등이 스스로 사직을 안정시킨 공이 있다고 해서 《속무정보감》
을 편찬해 조정과 민간에 반포하려고 했을 때의 일이다. 성종부터 명종
대까지 발발한 전란과 분쟁의 진압 사실을 기록한 것으로 이조정랑 유
감에게 맡기자 그가 망설였다. 그는 발간 후 민심이 동요될 것을 염려해
서 '거부했으나 그 죄로 경흥에서 귀양살이를 17년 동안이나 하게 되었
다.'(《부계기문》)

연산군 4년(1498) 이후 약 50년간 관료 간의 대립으로 벌어진 큰 옥사
는 을사사화로 종지부를 찍게 되었다. 조선 전기를 다지기 위해 4번의
사화가 필요했다는 반증으로 이를 겪는 동안 사림파세력은 약해졌다.

선조 대 서원과 향약으로 다시 중앙정권을 장악하지만 사림파는 사화로 인해 생긴 당파의 분파를 바탕으로 붕당(朋黨)을 이룬다. 또 모후(母后, 왕 어머니)와 외척들 전횡의 원인이 된다.

머리에 꽃 꽂은 여주(女主)와 정난정의 죄

을사사화 후 문정왕후 윤씨가 공신들의 부인을 초대해 연회를 베풀 때다. 윤씨가 느닷없이 머리에 꽃을 꽂더니 좌중에게 보이며 말했다.

"오늘처럼 좋은 날 모두들 나처럼 해보세요."

부인들은 윤씨의 눈치를 살피면서 우물쭈물 망설였다. 아니나 다를까 윤씨의 목소리가 차갑게 변했다.

"공신은 인정과 의리가 같기에 모두 함께하자는 뜻이오. 이렇게 꽃을 꽂고 서로 즐겁게 놀자는 것이니 따르도록 하세요."(《기재잡기》)

사대부 부인들 머리에 꽃을 꽂게 한 45세의 윤씨는 남성다운 카리스마로 처음부터 강력한 주도 아래 국정운영의 틀을 잡아나갔다. 문득 이정미 헌법재판관이 대통령 탄핵심판선고를 위해 이른 아침 출근하면서 깜박하고 떼어내지 못한 헤어롤이 떠오른다. 3월 꽃샘추위 속 아침햇살에 눈부셨던 두 개의 분홍색 헤어롤이 꽃보다 아름다웠다고 역사에 기록될지도 모르겠다.

문정왕후 윤씨는 왕비가 된 후 차례대로 정적일소를 단행하고 아들을 왕위에 앉힌 다음 국사를 마음대로 펼친 여걸로 평가되고 있다. 그만큼 배포가 컸고 남성 못지않은 전략가의 자질을 발휘했다. 윤씨는 숙용 장씨(장녹수), 희빈 장씨(장희빈) 등과 함께 조선의 대표 악녀로 평가되고 있다. 《명종실록》에 따르면 윤씨는 '문자를 알며 타고난 성품이 강하고 사나웠다.'고 되어 있다. 그녀는 사직의 죄인이라고 해도 무방하다며 이런 말까지 덧붙이고 있다.

'《서경》의 〈목서〉에 암탉이 새벽에 우는 것은 집안의 다함이라고 했으니 윤씨를 이르는 말이다.'

을사사화가 끝났어도 사림파를 향한 맹공을 멈추지 않았다. 윤씨의 전권을 향해 사사건건 간언하는 자들에 대한 응징이 이어졌다. 사림파를 완전히 와해시키기 위해 명종 2년(1547) 이른바 '양재역 벽서사건'을 벌였다. 양재역에 윤씨의 수렴청정과 이기 등의 간사함을 비방하는 글이 벽서로 붙은 사건으로 '정미사화'라고도 한다.

'위로 여주(女主)가 정권을 잡아 날뛰고 아래로는 간신이 횡행해 나라가 당장 망할 것이니 한심하지 않으리오.'(《을사록》)

붉은 글씨로 된 이 벽서는 윤원형 쪽에서 조작한 것인데 남아있는 대윤 일파의 소행이라고 정치공작을 폈다. 사림파들은 왕과 신하를 음해한 혐의 아래 숙청의 칼날에 목이 달아났다. 문정왕후 윤씨는 이 사건으로 눈에 거슬렸던 대윤의 잔당 모두 제거할 수 있었다. 이제 그녀를 간섭할 시선은 없게 되었고 윤원형의 권세 역시 한층 더해졌다.

다시 피바람이 휩쓸고 지나가자 명종은 자신의 입지에 대해 거듭 고민하고 있었다. 비록 14세의 어린 나이였어도 사리판단에 있어서는 미숙하지 않았다.

"어마마마, 더는 피를 부르지 마옵소서."

한 나라의 왕으로서 자신도 해야 할 일이 있었다. 어머니 윤씨는 아직도 권력에 목마른 상태였다.

"주상은 이 어미가 시키는 대로만 하세요."

"하오나 더 이상 제 신하들이 죽어가는 모습을 볼 수만은 없사옵니다."

순간 윤씨의 눈초리가 날을 세웠다.

"주상의 신하? 주상이 보위에 오른 게 누구의 덕인 줄 또 잊은 게요.

이 어미와 형제의 힘이 모여 그리 된 것을 정녕 모르오. 주상은 그저 복을 누리고 꽃밭을 거닐면 되는 것을 어찌 거역하려는 게요!"

"소자의 말씀은…"

명종의 말을 자르며 윤씨가 더 크게 호통을 쳤다.

"그래도 말귀를 못 알아듣는 게요. 어릴 적 탕약처럼 전지라도 물려 그 캄캄한 뱃속에 넣어드리리까!"

명종은 더는 입을 열 수가 없었다. 윤씨의 노여움만 커진다는 것을 누구보다 잘 알았다. 윤씨가 명종에게 강제로라도 먹이려했던 현실은 평생 약이 되지 못했다.

윤씨의 수렴정치와 윤원형 세도의 폐단은 심화되어 갔다. 명종이 수렴을 거둬버리고 친정에 나선 뒤에도 쉽게 사라지지 않는다.

윤원형이 이조판서에 오른 명종 3년(1548) 무렵 정난정을 통해 승려 보우를 알게 된 문정왕후 윤씨가 바빠졌다. 윤씨는 보우를 통해 불교중흥을 위한 행사들을 벌였다. 정난정도 '매년 두세 차례 쌀 두어 섬의 밥을 지어 한강 두모포 물고기에게 던져주는 일을 시작했다.'(《패관잡기》)

"부처님께 왕실의 복과 내 만수무강까지 빌었다니 참으로 갸륵한 일이로다!"

윤씨는 정난정의 깊은 불심에 탄복하며 특전을 베풀었다. 윤원형의 공이 크다는 이유를 들며 첩 소생이 적자와 혼인하고 벼슬길에도 오를 수 있게 했다.

윤씨가 불교숭상에 더욱 심취하고 보우가 이를 이용해 불사를 벌이자 '양사와 홍문관이 쉬지 않고 간했지만 듣지 않았고 대신들이 백관을 거느리고 강력히 논핵해도 불허했는데 윤원형만이 항상 참여하지 않았다.'(《동각잡기》)

명종 6년(1551) 우의정이 된 윤원형은 벼슬과 함께 부를 더욱 쌓아갔다. 매관매직이 성행해 그에게 뇌물을 바쳐야만 말단 벼슬이라도 살 수 있게 되었다. 그는 막대한 부를 축재해 그 규모가 '왕실에 버금갔으며 도성 안 저택이 13채나 되어 사치스럽고 웅대함이 극도에 달했고 지방의 여러 고을에 많은 논밭을 점유하기도 했다.'《명종실록》 나중에는 뇌물을 쌓아둘 곳이 없어 집 앞에 저자를 열어 팔았다고도 한다. 윤원형이 위세를 떨치자 종 표륜이라는 자까지 '남의 토지, 노비, 우마 등을 빼앗고 양인 가운데 미색의 여인이 있으면 기어이 강간하는 등 그 흉악함이 극에 달해 고을 백성들이 그 침해로 허덕였으나'《명종실록》 부임하는 '수령들마다 누구도 감히 힐책하지 못했다.'《동춘당집》

윤원형은 정난정의 영향으로 더욱 신불(神佛)을 맹종하고 있었다. 직위가 높아지면 수명이 줄어든다는 말에 현혹되어 사직하고자 했으나 돌아오는 것은 사람들의 비웃음뿐이었다. 모두가 비웃어도 그의 거침없는 행각은 계속되었다.

"안사람이라는 위인이 매일 투기를 일삼아 집안에 분란만 가중되고 있사오니 내칠 수 있도록 해주시옵소서."

윤원형은 문정왕후 윤씨를 통해 명종에게서 허락을 얻어낸 뒤 부인 김씨를 내쫓고 처음 약속대로 그 자리에 정난정을 앉혔다. 그는 정1품 우의정이었기에 정난정은 어엿한 정경부인이 되었고 자식들 역시 양반으로 환골탈태할 수 있었다.

신분상승이 가져온 기고만장이 문제였을까, 정난정은 윤원형과 자신의 운명을 결정짓는 죄를 저질렀다. 그녀는 비녀 하나 챙기지 못하고 쫓겨나 하루하루 원통함과 빈곤 속에 살던 김씨를 그대로 두지 않았다. 김씨에게 선심 쓰듯 먹을거리를 보내면서 그 속에 독을 넣었다.

왜구와 임꺽정의 경고

명종 9년(1554) 명종이 20세가 되어 친정한 지 1년이 지나고 있었다. 그동안 문정왕후 윤씨는 허전함과 무료함을 달랜다는 핑계로 하루가 멀다 하고 후원에서 연회를 즐겨왔다. 설상가상 아직도 용상 주변을 떠나지 않고 자신의 존재를 알리고자 어슬렁거렸다. 다만 권력이 예전 같지 않고 주시하는 신하들 눈도 있어 다른 방법을 고안해냈다. 만약 하고 싶은 일이 있으면 쪽지에 글로 적어 환관을 통해 명종에게 보냈다.

'이렇게 큰 연회를 또 열겠다니 이를 어쩌나!'

명종은 누가 볼세라 그것을 얼른 말아 소매 속에 감췄다. 지금으로 따지자면 '쪽지예산'과 흡사하다고나할까. 명종은 요구가 합당하면 그대로 따랐고 그렇지 못할 경우에는 수심이 가득해서 전전긍긍이었다. 그런 명종의 모습은 고스란히 윤씨의 귀로 흘러들어갔고 호된 꾸지람이 뒤따랐다. 윤씨는 화가 풀리지 않을 때면 '회초리로 때리기까지 해 용안에 기운이 없어지고 눈물자국마저 보인 적이 있었다.'(《축수편》) 또 '목 놓아 울기도 했으니 심열증(心熱症)을 얻은 것 또한 이 때문이었다.' (《명종실록》)

왕으로서 위신이 떨어져 슬펐던 이유도 있었지만 윤씨가 술에 취한 채 흥청흥청 노는 일이 빈번해 내심 못마땅했다. 승려 보우가 윤씨를 만나기 위해 궁궐에 드나드는 것 또한 싫었다. 항간에서는 윤씨와 보우가 내연관계라는 소문까지 나돌고 있어 명종은 그의 출입을 철저히 금지시켰다.

윤씨는 봉은사에 원당을 차려놓고 보우를 만나기 시작했다. 그마저 추문에 휩싸이자 아예 중종의 묘를 그 부근으로 옮겼다. 보우가 절의 세력 확장을 위해 선릉(성종 묘) 근처가 길한 조짐이 있다고 윤씨를 기만했기 때문이다. 원래 중종이 묻힌 곳(경기도 고양시 서삼릉 내)은 명당 중 명당이었는데 윤씨가 며칠 동안 비밀리에 물을 붓게 했다. 능에서 물이 나온다는 소문이 나자 현재의 위치(서울시 강남구 삼성동 선정릉)로 옮기게 된 것이다. 보우가 승려들을 동원해 이장했고 그 과정에서 윤원형이 공사비 착복으로 또 엄청난 축재를 했다.

명종은 윤원형 견제와 자신의 영향력 극대화를 위해 인재들을 등용했으나 매번 실패하고 있었다. 문정왕후 윤씨의 기세는 꺾일 줄 모르고 윤원형의 전횡까지 자행되자 조정은 조용할 날이 없었다. 조정이 썩고 불안하면 나라 안팎으로 환란이 생기는 법이었다. 다음 해인 명종 10년(1555) '을묘왜변'이 발발했다. 왜구들이 선박 60여 척을 이끌고 전라도 달량포를 기습했다. 그들은 영암, 장흥, 진도 등에서 약탈과 살상을 자행하며 그 일대를 공포의 땅으로 만들었다. 명종은 즉시 '호조판서 이준경을 전라도순찰사로 삼아 왜구를 막게 하고 김경석과 남치근을 조우방어사로 광주에 진주하게 해 나주와 서로 뿔처럼 맞서는 형세를 이룬 뒤'(《기재잡기》) 영암에서 격퇴시켰다. 임진왜란의 전조로 간주하기도 하는 이 난을 계기로 그동안 전시에만 임시로 설치되었던 비변사가 정규 관청이 되었다.

명종 14년(1559)부터 3년 동안은 임꺽정의 출현으로 골머리를 앓아야 했다. 명종 17년 '남치근을 보내 계책을 써서 잡아 죽이도록 한'(《고사촬요》) 이 사건으로 적지 않은 피해가 생겼다. 3년 동안에 5개 고을이 피폐해지고 패한 관군은 뿔뿔이 흩어졌다. 여러 도(道)의 병력을 동원해 겨우 도적 하나를 잡은 성과였다. 반면 희생된 양민은 헤아릴 수 없었다. 군정의 해이함에 대해 힐책하는 소리가 잇따르자 명종은 수치스럽고 괴로울 따름이었다. 임꺽정이 부패한 조정의 현실을 일깨워준 것만 같아서였다.

다음 해 그 보다 더 뼈아픈 일이 기다리고 있었다. 윤원형이 영의정에 오른 명종 18년(1563) 하나뿐인 아들 순회세자가 13세의 나이로 죽었다. 순회세자는 2년 전 한 살 어린 공조참판 윤옥의 딸 윤씨(공회빈)를 세자빈으로 맞이했었다. 야사에 따르면 13세가 되면서 여색을 너무 탐한 나머지 어느 날 피를 토하며 쓰러진 지 사흘 만에 숨졌다고 한다. 세자가 죽자 애통해하던 명종은 돌연 탄식의 소리를 냈다.

"내 울어 무엇 하랴. 을사년에 충성스럽고 어진 신하들이 죄 없이 떼 죽음을 당했거늘 내가 임금 자리에 있으면서 말리지 못했으니 우리 집안이 어떻게 대대로 군왕이 이어질 수 있겠는가."(《부계기문》)

그 후 명종은 회한과는 다른 행동을 보였다. 양자 운운하는 조정대신들을 묵살한 채 자신의 핏줄로 왕위를 잇고자 신분고하 가리지 않고 무리한 정사를 이어갔다. 그러던 중 명종 22년(1567) 한여름 어느 날 급사하게 된다. 명종이 죽자 부인 인순왕후 심씨가 처음 양자로 언급했던 덕흥군(중종 7남)의 아들 가운데 하성군(훗날 선조)이 뒤를 이었다. 이때부터 왕위계승자는 적자에서 방계(傍系, 동일 시조에서 갈린 다른 계통) 출신으로 넘어가게 되었다. 심씨가 하성군을 데려오라고 환관에게 명할 때 자칫 역사가 바뀔 수도 있었다. 문정왕후 윤씨의 경우 글을 알아 무슨 일이든 교서를 이용했다. 이와 달리 심씨가 중대한 하교에 사용한 것은 입, 구두(口頭)였다. 만약 누군가의 사주를 받은 환관이 도중에 엉뚱한 사람 이름을 거론했다면 한동안 큰 혼란이 야기됐을 것이다.

독은 독을 부르고

명종 20년(1565) 문정왕후 윤씨가 죽었다. 가장 타격을 입은 것은 윤원형으로 그의 권세는 졸지에 나락으로 떨어졌다. 조정에서는 기회다 싶어 제거하고 싶었지만 명종의 속내를 알지 못해 망설였다. 조정의 기류를 읽고 있던 명종이 어느 날 경연에서 물었다.

"경들은 한나라 문제가 외숙부 박소를 죽인 일을 어찌 생각하고 있소?"

그러자 '신하들은 비로소 임금의 뜻을 알고 윤원형이 저지른 죄를 논박하고 처벌할 것을 의논했다.'(《석담일기》) 대사간 박순이 양사와 의논해 윤원형의 유배를 주청했다. 또 '삼정승에서 낮은 벼슬아치까지 궁궐 문 밖에 엎드려 처벌할 것을 간청하며'(《자해필담》) 무려 20여 가지가 넘는 죄목을 나열했다.

"윤원형은 도리를 벗어나 첩을 아내로 삼았고 그녀의 여식을 덕흥군 아들에게 시집보내려고 했사옵니다. 또 천한 첩에게 궁궐 출입을 마음대로 시키고 자기 집에 사사로이 선부(궁중 요리사)를 두었으며 역적 무리들을 거두어 서용했나이다. 하옵고 당당한 기세로 거리낌 없이 날뛰어 신하로서의 예절을 지키지 않았으며 다른 첩이 낳은 아들을 죽여 강에 버리는 패륜까지 저질렀사옵니다. 그 때문에 관원들이 두려워해 나라의 크고 작은 일을 반드시 그에게 보고하게 해서 전하를 고립되도록 만들었사옵니다. 그것으로 그치지 않고 온갖 비리와 뇌물수수로 조정 안팎을 어지럽혔고 그의 손발이 된 지방 장수와 수령들이 백성들의 고혈을 짜냈고 산릉공사가 급한데 나라의 수레를 강제로 요구해 사사로이 사용했으며…."

윤원형은 살기 위해 모르쇠로 버티며 혐의를 부인했다.

"이는 표적수사고 모두가 날조된 것들이라 나는 엮인 게 분명하오. 결단코 그런 일이 없고 기억나지도 않소이다."

신하들이 냉소를 퍼부었다.

"염병하네."

"어이가… 없네."

"후안무치한 자 같으니라고. 그럼 기억이 아니라 추억이오?"

"자고로 있는 자가 거짓말을 더 하는 법이라더니 에라, 이 협잡꾼에 모리배 같은 놈!"

명종은 신하들의 손을 들어주었으나 외숙부에 대한 연민이었는지 유배형이 아닌 방귀전리(放歸田里)에 처하라는 명을 내렸다. 유배형보다 한 등급 낮은 삭탈관직 후 고향으로 내쫓는 형벌이었다. 보우에게도 단죄의 칼날이 돌려졌다. 사림을 어지럽혔던 그를 죽여야 한다는 주장 속에 귀양 보내는 것으로 그치자 모두 분개했다. 그런데 얼마 후 그곳 '제주목사 변협이 다른 일로 매를 쳐 죽이니 사림들이 통쾌하게 여겼다.'(《지봉유설》)

윤원형의 처벌이 알려지자 백성들이 광분했다. 그들은 윤원형의 집으로 몰려가 욕설을 퍼붓고 돌까지 던졌다. 심지어 죽이겠다며 대문에 낫과 칼을 박아놓자 윤원형은 정난정과 몰래 파주로 피신했다. 그곳에서도 불안해진 그는 행여 '원한 품은 자가 쫓아올지 몰라 다시 황해도 강음으로 가서 날마다 정난정과 분함을 삼키며 함께 울었다.'(《석담일기》)

목숨만은 건졌다고 안도했을지 모를 두 사람의 운명을 바꾼 한 여인이 등장했다. 정난정에게 독살당한 정실 김씨의 계모 강씨였다. 강씨가 그 사실을 형조에 고발하자 대신들이 극형으로 다스려야 한다고 연일 상소를 올렸다. 명종은 차마 법대로 처리하기가 곤란해 오랫동안 윤허하지 않았다. 이 소식을 알게 된 정난정은 매일 두려움에 떨어야 했다.

정난정은 강음 길목에 있는 벽제관사령에게 만약 의금부도사가 나타나면 자신에게 귀띔해달라고 뇌물까지 써서 부탁을 해두었다. 얼마 후 의금부도사가 와서 하룻밤 묵게 되었다. 그는 평안도 진을 방어하던 장수가 범법행위를 해서 조사차 가던 길이었다. 사정을 모르던 벽제관사령은 정난정에게 달려가 알렸다. 정난정은 절망에 몸서리치다 독약을 마시고 자살했다. 윤원형도 뒤늦게 오해로 빚어진 일이었음을 알고 그녀의 시신 앞에서 오열하다 독약을 마셨다.

영원할 것 같았던 권세의 끝은 너무도 허망했다. 그는 자신의 영달을 위해 앞만 보며 달려왔고 공격만 일삼았던 삶이었다. 그와 반대로 방어에 중점을 두어 무사안녕을 꾀한 사람이 있었다. 바로 정난정의 오라버니 정담으로 언젠가 동생이 화근이 될 것 같아 평소 소원하게 지냈다. 예상대로 사람들의 청탁이 없었는데 그래도 혹시 찾아올까봐 '집 문 안에 창자처럼 꼬불꼬불한 담을 쌓아 덮개 있는 가마가 드나들지 못하게 했다.'(《공사견문》)

그 덕분에 연루된 일이 없어 무사할 수 있었던 정담은 주역(周易)의 이치를 깊이 알고 있었다고 한다. 주역은 어떻게 처신해야 액운을 물리치고 길운을 잡느냐 하는 처세의 지혜이자 우주론적 철학이 아니던가. 내일을 내다볼 줄 알았던 그가 비참한 최후를 맞은 영의정에 비해 나은 삶이 아니었을까.

문충(文忠) 유성룡(柳成龍, 재임 1592~1592 1593~1598)

조선이 아니라
왕과 신하가 진 전쟁이었소

유성룡이 서장관으로 명나라에 갔을 때 도열해 있던 그곳 유생들에게 이름 난 유학자가 누구냐고 물었다. 유생들이 이구동성으로 왕양명과 진백사를 거론했다.

"왕양명은 선학(禪學)을 위주로 했으니 모두 설선의 정학(正學)만 못했고 진백사는 도(道)를 대하는 것이 밝지 못하오."

유성룡의 말에 한 유생이 앞으로 나섰다.

"선비들이 학문의 바른 방향을 잃은 지가 오래였으나 공이 바로잡아주니 우리의 유학에 천만다행한 일입니다."

그때 관리가 승려와 도사들을 데려다 맨 앞줄에 세웠다. 유성룡은 쉽게 이해되지 않았다.

"관을 쓴 유생인 그대들이 왜 저들 뒤에 서야 하는 게요?"

"저들은 관직에 있기 때문이죠."

그 말에 발끈한 유성룡이 언성을 높였다.

"우리가 관복을 입은 사람으로서 저들 뒤에는 설 수 없다!"

유성룡의 강건한 태도를 보던 관리가 '다시 승려와 도사들을 뒤에 세우자 지켜보던 사람들의 안색이 돌변했다.' 《명신록》

새 시대의 문을 연 조선에서

유성룡(1542~1607)은 조선 중기의 문신으로 임진왜란 때 병조판서 겸 도체찰사로 군무를 총괄하며 장군 권율, 이순신 등을 등용해 국난을 극복한 인물이다. 본관은 풍산(豊山)으로 아버지는 황해도관찰사를 지낸 유중영이고 어머니는 진사 출신 김광수의 딸 안동 김씨다. 유성룡은 이황에게서 성리학을 공부했다. 임진왜란 전 통신부사로 일본에 다녀온 김성일과 동문수학하며 두터운 친분을 나눴다.

6세에 《대학》을 배운 유성룡은 품행이 어른스러웠다고 한다. 벗들과 강변에서 놀다가 실족해 물에 빠진 일이 있었다. 벗들은 발만 동동 굴렸는데 갑자기 돌개바람이 불더니 유성룡을 휘감아 바위 위에 안전하게 올려놓았다. 그 후 안동 하회마을에서 이 바위를 '돌고지바위'라 불렀다. 《맹자》를 읽던 8세 때 '백이는 눈으로 나쁜 색을 보지 않고 귀로 음란한 소리를 듣지 않았다.'는 대목에 감동해 백이의 인격을 흠모하게 되었다. 이따금 꿈속에서 백이를 볼 정도로 가슴에 품었던 그는 16세 때 향시에 합격했다. 향시는 각 도에서 실시한 문과, 무과, 사마시의 제1차

시험이다.

유성룡이 20세 무렵 관악산 암자에서 밤낮으로 글공부를 하던 때의 일이다. 한밤중 승려가 산적으로 변장을 하고 와서 물었다.

"이렇게 깊은 산중에 있으면 산적이 무섭지 않은가?"

유성룡이 웃으며 가볍게 대꾸했다.

"그대가 산적인지 내 어찌 알겠소."

탄복한 승려는 아무런 말도 못 하고 돌아서야 했다. 스승 이황 역시 평소에 '유성룡은 하늘이 내린 사람이다.'고 말한 적이 있었다.

유성룡은 23세 때인 명종 19년(1564) 사마시에 합격하고 다음 해 성균관에 들어가 수학한 뒤 별시문과 병과로 급제했다. 과거를 보기 전부터 원대한 포부를 지녀 '부귀와 영달을 담담하게 보고 항상 경세제민(經世濟民)에 뜻을 두었던'(《명신록》) 그는 예문관검열로서 사관을 겸하고 선조가 즉위했을 때는 대교를 역임했다.

조선시대 왕실 족보에 따른다면 선조는 왕위를 꿈조차 꾸지 못할 처지였다. 한마디로 방계승통은 애당초 정상적이지 못한 밑그림에 속했다. 조선의 왕위계승에는 두 가지 원칙이 있다. 왕비가 출산한 장남이 후계자가 되는 것과 덕이 있는 자가 뒤를 잇는 경우다. 후자의 예가 태종의 셋째 아들 세종이 양녕대군 대신 왕위에 오른 일이다. 선조는 방계승통을 한 최초의 왕이 되었는데 적장자나 적차자가 아닌 신분으로 아들이 없는 왕 아래로 들어간 경우다. 한편 아버지 덕흥군은 선조가 왕이 되자 덕흥대원군으로 추존되었다. 조선 최초 대원군제도가 시행된 배경이기도 하다.

선조가 즉위하자 왕대비가 된 인순왕후(명종 정비) 심씨가 수렴청정을 했다. 신임 조정대신을 임명하려고 할 때였다. 이황을 예조판서로 임명한다는 교서를 읽으려던 심씨가 돌연 굳어졌다.

"예조판서는, 이번에 예조판서는… 에, 예조판서는 그게…"

이황이라는 글자를 읽을 줄 몰라 쩔쩔맸다. 전날 분명히 외워두었는데 머리까지 나쁜지 거짓말처럼 떠오르지 않아 똥끝이 다 탈 지경이었다. 그녀의 안색을 살피던 영의정 이준경이 복화술 하듯 작게 웅얼거렸다.

"예조판서 이황."

겨우 난처한 고비를 넘겼으나 심씨의 앙가슴은 바싹 타들어갔다. 아무래도 하루속히 수렴을 걷어치우는 것이 백번 낫다는 생각뿐이었다. 심씨의 문맹이 직접적인 원인은 아니었지만 1년이 지나자 섭정을 마쳐야 한다는 공론이 들끓었다. 그 중심에는 하루하루 저력을 키워온 젊은 신진사류들이 있었다.

"전하께서는 우려하는 것처럼 연소하지 않사옵니다. 자전께서 오래 그 자리에 앉아있으면 결코 후세에 좋을 것이 없으니 어서 환정조치를 내리시옵소서."《명신록》

도학정치를 이상으로 삼고 있는 그들이 계속 견제하자 심씨는 수렴을 거뒀다. 그 즈음 하늘에 푸르고 붉은 햇무리가 생기고 흰 기운이 무지개처럼 해를 건너지른 현상이 있었다. 이이의 《석담일기》에 실린 내용이다.

'여주가 정사에 참여해 비록 만사 잘 된다 해도 큰 근본이 바르지 않으니 다른 것은 볼 것이 없다. 하물며 잘할 수도 없는 것에 대해서는 무슨 기대를 하겠는가. 해의 변괴는 참으로 미망인이 정사를 했기에 생긴 것이다.'

그동안 외척이라며 목줄을 쥔 채 국정을 농단하려던 자들이 사라지고 조선은 새 시대의 문을 열었다. 개국 후 156년이나 훈·척신세력을 중심으로 국정이 운영되어왔다. 이제는 도학정치의 실현을 꿈꾸며 초야에 묻혀 학문을 닦아온 사람들이 정계 전면으로 나서게 되었다. 새 정치의 태동 속에서 선조가 친정을 하게 됨으로써 조선은 전환기를 맞이했다.

선조는 훈구파와 갈등 속에서 억울한 희생양이 되었던 사림파들을 신원했다. 칼자루를 쥐었던 훈구파들을 엄벌해 사림의 어깨를 가볍게 해주는 치적도 쌓았다. 기묘사화로 오욕을 남긴 조광조를 증직(贈職, 사후 품계·벼슬을 높여줌)하고 그를 해한 남곤의 관작은 추탈했다. 을사사화 때 윤임 등을 죽인 윤원형의 공적을 삭탈하기도 했다. 사림에게 중앙정계 진출이라는 명분을 세워줘 새 인물들이 등용될 수 있도록 한 정책도 펼쳤다.

잘하는 말로도 구할 수 없는 것

유성룡은 선조 2년(1569) 공조좌랑을 거쳐 감찰로서 성절사의 서장관이 되어 명나라에 갔다가 다음 해 돌아왔다. 그 후 부수찬, 수찬, 병조좌랑, 이조정랑, 응교 등을 거쳤다. 선조 8년 김효원과 심의겸 사이 이조전랑직을 놓고 벌인 갈등이 기폭제가 되어 동인(東人)과 서인(西人)으로 분당되는 일이 있었다. 새롭게 등장한 당파로 사림파의 중앙정계 진출이 빚어낸 결과였다. 나라의 정책결정에 많은 혼선과 조정을 늘 시끄럽게 만드는 요인이 되었다.

선조 11년(1578) 사간이 된 유성룡은 다음 해 부제학에 오르고 도승지를 거쳐 대사헌에 승진했다. 선조 17년 예조판서가 되었을 때 앞의 끝 글자를 첫 글자로 삼아 엮어가는 연주시 경연이 있었다. 채점 결과 '이산해 7점, 정철 6점, 이양원 4점, 유성룡이 2점을 얻었다.'(《계갑일록》) 아마도 끝말을 이어가기보다는 누구도 하지 않은 첫 말에 더 소질이 있었던 것은 아니었을까.

그해 선조가 왕의 사위인 부마를 선택할 때 이씨 성을 피하지 말라는 명을 내리자 유성룡이 진언했다.

"같은 성과 혼인하지 않는다고 한 것은 혐의를 멀리하기 위해서이옵니다. 한나라 황제 유충이 유은의 여식을 취한 것에 대해 강목에서 '개와 양이 혼잡했다.'고 논한 바 있사옵니다."((석담일기))

선조가 명을 철회하자 사람들은 '유성룡이 임금에게 고하는 말을 잘해 모두 훌륭하다고 칭찬했으나 다만 한마음으로 봉공(奉公)하지 못하고 때로 득실을 돌아보는 뜻이 있어서 군자들이 이를 단점으로 여겼다.'((석담일기))고도 한다.

대사헌, 병조판서를 역임하던 선조 22년(1589) 정여립이 모반을 꾀한다는 고변으로 시작된 '기축옥사'가 일어났다. 3년여 간 그와 연루된 수많은 동인이 희생된 옥사로 '정여립의 옥사'로도 불린다. 예조좌랑을 거쳐 홍문관수찬에 오른 정여립은 원래 서인으로서 이이와 성혼의 후원을 받던 인물이었다. 서인을 탈당한 뒤 동인으로 전향하자 비난의 대상이 되었다. 그는 전라도에 대동계(大同契)를 조직해 무술연마를 하며 선조 20년에는 왜구를 소탕하기도 했었다. 그 후 황해도까지 진출했으나 곱지 않은 시선을 받다가 끝내 황해도관찰사에 의해 역모혐의를 뒤집어쓰게 되었다. 조정은 발칵 뒤집혀지고 선조는 큰 충격에 신음했다. 정여립의 대동계들이 한강이 얼 때를 이용해 전라도와 황해도에서 일제히 봉기하고 병조판서를 살해한 뒤 병권을 장악한다는 내용이었다.

역모자로 몰린 정여립은 아들과 전라도 진안의 죽도로 몸을 피했다가 관군에게 포위당하자 스스로 목숨을 끊었다. 동인 1천여 명이 처벌받았고 한때 전라도를 반역지향(叛逆之鄕)이라고 해서 그곳 출신의 등용을 제한하기도 했다. 동인세력은 크게 약화될 수밖에 없었다. 이 옥사가 서인에 의한 조작이라는 등 설들이 난무하나 정설로 굳어진 것은 없다.

유성룡은 기축옥사의 책임을 통감하며 몇 차례 사직하고자 했지만 선조가 허락하지 않았다. 그러자 그는 자신을 탄핵하는 상소를 올리기도 했다.

선조 23년(1590) 우의정이 된 유성룡은 정여립 모반사건에 무고되어 옥살이를 하고 있던 성리학자 최영경을 구제하려고 했다. 하지만 상소를 초안해놓고 올리지 못하고 있었다. 좌의정 정철을 만난 자리에서 최영경의 안부를 묻자 술에 취한 그가 부채 끝으로 자신의 목을 가리켰다.

"그가 일찍이 내 목을 이렇게 찍어 넘기려고 하였소이다."

최영경이 평소 정적이었던 정철과 박순을 효수해야 한다고 말한 적이 있었다. 대사헌을 지낸 심수경이 지켜보다 혀를 찼다.

"어찌 남의 말을 다 믿을 수 있는가? 또 사람이 죽어가는 것을 보면 모두가 측은한 마음이 드는 법인데 그런 말이 나오다니."

최영경은 끝내 서인 정철의 국문을 받다가 옥사했다.

동인과 서인 두 파가 조정 내에서 팽팽한 세력다툼을 하던 중 정여립 모반사건으로 동인은 정계에서 실각했다. 그들은 다시 정계의 주도권을 잡게 되는데 세자책봉문제가 분수령이었다.

서인은 정비 의인왕후 박씨와 함께 후궁 공빈 김씨의 둘째 아들 광해군을 세자로 염두에 두고 있었다. 박씨의 경우 만약 선조가 아끼는 후궁 인빈 김씨 아들 신성군이 세자가 된다면 자신은 뒷방으로 물러나야 했다. 실각한 동인의 거두 영의정 이산해는 재기하고자 신성군을 내세웠다. 선조의 속내를 간파한 그는 인빈 김씨의 남동생 김공량에게 접근해 친밀함을 이어갔다. 김공량 등에 난 종기의 고름을 입으로 빨아주기까지 했다.

좌의정 정철의 주도 하에 광해군을 추대하기로 의견이 모아지게 되었다. 그 자리에 동인 우의정 유성룡, 서인 대사헌 이해수, 부제학 이성중 등이 있었고 동인 이산해 역시 참석했었다. 이는 이산해의 계략에 의한 공작정치였다. 그는 막상 선조에게 주청하기로 한 날 병을 핑계 삼아 불참했다. 그 시각 그는 김공량을 만나고 있었다.

"정철이 광해군을 세자로 추대한 다음 신성군 모자와 함께 그대까지 죽이려 하고 있네."

이산해의 모함에 기겁한 김공량은 그대로 믿고는 인빈 김씨에게 달려갔다. 역시 충격을 받은 인빈 김씨는 선조 앞에 엎드려 울면서 고했다. 선조는 그럴 리 없다며 믿지 않았다.

이산해를 기다리던 정철은 하는 수 없이 혼자 선조에게 주청했다. 선조는 정철이 광해군을 지목하자 인빈 김씨의 말을 믿게 되었다. 정철은 음해로 수세에 몰린 가운데 동인이 반격을 더하자 위리안치 되었다. 이 사건으로 서인은 무력화되어 세력을 잃어갔고 동인이 주도하게 되었다.

유성룡은 정철에게 내려진 처벌이 타당해 더 이상 확대시키고 싶지 않았다. 반면 이산해는 벌을 가중해야 한다고 주장했다. 양쪽의 온도차는 심해져 온건론의 유성룡은 강경론의 이산해와 서로 등을 돌렸다. 유성룡은 영남 출신이고 한성부 강남에 살아 남인이라 했고 이산해는 집이 강북이라 북인이라 부르게 되었다. 실권세력 북인은 임진왜란 이후 영창대군을 지지하는 소북파와 광해군을 지지하는 대북파로 다시 갈리게 된다.

최영경을 구제해주지 못한 죄책감에 시달리던 유성룡에게 이조판서 겸 좌의정이라는 중책이 주어졌다. 유성룡은 감당하기 힘들어 선조에게 주청했다.

"전하, 훗날 혹 정권을 잡은 자가 이를 구실로 삼는다면 나라의 해가 신으로부터 시작되었다고 할 것이오니 명을 거둬주시옵소서."

선조는 허락하지 않았다. 세자책봉문제로 인해 골머리를 앓고 있어 조정이라도 바로 세우고자 하는 바람이었을 것이다.

당쟁이 전쟁을 부르고

당파 간의 갈등으로 조선 조정이 경색되어지는 동안 일본에서는 도요토미 히데요시(풍신수길)가 야망을 키워나갔다. 그는 일본 열도를 통일한 후 조선은 물론 명나라까지 정벌하기 위한 준비를 서둘렀다. 그가 함께 명나라를 치자는 포석 위에 동맹을 제의해왔다. 승낙의 의미로 통신사를 보내줄 것도 요구했다. 조선에서는 심사숙고 끝에 일본의 동태도 살펴볼 겸 선조 23년(1590) 통신사를 파견했다.

선조 24년(1591) 귀국한 통신사 황윤길과 부사 김성일이 각자 다른 보고를 올렸다. 동인인 김성일이 도요토미 히데요시가 '왜소하고 못 생겼는데 얼굴은 검고 주름져 원숭이 형상이었으며 눈매는 쥐와 같다.'(《선조실록》)는 말부터 꺼내며 보고를 이어갔다.

"그렇듯 지금 왜를 이끌고 있는 자는 인물됨이 보잘것없고 군사준비가 되어 있다는 것은 보지 못했사옵니다. 우리 조선이 지레짐작으로 전쟁준비를 한다면 민심만 혼란스러워질 것이 분명하나이다."

서인 황윤길의 보고는 달랐다.

"지금 왜는 전쟁준비가 한창이라 속히 침략에 대비해야 하옵니다."

조정에서는 김성일의 말을 더 신뢰했다. 동인이 실권세력이었기에 적절한 국방정책을 세우지 못하는 판단이 되었다.

유성룡은 만약에 있을지 모를 침략에 대비해 나름대로 준비를 해나갔다. 우선 형조정랑 권율과 정읍현감 이순신을 각각 평안도 의주목사와 전라도좌수사로 천거했다. 경상우병사 조대곤 대신 이일로 교체하도록 하고 진관법(鎭管法)의 부활을 청했다.

임진왜란이 일어나기 1년 전인 선조 24년(1591)의 일이다. 해괴한 꿈을 꾸고 난 선조는 한동안 그 여운에 시달리며 몸을 떨었다. 남녘으로부터 웬 여인 하나가 볏단을 머리에 인 채 달려오더니 궁궐 곳곳에 불을 질러

온통 불바다로 만드는 꿈이었다. 어떤 일이 불처럼 활활 타올라 잘 되려는 길몽인지 혹은 정말로 궁궐이 화마에 휩싸일 흉몽인지 알고 싶었던 선조는 해몽을 하게 했다.

"사람(人=亻) 가운데 여인(女)이 볏단(禾)을 머리에 인 형상이라 함은 곧 왜(倭)를 가리키는 것이옵니다."

일본이 남쪽으로 쳐들어 올 것이라는 뜻이었다. 군사 10만 명을 양성해 만약에 있을 사태에 대비하자는 이이의 주장도 있었던 터였다. 일본의 조선 침략설은 명종 대 천문학자이자 예언가인 남사고도 일찍이 언급한 적이 있었다. 그는 동쪽이 살기로 가득해 임진년에 왜적이 쳐들어올 것이라는 말을 하고 다녔다. 자신은 미처 목격하지 못하겠지만 모두들 조심해야 할 것이라는 경고도 덧붙였다. 선조는 이를 새겨듣지 않아 엄청난 재앙은 현실로 나타나게 되었다.

선조가 국방을 소홀히 했던 것은 그보다 시급한 문제가 조정과 왕실에서 벌어지고 있었기 때문이다. 김효원을 중심으로 한 동인과 심의겸을 지지하는 서인으로 사림세력이 양분되어 당파싸움이 더 치열해지자 선조는 머리가 터질 지경이었다. 세자책봉문제까지 불거져 하루도 마음 편할 날이 없었다. 안개정국 속 난항을 이어가는 가운데 급기야 조선호에 위기가 닥쳤다.

선조 25년(1592) 조선과의 교섭이 결렬되었다고 판단한 '못 생기고 키도 작은 원숭이 형상'(《성호사설》)을 한 도요토미 히데요시가 15만 명의 대군에게 진격명령을 내렸다. 임진왜란이 발발하자 유성룡은 병조판서 겸 도체찰사로 군무를 총괄하게 되었다. 부산진을 시작으로 북진하면서 곳곳을 쑥대밭으로 만든 파죽지세의 왜군은 침략 보름 만에 한성부까지 임박해왔다.

그때 '푸른 무지개가 궁궐 안 샘에서 일어나 임금의 몸을 덮쳤는데 두

세 번 피해도 자꾸 따라오더니 문을 닫자 비로소 그쳤다.'(《기재잡기》)고 한다. 그날은 왜군이 부산진을 함락시킨 4월 14일로 공황상태에 빠진 선조는 방어를 포기한 채 평안도 의주로 몽진을 결정했다. 그곳에서 명나라로 넘어가 아예 망명정부를 세울 계획까지 품었다. 방향키를 놓쳐버린 선조에게 있어 난국을 수습하는 길은 요원하기만 했다. 왕이 도성을 버리자 분노한 백성들이 경복궁과 창경궁 등 궁궐에 불을 지르고 노비문서를 태웠다. 선조의 통치권은 사실상 그 기능을 잃어버렸다.

왕의 역량을 측정할 때 기준 가운데 하나는 국가 위기상황을 얼마나 신속히 지혜롭게 대처하고 처리하느냐의 유무다. 덧붙여 백성들이 감당하게 된 상처를 어루만져줄 수 있는 의지와 실천이다. 그런 면에서 선조는 자격미달의 왕으로 역사에 이름을 올리게 되었다.

컨트롤타워의 부재 속에 불타는 도성을 등지고 선조를 따라가는 유성룡은 참담할 뿐이었다.

이이의 간절함이 들려오다

일본의 정세를 제대로 파악하지 못했던 경상우도절도사 김성일에게 파직과 함께 소환명령이 내려졌다.

"단지 김성일만의 잘못으로 벌어진 일이 아니오니 그에게 허물을 씻고 공을 세울 수 있는 기회를 주는 것이 마땅한 줄 아옵나이다. 그를 역사의 죄인으로 남겨서는 아니 되옵니다. 전하!"

유성룡의 '적극적인 간청 덕분에 그는 소환 도중 충청도 직산에서 초유사에 임명되어 다시 경상도로 향할 수 있었다.'(《고대일록》) 유성룡은 자신에게 닥친 탄핵만은 막지 못했다. 영의정으로서 선조와 함께 평안도 평양에 이르자 나라를 망하게 했다는 오명 아래 면직되었다.

왕실 가솔들은 평양에서 세 갈래로 흩어졌다. 선조는 총애하던 인빈 김씨와 의주로 향했고 광해군은 강원도로 길을 잡았다. 광해군에게 내려진 임무는 분조(分朝, 임시 조정)를 설치해 의병과 군량을 확보하는 일이었다. 나라가 위태하자 선조는 다른 도리가 없어 조정대신들의 의견에 따라 광해군을 세자로 세웠다. 의인왕후 박씨는 선조와 헤어져 평안도 강계로 가게 되었다. 박씨로서는 차별 속에 떠나야 하는 설움의 피난길이었다.

허탈감에 젖은 유성룡은 일행과 떨어져 혼자 걷고 있었다. 그때 귀양살이를 하다가 지역 향병(鄕兵)을 모집하는 소모관에 임명되어 달려온 조호익과 만났다. 그는 막상 평양에 도착하니 군사를 모집하기도 전에 선조가 떠났고 수비하던 장수들마저 사라져 난감하던 차였다. 유성룡에게 뿔뿔이 흩어진 왕실소식마저 들은 그가 통곡했다.

"초야에 묻힌 신하보다 국록을 먹는 신하의 충성이 도리어 부족하네. 임금께 충성하는 것은 오직 적을 물리치는 일이니 그대는 당장 군사를 모아 수복을 도모하게."《명신록》

유성룡의 격려에 그는 열성을 다해 5백여 명이나 모을 수 있었다. 그들은 진을 치고 기다렸다가 뒤처진 왜군을 습격해 전멸시키는 공을 세웠다.

선조 26년(1593) 의주에 도착해 평안도체찰사가 된 유성룡은 명나라 장군 이여송과 함께 평양성을 수복하고 삼도체찰사가 되어 파주까지 진격할 수 있었다. 영의정에 재임된 후에는 사도체찰사를 겸하면서 군사를 총지휘했다. 그러나 이여송이 벽제관에서 대패하고 퇴각할 때 적극 만류했으나 뜻대로 되지 못했다. 전세가 불리해져 파주산성 방어는 권율과 이빈이 맡도록 하고 장수들에게 전술을 전해 요충지를 나누어 지키도록 조치했다.

처음 명나라 원군이 출병해 왜군을 물리치기 시작하자 각지에서 의병항쟁이 일어났다. 무기력했던 관군도 전열을 다듬어 대동단결 결사항전의 북을 울렸다. 권율과 이순신의 활약으로 전세는 역전되어 왜군은 강화를 조건으로 한 채 한성부에서 철수해 남으로 퇴각했다. 선조는 환도할 수 있었지만 잃은 것이 더 많은 전쟁이었다. 그 와중에도 파당으로 인물등용에 어려움이 많았고 무엇보다 희생된 백성들과 폐허로 남은 국토는 씻을 수 없는 상처였다.

구국정신으로 목숨을 아끼지 않았던 장군과 군사들의 소식이 들려올 때마다 유성룡은 안타까움 속에서 뿌듯할 수 있었다. 반면 경상도순변사 이일의 판단은 어리석음 자체라 치욕스러웠다. 그가 경상도 상주에 진을 치고 있을 때였다. 멀리 우거진 숲에서 연기가 나자 척후병도 없이 성급히 장수를 보냈다. 장수는 긴장은커녕 말발굽소리를 요란하게 내면서 숲으로 들어갔다. 순간 매복하고 있던 왜군들이 튀어나와 말의 배를 베고 장수의 목을 잘라 달아나버렸다. 유성룡은 이 일을 '교훈이 되도록 자신의 《징비록》에 실었는데 난리와 고난까지 겪고도 그 불찰을 쉽게 고치지 못했다.'(《연원직지》)

선조를 호위하고 한성부에 돌아오니 눈앞의 광경은 참혹하고 암담했다. 도성 안은 비린내가 진동하는 가운데 가시덤불이 가득했으며 관청마다 허물어져 겨우 장벽만을 의지하고 있었다. 설상가상 기근에다 도적까지 횡행해 아비규환과도 같았다.

봉합조차 불가능할 것만 같은 현실 앞에서 유성룡은 주저앉지 않았다. 상처투성이로 난파 직전인 조선의 견인에 들어갔다. 그는 소금을 만들어 백성진휼에 힘쓰는 한편 화포 등 무기 제작과 성곽의 보수를 서둘렀다. 훈련도감을 설치하고 명나라에서 들여온 쌀 1만 섬을 풀어 군사를 모집했다. 이에 몰려든 수천 명의 장정들에게 곳곳을 지키게 하자 민심이 조금은 안정되었다.

선조 30년(1597) 제2차 왜군의 침략인 '정유재란'까지 겪고서야 다음 해 전쟁이 끝났다. 유성룡은 전쟁으로 쑥대밭이 된 나라를 차마 바라보지 못할 만큼 정신적 붕괴상태였다. 특히 백성들의 삶은 최악이었다. 약탈과 겁탈에 살인까지 자행한 왜군이 원인이지만 명군도 그에 뒤지지 않고 더했다. 오죽했으면 '왜놈은 얼레빗이오 되놈은 참빗이다.'는 말까지 생겨났을까. 얼레빗은 빗살이 비교적 굵고 사이가 넓은데 반해 참빗은 가늘고 촘촘하다. 얼레빗이 지나간 자리는 그나마 성긴 빗살 덕분에 건지고 수습할 것이라도 있었으나 참빗은 그야말로 초토화만을 남겼다. 원군 자격으로 조선에 온 명군의 만행이라 충격과 원망은 더 컸다. 원래 외세를 불러오면 그만한 대가나 상처가 나는 법이지만 그 골은 깊었고 수혈조차 어려울 지경이었다.

치명적인 난세를 겪은 유성룡의 머릿속에는 오래 전 선조에게 적극 진언하던 이이의 간절함이 들려왔다.

"십 년 후에는 반드시 나라가 무너질 큰 변란이 있을 것이니 청컨대 군사 십만 명을 길러 대비해야 하옵니다."

그때 유성룡은 현실성이 떨어지고 괜한 화를 부추길 듯싶어 지지하지 않았다. 보다 예민하지 못했던 체감온도와 붕당으로 벌어진 소홀함이라 그의 입에서 뒤늦은 탄식이 터졌다.

"그가 진정 성인이었노라!"(《담헌서》)

선조 31년(1598) 명나라 경략사 정응태가 조선과 일본이 연합해 명나라를 치려한다고 무고한 사건이 터졌다. 조정에 불똥이 떨어졌으나 유성룡은 사건의 진상을 밝히기 위해 명나라로 가지 않았다. 북인들이 탄핵하자 삭탈관작 당했다가 2년 뒤 복관되었지만 벼슬을 등진 채 은거에 들어갔다.

어떤 신하를 원하시나이까

조정에서 청백리를 선발할 때 영의정 이항복이 유성룡을 추천하며 그 이유를 설명했다.

"그는 어떤 한 가지 선(善)으로 지칭하기 힘드나 다만 미오(郿塢)의 무고를 씻어주려고 하는 것이오."

북인들은 유성룡을 탄핵하면서 부정축재자로 몰았다. 미오는 중국 섬서성에 있는 지명으로 후한의 간신 동탁이 그곳에 성을 쌓고 온갖 금은보화를 저장해두었다. 북인은 유성룡 소유의 논밭이 미오보다 더하다고 비유했던 것이다.

파란곡절을 지나온 유성룡에게 죽음이 찾아왔다. 그가 '간사한 이들의 참소를 받아 벼슬을 버리고 안동 옛집으로 돌아가서 10년 동안 살다가 죽으니 조정과 민간에서 모두 애석하게 여겼다.'(《부계기문》) 그는 죽기전날 밤까지 평상시와 같이 앉아서 《서경》의 〈홍범〉을 암송했다. 병이 위급해지자 선조가 내의를 보내왔다.

"멀리서 오느라고 수고했는데 임금의 은혜를 갚을 길이 없소이다. 그저 편안하게 자연으로 돌아가고 싶을 뿐이오."

유성룡은 정중히 거절한 채 '시종에게 방 가운데 자리를 반듯이 깔게하고 북쪽을 향해 바로 앉아 있다가 조용히 눈을 감았다.'(《어우야담》) 《서애집》, 《징비록》 등을 남긴 그에게 시호 '문충(文忠)'이 내려졌다.

유성룡은 도학, 덕행, 문장, 글씨에 명성이 높았고 바둑의 대가라고도 알려져 있다. 선조와 함께 의주에 머물 때의 일이다. 명나라 이여송이 바둑에 문외한인 선조에게 대국을 청해왔다. 선조는 일개 장군의 오만불손한 태도에 불쾌해도 원군의 도움을 받는 처지라 내색하지 못했다. 마침내 대국이 열리자 유성룡은 일산(긴 자루의 큰 양산)을 이용해 교묘한 훈수에 나섰다. 그는 미리 작은 구멍을 뚫어놓은 일산을 든 채 선조 뒤에 섰다. 선조는 일산의 구멍을 통과한 햇살이 가리키는 곳에 바둑돌을 놓기 시작했다. 실력은 유성룡이 한 수 위였으나 이여송의 체면을 생각해 무승부로 끝냈다.

유성룡은 왕의 마음을 바로잡는 것이 정치를 이루는 근본이라고 여겼다. 그래서 왕 앞에 나설 때면 언제나 깨끗하고 일관된 마음으로 성의를 다해 진언하고는 했다. 그의 자세를 익히 알고 있던 선조는 항상 '경을 바라보면 자연 경의가 생긴다.'(《명신록》)는 칭송을 아끼지 않았다.

명종 대 윤해평이 사육신의 절의를 기리고 충절을 담은 〈육신전〉을 반포하고자 할 때 명종은 발끈해서 그를 끌어내라고까지 명한 일이 있었다. 선조 대에는 이이가 주청했지만 선조 역시 대노해서 소리쳤다.

"누구든 집에 그것을 소장하고 있는 자는 반역으로 논죄하겠다!"

선조의 호통에 좌우 신하들이 오금조차 못 펴자 유성룡이 나서 고했다.

"나라가 불행해 어려운 일이 닥친다면 신 등은 신숙주가 되오리까 혹은 성삼문이 되오리까?"(《부계기문》)

잠시 생각하던 선조는 노여움을 풀고 고개를 끄덕였다. 한 마디 말로 왕의 마음을 돌려놓을 수 있는 자가 바로 유성룡이라며 후세는 그를 높이 사고 있다.

경상도 사람들은 '이원익은 속일 수는 있으나 차마 속이지 못하겠고 유성룡은 속이려고 해도 속일 수 없다.'(《회은집》)고 회자하기도 한다. 그런 유성룡도 정유재란 때 참전한 명나라 '양호가 조선을 도와준 공이 있었음에도 《징비록》에는 전부 누락시키고 왜군이 저절로 물러간 것처럼 했고, 소사전투의 승전을 사람들이 기억하는데도 양호에 대한 사사로운 원망으로 역시 싣지 않았으니 이는 그의 큰 흠이었다.'(《청야만집》)고 야사의 붓을 빌려본다. 소사전투는 충청도 직산 북방의 소사평에서 명군과 왜군이 벌인 전투로 유성룡의 시문집 《서애집》에는 '적군이 휘몰아쳐서 한성 근처에 오니 도성이 매우 두려워했으나 얼마 후에 직산에서 물러 갔다.'고 되어 있다.

만약에 사실이라면 나중에라도 수정할 의향은 있었을까. 유성룡이 도 체찰사로서 각 고을에 보내기 위해 역리에게 격문을 맡긴 일이 있었다. 며칠 후 수정할 부분이 생각나 행여나 해서 역리를 찾으니 아직도 격문 을 지니고 있었다. 유성룡이 왜 그동안 보내지 않았느냐고 힐책하자 역 리가 말했다.

"속담에 조선공사삼일(朝鮮公事三日)이라는 말도 있고 해서 소인이 사 흘 후 다시 고칠 것이라 미루어 짐작했기에 지금껏 늦추고 있었던 것입 니다."

유성룡은 속으로 '세상을 깨우칠 만한 말이니 모두 내 잘못이다.'(《어 우야담》)고 자책한 뒤 글을 고쳐 다시 전해주었다고 한다.

광해군의
이덕형

문익(文翼) 이덕형(李德馨, 재임 1602~1604 1609~1611 1612~1613)

어지러운 나라를
바로 세우지 못하고

임진왜란이 끝나고 마음의 여유가 조금 생긴 이덕형은 아버지에게 올리기 위해 별저 한 채를 지었다. 그곳을 둘러보고 있을 때 마침 이항복이 찾아오자 당호를 지어달라고 부탁했다.

"그러지 않아도 생각해둔 것이 있는데 맑고 맑은 집의 청청당(淸淸堂)이 어떤가? 내가 내친김에 현판까지 만들어 달아줌세."

"참 마음에 드네. 전하께서 부르셔서 입궐해야 하니 잘 좀 부탁하네."

이덕형이 서둘러 입궐했지만 선조는 용상에 앉아 졸고 있었다. 이덕형이 평소 재치가 넘쳐 어쩌나 보려고 조는 척하는 중이었다. 이덕형은 절을 하면서 속으로 기척이 나면 선조가 깰 것이라고 생각했다. 선조가 아무런 반응이 없자 이덕형은 잠시 골몰하다가 다시 절을 했다. 그때 갑자기 선조가 죽은 사람에게나 절을 두 번 한다며 호통을 쳤다.

"처음은 찾아뵈었다는 인사였고 두 번째는 그만 물러간다는 절이옵니다."

이덕형의 말에 선조는 무릎을 탁 치면서 또 감탄하고 말았다. 사람들과 한담을 나눌 때 선비 글 읽는 소리, 달밤 구름 흐르는 소리가 좋다고 하자 초야에 새색시 옷고름 푸는 소리가 최고라고 할 정도로 재치와 해학이 넘쳤던 이덕형이었다. 한 사람에게만은 백기를 들어야했다.

다시 별저로 가보니 약속대로 이항복이 현판으로 '淸淸堂'을 걸어두었는데 순간 혀를 내둘렀다. 두 사람은 평소 한자를 놓고 기상천외한 장난을 많이 나눈 탓에 알아차릴 수 있었다. 청(淸)은 '맑다', '깊다' 등의 뜻 말고도 백청(白淸), 석청(石淸)처럼 꿀을 가리키는 말로도 쓰였다. 결국 '꿀꿀이집'이 된 셈인데 이항복의 깊은 뜻이 담겨있었다.

폐허가 된 국토의 재건이 한창일 때 사사로이 별저를 지은 이덕형에 대한 질타였다. 이덕형이 과오를 깨닫고 당장 허물자 벼슬아치 사이에서 유행처럼 번진 별저투기가 사라졌다고 한다. 막역한 벗으로 지내온 사이지만 이항복이 5세 많은 인생선배로서의 진정어린 충고였다.

또 이덕형이 으뜸으로 뽑혔나

이덕형(1561~1613)은 조선 중기의 문신으로 절친한 이항복과 우정을 나누며 많은 일화를 남긴 인물이다. 임진왜란 때 단독으로 적장과 만나는 과감성도 있었으며 영의정으로서 영창대군의 처형과 폐모론을 적극 반대하다 삭탈관직을 당하기도 했다. 본관은 광주(廣州)로 아버지는 동지중추부사를 지낸 이민성이고 어머니는 현령 유예선의 딸 문화 유씨다. 남인과 북인 중간노선을 고수하다 후에 남인에 가담한 그는 당시 대사간이었던 동인 이산해의 딸을 부인으로 맞이했다. 이산해 숙부인 이지함이 그의 됨됨이를 알아보고 추천했다.

이덕형은 어릴 때부터 침착한 성격으로 재주가 비상했고 특히 문학에 소질을 보였다. 11세에 지은 글이 모두를 경탄하게 했으며 14세 때는 조선 4대 서예가로도 알려진 문인 양사언과 수십 편의 시를 주고받을 정도였다. 양사언은 무려 44세나 차이 나는 이덕형을 일컬어 '군은 내 스승이다.'고 재능을 인정했다.

선조 13년(1580) 20세에 별시문과 을과로 급제하면서 평생 벗이 되는 이항복을 만났다. 알성문과 병과로 급제한 25세 이항복과는 일반적으로 알려진 소년기 일화와 달리 과거시험장에서 처음 대면했다고 한다. 그렇다면 소년으로 등장하는 무덤에서 떡 돌리기, 대장장이와 징, 수박에 말뚝 박기 등은 두 사람이 더욱 유명해진 뒤 창작된 이야기가 된다. 또는 다른 인물들의 일화에서 가져와 재탄생된 것으로도 볼 수 있다.

급제 후 승문원관원이 된 이덕형은 재주 있는 신하로 선발되어 선조로부터 서책을 하사받았다. 이이가 5명을 추천했는데 그 가운데 이항복도 포함되었다. 선조 15년(1582) 명나라에서 사신으로 온 황홍헌과 왕경민이 잠시 한강변에서 놀이를 즐길 때다.

"조선에 이덕형이라는 훌륭한 자가 있다던데 보고 싶소이다."

그 말을 전해들은 이덕형은 사적인 일로 만나는 것이 예에 어긋난다며 정중히 사절했다. 왕경민은 아쉬워하며 '풍채와 태도 그리고 기상이 일반 사람보다 훨씬 뛰어나다는 말을 들었으나 만날 길 없으니 이것을 써서 정신적 사귐으로 삼고자 한다.'(〈묘지〉)는 시를 지어 보내왔다. 선조 16년(1583) 이항복과 함께 독서에 전념하도록 휴가를 주는 사가독서로 독서당에 가게 되었다. 이때도 대제학이던 이이가 두 사람을 추천했다.

어느 날 이덕형은 궁궐에서 마주친 이항복과 서로 자신이 아버지가 된다면서 농으로 말씨름을 벌였다. 이 광경을 우연히 보게 된 선조가 누가 아버지고 아들인지 가려주겠다고 나섰다. 두 사람은 황공해서 그저 시키는 대로 할 수밖에 없었다. 선조는 두 장의 종이에 '父'와 '子'를 쓰게 한 뒤 하나씩 선택하게 했다. 이덕형이 얼른 '父'를 집어 들고는 좋아했는데 '子'를 집게 된 이항복은 의외로 태연자약한 표정이었다. 선조가 의아해서 이유를 묻자 이항복이 자신의 무릎에 펼쳐놓은 '子'가 적힌 종이를 천천히 쓰다듬었다.

"뜻밖에 얻은 아들을 이렇듯 소신의 무릎에 앉히기까지 했으니 아비로서 어찌 흐뭇하지 않겠사옵니까."

이항복의 재치에 선조가 껄껄 웃었다. 조선 중기 이름난 문신으로 알려지게 되는 두 사람을 곁에 둔 선조는 자신의 정치노선에 자부심이 생겼다.

'아들을 무릎에 앉히고 즐거운 아비라….'

그러나 자신의 뒤를 이을 세자에 대한 청사진을 펼쳐보던 선조는 암담했다. 아직 마음을 놓을 수 없는 현실이었다. 첫째 아들 10세의 임해군과 둘째 아들 9세의 광해군이 후보자지만 모두 서자였다. 정실부인 의인왕후 박씨에게서는 후사가 없어 적자 출신으로의 왕위계승이 불투명한 상태였다. 아들은 있으되 무릎에 앉혀놓고 흐뭇하게 바라볼 적자가 없어 마음이 무겁기만 했다.

그 후 계비 인목왕후 김씨에게서 영창대군이 태어나 한시름 놓을 수는 있게 된다. 그것이 불행의 씨앗일 줄은 까마득히 모른 채였다. 광해군에 의해 임해군과 영창대군이 죽게 되리라고 예상도 할 수 없었다. 더군다나 광해군마저 폐위되어 묘호도 없는 왕으로 몰락하리라고는 상상조차 못 했으리라.

이덕형은 선조 17년(1584) 왕의 명에 따라 시문을 짓는 응제에서 장원을 한 뒤 다른 시험에서도 매번 으뜸을 거머쥐었다. 한번은 시험공고가 나면 으레 사람들이 '이번에도 또 이덕형이 장원을 차지할 것이라며 푸념을 하자 이 말을 들은 그는 병을 핑계로 응시하지 않았다.'(〈묘지〉)고 한다. 선조 21년 이조정랑으로 일본 사신 겐소 등을 접대하는 과정에서 그들의 존경을 받은 그는 우부승지, 부제학, 대사간, 대사성 등을 차례로 지내고 선조 24년 31세로 예조참판이 되어 대제학을 겸하게 되었다. 조정에서는 그의 괄목할만한 승진을 두고 모두 놀라운 일이라며 입을 모았다. 동지중추부사 김귀영만은 생각이 달랐다.

"나이는 젊은데 지위가 너무 이르니 재주가 노성하고 덕이 익기를 조금 기다리는 것이 어떻겠소?"

이덕형이 흔쾌히 받아들이자 사람들은 양쪽 모두 고귀한 자세라며 극찬을 아끼지 않았다.

순조롭기만 하던 이덕형의 관직생활에 풍랑이 일었다.

공신의 영예를 사양하며

조선이 당파싸움으로 갈등을 이어갈 때 임진왜란이 터졌다. 왜군이 북상하고 있는 도중 왜장 고니시의 포로가 되었던 경응순이 공문을 가져왔다. 강화를 원하면 이덕형을 보내라는 내용이었다. 이덕형은 목숨이 위태로운 상황임에도 주저하지 않고 경응순과 말을 타고 달려갔다. 그러나 가던 도중 충청도 충주가 이미 함락되었다는 소식을 접했다. 경응순이 왜군의 동태를 살피러 나섰다가 가토의 군사들에게 피살되는 일까지 벌어졌다. 협상이 결렬되자 이덕형은 다시 말을 돌려 평양으로 몽진하는 선조의 어가행렬에 합류했다.

무거운 마음으로 몽진 길에 오른 선조를 호위하며 평양으로 향하는 이덕형도 암담한 심정이었다. 선조의 어가를 호종하는 신하들 역시 잔뜩 풀이 죽은 모습이었다. 미처 말을 준비 못 한 탓에 대부분 걷고 있었다. 이항복이 다가오자 이덕형이 한 사람을 가리켰다.

"저기 어의 양예수 있지 않은가. 명의라고 소문이 나니까 후한 사례를 하겠다며 여기저기서 부르는 것을 다리에 병이 있다며 거절을 했다던데 오늘 보니 멀쩡하네 그려."

양예수를 힐끔 보던 이항복이 껄껄거렸다.

"그러게. 다리 병에는 역시 난리탕이 최고로군!"《일월록》

위급한 전쟁 중이고 치욕스러운 피난길이었어도 두 사람의 여유만은 변하지 않았다. 아마도 선조는 귀가 밝았던 듯 양예수에게 말을 내주라고 명했다.

임진왜란이 일어나기 일 년 전 예지력 탁월한 누군가 지어 민간에 퍼뜨렸던 동요가 '경기감사우장직령(京畿監司雨裝直領)'이다. 선조가 평양으로 몽진하던 도중 갑작스러운 폭우가 쏟아져 온몸이 다 젖게 되었다. 그때 경기도관찰사 '권징이 미리 준비해둔 도롱이, 갈모와 겉옷인 직령을 선조에게 올려 낭패를 모면할 수 있었다.'《재조번방지》

《재조번방지》는 임진왜란 전후 명나라의 도움과 관계 등을 사대주의적 시각에서 기록한 것으로 지은이는 선조 딸 정숙옹주의 아들인 학자 신경이다. 조선 역사상 무능한 왕 가운데 한 사람으로 평가되는 외조부 선조를 위해 외손자의 측은지심이 발휘된 것은 아닐는지.

권징의 유비무환을 꼽을 만큼 폭우가 대단해서 잠시 어가를 멈추고 민가로 피신했을 때의 일이다. 궁궐에서처럼 수라간이 따로 있는 것도 아니어서 선조의 수라준비에 어려움이 많았다. 그때 한 농부가 선조에게 바치라며 따뜻한 국밥 한 그릇을 가져왔다. 이덕형은 마침 비도 오

고 스산한 날씨라서 선조가 달게 먹을 수 있겠다는 마음에 가져가려고
했다.

"자네 아침부터 굶은 모양이던데 그러지 말고 그냥 먹게. 전하께 올릴
어상은 따로 준비하고 있을 걸세."

이덕형은 이항복이 막무가내로 고집을 부리고 가지 못하게 옷자락까
지 잡고 늘어지자 어쩔 수 없었다. 선조 앞에는 더 나은 음식이 오르리
라 여기고 숟가락을 들었다. 서너 술 뜰 때쯤 이항복이 다가오더니 넌지
시 물었다.

"그래, 어떤가? 국밥 맛이 아니라 자네 속 말이야."

왜군의 사주를 받은 세작이 독을 넣어 가져온 국밥일지도 몰라 시험
을 해봤다는 것이다.

"내가 언제부터 기미상궁이 되었나? 하하하."

이덕형은 기가 막혔으나 한편 이항복의 판단이 백번 옳아 웃고 말았다.

전쟁이 터지자 곳곳에서 세작들이 암약했고 각종 유언비어가 난무해
혼란을 더욱 부추겼다. 반란이 일어나 강원도에서부터 함경도 경흥에
이르기까지 오리(2km)마다 말뚝 하나씩을 세우고 '이덕형이 왕이 되고
김성일이 장수가 된다.'(《기재잡기》)고 써 붙이는 일도 벌어졌다. 민심은
더욱 흉흉해져 항복하면 살려준다는 꾐에 넘어갔다. 심지어 함경도절
도사 한극함 등을 결박한 채 왜군에게 투항까지 했다.

선조의 어가행렬이 평양에 도착했을 때 왜군은 이미 대동강에 이르고
있었다. 그들이 화의를 요청해오자 이덕형은 단독으로 사신 겐소와 회
담하며 불법침략에 대해 강력히 공박했다. 이덕형은 배 한 척에 몸을 싣
고 대동강 한가운데서 그를 만났는데 당당한 기세에 모두 놀랐다고 한
다. 훗날 겐소는 이덕형을 일컬어 '위급한 상황임에도 말할 때 조금도
흐트러짐이 없어 도저히 따라가지 못할 사람이다.'는 감회를 남겼다.

"경은 지금 당장 요동으로 가서 조선의 급박함을 알리시오."

숙천에 이르러 선조의 명을 받은 이덕형은 서둘러 길을 떠났다. 밤낮으로 달려 요동에 도착한 그는 명나라 순무도어사 학걸을 보자마자 뜰에 서서 통곡했다.

"지금 조선은 바람 앞에 등불로 하루가 위태한 상황이외다. 명국의 도움이 조선의 운명이라 세 필이나 되는 말이 지쳐 쓰러질 때까지 달려왔소."

이덕형의 비분강개한 모습을 보던 학걸은 '본진의 군사 3천 명을 조발해 부총병 조승훈으로 하여금 인솔하게 하고 유격장 사유를 부참장으로 삼아 곽몽징, 왕수신, 대조변 등을 딸려 급히 보냈다.'(《백사집》)

정주까지 선조를 호종한 이덕형은 다시 청원사로 원군을 요청하기 위해 명나라에 파견되었다. 이에 관련해 흥미로운 이야기가 전해진다. 명나라는 건주여진 추장 태조 누르하치의 위협으로 신경이 곤두서있었다. 그 상황에서 누르하치가 '조상의 나라'를 위해서라며 조선에 원군파병을 제의해왔다. 조선은 이를 거부한 상황에서 명나라에게 손을 내밀고자 했다. 하지만 명나라는 원군파병에 대한 의사가 불투명했다. 이덕형이 만나게 될 총병관 양소훈은 아예 의지조차 갖고 있지 않았다. 이덕형은 누르하치가 보낸 친서를 이용하기로 했다.

이덕형은 친서 원문인 '함께 풍신수길과 싸워 조선의 병화를 덜어주겠다(相戈平秀吉 消除朝鮮兵禍).'는 것을 '함께 풍신수길과 화친해 조선의 병화를 덜어주겠다(相成平秀吉 消除朝鮮兵禍).'로 '戈'에 두 획은 더 그어 '成'이 되도록 변조한 것이다. 명나라로서는 건주여진이 호시탐탐 위협을 가하고 있는 현실에서 왜군과 손까지 맞잡는다면 더욱 위기였다.

명나라 원군을 약속 받고 돌아온 이덕형은 대사헌이 되었다. 한성부판윤으로서 명나라 이여송의 접반관이 되어 전란 내내 함께 행동하기도 했다. 그 후 병조판서, 이조판서 등을 거치고 선조 30년(1597) 왜군의 제2차 침략인 정유재란이 일어나자 명나라 양호를 설득해 한성부의 방어를 강화하는 데 심혈을 기울였다. 직접 명군과 경상도 울산까지 동행하면서 그들을 격려하며 돕는 일도 잊지 않았다.

이덕형의 우의정 승진에 한몫을 한 것이 양호였다. 그는 젊고 기가 센 편으로 세상 모든 선비를 경시하는 성향을 보여 대부분 두려워하고 있었다. 선조의 명에 따라 이덕형이 그를 접대하게 되었다. 이덕형의 일처리를 지켜보던 양호는 재능을 인정한다면서 감복해했다.

"이덕형이라면 우리 조정에서도 당연히 예복을 입고 묘당에 있을 사람인데 아직 그 정도의 관직에 있다니 이해할 수가 없소이다."

그 말을 들은 선조에 의해 이덕형은 곧바로 우의정이 되었다. 이어서 좌의정에 올라 훈련도감도제조를 겸했다. 영의정에 먼저 오른 것은 이항복으로 선조 33년(1600)의 일이었다. 이덕형은 판중추부사로 사도체찰사를 겸하면서 전란 뒤의 민심 수습과 군대 정비에 열정을 다했다. 그가 마침내 영의정이 된 것은 선조 35년으로 대마도정벌을 건의했으나 뜻을 이루지 못한 아쉬움을 접은 채였다.

이항복이 이덕형을 호성공신(扈聖功臣)에 녹훈할 것을 건의했을 때의 일이다. 누구보다 이덕형의 공을 잘 알고 있던 선조가 반색하며 말했다.

"이덕형이 조각배를 타고서 왜적과 만난 것은 몸을 잊고 나라를 위하는 사람이 아니면 불가능한 일이었다. 그를 호성공신에 올리도록 하라."
〈〈묘지〉〉

그러나 이덕형은 자신의 부족함을 들어 고사하는 내용의 차자(箚子, 간단한 서식의 상소문)를 올렸다. 평소 이덕형을 시기하던 대신 가운데 하나가 기다렸다는 듯이 어전에서 차자를 들어 보이며 열을 올렸다.

"이는 모두 진심일 터이니 사양하는 것은 당연하옵니다."

좌우에 앉은 신하들의 공방이 치열한 끝에 결국 녹훈되지 못했다.

이덕형이 영중추부사가 된 선조 39년(1606) 선조의 계비 인목왕후 김씨가 영창대군을 낳았다. 전란으로 의기소침해 있던 선조에게는 커다란 기쁨이자 미래였다.

실권세력 북인마저 영창대군 지지의 소북파와 광해군 지지를 내세운 대북파로 나눠진 상태였다. 그런 가운데 광해군은 자신을 적극 지지하는 대북파에 의해 왕위에 올랐다. 또 한 사람 군(君)과 반정의 역사를 예고하는 일이었다.

광해군의 신하로 살기

광해군은 국난에 대비한다는 대의명분 아래 피난지 평양에서 비로소 세자라는 자리에 앉을 수 있었다.

"하루속히 세자를 세워 국본을 안정시켜야 하옵니다."

이덕형의 강력한 주장에 의해 이루어진 일이었다. 분조 책임자가 된 광해군은 평안도, 강원도, 황해도 등지를 돌면서 민심수습과 군사모집에 최선을 다했다. 한성부를 수복한 뒤에는 도성 방위에 심혈을 기울였고 정유재란 때는 전라도와 경상도로 달려갔다. 그곳에서 군사들 독려와 병기 및 군량조달에 노력을 아끼지 않았다.

어렵게 왕위에 오른 광해군은 의외로 용상이 위태롭다는 현실을 절감했다. 영창대군을 지지했던 소북파 영수인 유영경과 그 일파들부터 제거해버렸다. 광해군의 심중을 헤아리고 있던 대북파 영수 이이첨 등 사헌부와 사간원 대간들의 주청에 의한 것이었다.

광해군은 방계출신으로 왕위에 올라 고뇌했던 아버지 선조처럼 콤플렉스에서 벗어나지 못했다. 왕의 권위를 인정받기 위해 서자라는 수식어부터 떼어내야만 하는 처지였다. 생모인 공빈 김씨를 왕후로 승격시키는 일부터 도모했다. 만약 가능하다면 어머니는 의인왕후 박씨 뒤를 잇는 선조의 계비가 되고 자신은 부왕의 적자가 되는 셈이었다. 적모로 대접하고 있는 대비 인목왕후 김씨에 대한 부담감에서 해방되는 효과도 얻을 수 있었다. 바람처럼 녹록한 일은 아니었다. 자신의 권위를 부정하는 조정대신들과 명나라로부터의 추인문제가 남아있었다.

명나라에서는 적통이 아니고 형 임해군이 있는 상황이라며 왕으로 인정을 해주지 않고 있었다. 그때 진주사로 명나라에 파견된 것이 이덕형이었다. 그는 거의 반년이나 걸린 여정 끝에 책봉승인의 칙서를 받아왔고 다시 영의정에 올랐다.

"오, 경이야말로 나의 진정한 신하로다!"

이덕형이 비록 남인이었어도 광해군은 극찬하지 않을 수 없었다. 홀가분함도 잠시뿐 그는 뜻하지 않은 장벽과 만나야 했다. 형 임해군이 역모를 도모했다는 고변에 이성을 잃었다. 임해군을 유배시키려고 하자 대북파의 입김을 받은 삼사 대간들이 사사까지 강력히 요구해왔다. 사태의 심각성을 깨달은 이덕형이 고했다.

"임해군의 모반에 대한 죄상이 완전히 드러나지 않았거늘 무엇으로 극형에 처할 것인지 소신은 납득할 수가 없사옵니다."

광해군이 갈피를 잡지 못하자 며칠 뒤 이산해, 이항복 등과 함께 다시 입을 모아 진언하기도 했다.

"임해군을 절도에 귀양 보내시더라도 끝까지 그 목숨만은 보전케 하는 것이 전하의 지극한 덕인 줄 아옵니다."《하담파적록》

정치적 포석이었는지 아니면 우애에서 우러나온 것인지 광해군도 처음에는 임해군을 엄벌할 생각은 없었다. 일단 임해군을 강화도 교동으로 유배를 보냈는데 돌연 죽었다는 소식이 날아들었다. 이이첨의 손끝에서 벌어진 일로 그곳을 지키던 별장 이정표에게 교살당한 것이다. 처음 임해군이 교동으로 갔을 때 이현영이 강화현감으로 있었다. 그는 이이첨과 인척인데 임해군을 살해해 화근을 없애라는 암시를 거부했다. 이이첨은 죄수 감시에 소홀했다는 죄목으로 그를 탄핵해 옥에 가뒀다. 그리곤 '이직을 후임으로 보내 이정표를 시켜 살해하게 했다.'(《낙전당집》)

명나라의 책봉승인을 받고 임해군이라는 가지를 쳐내고 어머니의 추존을 이뤘다고 해서 광해군의 왕권이 안정된 것은 아니었다. 나이 어려도 적자라는 부정 못 할 이름의 영창대군이 남아있었다. 왕권에 가장 부담스러운 존재였다. 그마저 쳐내기 위해 혈안이 돼있던 대북파에게 절호의 기회가 찾아왔다.

광해군 5년(1613) 박응서와 서양갑 등 대갓집 서자 7명이 경상도 문경의 새재(조령)에서 은(銀) 상인을 살해한 사건이 일어나자 영창대군을 연루시켰다. 그들은 서자라 관직에 오를 수 없는 처지였다. 정체된 현실에 울분과 불만을 품은 채 생사를 함께한다는 맹세 아래 경기도 여주 북한강변에서 모여 살고 있었다. 강변칠우, 죽림칠현 또는 무륜당 등으로 자칭하며 생활하다 살인강도를 저지르게 된 것이다.

그들이 압송되는 사이 발 빠른 이이첨이 포도대장 한희길과 강화부사 정항에게 미리 언질을 넣었다. 계축옥사의 막이 올랐다.

"이 사건은 대비의 부친인 김제남과 영창대군이 연루된 것이네."

한희길과 정항은 박응서에게 시키는 대로 진술만 하면 목숨은 살려주겠다고 회유했다. 박응서가 순순히 응했다.

"박응서 일당이 자백하기를 자신들은 단순한 강도가 아니라고 했사옵니다. 장차 도모할 거사를 위해 병기와 양식을 준비하고 연흥부원군 김제남과 내통해 영창대군을 추대하려했다고 하옵니다."

정항이 상주한 내용을 들은 광해군이 분노하며 직접 국문에 나섰다. 광해군 앞에 끌려나온 박응서가 말했다.

"참용은 일어나지 않고 거짓 여우가 먼저 울었다는 내용의 격문을 돌린 바 있사옵니다. 여기서 참용은 영창대군을 말하는 것이고 거짓 여우는 바로 전하이옵니다."

서양갑은 함께 끌려온 어머니와 누이가 매를 맞자 광해군을 향해 고함쳤다.

"전하가 세 가지 죄를 범해 거사하려고 한 것인데 왜 우리를 역적이라 하시오? 전하가 아버지를 죽이고 동복형을 죽이고 또 아주머니 항렬에 있는 존속친을 간음한 일까지 있지 않소?"

이를 갈며 듣고만 있던 광해군이 나지막이 물었다.

"그래, 이 모두를 시킨 자가 누구더냐?"

서양갑은 주저없이 김제남이라고 불었다. 그는 광분한 광해군이 김제남을 시작으로 인목대비 김씨와 영창대군까지 모두 죽이면 성난 백성들에 의해 쫓겨날 것으로 판단했다.

김제남이 투옥되자 모두가 극형을 면치 못할 것이라고 했다. 이덕형은 이항복을 만나 구원해주지 못하고 있는 안타까운 심정을 나눴다. 그때 평산부사 이귀에게서 서찰이 날아들었다.

"고금 천하에 계모의 아버지를 죽이면서 자식노릇을 하겠다는 도리가 어디 있겠습니까. 연흥부원군을 구하지 못하면 대비의 폐위를 초래하게 될 것입니다."(《묵재일기》)

이덕형이 어떤 변론조차 소용없을 만큼 사태가 불리하다고 답하자 다시 서찰을 보내왔다.

"예로부터 아버지와 임금을 죽이는 일도 모두 불리한 상태에서 시작되었습니다."

이귀는 이서, 김자점, 김류 등과 함께 광해군을 몰아내게 되는 인조반정의 주역 가운데 하나다. 그의 의지를 간파한 이덕형은 탄식 말고는 세상에 내밀 것이 없는 자신을 원망했다.

호랑이의 인도를 받으며 가다

서양갑의 추측대로 광해군은 피를 불렀다. 김제남은 사약을 받았고 아들 셋도 화를 입었다. 부인과 며느리, 손자는 겨우 목숨은 구했지만 제주도로 유배되었다. 영창대군을 지지하던 일부 대신들도 처벌을 피할 수 없었다.

인목대비 김씨는 아무것도 모르고 있다가 김제남이 죽은 지 4일 후에야 소식을 전해 들었다. 친정의 멸문지화를 슬퍼할 겨를도 없이 아들 영창대군의 운명에 오열했다. 김씨는 영창대군을 부여안고 놓아주지 않았다. 광해군은 힘센 궁녀 10여 명을 풀어 영창대군을 김씨에게서 강제로 빼앗았다. 그리고 서인으로 강등한 뒤 강화도 영락전에 위리안치 시켰다.

광해군 5년(1613) 이이첨의 사주를 받은 삼사에서 영창대군의 처형과 인목대비 김씨의 폐모론을 들고 나왔다. 이덕형은 이항복과 함께 적극 반대하며 그들과 맞섰다. 철퇴를 먼저 맞은 것은 이항복이었다. 그는 인재 천거를 잘못했다는 대북파의 맹공에 밀려 조정을 떠나야 했다. 그는 홀가분히 한성부 북쪽 노원촌에 동강정사를 짓고 동강노인으로 자칭하면서 지냈다.

이항복이 떠나자 이덕형은 허전함을 달래지 못했다. 매일 '국사를 생각하면서도 임금에게 누를 끼칠까 우려했고 집으로 돌아와서야 천장만 쳐다보며 소리 없이 울고 음식을 물리친 채 오직 냉주(冷酒)만 찾아 마실 뿐이었다.'(《백사집》) 대북파는 이덕형에게 앞장서 영창대군 사사와 인목대비 김씨의 폐모를 주장하라고 압박을 가해왔다. 이덕형은 거부한다는 차자를 올려 자신의 뜻을 분명히 밝혔다. 격분한 대북파가 역적의 편을

든다며 극형에 처할 것을 주장하자 광해군은 윤허하지 않고 관직만 삭탈하게 했다.

이덕형도 모두 벗어던지고 경기도 양주의 용진으로 향했다. 그가 한성부를 떠나갈 때 세간에 '큰 호랑이가 이덕형이 탄 말 앞에 엎드려있다가 인도해주고 갔다.'(《속잡록》)든가 '신인(神人)이 가마를 갖고 와서 맞이해갔다.'(《일월록》)는 등의 말들이 생겨났다. 누군가 강가에서 이덕형을 기다리고 있다가 지어주었다는 시의 일부도 전해진다.

집은 강 서쪽 광릉에 있다네　　　　　(家在廣陵江水西)

농염한 국화꽃은 어찌하여 늦게 피나　　(黃花艶艶節何晩)

쓸쓸히 지는 낙엽에 바람 더욱 차구나　(落葉簫簫風更凄)

〈중략〉

창 앞 두견새가 돌아가기를 재촉하니　　(窓前杜宇催歸去)

유인이 옛 집 그리워함을 아는 듯해라　(似識幽人戀舊栖)

* 유인(幽人) : 난세를 피해 조용한 곳에 숨어 사는 사람.

모두가 애석해하는 가운데 이덕형은 용진 자그마한 별저에서 나랏일을 걱정하며 조용히 지냈다. 그러다 병을 얻어 그해를 넘기지 못하고 53세로 숨졌다. 그의 죽음이 알려지자 이항복이 달려와 통곡했다. 이항복은 대렴에 참관하며 울먹였다.

"내가 먼저 패해 물러나자 그대가 고립되어 할 말을 다하지 못한 채 죽었구려. 지사(志士)로 하여금 천추의 눈물을 흘리게 했으니 내가 그대를 그르쳤다네."(《백사집》)

이덕형이 죽던 날 '기이한 구름이 하늘을 가려 모두를 눈부시게 했다.'(《속잡록》)고 한다. 고을 아전과 백성들이 음식을 가져오고 수의를 만들어 바치는 등 그의 죽음을 애도했다. 광해군도 부음을 듣고는 안타까워하며 이덕형의 복작을 명하고 시호 '문익(文翼)'을 내렸다. 광해군은 이덕형을 각별하게 여길 수밖에 없었다. 자신을 세자로 세우는 데 앞장섰으며 직접 명나라에 가서 승인을 받아왔으니 은인이나 마찬가지였다. 하지만 끝내 그의 진언을 가슴에 새기지 못했다. 그로 인해 폐군이 되니 훗날 제주도에서 유배생활을 마감하며 더 아쉬워했으리라.

조선 중기 문신이자 학자 정경세의 시문집 《우복집》에 이덕형이 요약되어 있다.

'이덕형은 마음이 밝고 풍도가 엄정해 모두 스무 살이 되기 전에 정승이 될 그릇으로 기대했다. 타고난 자질이 매우 뛰어났어도 겸손함과 근신함으로 스스로를 낮춰 자랑하지 않았다. 평소에는 무능한 것처럼 보였으나 일에 임하면 영특한 기운이 용솟음쳤다. 조정에 선 지 34년 동안 일신을 돌보지 않고 노력해 마침내 중흥의 대업을 도와 이룩했다. 그러나 도리어 자신이 부족하다며 공이 있다고 자처하지 않았다. 사람들을 대할 때는 늘 웃는 얼굴로 온화한 기운이 상대에게 스며들게 만들었다.'

이덕형은 광해군 즉위 초부터 이미 윤리와 기강이 무너져 국운이 쇠할 것을 염려해 진언을 아끼지 않았다. 하지만 언로가 막히고 대북파의 전횡과 참소는 광해군에게 칼을 들게 했다. 이때부터 조정의 정치는 혼란에 빠져 직언하는 대신들마다 축출되었다. 이덕형과 이항복 그리고 이원익을 혼용무도(昏庸無道)의 나라를 바로 세울 혼조삼이(昏朝三李)라 일컬었으나 충성의 빛을 더는 발할 수가 없었다.

이덕형에게 있어 비참하게 죽은 영창대군, 유폐된 인목대비 김씨, 몰락한 광해군 그리고 인조반정이라는 피의 역사를 못 본 것이 그나마 다행일까. 만약에 살아서 그 과정들을 겪었다면 또 어떤 재치와 해학으로 처신했을지 궁금하다.

인조의
김자점

김자점(金自點, 재위 1646~1649)

내가 조선의
국가대표 간신이외다

좌의정 심기원이 역모죄로 능지처참에 처해지게 되자 그와 경쟁관계에 있던 우의정 김자점이 인조에게 주청했다.

"역적 심기원은 상률(常律)로 단죄해서는 아니 되오니 반드시 산 채로 팔과 다리를 자른 뒤 죽여 일벌백계로 다스리소서."

김자점은 감형도사를 불러 단단히 일렀다.

"목을 쳐 죽인 뒤 팔과 다리를 베는 것이 전례지만 저 역적은 그럴 필요가 없다. 먼저 팔과 다리를 벤 뒤 나중에 목을 쳐라."(《공사견문》)

감형도사는 속으로 '역적이라도 형벌의 절차는 옛 법을 따라야 하거늘 새 법으로 원수를 죽이려 하다니 저 역시 제 명에 죽겠는가?'고 원망했다.

마침내 집행관이 먼저 팔을 자르려 하자 형틀에 엎드려 있던 심기원이 놀라며 소리쳤다.

"이것이 무슨 형벌인데 팔부터 자르려 드는 게냐?"

집행관이 잠시 우물쭈물하더니 겨우 대답했다.

"우상 대감께서 명한 일이라 들었습니다."

심기원의 입에서 저주가 터져 나왔다.

"나를 대신해 김자점에게 전해주게나. 너도 반드시 이런 형벌을 당할 것이라고!"

7년 후 김자점도 '산 채로 능지처참의 형벌을 받았고 그 후 이 법은 폐지되었다.'(《청성잡기》)

능지처참은 연산군과 광해군 대에 가장 많이 집행되었고 인조가 엄금한 바 있으나 폐지되지 않다가 고종 31년(1894) 갑오개혁 때 완전히 없어진다.

유배지에서 눈이 멀어 죽은 유자광, 처형 뒤 부관참시까지 당한 임사홍과 함께 조선 3대 간신으로 불리는 김자점의 최후였다.

뇌물로 반정을 하다

김자점(1588~1651)은 조선 중기의 문신으로 이귀, 이서, 김류 등과 인조반정으로 인조를 왕위에 앉힌 뒤 출세가도를 달린 인물이다. 효종 즉위 후 송시열 등 사림파의 등용으로 북벌론이 대두되었을 때 청나라에 누설했고 유배 후 아들 김익의 역모사건이 벌어지자 처형되었다. 본관이 안동(安東)인 그는 성삼문과 함께 단종복위를 도모하다 배반한 김질의 후

손이다. 아버지는 현감 김탁이고 어머니는 명나라에 가서 '종계변무'에
관한 오해를 푼 좌의정 유홍의 딸 기계 유씨다.

문신이자 학자 성혼에게 수학한 김자점은 음서제로 출사해 병조좌랑
까지 이르렀으나 잠시 멈춰서야 했다. 인목대비 김씨의 폐모론에 반대
하며 대북파와 맞서다 정계에서 축출되었다.

대북파는 광해군 10년(1618) 경운궁(덕수궁, 일명 서궁)에 유폐시킨 인목
대비 김씨를 더 몰아세우고 있었다. 그들은 김씨가 강변칠우 사건과 연
루되고 궁궐에서 저주를 일삼고 있기에 아예 폐모해야 한다고 주장했
다. 김씨는 고립무원 속에서 광해군을 원망하며 지내는 처지였다. 출입
문을 봉쇄하고 자물쇠까지 이중삼중으로 채워놓은 상태에서 감찰관원
이 밤낮으로 지키고 있었다. 이 상황을 《광해군일기》에는 아직 '폐하
다.'는 한 글자만 써넣지 않은 상태라고 기록되어 있다.

광해군은 생모 공빈 김씨가 명나라로부터 책봉을 받았고 인목대비 김
씨가 역모사건에 연루되어 있어 왕권강화에 어느 때보다 자신감이 넘쳤
다. 대신들의 눈치 따위는 보지 않아도 될 상황이었다. 영창대군이 죽고
4년 동안이나 김씨의 폐모론을 놓고 찬반으로 엇갈린 상소가 연이어 올
라왔다. 폐모론을 끝내 반대하는 영의정 기자헌과 중추부로 자리를 옮
겨있던 이항복을 비롯한 몇몇을 귀양 보냈다.

《홍길동전》의 저자 허균도 죽음을 면치 못했다. 그는 강변칠우를 배경
으로 한 이 소설에 적서차별 타파와 사회상 풍자를 담아냈다. 하층민까
지 모두 읽을 수 있도록 한글로 썼다. 허균은 사회가 혼란스럽고 인목대
비 김씨까지 폐모하려고 하자 동지를 모아 반역을 도모하다 발각되어
능지처참에 처해졌다. 이이첨이 행여 자신과의 야합이 발설될지 몰라
처형을 강력히 주장한 결과이기도 했다.

유폐된 인목대비 김씨는 새로운 위기에 몰렸다. 폐모론에 가담했던

조정대신들은 김씨가 행여 권력을 되찾을까 경계하는 분위기였다. 그들은 미리 재앙의 근원을 없애려고 은밀하게 움직였다.

광해군 14년(1622) 12월, 어둠을 틈타 암살단이 경운궁으로 잠입했다. 잠깐 잠이 들었던 김씨는 꿈에서 피하지 않으면 죽을 것이라는 선조의 목소리를 들었다. 잠에서 깬 김씨가 흐느끼자 궁녀가 달려와 이유를 물었다. 자초지종을 들은 궁녀는 자신이 대신 침소에 누워있겠다고 했다. 김씨는 궁녀를 두고 밖으로 빠져나와 간발의 차로 목숨을 건질 수 있었다. 궁녀는 막 들이닥친 암살단의 창에 의해 절명했다.

김씨의 가슴에는 광해군과 그를 지지하는 무리들을 죽이겠다는 일념으로 가득 찼다. 그 바람은 현실이 되어 햇살로 비쳐졌다. 유폐된 지 5년째 되던 해 인조반정이 일어났다.

김자점은 처음 최명길, 심기원과 함께 사돈 관계에 있는 이귀를 중심으로 반정을 모의하고 있었다. 그동안 대북파에 밀려있던 서인들에게 김씨의 유폐는 반정을 도모하기 위한 그럴 듯한 명목이었다.

"학덕 높은 유생들의 불만을 이용하면 거사에 도움될 것이오."

김자점의 말대로 추진하려고 하다가 이서와 신경진이 보다 구체적인 얼개를 짜고 이귀와 김류 등의 문신과 의기투합하게 되었다. 선조의 서손인 능양군(인조)을 왕으로 추대한다는 계획 아래 광해군 15년(1623) 3월 깊은 밤, 칼을 뽑아들었다. 인조는 직접 군사들을 이끌고 달려가 '창의문을 부수고 북을 울리면서 곧장 창덕궁으로 향했다.'((계해정사록)) 창덕궁에는 반정군에게 포섭된 훈련대장 이홍립의 협조가 기다리고 있었다. 훈련도감 소속 군사들이 딴청부리듯 허공을 바라보며 성문을 활짝 열어주었다.

하루아침에 정세가 뒤바뀌자 대북파는 땅을 치며 후회했다. 그동안 그들은 반정의 낌새를 알아차리고 몇 차례 상계했지만 광해군이 귀넘어

들었다. 광해군 곁에 붙어 매관매직과 뇌물수수 등 온갖 비리로 재물을 끌어다 주고 있던 상궁 김개시 탓이었다. 일종의 경제공동체인 그녀가 중간에서 결코 그런 일은 없을 것이라며 사리판단에 먹물을 끼얹었다.

"지금 들려오는 공론은 모두 하찮은 것이옵니다. 역모라니 말이나 되는 소리이옵니까?"

《광해군일기》에 보면 현실을 직시하지 못한 채 술과 여인에 빠진 광해군의 잘못이 컸음을 알 수 있다. 인조반정 직전 광평대군(세종 5남)의 후손 이이반이 길에서 친구인 이후원을 만났을 때 곧 반정이 일어날 것이라는 말을 들었다. 이이반은 그 길로 고변을 했고 반정계획은 사전에 발각되었다. 하지만 그 시각 어수당에서 여인들을 끼고 연회를 즐기고 있던 광해군은 술에 취해 재가하지 않았다.

반정의 성공은 김자점이 거사 직전 누설방지를 위해 곳곳의 입을 막아둔 덕분이기도 했다. 광해군이 가장 신뢰하고 있는 김개시도 매수했다. 그녀가 정변의 소문을 듣고 의심하던 차에 김자점이 얼른 뇌물공세를 펴 자신을 믿게 만들었다. 김자점이 김개시에게 접근할 수 있었던 것은 이귀의 딸 이여순 덕분이었다. 그녀는 김자점의 동생 김자겸과 혼인을 했었다. 김자겸이 병약해 일찍 죽는 바람에 과부가 되어 비구니로 살았다. 그 후 예순으로 불린 그녀는 미모와 학식을 겸비해 사람들에게 존경을 받았다. 경기도 의정부 사패산 화룡사 주지로 있을 때 궁녀들이 많이 따랐고 특히 김개시의 총애를 받게 되었다.

김개시는 정변의 소문이 떠돌자 예순에게 물었다.

"네 아비인 이귀와 김자점이 세상을 뒤집는다고 하는구나."

예순은 이미 알고 있었으나 절대 모른다며 발뺌을 했다.

"그럴 리가 있겠습니까? 전부 뜬소문에 불과합니다. 소승의 아비는 아무런 힘도 없는 학자고 시아주버니 김자점도 글을 읽는 선비에 지나지 않습니다. 그런데 어이 음모를 꾸미겠습니까?"

예순에게서 이 일을 전해들은 김자점은 김개시 품에 금은보화를 가득 안겼다.

반정군의 마지막 칼날이 번뜩였다. 운종가(현 서울시 종로구 종로 사거리)에 진을 치고 백관이 차례대로 서서 '역적괴수 이이첨, 정조, 윤인, 이홍엽, 이익엽, 조귀수, 박응서, 한희길 등의 목을 베었다.'(《계해정사록》) 정인홍과 유희분 등의 목도 온전하지 못했다.

궁궐 담을 넘었던 광해군은 의관 안국신 집에 숨어들었다가 체포되었다. 그는 인목대비 김씨가 있는 경운궁 앞까지 끌려왔다.

"광해의 목을 베어 달아놓은 다음에야 나갈 것이다!"

김씨의 호령에 인조는 광해군과 함께 밤늦도록 밖에서 대죄를 청했다. 김씨는 광해군의 폐위 이유로 36가지 죄목을 내세웠다. 광해군을 강화도 교동에 위리안치 하라는 명이 떨어졌다. 강화도로 가는 뱃길에서 부인 문성군부인 유씨가 간청했다.

"이렇게 살다가는 더 초라해지니 차라리 배에서 뛰어내리소서."

광해군은 스스로 죽을 용기도 없었다. 강화도 교동에서의 유배생활 2개월째가 되던 날 폐세자 질이 반정을 꿈꾸며 밤마다 몰래 담 밑으로 땅굴을 팠다. 그러나 한 달 후 완성한 땅굴을 통해 도망치려다 군졸들에게 발각되었다. 질의 품에는 은과 쌀밥 덩어리, 황해도관찰사에게 보내는 서찰이 들어있었다.

의금부도사가 파견되자 질은 부인과 함께 방으로 들어가 목을 맸다. 아들의 자살소식을 전해들은 유씨도 질이 머물던 방에서 합장한 뒤 기둥에 목을 매 죽었다. 실록에는 질은 사약을 받고 죽었으며 유씨는 병사했다고 기록되어 있다.

인목대비 김씨는 광해군을 살려둔 인조가 몹시 못마땅했다. 아들 영창대군의 원귀를 달래기 위해서라도 속히 광해군을 죽여야 한다는 갈망 뿐이었다. 그녀의 염원과는 달리 광해군은 부인과 아들 부부가 죽은 뒤에도 모진 목숨을 이어가고 있었다.

그 후 광해군은 교동을 떠나 제주도로 옮겨진다. 현실을 더 확실히 깨닫게 된 그는 모든 것을 포기하기로 마음먹었다. 자신을 감시하는 별장에게 안방을 내주고 비좁은 아랫방에 살면서도 불평 없이 지냈다. 심부름꾼 나인이 대놓고 '영감'이라고 불러도 전혀 화를 내지 않았다. 궁궐이 아닌 곳에서 재위기간 15년보다 긴 18년을 묵묵히 살아온 그에게도 마지막은 찾아왔다. 67세가 되던 인조 19년(1641) 어머니 무덤 발치에 묻어달라는 유언을 끝으로 숨졌다.

인목대비 김씨는 끝내 한을 풀지 못한 채 광해군이 죽기 9년 전 먼저 세상을 떠났다.

왕의 심중도 모르고

김자점은 호위대장이 된 신경진 휘하의 종사관으로 임명되었다가 호조좌랑을 거쳐 동부승지로 승진했다. 그가 정사(靖社) 일등공신에 책훈된 것은 공적보다는 실세였던 김개시에게 뇌물을 준 덕분이었다.

김자점은 광해군 대에 정승인 박홍구와 조정 등이 인사권을 행사하려는 것을 제지하고 이귀가 담당할 수 있게 만들었다. 그는 어느 정도 입지를 세웠다는 것에 만족하지 않고 주변 사태를 직시했다. 반정의 두 주역인 이귀와 김류가 서로 대립하게 되었다. 그는 재빠른 처신으로 김류쪽에 가담하는 순발력을 보였다.

출세가도를 달리기 시작한 김자점은 순검사와 한성부판윤에 재직하면서 능력을 인정받고 강직하다는 평판까지 얻었다. 다만 급한 성격에 다혈질이라서 업무상 소소한 좌충우돌이 벌어지고는 했다. 반면에 인조는 그를 탐탁지 않게 여겼다. 비록 손에 피를 묻히고 왕이 되었어도 그는 민심을 얻고자 애를 썼다. 매사 조심하며 피와 눈물을 부르지 않는 정치를 하고자 했다. 문초와 형벌에 민감해진 것도 그 때문으로 의금부에서 죄인을 고문하겠다고 하면 미간부터 찌푸렸다.

"죄인 또한 사람인데 어찌 혹독히 고문해 그 생명을 상하게 할 것인가. 반드시 살피고 조심해서 억울함이 없게 하라."(《지장》)

그런 인조에게 강직할지는 모르나 거칠고 사나운 성격으로 일처리를 하는 김자점은 반가운 인물이 아니었다. 그러나 정변에 공을 세운 조정 대신 모두가 강경파라 바짝 긴장해야만 하는 것이 현실이었다. 그들의 입김을 무시할 수 없는 처지였다. 설상가상 그들은 광해군과 연루된 자가 있으면 무조건 죽이자는 주장을 펴고 있었다.

긴장 속에서 살얼음판을 걷고 있는 인조의 등에 돌덩이를 얹는 일이 발생했다. 서인세력 안에서도 갈등이 생겨났다. 인조반정 때 공을 세운 이괄은 자부심이 대단했지만 논공행상에서 제대로 된 대접을 받지 못했다. 그는 공훈의 등급을 논의할 때 '반정에 늦게 참여했다고 해서 이등으로 낮췄더니 몹시 불평을'(《하담파적록》) 하고 있었다. 팔도도원수 장만의 휘하 부원수라는 외직으로 내몰리기까지 하자 급기야 폭발했다.

인조 2년(1624) 서인에서 고변해왔다.

"이괄이 자신의 아들과 역모를 꾀했사옵니다."

그 아들을 먼저 체포하려고 하자 이괄이 난을 일으켜 19일 만에 한성부를 점령해버렸다. 인조는 서둘러 충청도 공주로 피난을 떠났다. 다행히 패주했던 관군이 전열을 가다듬어 맹공을 퍼붓자 대패한 이괄은 경기도 이천으로 줄행랑쳤다. 추격해온 관군의 공세가 계속되자 승산이 없다고 판단한 부하들이 이괄 등 주모자 9명의 목을 벤 뒤 투항해 난은 평정될 수 있었다.

이괄의 난이 일어나자 김자점은 가장 먼저 기자헌을 떠올렸다. 그는 인조반정 때 신하로서 왕을 폐할 수 없다며 거절의사를 비쳤고 인조가 즉위한 뒤 불렀으나 불응했었다. 평소 그에게 이를 갈고 있던 김자점이 혀를 놀렸다.

"기자헌은 능히 이괄에게 내응할 위인이오니 반정 때 반기를 들어 옥에 갇혀 있는 자들과 함께 처형하심이 옳은 줄 아뢰오."

기자헌은 그들과 함께 처형되고 가족도 몰살당했다. 김자점은 목에 더욱 힘을 주게 되었는데 그만 제동이 걸렸다. 인조 3년(1625) 소현세자 나이 14세가 되자 세자빈 간택령이 내려졌다. 남인 한성부판윤 이서가 윤의립의 딸 윤씨를 천거하자 인조는 삼간택에 포함시키라고 명을 내렸다. 모두가 윤씨를 흡족하게 여기는 분위기였으나 문제가 생겼다. 조정의 서인세력들이 윤씨는 절대로 안 된다며 배수진을 쳤다. 그들은 정권 유지를 위한 하나의 방책으로 국혼물실(國婚勿失)을 내세우고 있었다. 왕비는 반드시 서인 집안에서 내겠다는 원칙이었다. 세자빈으로 간택된 윤씨는 남인 윤의립의 딸이었기에 그들로서는 당연했다.

김자점이 인조 앞에서 강력히 주장했다.

"윤인발은 이괄과 함께 역모하다 죽은 역적이오니 그런 집안과 국혼을 한다는 것은 있을 수 없는 일이옵니다."

가뜩이나 강경파들의 눈치만 보고 있던 인조는 더 이상 참지 못했다. 김자점은 문외출송(門外出送, 도성 밖으로 내쫓는 중벌)에 처해졌다. 이귀 역시 반대한다는 내용의 상소를 뒤이어 올렸다. 연일 서인과 남인 간의 대립이 첨예화되자 인조도 어쩔 수 없었다.

야사에 의하면 소현세자는 윤씨를 한번 보고 사랑에 빠졌다고 한다. 그런데 그녀를 아내로 삼지 못하자 마음의 병을 얻어 방황하게 되었다. 설상가상 윤씨는 삼간택이 취소된 충격으로 목을 매 자살했다.

인조 4년(1626) 명나라에서 사신들이 왔다가 돌아가는 길이었다. 평안도 의주를 지나던 그들은 그곳 부윤이 베푼 연회에 참석하게 되었다. 마침 봄이라 온갖 새소리가 사방에서 들려왔다. 그 소리에 귀를 기울이던 명나라 사신 하나가 머리를 갸웃거렸다.

"새 가운데 최고의 소리를 내는 꾀꼬리를 으뜸으로 삼는데 조선에는 없소이까? 한성을 다녀오는 동안 한 번도 듣지를 못했으니 말이오."

의주부윤이 괴이한 생각이 들어 조심스럽게 대답했다.

"꾀꼬리는 태평성대를 즐기는 새인데 난이 생길 조짐이 있으면 자취를 감춘다고 들었소이다. 지금껏 실제로 그런 일이 몇 번 있었지요."

다음 해 후금의 침략인 정묘호란이 발발했다.

인조의 굴욕에 일조한 김자점

광해군 대는 명나라와 후금과의 관계에 있어 양쪽을 모두 잇는 중립정책을 펼쳤다. 후금은 광해군 8년(1616) 건주여진의 누르하치가 세운 나라로 명나라를 압박하고 있었다. 당시의 대륙 정세를 간파한 광해군과 대북파는 두 나라 간에 중립외교정책을 견지하며 후금과는 화평한 관계를 유지했다.

인조반정 후 서인이 집권하자 후금을 배척하는 친명배금정책(親明排金政策)으로 돌아섰다. 서인이 반정의 명분으로 내세운 것 가운데는 '광해군 정권이 두 마음을 품어 오랑캐에게 투항했다.'는 대목이 들어있었다. 광해군의 넓은 시야를 이해하지 못하고 시대착오적인 발상에 묶여있던 서인들로서는 당면정책일 수밖에 없었다.

명나라 장수 모문룡이 평안도 철산의 가도에 주둔하면서 요동을 회복하기 위한 움직임을 보이고 있어 후금에게는 위협적이었다. 조선마저 자신들에게 등을 돌린 채 명나라로 기울자 급기야 분노했다. 때마침 이괄의 난이 일어나 조선을 침략할 수 있는 빌미가 생겼다. 이괄의 잔당 가운데 몇몇이 후금으로 도망쳐와 인조 즉위의 부당성을 알리자 이를 구실삼아 인조 5년(1627) 3만 명의 군사를 이끌고 압록강을 몰래 건넜다.

후금군사들의 창칼 아래 안주, 평산, 평양이 차례로 짓밟히고 황주마저 점령당했다. 처음 의주를 급습한 그들은 사람을 시켜 남산에 올라가 소리치게 했다.

"성 안의 장수와 군사들은 무장해제하고 항복하라. 남녘에서 온 군사들도 모두 고향으로 돌아가라. 그렇지 않으면 기병의 말발굽에 짓밟혀 죽을 것이다!"《속잡록》)

장수들 대부분이 술에 만취되어 인사불성이라 성 안은 갈피를 못 잡고 공포에 떨뿐이었다. 지도자의 부재는 곳곳에서 이어졌다. 심지어 곽산군수 박유건과 정주목사 김진은 '식솔들과 함께 목숨을 구걸해 항복하고 머리를 깎았다.'《조야기문》) 또 '오랑캐가 그들의 부인과 첩을 범한 뒤 늘 장막 속에 두고 행군할 때는 두 사람에게 각각 그녀들의 말고삐를 잡게'《조야기문》) 했는데도 순순히 따를 뿐이었다. 나중에 박유건이 부인의 행실을 책망하자 역으로 불충을 꾸짖는 소리만 들었다고 한다.

조선의 군사가 무기력하게 개성까지 물러나자 인조는 다시금 도성을 버리고 피난길에 올랐다. 김자점에게 위기는 기회였다. 병권에 적임자가 없어 호위대장으로 등용된 그는 강화도까지 인조를 호종했다. 강화도로 피신한 인조는 조정대신들과 합의 끝에 최명길의 주장을 받아들여 화의를 청하기로 했다. 후금의 최종 목표는 조선이 아니라 명나라였기에 그들은 강화를 내세웠다.

"후금과 조선은 형제의 관계를 맺을 것, 양국 군사는 압록강을 넘지 않을 것, 화의 성립 후 군사를 철수시킬 것…"

형제관계를 맺자는 이 정묘화약으로 후금사태는 일단락될 수 있었다.

서로의 관계가 확실히 정리된 것은 아니었다.

김자점은 정묘호란 때 왕실을 호종한 공이 인정되어 도원수가 되었다. 그는 후금의 군사적 움직임에 대비할 목적으로 평안도에 파견되어 수비 체계를 바꾸는 등의 임무를 수행했다.

국호를 청으로 고친 후금이 그동안 유지했던 형제관계를 군신관계로 바꾸자고 제의해왔다. 황금 1만 냥, 군마 3천 필 등 종전보다 무리한 세폐와 정병 3만 명까지 요구했다. 인조는 척화론자의 주장을 받아들여 전국 팔도에 후금과의 관계를 단절한다는 교서를 내렸다.

인조 14년(1636) 12월, 청나라 태종 홍타이지가 10만 명이 넘는 대군을 이끌고 압록강을 건너 침략해왔다. 인조 대에 가장 큰 수치와 굴욕을 안겨준 병자호란이다. 조선호는 다시금 예측불가 거친 풍랑 위에서 위기를 맞게 되었다.

도원수 김자점은 황해도 황주의 '정방산성에 주둔하면서 공격보다는 지형이 험준하다는 핑계로 오직 수비에만 급급했다.'(《동계집》) 보다 못한 '부원수 신경원이 군사를 이끌고 성 밖으로 나갔다가 청군의 척후기병을 만나 사로잡히는 일까지 벌어졌다.'(《미수기언》) 심지어 김자점은 청군이 움직이자 하루에 다섯 번이나 봉화를 올려 알렸음에도 판단착오로 조정에 보고하지 않은 과오마저 범했다.

청군이 황해도를 지나 임진강 근처까지 도달했을 때 상원현감 김수인이 군사를 이끌고 토산으로 달려갔다. 그는 김자점이 싸울 의지조차 없는 것을 보고 크게 꾸짖었다. 김자점은 겸연쩍어하면서 겨우 한마디 했다.

"그대가 만약 먼저 공격한다면 내 마땅히 뒤에서 구원토록 하리다."

김수인은 그 말을 믿고 선봉에 섰다가 위기를 맞았다. 화살이 비 오듯 쏟아지는 가운데 김자점이 약속을 저버리고 나타나지 않자 '군사들은

흩어지고 아예 멀리 도망치는 자도 있었다.'(《도곡집》)

임진강 이북에서 청군을 저지해야 할 총책임을 맡은 것이 김자점이었다. 그는 소극적인 전투로 청군의 급속한 남하를 방관한 꼴이 되었다. 청군이 물밀 듯이 진격해와 인조는 궁궐을 떠나야 했다. 우선 세자빈 강씨와 원손, 봉림대군(훗날 효종), 인평대군 등을 강화도로 피난시켰다. 인조는 소현세자와 백관을 거느린 채 뒤따르려고 했으나 이미 청군이 길목을 끊어 남한산성으로 말머리를 돌렸다.

청나라 태종은 남한산성을 고립무원으로 만들었다. 겨울한파가 몰아쳐 동사하는 군사들이 속출했고 한 달이 넘게 지나자 성 안의 양식까지 바닥나 사기는 더더욱 떨어졌다. 총체적 난국 속에서 청군에 맞서 싸우자는 주전파와 화친하자는 주화파 사이에 첨예한 대결이 반복되다 항복하는 것으로 결정이 났다.

인조는 소현세자와 나란히 신하임을 증명하는 남융복을 입은 채 성문 밖으로 나갔다. 평생 씻지 못할 굴욕이 기다리고 있었다. 한강 상류 나루인 삼전도에 설치된 수항단에서 태종을 향해 세 번 무릎 꿇어 절하고 아홉 번 머리를 조아리는 삼배구고두를 행했다. 인조는 적에게 항복하고 맺는 모멸적인 강화 성하지맹 후에야 환도할 수 있었다. 청나라와 체결한 화약의 내용은 굴욕 일색이었다.

"조선은 청국에 대해 신하의 예를 다하며 명국과 단교할 것, 왕자와 대신들을 인질로 보낼 것, 매년 세폐를 보내고 한 번 조공을 바칠 것, 성과 요새를 짓지 않을 것, 청국이 명국을 칠 때 군사를 파견할 것…."

모욕감에 시달린 인조는 눈을 감을 때까지 이 순간을 잊지 못했다. 청나라 태종은 흡족한 성과를 안고 인조 15년(1637) 2월, 소현세자 내외와 봉림대군 그리고 그들의 가솔들까지 모두 볼모로 데려갔다. 주전파의 강경론자였던 홍익한, 윤집, 오달제 등 삼학사를 참형했고 김상헌도 잡아가 옥에 가뒀다. 귀중한 보물과 재물이 약탈당했고 끌려간 남녀노소 백성은 수십만 명에 달했다. 실록에는 수만 명으로 기록되어 있다. 조선은 절반 이상 난파된 것이나 마찬가지였다.

"아, 이는 지옥조선이로다!"

비탄에 젖은 인조를 더욱 옥죄는 일이 벌어졌다. 그 후 청나라는 삼전도에 태종의 송덕비를 세우라는 강요를 멈추지 않았다. 모두 비문 짓기를 꺼리자 대제학 이경석에게 강제로 떠맡겼다. 그는 '문자를 배운 것을 후회한다.'(《강화지》)며 통한의 눈물로 비문을 지었다. 비문을 옮겨 쓴 한성부판윤 오준은 붓 들었던 손을 돌로 쳐 불구로 만들었다.

병자호란이 끝나자 김자점에 대한 비난이 빗발쳤다. 간관들은 '김자점이 도원수에 부적합한 것은 어리석은 아녀자도 다 알고 있는 사실'(《명재유고》)이라며 치죄할 것을 주청했다. 김자점은 강화도로 위리안치되었다.

아, 이것이 능지처참의 고통이로구나

인조 17년(1639) 반청론자들에게 염증을 느끼던 인조는 우선 김자점을 위리안치에서 풀어 고향에 가있도록 조치했다. 김자점은 다음 해 강화유수로 제수된 뒤 호위대장에 재기용되었다. 그는 계속되는 비난 속에서도 인조의 비호를 받으며 승진을 거듭할 수 있었다.

내구력이 한층 강해진 김자점은 병조판서와 판의금부사를 거쳐 우의정에 오르고 인조 21년(1643) 사은사로 청나라에 다녀왔다. 다음 해 경쟁관계에 있던 심기원 등을 역모 혐의로 없애고 권력기반마저 확고히 했다.

청나라에 볼모로 있던 소현세자가 세자빈 강씨와 가솔들과 함께 귀국한 것은 8년 만인 인조 23년(1645)이었다. 1년 전 명나라가 망하자 청나라는 더 이상 소현세자를 잡아둘 필요가 없어졌다. 청나라 심양의 심양관에서 살았던 소현세자에게 많은 변화가 있었다. 그곳에서 다양한 문물을 접하며 사상까지 바꾼 상태였다. 반면 3개월 뒤에 귀국하게 되는 동생 봉림대군은 청나라를 여전히 원수로 여겨 복수할 날만을 기다렸다. 그동안 소현세자와 봉림대군의 일거수일투족은 《심양장계》를 통해 인조에게 그대로 전해졌다. 이는 시강원 신하들이 심양관의 일을 빠짐없이 기록해 보낸 보고문이었다. 인조는 봉림대군을 더 대견하게 여길 수밖에 없었다.

조선을 발전시키겠다는 부푼 꿈을 안고 귀국한 소현세자를 기다리고 있는 것은 인조의 차디찬 시선이었다. 김자점과 인조 애첩 귀인 초씨의 이간질도 한몫을 했다.

"세자저하께서 집에 단청을 했다던데 이는 궁궐의 장엄함과 권위를 나타내기 위한 단장인 줄 아옵니다."

김자점의 말에 조씨도 거들었다.

"부창부수라고 빈궁은 잡혀간 우리 백성들에게 농사를 짓게 하고 무역까지 벌이고 있다지 뭡니까요."

세자빈 강씨는 그곳에서 굶다시피 하는 조선 볼모들의 생계를 위해 벌인 일이었지만 인조에게는 달리 들렸다. 그는 소현세자가 축적한 재산으로 세력을 모은 뒤 청나라와 담합해 자신을 몰아낼 수도 있다는 위기에 몸을 떨었다. 가뜩이나 청나라가 자신보다 소현세자를 더 믿고 있는 형국이었다.

볼모생활의 감회를 묻는 인조에게 한 말이 소현세자의 운명을 바꿔놓았다.

"세조는 도량이 넓고 천하를 현명하게 바라보는 눈을 가진 분이셨습니다. 황공하게도 소자를 어여삐 봐주셔서 아끼던 이 벼루까지 선물로 주셨고…."

순간 인조는 화가 머리끝까지 솟구쳐 벼루를 소현세자에게 던졌다. 소현세자는 크게 상심해서 병석에 눕게 되었다. 학질이라며 어의 이형익이 해열을 위해 세 차례 시침했으나 소현세자는 4일 후 돌연 숨졌다. 세자가 침을 맞고 죽었음에도 인조는 오히려 이형익을 비호했다. 소현세자의 독살설이 정설로 굳어지게 된 배경 가운데 하나다. 《인조실록》에도 소현세자의 '시신은 새까맣게 변했고 7군데의 혈(穴)에서 피가 나왔다.'는 기록이 있다. 사약으로 죽은 사람들에게 나타나는 현상이다.

다음 해 세자빈 강씨에게도 죽음의 그림자가 뻗쳤다. 인조의 수라상에 올린 전복구이에 독이 발견되어 강씨가 그 죄를 뒤집어쓰게 되었다. 그녀를 구하고자 궁녀들이 억울함을 호소하다 무참히 죽어갔다. 조정대신들도 방어벽으로 나섰으나 소용이 없었다. 폐서인되어 궁궐에서 쫓겨난 강씨는 그날 사사되었다. 후환을 없애기 위함으로 칠순의 노모와 남은 피붙이들 역시 처형되거나 장살되었다. 어린 세 아들도 다음 해 제주도로 귀양을 갔다. 첫째 세손 경선군과 둘째 경완군은 의문의 죽음을 당하고 4세의 막내아들 경안군만 살아남았다.

좌의정을 거쳐 영의정에 올라 최고의 권력을 장악한 김자점은 귀인 조씨와 더욱 밀착했다. 손자 김세룡을 조씨의 소생인 효명옹주와 혼인까지 시켰다. 청나라 사신과 역관 정명수 무리들과 결탁해 청나라의 후원을 얻어 권력기반을 더 튼튼히 다져갔다. 청나라에서 포로가 되었던 임경업을 보내오자 고문 후 죽게 하기도 했다. 그는 명나라를 치라는 청나라의 명을 어기고 망명자 신세가 되었다가 잡혀온 길이었다. 사실 임경업이 청군에 쫓길 때 명나라로 피신할 수 있게 도운 사람이 김자점이었다. 김자점은 자신의 과거가 들통날까봐 심기원과의 역모 관련여부를 추궁한다며 가혹한 매질로 죽여 입을 막아버렸던 것이다.

유일한 후원자였던 인조가 죽자 김자점에게도 먹구름이 드리워졌다.

왕위를 물려받은 봉림대군 효종은 김집, 송시열, 이유태 등을 등용했고 이들은 즉시 그동안 전횡을 일삼던 김자점을 탄핵했다. 세자빈 강씨의 억울한 죽음이 바로 김자점과 귀인 조씨의 혀에서 야기되었다는 진실이 수면 위로 떠올라 사면초가였다.

"김자점은 국기문란으로 나라를 병들게 하고 조정을 혼란케 하는 자이오니 속히 귀양 보내 사직을 바로 세우고 그에게 아첨하는 무리들 역시 뿌리 뽑아 조정을 맑게 하시옵소서."

효종 1년(1650) 파면된 김자점은 강원도 홍천으로 유배되었다. 실각했다고 순순히 물러날 그가 아니었다. 역사의 한 획으로도 모자라 두 획을 긋고자 역관이며 심복인 이형장을 청나라로 보냈다. 효종이 옛 신하들을 몰아내고 청나라를 치려한다는 조선의 북벌계획을 알려버렸다. 그 증거로 내세운 것은 송시열이 작성한 장릉(인조 능호)의 지문(誌文)이었다. 그곳에 사용된 연호(年號)는 청나라가 아닌 명나라 것이었다. 조선이 청나라를 인정하지 않는 증거라며 효종을 고발한 것이다.

발끈한 청나라가 압록강 인근에 군사를 주둔시킨 채 '압박을 가하며 여섯 차례나 사신을 보내 문책하자 사태가 예측할 수 없는 상황으로 치달았다.'((송자대전)) 이때 영의정 이경석이 나서 잘 무마하는 바람에 위기를 넘길 수 있었다.

김자점이 다시 전라도 광양으로 유배되자 그가 재기할 가능성조차 없다고 판단한 귀인 조씨는 참담했다. 효종 2년(1651) 지난날의 부귀영화를 되찾고자 그녀가 선택한 방법은 푸닥거리였다. 무당 앵무를 불러 사람의 사체에서 떼어낸 뼈를 마당에 묻고 몇날 며칠 그 짓을 벌였다. 푸닥거리가 최종적으로 이루고자 하는 것은 아들 숭선군의 등극이었다. 그녀는 숭선군을 왕위에 앉히기 위해 김자점의 잔당과 은밀한 모의를 이어나갔다. 그러던 중 김자점의 아들 김익이 수어청 군사 등을 동원해 김집, 송시열 등을 제거하고 숭선군을 추대하려는 역모가 '해원령 이영과 진사 신호 등에 의해 고변되었다.'(《소아첨재》) 조정은 즉각 조씨와 연루자 모두를 잡아들였다. 김자점은 물론 손자 김세룡과 그 부인인 조씨의 딸 효명옹주 등도 포함되었다.

국문 끝에 역모사실이 드러났다. 김자점은 심기원의 예언대로 능지처참으로 생을 마감했다. 조씨는 사사되고 김세룡도 처형되었으며 효명옹주와 숭선군은 귀양 보내졌다. 김자점 집안에서 '주살된 자의 수가 세자빈 강씨 집안에서 주살된 자의 수와 같았다.'(《동춘당집》)고 한다. 한편 김자점의 심복 '이형장은 청나라에서 돌아오는 길에 파견된 의금부도사에게 잡혀 자백 후 수레에 의해 사지가 찢겨져 죽었다.'(《조야첨재》)

김자점은 공신으로 오직 권력 추구에만 몰두했다. 궁궐과의 비정상적인 유착을 통해 국정농단으로 위세를 쌓아갔다. 청나라에 대한 매국까지 일삼아 사림의 명분과는 크게 어긋나는 행적을 남겼다. 인조 대 이후 오랜 세월 비난의 대상이 될 수밖에 없었다. 그는 죽기 직전 웬만한 음식은 모두 딱딱하다며 오직 갓 부화한 병아리만 먹었다고 한다. 이가 부실해진 탓도 있겠지만 마지막에 가서야 나이 들수록 먹을 것이 많지 않다는 이치를 깨닫지 않았을까.

은산현감을 지낸 허후가 젊은 시절 북한산 승가사에서 글공부를 하고 있을 때의 일이다. 마침 유람하던 김자점이 잠시 들렀는데 허후를 보고는 마음이 끌려 온갖 아첨과 정성을 다했다. 그러나 허후는 그를 꺼려하며 사람들에게 말했다.

"그는 훗날 반드시 화의 우두머리가 될 것이야."(《미수기언》)

문신 이창원 역시 젊었을 때 김자점과 알고 지냈으나 '출세 후 행실이 의롭지 못한 것을 보고는 교유를 끊어버렸다.'(《동명집》) 이상질은 인조가 사친(私親)을 추숭하고자 할 때 극간하다가 유배를 갈 정도로 정직하고 강개한 인물이었다. 그가 일찍이 김자점에게 '마땅히 나라와 더불어 존망을 같이해야 하거늘 오직 사사로운 이익만을 도모하니 그 끝이 어디일지 모르겠다.'고 책망한 적이 있었다.

'후후, 충신과 간신은 한 글자 차이일 뿐이외다.'

김자점은 굽실거리며 속으로는 비웃었는데 결국 비참한 최후를 맞게 되었다.

김자점의 아버지 김탁이 사람들을 해치는 지네를 잡아 칼로 내리쳐 죽인 일이 있었다. 그때 피가 얼굴에 튀어 점처럼 남은 채 오랫동안 지워지지 않았다. 얼마 후 부인이 출산하자 감쪽같이 사라져 기이하다며 태어난 아들 이름을 자점이라 지었다고 한다. 김탁은 차츰 김자점이 지네의 피에 연관되어 태어났다는 것이 불길하기만 했다. 그 후 김자점이 인조반정 후 일등공신으로 출세가도 위에 서자 인조에게 재등용하지 말라는 상소를 올렸다. 인조는 대수롭지 않게 여겨 무시해버렸다. 김탁은 행여 김자점이 어떤 죄를 짓더라도 본인만 처벌하고 나머지 삼족은 무사하게 해달라는 다짐을 받아냈다. 역모에 연루된 김자점이 몇몇 피붙이들과 처형되었지만 나머지 일가는 목숨만은 구할 수 있었다.

김자점의 일가는 뿔뿔이 흩어졌다. 그 가운데 손녀 하나가 충청도 제천으로 귀양 가서 노비가 되었다. 그녀는 청나라 사람에게 관상술을 배워 사대부 집안을 드나들었는데 신통하게 대부분 적중했다. 간혹 '자기 집안의 억울한 일을 말할 때면 번번이 분개하면서 눈물을 흘렸고 평생 처녀로 살다가 일생을 마쳤다.'(《청성잡기》)

조선을 대표하는 간신 가운데 하나라는 김자점의 존재가 문득 새삼스러워지는 이유가 있다. 황해도에 정착한 그의 방계후손 중 한 명이 백범 김구다.

효종의

정태화

충익(忠翼) 정태화(鄭太和,
재임 1651~1654 1656~1658 1659~1667 1668~1670 1672~1673)

북벌을 꿈꾸는 왕 곁에서
무엇을 했나

선조의 딸 정위옹주 남편 유정량이 첩을 얻자 사간 정태화가 논핵을
벌였다.

"양반이 첩을 거느리는 것은 허용돼도 임금의 사위만은 불허하고 있
으니 잘못을 바로잡고자 하는 것이오!"

정태화가 뜻을 굽히지 않자 주변에서 우려를 했다. 동래부사로 임명
되어 막 임지로 떠나려던 동생 정치화도 찾아와 걱정을 늘어놨다.

"전창군은 형님하고 친분이 있고 열한 살이나 위면서 명색이 부마인

데 너무하신 거 아닙니까?"

"사간은 자고로 관리들의 잘잘못을 밝혀 고하고 임금마저 허물이 생기면 그 부당함을 간언하는 자리다."

정치화가 돌아간 뒤 곰곰 생각하던 정태화는 마음을 돌리기로 했다. 유정량은 영창대군을 옹립하려다 사사된 영의정 유영경의 손자이기도 했다. 광해군이 즉위하자 대북파의 탄핵으로 멸족의 화를 입을 때 유배되었었다. 더군다나 높은 관직에도 오를 수 없는 부마가 아니던가. 갑자기 동정심이 들었고 무엇보다 열 명의 아군이나 은인도 좋지만 단 한 명의 적을 만들고 싶지 않았다.

유정량의 집으로 찾아간 정태화는 직무상 불가피했다며 사죄하려고 했다. 하지만 유정량의 아들이 매번 막아서 헛걸음하다가 일곱 번 만에야 겨우 대면할 수 있었다. 정태화가 정중히 머리 숙이자 유정량은 오히려 칭찬을 아끼지 않았다.

"아닐세. 외려 그대가 나를 논핵한 것은 잘한 일이었네."

그 후 두 사람의 관계는 더 돈독해졌는데 정태화의 처세를 잘 보여주는 일화다. 그는 순탄하지 못한 시대를 살면서도 남에게 원한을 살만한 일은 하지 않았다. 일곱 번 만에 유정량의 집 대문을 열 수 있었던 것은 그의 신념을 엿볼 수 있는 단면이기도 하다. 그는 무려 37번의 사직 요청 끝에 비로소 벼슬에서 물러날 수 있었다.

효종의 절통함을 바라보며

정태화(1602~1673)는 병자호란 때 소현세자를 청나라 심양까지 배종하고 돌아왔고 20여 년 동안 5차례 영의정을 지내면서 효종과 현종을 섬긴 인물이다. 효종의 북벌정책과 현종의 예송논쟁으로 신하들 사이에 반목이 격화될 때 당파를 거부하기도 했다. 본관이 동래(東萊)인 그는 중종 대 영의정을 지낸 정광필의 5대 손이다. 아버지는 형조판서를 지낸 정광성이고 어머니는 전라도관찰사를 역임한 황근중의 딸 창원 황씨다.

진사시에 합격한 정태화는 인조 6년(1628) 별시문과 병과로 급제해 정언, 이조좌랑, 사간 등을 지냈다. 청나라 침입에 대비해 창설된 원수부(元帥府)의 종사관에 임명되어 도원수 김자점 휘하에 있던 중 병자호란이 발발했다. 김자점이 산성을 버리고 도망치자 패잔병을 모아 결사항전을 벌여 많은 청군을 물리쳤다. 그 공으로 집의가 된 정태화는 병자호란이 끝나자 볼모로 끌려가는 소현세자를 선양까지 배종했다.

병자호란은 참혹함만을 남긴 전쟁이었다. 강화도가 함락되자 수많은 여인이 바다로 뛰어들거나 목을 매 절개를 지켰고 노비들도 마찬가지였다. 청군에게 끌려가서 욕을 당할까봐 산으로 도망치고 심지어 시체 곁에 죽은 척 엎드려있기도 했다. 발각되면 물에 뛰어 '떠오른 머리 수건들이 마치 바람에 떠다니는 연못 위 낙엽 같았다.'(《강화지》)

생포되어 끌려가는 사람들의 고통은 이루 말할 수 없었다. 사람들이 발버둥 치며 울부짖자 청군은 채찍을 휘둘러 짐승처럼 몰아갔다. 그 가운데 '사대부 부인이나 첩과 여식들은 사람이 보이면 옷으로 머리를 덮었다.'(《비어고》) 청나라는 그들을 일종의 전리품으로 취급했다. 특히 속가(贖價, 인질석방비용)를 두둑이 챙길 수 있는 종친과 사대부가의 부녀자들을 더 많이 잡아가려고 혈안이었다. 속가를 마련할 수 없는 대부분의 백성들은 쉽게 돌아올 수 없었다.

정태화는 그들을 바라보며 속으로 눈물을 삼켜야했다. 소현세자 곁에는 봉림대군 효종도 있었다. 행차가 청석령(평안북도 의주 부근 고개)에 이르렀을 때 그가 지은 시를 기억했다.

청석령 지나거다 초하구 어디메뇨

호풍도 참도 찰사 궂은비는 무삼일고

뉘라서 내 행색 그려다 임 계신 데 드릴까

볼모로 끌려가던 길에 청석령을 지나는데 오랑캐 땅에서 불어오는 바람은 차갑고 비까지 내려 효종의 심정은 말할 나위 없이 비참했다. 그런 자신의 초라한 모습을 그려다 궁궐에 있는 아버지 인조에게 보일 수 있겠느냐며 가슴으로 통곡하고 있었다.

효종은 그곳에서 비참한 생활을 직접 겪어야 했다. 강제로 끌려와 굶주리며 노동에 허덕이는 조선 백성들보다는 나은 생활이라 해도 한 나라의 왕자로서 떠안게 된 수치는 견디기 힘들었다. 청나라는 효종 자신과 형 소현세자까지 말 그대로 볼모로 밖에 취급하지 않았다. 몇 년 후 청나라는 소현세자에게 명나라와의 전쟁에 참전할 것을 요구해왔다. 소현세자가 별 수 없는 노릇 아니겠느냐며 출전하려고 하자 효종이 펄쩍 뛰며 만류했다.

"당치도 않습니다. 어이 저하께서 목숨을 내놓아야 하는 싸움터에 나갈 수 있다는 말입니까? 제가 대신 출전하겠습니다."

효종은 소현세자 대신 전쟁터로 나갔다. 다행히 청군이 산하이 관(만리장성 동쪽 끝 관문) 전투에서 승리해 무사히 돌아올 수 있었다. 그 뒤로도 효종은 의지와는 상관없이 동쪽으로 철령위와 개원위, 서쪽으로 몽고, 남쪽으로는 산하이 관에서 금주위 송산보까지 끌려 다니며 온갖 고초를 겪어야 했다. 그 과정에서 명나라가 무너지는 것을 똑똑히 목도한 그는 청나라에 대한 원한을 뼛속까지 새기게 되었다.

청나라에서 돌아온 정태화가 충청도관찰사로 임명된 것은 좌의정 최명길의 천거에 의해서였다. 인조가 경연에서 관찰사의 임무가 어느 때보다 중요하니 합당한 인물을 물색하라는 명을 내리자 최명길이 고했다.

"정태화가 비록 연륜은 부족하지만 큰 재목이니 먼저 뽑아 쓰는 것이 마땅하옵니다."

이때 조정에서는 명나라와 밀약을 벌이고 있었지만 청나라에 발각되었다. 정태화는 명을 받들고 달려가 청나라의 거센 협박을 설득해 겨우 제지할 수 있었다.

정태화는 인조 18년(1640) 한성부우윤을 거쳐 평안도관찰사와 도승지 등을 역임했다. 평안도관찰사가 될 때 역시 최명길의 추천이 있었는데 그와는 개인적인 일로 깨우침을 얻기도 했다. 어느 날 고을 수령 자리를 구하고 있는 고모의 사위가 찾아왔다. 정태화는 청이 하도 간절해 망설인 끝에 최명길을 찾아갔으나 후회되었다.

"내가 그동안 벼슬을 제수한 사람이 모두 적합했었다고 말할 수 있겠는가. 다만 내 양심에는 부끄럽지 않을 뿐이네. 헌데 그대가 말한 그 사람은 능히 그 직책을 감당할 만한가?"(《공사견문》)

정태화는 이때 깨달은 점을 평소 자식들에게 들려주었다.

"아무리 가까운 사람의 청이라도 큰일을 위해 신중히 고사해서 분명하게 소신을 밝혀야 하느니라."

인조 22년(1644) 이조참판 겸 접반사를 거쳐 다음 해 호조판서가 된 정태화는 소현세자가 죽자 인조의 안색을 살피기에 급급했다. 인조는 소현세자가 청나라에 깊이 물들었다고 판단해 그가 가져온 서양문물마저 받아들이지 않는 등 철저하게 배척하고 있었다. 반면 마음에 담아두고 있던 효종에 대한 관심은 적극적으로 표명했다. 인조는 소현세자가 죽은 지 5개월 뒤 왕권강화를 위한다는 명분으로 세손 경선군을 폐위하고 효종을 후계자로 삼았다.

"전하, 세자가 죽으면 세손이 왕위에 오르는 것이 원칙이옵니다."

인조가 정태화의 진언을 귀담아듣지 않은 것은 이루지 못한 꿈 때문이었다. 가능하다면 당장이라도 북진해 오랑캐를 짓밟고 태종의 무덤을 파헤치고 싶었다. 그 희망을 걸어볼 수 있는 것은 청나라에 적대감을 갖고 있는 효종이었다.

인조는 심신이 지쳐버린 상태였다. 직접 반정을 이뤄 왕위에 올랐지만 고생의 연속이었다. 반란과 호란의 시간은 짐이자 상처였다. 세 번이나 용상을 버리고 피난해야 했던 것은 수치였고 청나라 태종 앞에서의 삼배구고두는 무엇으로도 씻어낼 수 없는 굴욕이 되었다. 조선 개국 이래 최초로 청나라에 항복하고 두 아들마저 볼모로 보낸 일은 참기 힘든 절골지통이었다.

병자호란의 트라우마는 심각했다. 울화병이 극도로 심해져 사소한 일에도 화를 내고 물건을 자주 내던졌다. 한밤중에도 무관들을 불러 궁궐 방어를 철저히 하라는 명을 내린 뒤에야 겨우 잠이 들었다. 그러던 인조 27년(1649) 55세로 세상을 떠났다. 인조가 위독하자 효종이 자신의 손가락에서 피를 내어 마시게 했지만 소용없었다. 효종이 강한 의지로 북벌정책을 결심하는 기폭제가 되었으나 인조에게는 어두운 치세의 종말이었다.

정태화에게는 세자책봉을 반대했던 효종을 새로운 왕으로 섬기게 되는 처세의 시작이었다.

북벌의 꿈은 사라지고

효종에 대한 심적 부담감 탓이었을까. 효종 1년(1650) 정태화는 판중추부사를 거쳐 좌의정이 되었으나 취임하지 않았다. 영의정에 오른 것은 다음 해였다.

김자점의 옥사가 벌어져 효종이 직접 국문을 하던 날이었다. 불에 달군 쇠로 김자점과 그의 아들 김익의 몸을 지지는 낙형이 집행되려고 하자 정태화가 고했다.

"낙형은 혹형 가운데 하나라 시행한 일이 없었고 오직 우리 조선만이 역적을 다스릴 때 쓰고 있사옵니다. 하오니 전하께서 친히 보시는 것은 마땅치 않다고 사료되옵나이다."(《식암집》)

잠시 머뭇대던 효종은 사색이 되어 피하듯 자리를 벗어났다. 유약한 면이 없지 않았던 효종에게 있어서 북벌은 일생의 꿈이었다. 그만큼 한이 맺혀 있었다.

효종은 즉위 후 뜻을 같이하는 신하들과 은밀히 북벌정책을 세워나갔다. 아버지 인조의 치욕을 뒤늦게나마 씻어내기 위해서라도 모든 것을 쏟아 부어야 했다. 신하들의 반대가 만만치 않았으나 가슴에 깊이 새겨진 '북벌'이라는 염원은 쉽게 지울 수 없는 것이었다.

"이제 명국에 대한 은혜를 갚고 청국에게 받은 치욕을 씻어야겠소!"

친청파들이 힘을 잃자 효종은 본격적으로 북벌정책을 추진하기 위해 뜻이 있었던 어영대장 이완과 수원부사 유혁연 등을 등용했다. 서인 가운데 등용된 대표적 인물이 송시열과 송준길이었다.

김자점의 일도 있고 해서 북벌정책은 극비리에 진행되었다. 철저한 내부단속으로 신하 몇몇만이 알고 있는 일이었다. 의외로 유일하게 여인 한 사람이 더 있었는데 명나라 궁녀 출신 굴씨(屈氏)였다. 그녀는 명나라가 망하자 청나라 황실에 귀속되었다가 시중들던 소현세자를 따라 조선에 왔다. 소현세자가 귀국한 지 2개월 만에 죽자 환국령이 내려졌지만 그녀는 돌아가지 않고 비구니가 되어 자수원에서 지냈다. 제주도 유배에서 유일하게 생존한 소현세자의 셋째 아들 경안군을 평생 보살폈다.

"청이 망하고 명이 다시 일어서는 모습을 보고서야 죽을 것이옵니다."

그녀의 철저한 배청주의를 잘 알고 있던 효종은 기꺼이 신임할 수 있었다. 그녀가 청나라 황실의 정보에 밝아 도움이 되리라는 기대도 없지 않았다. 그러나 굴씨는 꿈을 이루지 못한 채 70세로 죽었다. 그녀의 유언은 죽어서라도 효종이 북벌 위해 출전하는 모습을 볼 수 있게 청나라로 향하는 길가에 묻어달라는 것이었다. 조선의 궁녀들에게 중국어와 자수 등을 가르치기도 한 그녀는 유언대로 현재 경기도 고양시 덕양구 대자동 간촌 마을에 잠들어 있다.

효종은 북벌만이 조선이 살 길이라 믿었다. 몸과 마음이 기억하고 정신이 확신하는 과업이었다. 오랑캐에게 받은 치욕을 되갚고자 효종은 문(文)은 문신 송시열에게 무(武)는 무장 이완에게 맡겼다.

정태화는 북벌정책에 대해 적극적인 자세를 보이지 않았다. 하지만 신하로서 왕이 추진하는 일에 소극적일 수만은 없었다. 이완을 훈련대장으로 임명하기 전의 일이다. 효종이 정태화와 독대한 자리에서 물었다.

"훈련대장 구인후가 늙어서 책임 감당을 다 못하는데 누구로 대신했으면 좋겠는지. 훈신과 척신 중에 누가 적당하다고 생각하오?"

"나라를 위하는 정성이 반드시 훈신과 척신에게만 있는 것은 아니온 줄 아옵니다. 성의에 적당한 사람을 얻으셨거든 훈신과 척신이 아니라고 해서 소홀히 여기지 마시옵소서."

"경 역시 이완을 두고 하는 말이오?"

효종은 즉시 이완을 훈련대장에 임명했다. 얼마 후 군졸들 대부분이 그를 원망하고 비방한다는 소리까지 들려왔다. 효종은 다시 정태화를 불러 이완에 대해 확신을 갖고 천거한 것이냐며 따졌다.

"소신이 병자년 난리 때 이완과 함께 진중에 있었사옵니다. 주야로 같이 지내면서 그의 마음가짐을 유심히 지켜본즉 결코 나라를 저버릴 자가 아니었사옵니다."《공사견문》

"허면 어찌 군졸들 사이에서 불평불만이 나오는고?"

"아뢰옵기 황공하오나 구인후는 연로한데다 성질이 유순해서 병졸들이 무서워하지 않은 지 오래이옵니다. 헌데 이완이 들어와 규율이 엄중해지니까 모두 지레 겁을 먹고 그러는 것이옵니다. 앞으로 대여섯 달만 지나면 그가 늦게 온 것을 아쉬워할 것이옵나이다."《일하필기》

효종은 비로소 고개를 끄덕였는데 정말 정태화 말대로 군졸들이 이완을 존경하며 따르게 되었다. 효종은 이완의 역량을 직접 확인하고 싶어 그를 부른 자리에서 물었다.

"만약 나라에 위급한 상황이 닥치면 당연히 경이 과인을 호위하고 강화도로 들어가야 할 것이다. 헌데 우리 군사들이 다 건너기도 전에 적군이 뒤따라 붙으면 어찌할 것인가?"

"신이 이미 흙 약 스무 말 정도 들어갈 수 있는 포대 수천 개를 만들게 하였사옵니다."

"무엇에 쓸 작정인고?"

"한 사람이 하나씩 항상 지참했다가 주둔하게 되면 흙을 담아 세 포대를 연결해 하나가 되게 하는 것이옵니다. 그것을 쌓아 벽을 만들면 높이가 한 길쯤 되고 넓이도 자체 방위에 충분하다고 판단되옵니다. 하옵고 흙을 파낸 구덩이는 참호로도 쓸 수 있어 들판에서 적을 막아내는 데 최적이라 생각하옵니다."《국조보감》

효종이 손뼉을 치며 소리쳤다.

"참으로 좋은 생각이다. 역시 이완이오 역시 정태화로다!"

효종은 북벌정책을 지지한 박서, 원두표를 차례로 병조판서에 앉히며 군사력 증강 등 국력강화에 애썼다. 북벌정책을 반대하는 신하들의 눈빛이 더욱 두드러지기 시작했다. 무관을 하대하는 풍조는 여전했고 송시열은 뜻이 맞지 않는다며 돌연 낙향해버리기까지 했다.

효종이 군사력을 키우는 동안 청나라의 국세는 더 막강해져 기회를 쉽게 잡을 수 없었다. 오히려 청나라와 루스 차르국(러시아) 사이에 벌어진 충돌사건으로 원군 요청에 끌려 다니게 되었다. 러시아는 17세기부터 청나라 영토인 아무르강(흑룡강) 일대를 자주 침범해왔다. 그로 인해 크고 작은 충돌이 잦아지자 청나라가 사신 한거원을 보내 원군을 요청해왔다.

"함경도병마우후 변급에게 원군을 이끌게 하는 것이 옳은 줄 아뢰오."

효종은 정태화의 건의를 받아들여 원군 출동을 명했다. 효종이 반대하지 않은 속내가 있었다. 효종 5년(1654) 명을 받은 변급은 150명의 조총군사를 이끌고 청군과 합류한 뒤 러시아군을 물리쳤다(제1차 나선정벌). 4년 후 또 청나라가 원군요청을 해오자 효종은 이번에도 순순히 받아들였다. 신유를 대장으로 삼아 조총군사 2백 명을 출전시켜 역시 혁혁한 성과를 올렸다(제2차 나선정벌). 두 번에 걸친 승리는 조선군 사기진작에 큰 도움이 되었다. 조선의 군사력을 시험해볼 수 있는 소중한 경험이자 일종의 예열과정이기도 했다. 한편 원군요청 승낙으로 청나라의 의심을 피할 수 있었다. 그동안 성과 군비에 대한 정비 및 확충을 꾀하는 등 북벌준비에 박차를 가했다. 효종이 원군요청을 순순히 받아들인 이유였다. 북벌의 자신감을 키울 수 있었던 시간이었기에 효종은 어느 때보다 가슴이 벅찼다. 북벌을 위한 예방백신이자 절반의 성공과도 같은 일이었다.

북벌정책은 사대부의 반대로 위기를 맞게 되었다.

"지나친 군비확장으로 백성들은 끼니조차 잇지 못하는 생활고에 시달리고 있사옵니다."

송시열이 북벌반대의 여론을 조장했다. 효종은 오히려 송시열과 송준길을 이조판서와 병조판서로 중용해 사대부들의 지지와 추진력을 얻고자 했다. 청사진과는 달리 명분만 있을 뿐 실질적인 정책수립에 많은 장애들이 따랐다.

효종 9년(1658) 병으로 잠시 물러났던 정태화는 영중추부사에 재기용되어 다음 해 다시 영의정이 되었다. 그해 4월, 효종의 귀 아래 볼에 작은 종기가 생겼다. 점점 악화돼갔으나 신경을 쓸 겨를이 없었다. 그러다 심각한 지경에 이른 것 같아 침의 신가귀를 불렀다. 시침을 한 신가귀가 고했다.

"환후에 고름이 조금 나왔을 뿐 수일이 지나면 가라앉고 상처도 아물 것이오니 너무 염려치 마시옵소서."

이것이 화근이 되어 엄청난 출혈이 발생했고 효종은 절명했다. 아침 일찍 시침하고 오전 9~11시 사이에 벌어진 일이었다. 시침 후 죽은 것이나 마찬가지였다. 궁궐 뜰에 있던 정태화와 송시열이 급히 달려갔지만 효종은 한마디 고명도 남기지 못한 채 눈을 감은 뒤였다.

송시열의 문집 《송자대전》에 그때의 상황이 실려있다.

'환관이 급히 내전에서 나와 고명이 있을 것 같다는 말에 정태화 등이 들어갔다. 어탑 앞에 이르니 임금은 이미 승하하셨고 중궁과 세자가 곡을 하고 계셨다. 중궁이 어탑 서북쪽에 설치한 병풍 안에 들어가 가슴을 치고 발을 구르며 슬퍼하자 신하들도 둘러서서 곡을 했다. 가슴을 치고 발을 구르지 않은 이가 없었다.'

효종이 급서하자 그가 추진했던 북벌정책도 하루아침에 허물어졌다. 이완이 땅을 치며 통곡했다.

"전하, 북벌은 어이하고 신만 두고 가시나이까!"

이완의 울부짖음을 끝으로 더는 '북벌'이라는 말조차 조정에서 거론되지 않았다.

왕의 책임, 신하의 도리

인조와 효종에 이어 현종까지 섬기게 된 정태화는 원상이 되어 국정을 처리했다. 효종의 국상이 치러질 때 인조 계비 자의대비(장렬왕후) 조씨의 복상문제가 불거져 현종은 골머리를 앓았다. 조씨가 상복을 어느 기간 동안 입고 있느냐에 대한 문제였다. 서인은 기년설(朞年說, 1년설)을 남인은 3년설을 각각 주장했다. 정태화는 서인 송시열과 송준길의 기년설을 지지했고 결국 시행되었다.

현종 7년(1666) 청나라 제4대 황제 강희제가 사핵사를 보내 도망쳤던 인질에 대해 추궁하는 일이 벌어졌다. 병자호란 때 청나라로 끌려갔던 안추원이 조선으로 탈출했다가 다시 돌아오자 양국의 약조를 어긴 것이라며 심하게 다그쳤다.

현종은 자신이 책임을 질 각오였다. 행여 중벌이 내려지면 왕의 체면은 실추될 것이 분명했다. 더 큰 불상사가 나라 전체에 미칠 수도 있었다. 현종이 문제해결을 위해 고뇌에 빠져있자 홍명하가 고했다.

"신 좌의정 아뢰오. 한 나라의 임금이 욕되면 그 신하는 의리상 죽어야 하는 것이 마땅하거늘 어찌 감히 이 일을 전하께 미루겠사옵니까."

정태화가 청나라 사신을 만난 자리에서 단호히 못을 박았다.

"책임은 우리 신하들에게 있소이다."

"그렇다면 그대들의 임금은 모르는 일이오?"

"신하로서 임금을 증언하는 것은 자식이 아버지를 증언하는 것이나 같은데 이는 금수도 하지 않는 일이오."

조금 누그러진 사신은 그러나 엄벌은 면치 못할 것이라는 말을 남기고 돌아갔다. 위기는 넘겼어도 앞으로 닥칠 일이 걱정이었다. 어떤 혹독한 처벌이 따를지 몰라 촉각을 곤두세운 가운데 다음 해 청나라로부터 선고가 내려졌다.

"조선국왕에게 책임을 물어 은 오천 냥의 벌금형에 처한다."

중형은 면했지만 초유의 사태이자 현종에게는 모욕이었다. 모두 청나라 사신과 협상했던 정승들을 비난했다.

"불충한 소신으로 인해 생긴 일이오니 책임을 물어주시옵소서."

정태화가 홍명하와 함께 면직을 청하는 상소를 올렸지만 현종은 윤허할 수 없었다. 그들은 자신을 위해 노력한 신하였고 책임을 지겠노라 다짐했기에 회피하고 싶지 않았다.

청나라에 벌금을 바치는 것으로 수습이 되었으나 조선역사상 왕이 개인벌금형을 부과 받은 것은 처음이었다. 청나라 정벌을 꿈꾸던 아버지 효종에게는 불효일지 몰라도 현종 나름대로의 처신 가운데 하나였다.

송시열의 《송자대전》에서 난해한 부분에 대해 주석을 붙인 《송자대전수차》에서는 조금 달리 상황을 묘사하고 있다.

'영상 정태화가 임금에게 책임을 스스로 떠맡도록 청했다. 임금이 오랑캐 사신에게 부탁해 일을 조금 늦출 수 있었지만 중지되지는 못했다. 우상 허적을 보내 다시 오랑캐에게 양해를 구하고자 했다. 허적은 죄를 임금에게 전가시켜 가벼운 벌로 결정될 수 있었다.'

5번의 영의정을 지낸 정태화는 37번의 사직상소 끝에 마침내 정치일선에서 물러났다. 현종 12년(1671) 기로소에 들어간 그는 더욱 쇠약해져 조정에서 부름이 있어도 움직일 수조차 없는 지경에 이르렀다. 현종이 그를 찾으며 명을 내렸다.

"정태화를 오랫동안 보지 못해 매우 서운하다. 서로 만나고 싶은데 그가 다리에 병을 앓고 있다하니 견여를 보내 타고 들어오도록 해야 할 것이다. 환관으로 하여금 부축하도록 하고 절은 하지 않아도 된다고 일러라."(《임하필기》)

2년 뒤 정태화가 72세로 눈을 감자 시호 '익헌(翼憲)'이 내려졌다. 후에 '충익(忠翼)'으로 바뀐다. 현종이 그의 장례 때 보낸 글 가운데 일부다.

우리 왕가의 훌륭한 재상으로 (我家碩輔)

익헌공 정태화를 추대하니　(輒推翼憲)

삼십 년 왕정에 공훈이 있어 (卅載鐘鼎)

내면의 덕을 모두 바쳤다네 (內德以獻)《홍재전서》

옛날 어느 한 재상이 이조판서가 되자 자기 조상의 이름과 같은 자가 있으면 천거하지 않았다고 한다. 정태화는 이를 거론하며 사람들에게 주의를 환기시켰다.

"전형(銓衡)은 저울대처럼 평평하게 한다는 뜻이다. 신하가 임금을 대신해 저울대를 잡았거늘 감히 사사로운 일로 벼슬할 만한 사람을 막는다는 말인가. 선배의 명사들도 불공정을 비난한 적이 많다는 것을 후진들은 알아야 한다."《공사견문》

정태화는 왕은 물론 신하들과 청나라에 대해서도 모가 나지 않는 자세로 처신했다고 볼 수 있다. 원칙을 지키되 어느 한쪽으로 완전히 치우치지 않는 처세로 일관했다. 그래서 세자책봉을 반대했던 효종을 섬기면서도 완전한 신하가 될 수 없었던 것은 아닐는지. 그가 평소 했던 말이 있다.

"원자가 탄생한 날에 이미 국본이 정해진 것이다."《정암집》

정태화의 이와 같은 운명론은 일찍이 자식들에게도 미쳤던 모양이다. 그가 부인의 배를 가리키며 한 말이 있었다.

"이 뱃속에서 장수하고 다복하고 귀하게 되는 아들이 태어날 것이다."

그 뒤 태어난 아들 '정재악은 나이 80세에 죽었고, 정재륜은 부마로서 수만금의 재산을 모았으며, 정재숭은 벼슬이 우의정에까지 이르렀다.'《임하필기》

현종의
허적

숙헌(肅憲) 허적(許積, 재임 1671~1672 1673~1674 1674~1680)

산적이 된 허적

영의정 허적은 대두온(大頭瘟)을 앓고 있어 몹시 고통스러웠다. 고열, 두통에 안면과 귀가 부어오르며 간혹 목구멍 속까지 붓고 벌겋게 되는 병이었다. 얼마나 열이 심한지 머리를 동여매고 있는 비단 띠에 물을 뿌리면 금세 말라버릴 정도였다.

끙끙 앓던 허적은 한바탕 비 오듯 땀을 흘리고 나자 조금 나아져 겨우 죽 한 숟가락 뜰 수 있었다. 문득 얼마 전 돌림병으로 온 집안 식구가 몰살당한 벗이 생각났다. 훈련대장 유혁연과도 친분이 있어 그를 불러 말했다.

"그 집에 며칠째 시신이 방치되어 있는데 그대와 내가 아니면 누가 염을 하겠는가. 허나 나는 대신이라 갈 수 없으니 가서 수고 좀 하시게나."

유혁연이 흔쾌히 승낙하자 허적이 당부를 잊지 않았다.

"낮에는 사람들 눈이 있어 괜히 자네를 멀리할 수도 있으니 밤에 혼자서 가게. 종도 절대 데려가지 말고 참, 수의와 관 등은 내가 미리 보내놓았네."

밤이 되어 유혁연이 그 집에 가보니 정말 염구(斂具)들이 이미 도착해 있었다. 더듬더듬 방문을 열자 칠흑처럼 깜깜했는데 달빛에 서서히 내부가 드러났다. 그때 시신 하나가 벌떡 일어나더니 애절하게 말했다.

"나부터 먼저 염을 해주시오."

유혁연이 뒤로 한 발짝 물러서며 얼른 예를 갖췄다.

"영상대감께서 먼저 와 계실 줄 알았습니다."

두 사람은 함께 염을 하기 시작했다. 당시 '재상과 장수들이 서로의 담력을 시험해보는 일이 있었으니 병자호란을 겪은 후 생겨난 현상이었다.'((청성잡기))

평소 담력이 센 허적은 그래서 허락 없이 궁중의 물품을 함부로 가져 갔는지도 모르겠다.

도깨비 가마 타고 조정까지

허적(1610~1680)은 조선 후기의 문신으로 제2차 예송논쟁 때 기년설을 주장해 채택되게 하고 송시열의 처벌문제에서 온건론을 내세워 탁남(濁南)의 영수가 된 인물이다. 본관은 양천(陽川)으로 아버지는 이천부사를 지낸 허한이고 어머니는 원주목사를 역임한 김제갑의 딸 안동 김씨다. 정치적 동지면서 맞수인 허목과는 12촌간이며 허균, 허초희(난설헌) 역시 먼 친족이 된다.

허적은 어릴 때부터 학문에 남다른 열정을 보여 40리(16km)나 떨어진 청계산 청룡사까지 다니며 공부했다. 이와 관련해 흥미로운 전설 하나가 전해진다. 함께 수학하던 동문은 허적이 자신보다 먼 곳에서 살면서 한 번도 지각하지 않고 오히려 일찍 오는 것이 신기했다.

"보아하니 꼭두새벽에 집을 나서는 것 같은데 전혀 피곤해보이지 않으니 참으로 놀라울 따름이네."

"집을 나서는 거야 해가 뜬 다음이지만 고개에 도착하면 늘 꽃가마가 기다리고 있지. 나를 태우고 바람처럼 달려 이곳에 내려주고 돌아가는데 누가 왜 그러는지 도통 알지를 못하고 있네."

허적의 말에 호기심이 생긴 동문은 자신이 대신 고개에 나가보겠다고 했다. 허적의 허락을 받은 그가 다음 날 그곳에 가보니 정말 꽃가마가 기다리고 있었다. 발을 걷고 타자 어디선가 두 사내가 나타나 가마를 들더니 쏜살같이 내달렸다. 그런데 평소와 다른 무게를 느꼈는지 사내들이 가마를 세우고 안을 살펴보는 바람에 들통이 났다. 한 사내가 동문에게 화를 내면서 소리쳤다.

"원래 가마 주인은 장차 이 나라의 영수가 될 인물이라 천의(天意)에 따라 글방까지 모셔다 드리는 것인데 당신은 그렇지 못하니 어서 내리쇼!"

동문은 당황되고 한편으로는 기이한 생각이 들어 그럼 자신은 어떤 인물이 되겠느냐고 물었다. 사내가 동문을 힐끔 살피더니 퉁명스럽게 한마디 내뱉었다.

"잘해야 찰방을 할 상이요."

눈 깜짝 할 사이에 사라진 사내들의 정체는 도깨비였다. 그 후 허적은 정1품 영의정까지 오른데 반해 동문의 벼슬은 종6품 찰방에 그쳤다고 한다.

인조 11년(1633) 사마시를 거친 허적은 4년 뒤 정시문과 병과로 급제해 검열, 지평, 수찬, 경연검토관을 지냈다. 사헌부에 있을 때 뇌물을 받고 인재를 등용시킨 이경석, 이시백 등의 사형을 주청하는 패기로 모두를 놀라게 했다. 그 후 대신들의 그릇됨을 규탄하는 일이 많아 기피대상이 되기도 했다.

인조 18년(1640) 허적은 행정 실무능력을 인정하고 있던 평안도관찰사 정태화의 추천으로 평안도사에 발탁되었다. 다음 해 의주부윤으로 관향사를 겸하고 인조 23년 경상도관찰사로 부임해 나름대로의 치적을 남겼다. 임진왜란 때 왜군에 의해 수로왕의 무덤이 파헤쳐진 적이 있었다. 태후의 무덤까지 손상이 되었는데 다시 봉분을 쌓았다. 이때 '허적이 대대적으로 수리하고 비석을 세워 그 사실을 기록했다.'((미수기언))

오점도 남겨 인조 25년(1647) 일본 사신 다이라를 접대하는 과정에서 위법이 있어 파직되었다. 위법과 준법의 차이는 백지 한 장일 수도 있음을 보여주는 일이 있었다. 다음 해 전라도관찰사로 기용된 그는 인조 애첩 귀인 조씨의 시종 하나를 죽이게 되었다. 어느 날 조씨의 시종이 찾아와 상전을 등에 업고 이권을 청탁했다. 허적은 부당하다고 여겨 크게 꾸짖고는 받아들이지 않았다.

"제 청을 들어주지 않으면 한직으로 옮겨갈 수도 있는데 괜찮겠습니까요?"

그 말에 발끈한 허적이 나졸들에게 명했다.

"당장 저 놈을 매질로 다스리고 시체는 관아 성문 밖에 내다버려 까마귀밥이 되게 하라!"

이 소식을 들은 귀인 조씨는 가솔들의 입단속을 철저히 했다.

"전하께서 이 일을 아시면 반드시 나를 문책하실 터이니 절대 입 밖에

내서는 안 될 것이다."(《공사견문》)

허적은 병조참판과 호조참판을 거쳐 효종 2년(1651) 형조참판이 되었다. 그해 영의정 김육이 대동법의 확대시행을 주청했다. 허적은 이에 동의하면서 공물방납과 비교해 대동법의 유익함을 진언했다. 호조참판, 호조판서를 거쳐 효종 10년 형조판서가 되었다.

그해 효종이 죽으면서 자의대비 조씨의 복상문제가 불거지자 서인은 기년설(1년설)을 남인은 3년설을 각각 주장했다. 일반적으로 주자의 《가례》에 의한 준칙을 따르고 있었지만 왕실에서는 성종 대에 신숙주, 정척 등이 완성해 제정한 《국조오례의》를 준수하고 있었다.

자의대비 조씨나 효종과 같은 사례가 없다는 것이 문제였다. 효종이 인조의 장남이라면 상관없으나 둘째 아들이었다. 장남 소현세자의 상을 치를 때 조씨가 그 예로 3년설에 따른 일이 있어서 쟁점이 되었다.

서인 송시열과 송준길이 기년설을 강력히 주장했다.

"효종대왕께서 차남이었으니 상복을 일 년만 입는 것이 마땅하오."

송시열이 유독 차남이라는 대목에 힘을 주자 남인 예조참의 윤휴와 허목 등이 상반된 의견으로 맞섰다.

"아니오. 비록 차남이라도 왕위를 이었으니 삼 년을 입어야 옳을 것이외다."

당시 정치판도는 동인에게 밀렸다가 인조반정으로 복귀한 서인과 동인에서 분당(북인과 남인)된 뒤 북인에게 위축되었지만 역시 반정을 계기로 복귀한 남인 간의 첨예한 대립구도였다. 특히 예송논쟁을 둘러싸고 벌어진 당론의 날선 대립각은 극에 달했다.

"효종대왕께서 왕위를 계승했으니 장남의 예로써 대우해야 할 것입니다."

허적은 남인으로서 서인의 기년설에 맞서 3년설을 주장했으나 채택

되지 않았다. 양쪽의 감정이 격해지고 그에 따른 장기화의 부작용이 생겨나자 조정에서 서인의 주장대로 기년설을 받아들였다. 기년설이 채택되면서 남인세력은 위축되었다. 허적은 송시열과 개인적인 친분관계가 있었고 남인 온건파라 타격을 받지는 않았다.

서인이 집권세력으로 부상하게 되었으나 모두 해결된 것은 아니었다.

왕이 욕을 당해도 죽지 않는 신하

허적이 병조판서를 지내던 때의 일이다. 어의 조징규가 현종에게 올리는 탕약마다 항상 효험을 보였다. 현종은 인사행정담당 아전인 정리 이정립을 불러 조징규에게 높은 품계를 주도록 명했다. 이정립이 찾아와 그 말을 전하자 허적은 불쾌한 심기를 드러냈다.

"임금의 전교가 승정원을 통하지 않고 한낱 아전의 입에서 나왔거늘 어찌 좇는다는 말이더냐!"

허적이 일부러 낮은 벼슬을 내리도록 하자 현종이 대노해 이정립을 반죽음이 되도록 매를 치게 했다. 허적에게는 불똥이 튀지 않았는데 현종도 무엇이 잘못된 것인지 잘 알고 있었다. 경연관이 간하자 '현종은 뉘우치는 의미였는지 이정립의 벼슬을 높여주는 것으로 끝이 났다.'(《공사견문》)

진주부사로 청나라에 다녀온 허적은 현종 5년(1664) 우의정에 올랐다. 현종 7년 청나라에서 사핵사를 보내 병자호란 때 끌려갔다가 도망친 뒤 다시 돌아오려다 잡힌 안추원에 대해 추궁하기 시작했다. 안추원이 청나라를 탈출한 것은 현종 5년의 일로 막상 고향에 가보니 부모형제가 모두 죽고 살길이 막막했다. 혼자서 어렵게 연명하던 그는 다시 돌아가려고 했지만 도중에 잡혀 청나라 조정에 알려졌다. 안추원이 처음 조선으로 넘어왔을 때 이를 알리지 않았다며 청나라가 압박해왔다. 설상가상 평안도 백성들이 몰래 국경을 넘어 청나라의 산삼을 캤다며 의주부윤 이시술에게 죄를 묻는 일도 벌어졌다.

허적은 일단 중벌에 처해지게 된 이시술을 양해를 통해 구제해준 뒤 청나라로 급히 달려갔다. 그는 그곳에서 '죄를 임금에게 전가시켜 벌금으로 결정하게 하고는 자기의 공으로 삼아 노고를 자랑했음에도 조정에서는 목전의 무사함만 다행으로 여겨 임금이 욕을 당하면 신하가 죽는다.'(《송자대전》)는 의리조차 생각하지 않았다.

허적은 비밀리에 현종과 독대했다.

"청국에서 처벌을 기다리라며 으름장을 놓고 있으니 전하께서 감당하셔야 옳은 줄 아옵니다."

현종은 벌금으로 은 오천 냥을 바치고 북쪽을 향해 머리를 조아렸다. 병자호란 이후 또 한 번의 수모였다. 간관들이 허적만을 논하면 당파싸움으로 몰릴까봐 삼정승 모두를 탄핵했다. 현종은 도리어 간관들을 귀양 보냈다.

허적에게 있어 '임금이 욕을 당하면 신하가 죽는다.'는 말은 새겨있지 않은 듯하다. 그 전에도 현종 앞에서 병자호란 때 죽은 삼학사에 대해 이렇게 말한 적이 있었다.

"세 사람은 자신들 명예를 위해 죽은 것이지 의사(義士)가 아니옵니다."(《송자대전》)

그때 현종은 아무런 대답을 하지 않았다. 서인을 견제하려는 현종에게 있어 허적은 대항마와도 같은 존재라 끌어안아야 했다.

송시열의 주장대로 기년설이 받아들여졌던 자의대비 조씨의 복상문제가 다시 고개를 쳐들었다. 이 문제가 지방에서까지 시비가 끊이지를 않고 확대될 조짐을 보였다. 현종 7년(1666) 조정에서 단호한 결정을 담은 포고를 내렸다.

"기년설로 이미 결정 난 것을 다시 바꿀 수는 없다. 이후 이에 항의하는 자가 있으면 이유를 불문하고 지위고하를 막론하고 엄벌에 처할 것이다!"

예송논쟁은 공식적으로는 조정에서 사라진 당론이 되었어도 적지 않은 시비와 대립이 이어져 속으로 곪아갔다. 그러다 8년 후 다시금 조정을 뒤흔드는 소용돌이가 된다.

현종 9년(1668) 좌의정을 지낸 허적은 3년 뒤 영의정에 올랐다. 그해 큰 흉년이 들자 현종은 곡식을 팔아 백성들 구제에 힘썼다. 이때 허적은 '매번 개인에게 이권을 넘겨주었고 조정의 관리들도 이를 통해 이익을 두둑이 챙겼다.'((도곡집)) 정언 윤계가 이와 관련해 조사할 것을 주청했지만 허락되지 않자 현종에게 간쟁했다.

"전하께서 중신들은 두둔하여 비호하고 대관들은 물리쳐 뜻을 꺾어버리시니 이는 언로를 여는 도리가 아니옵니다."

현종은 진노했으나 그의 자세를 훌륭히 여겨 파직시키라는 대신들의 반발을 외면했다. 허적에게 힘을 실어주는 꼴이 되었다. 그래서인지 허적은 사사건건 송시열의 의견에 제동을 걸었다. 송시열이 어전에서 비용절감을 위해 산삼과 도라지 등 공물의 사용을 줄이자고 건의했을 때다. 송시열의 말이 끝나기 무섭게 허적이 나섰다.

"산삼 등의 공물을 이미 줄인 바 있사옵니다. 하온데 각사의 공물들을 지금 또 극감한다면 폐해는 제거하지도 못한 채 먼저 도성 백성들에게 원망만을 사게 될 것이옵니다."((현종실록))

허적은 사전에 자신에게 묻지 않은 건의라 화가 났던 것이다. 송시열이 조운선의 침몰사고를 줄이기 위해 충청도 안흥에 창고를 설치하자는 의견을 내놓자 역시 걸고 넘어졌다.

"그동안 침몰된 배에 대해 상고해보니 사고가 봉상진보다 안흥에서 더 적었사옵니다. 이는 대체로 나라의 기강이 해이해져 일찍 배를 띄우지 않아 경강(京江, 뚝섬에서 양화나루에 이르는 한강 일대)에 이를 때에는 장맛비가 불어 배를 제어할 수 없어서 침몰되는 것이옵니다. 지금 만약 새로운 창고에 봉입해 두었다가 또 옮겨 싣고 온다면 시기가 늦어지게 되어 경강에서 침몰되는 배가 더 많아질 것이옵니다."

허적은 또 민정중이 송시열의 건의에 찬동하자 현종 앞에서 큰소리로 '마치 장돈이 사마광을 꾸짖듯이'(《송자대전》) 거칠 것이 없었다.

현종이라는 든든한 울타리 속에 순탄대로를 걷던 허적에게 고비가 찾아왔다. 현종 13년(1672) 송시열이 그동안의 그릇된 처신들을 들추며 맹렬히 비판하자 영중추부사로 전임되었다. 허적은 곧 사퇴한 채 고향인 충청도 충주로 내려가 버렸다. 현종은 '승지 이연년을 뒤쫓아 보내 영원히 떠나려는 허적의 뜻을 속히 돌이켜 함께 오기를 간절히 바랐다.'(《현종실록》) 또 '나의 잠자리와 먹는 것이 편치 못해 병을 얻은 것 같다.'는 말까지 전했지만 허적은 끝내 사양했다.

"신의 지금 처지가 참으로 백척간두에 이르렀으니 결코 다시는 궐문에 들어갈 수 없사옵니다."

허적이 충주에 머물 때 하대해가 찾아온 일이 있었다. 그는 향교 교생으로 용모와 행동거지가 준수하며 학문에 통달하고 장사이기도 한 인물이었다. 그는 패랭이를 쓴 채 터지고 찢어진 옷에 온통 진흙투성이 차림이었다.

안부만 물은 뒤 그만 돌아가려고 일어서는 그에게 허적이 자신의 부채를 건넸다. 주변 사람들이 기이한 손님이 왔다갔다며 수군대자 허적이 말했다.

"그는 참으로 특이한 사람이다. 패랭이로는 내가 임금을 속였다고 책망한 것이고 터지고 찢어진데다 흙투성이가 된 옷차림을 한 것은 내가

쓸모없이 천하게 지내는 것을 깨우쳐준 것이로다."(《성호사설》)

허적이 다시금 쓸모 있는 존재로 거듭날 수 있었던 것은 누군가의 죽음 때문이었다. 현종 15년(1674) 효숙대비(현종 모) 장씨가 죽어 자의대비 조씨의 두 번째 복상문제가 일어났다. 8년 동안 숨죽이고 있던 예송논쟁이 다시 불씨를 당겼다. 서인이 이번에는 대공설(9개월복)을 주장하는 가운데 남인은 기년설을 내세웠다. 충주에서 단숨에 달려온 허적 역시 기년설을 적극 주장하며 열을 올렸다. 제2차 예송논쟁은 기년설의 승리로 끝나 처음 벌어진 논쟁도 불가피하게 수정해야 했다. 서인은 실각하고 남인의 정권이 세워지게 되었다.

허적이 사당에 고유제(告由祭)를 지낼 때의 일이다. 난데없이 암탉 한 마리가 날아들더니 제기들을 엎어버렸다. 부리나케 정리하고 음식들을 제기에 담자 또 암탉이 뛰어들어 이리저리 발길질을 하는 바람에 다시 엉망진창이 돼버렸다. 화가 치민 허적이 소리쳤다.

"당장 저 닭을 잡아 목을 쳐라. 허나 이는 서인이 스스로 망할 징조로다!"

그러나 훗날 사람들은 '그 일은 허적의 당파가 서인에게 패하게 될 징조였다.'(《강상문답》)며 회자했다고 한다.

효숙대비 장씨가 죽은 6개월 후 또 한 사람이 세상을 떠나는데 허적을 총애하던 현종이었다. 그의 죽음만은 허적에게 도움이 되지 못했다.

송시열을 살리다

제2차 예송논쟁이 끝나자마자 송시열에 대한 처벌문제가 대두되었다. 송시열을 처형하자는 의견에 남인 내에서 노선이 갈라졌다. 허적은 강경파인 윤선도, 윤휴, 허목의 주장에 맞섰다. 남인은 온건파 탁남과 강경파인 청남(淸南)으로 분파되었다. 허적은 탁남의 영수가 되어 집권자로 자리 잡고 청남세력은 권력에서 밀려났다.

허적은 영의정에 올랐으나 곧 사직하고 충주로 다시 내려갔다. 그가 한성부로 돌아오게 된 것은 현종의 갑작스러운 죽음 때문이었다. 현종을 평생 따라다니며 괴롭힌 것은 안질, 피부병, 등창이라고 알려져 있다. 그동안 온천욕 등으로 다스려오다가 건강이 악화된 것은 어머니 효숙대비 장씨의 죽음 직후였다. 병수발로 식음을 전폐하는 일이 잦았던 현종은 장씨가 숨을 거두자 몸져누웠다. 어머니를 잃은 상심에 예송논쟁에까지 휘둘리다 보니 하루도 마음 편할 날이 없었다. 그러던 차에 오래 전부터 있어왔던 목덜미의 작은 종기가 말썽을 일으켰다. 고름 속 균이 혈관으로 침투해 전신에까지 퍼져 심각한 지경에 이르렀다. 효종의 사인이 종기였다는 것을 잘 알고 있던 대신들은 잔뜩 긴장하는 분위기였다.

현종이 의식까지 혼미해지자 마지막 방법으로 정수리 숨구멍인 백회혈에 대한 시침이 결정되었다. 그것마저 소용이 없었고 현종은 세자(숙종) 손을 한번 잡아보는 것으로 이승의 끈을 놓았다. 현종의 뒤를 이어 14세의 숙종이 즉위하자 허적은 원상으로 정사를 주관하게 되었다.

송시열은 다음 해인 숙종 1년(1675) 함경도 덕원으로 유배를 떠났다. 그곳은 풍토병이 없는 지역으로 최소한의 예우였다. 그러나 곧 충청도 웅천으로 이배하라는 명이 내려졌는데 '풍토병이 가장 심한 곳이기 때문이었다.'(《숙종실록》) 허적이 가로막고 나섰다.

"웅천은 병이 창궐하는 고을이니 그곳으로 보내는 것은 사람을 죽이는 것이나 다름없사옵니다."(《미수기언》)

송시열은 경상도 장기로 옮겨졌고 그 후 거제, 청풍 등을 전전하며 유배생활을 이어가게 된다.

숙종 2년(1676) 사은사 겸 진주변무사로 청나라에 다녀온 허적은 도체찰사부의 부활을 추진했다. 그는 '윤휴 등과 은밀히 논의해 자신의 집 동산 언저리에 체부(體府)를 특설한 뒤'(《송자대전》) 오도체찰사가 되었는데 '그 일파들은 두 국(局, 총융청과 수어청)을 허적에게 소속시켜 나라 전역을 관리하게 하려는 지경에 이르렀다.'(《옥오재집》) 체찰사는 지방에 군란이 있을 때 왕 대신 가서 일반 군무를 총찰하던 군직으로 정승이 겸임했다. 체부는 체찰사가 머무는 곳이었다. 허적이 병권을 장악하자 총융청과 수어청은 한성부나 경기도의 병력으로 전락해버렸다. 이는 숙종을 긴장하게 만드는 원인이었다.

숙종 4년(1678) 허적이 주청했다.

"우리 조선에서는 본래 통용되는 화폐가 없어 근년부터 은으로 삼았지만 나오는 길은 좁고 쓰임새는 넓어 위조가 성행해 폐단이 크옵니다. 화폐는 천하에 두루 쓰이는 재화이온데 우리나라에서만 막혀 있어 문제들이 발생되고 있사오니 서둘러 통화를 정하심이 옳은 줄 아뢰오."

재정고갈을 막기 위해 상평통보 주조가 이때부터 이루어져 통용되었다. 그해 송시열의 처벌문제가 불거져 허적은 일가인 허목과 대립하게 되었다.

"송시열이 예를 오판했던 것을 바로잡았으니 종묘에 고해야 할 것이다!"

이 같은 허목의 주장을 허적이 반대해 일단락되는가 싶었다. 이번에는 유배중인 송시열의 처형을 내세웠다. 허목은 윤휴와 함께 송시열을 죽여야 한다고 강력히 주장하며 강경파 청남을 움직였다. 허적은 온건파 탁남을 이끌며 이들과 팽팽히 맞섰다.

"송시열은 재상을 지낸 대학자라 처형은 과한 처사다."

허적은 불화도 있었으나 송시열과 인척관계이자 오래 전부터 당색을 떠나 가깝게 지내왔기에 처형만은 막으려고 했다. 송시열과 김수항 등을 비난하는 남인 소장파들을 질책할 만큼 일관된 자세를 유지해왔다. 남인 내에서 곱지 않은 시선도 받았지만 신념을 굽히지 않았다.

은인으로 여긴 자가 많았지만

숙종 6년(1680) 궤장을 하사받은 허적은 기로소에 들어갔다. 당시 조정은 여전히 치열한 당쟁으로 인한 대립구도의 연장선에 있었다. 숙종이 집권할 때쯤 조정은 이전투구와 같은 예송논쟁으로 하루도 평온할 날이 없었다. 예송논쟁에서 승리해 정권을 잡은 남인의 전횡은 매우 심해져 숙종은 그들을 그다지 신임하지 않고 있었다.

그러던 중 이른 바 '유악사건'이 터졌다. 허적은 숙종으로부터 궤장을, 조부 허잠은 문춘공의 시호를 받게 되어 축하연회를 열려고 할 때였다. 비가 오는 바람에 왕실용 유악(油幄, 기름 먹인 장막)을 가져온 것이 발단이었다. 숙종은 비로 인해 연회가 취소될까봐 내심 걱정하고 있던 차였다. 환관에게 유악은 물론 차일까지 챙겨 보내도록 명을 내렸는데 말문이 막혀버렸다.

"실은 영상대감이 이미 허락도 없이 유악과 궁중연회에서 음식을 차릴 때 쓰는 판자까지 모두 가져갔사옵니다."

유악은 더군다나 군수품이라 숙종은 참을 수가 없었다.

"궐내에서 쓰는 장막을 마음대로 가져가는 것은 한명회도 못 하던 짓이었다!"(《조야회통》)

성종 대 권신 한명회가 궁궐에서 쓰는 용봉장막을 달라고 하다가 말썽이 된 일을 빗대어 한 말이었다. 숙종의 분노는 급기야 남인들에 대한 응징으로 표출되었다.

"그동안 남인들의 횡포를 지켜봤으나 더는 인내할 수 없도다. 병권책임자를 모두 서인 출신으로 대거 교체하라!"

숙종의 노여움을 부추기듯 서인에서 허견(허적 서자)이 역모를 품었다고 고변해왔다.

"허견이 인평대군(인조 3남)의 세 아들인 복창군, 복선군, 복평군 등과 함께 역모를 도모하였나이다. 이들은 전하께서 자주 병을 앓으시자 감히 왕위를 넘겨다보았던 것이옵니다."

복선군이 '만약 임금이 불행해질 때 너의 아비가 나를 후계자로 추대한다면 너를 병판으로 삼겠다고 하자 허견이 몹시 기뻐하며 하늘에 맹세했다.'(《한수재집》)는 말까지 나돌았다. 이 사건이 '삼복의 변'으로 허견은 물론 복창군 삼형제와 윤휴 등이 처형되고 허적도 연좌되어 사약을 받았다. 남인은 재기불능 상태의 큰 타격을 받고 실각했으며 서인이 집권하게 되었는데 이를 '경신환국'으로 부른다.

허목은 서인의 집권과 함께 삭탈관직당한 채 낙향해 저술과 후진양성에 전념하게 되었다. 한편 허적의 옹호 속에 살아남은 송시열은 서인들이 다시 정권을 잡자 유배에서 풀려나 중앙정계로 복귀해 영중추부사 겸 영경연사로 임명되고 봉조하의 영예를 안았다. 그 후 서인은 노론(老論)과 소론(少論)으로 재 분파되어 당쟁의 꼬리를 이어갔다. 노론 영수 송시열의 영향력은 대단해서 정계는 얼어붙고 주희의 사상을 좇지 않으면 사문난적(斯文亂賊, 교리를 어지럽히고 사상에 어긋나는 언행을 하는 자)으로 몰리는 판국이 되어갔다. 숙종은 노론과 소론의 대립으로 국론이 분열되고 나라를 병들게 한다며 개탄할 뿐이었다.

숙종이 허적의 억울한 죽음을 알게 된 것은 9년이 지난 숙종 15년 (1689)이었다. 허적이 연 연회에 무사들이 모여 역모를 도모했다는 소문은 근거가 없는 것으로 밝혀졌다. 남인을 견제하기 위한 서인들의 정치보복에서 나온 무고였다. 숙종은 무고한 서인 김익훈, 이사명 등을 처형하고 허적의 관작추복을 명했다. 이 '기사환국'으로 허적은 신원될 수 있었고 시호 '숙헌(肅憲)'이 내려졌다.

　　허적은 산적이 되고 (許積爲散炙)

　　허목은 도루묵 되고 (許穆爲回目)

　　숙종 대 유행하던 동요로 꼬챙이에 꿰어 구운 고기인 '적(炙)'은 허적
의 이름 적(積)과, 바닷물고기 도루묵인 회목(回目)에서 '목(目)'은 허목의
목(穆)과 음이 같아 빗대어 불렀다. 허적은 죽게 되었고 허목은 도로 벼
슬 없는 선비인 포의(布衣)가 되었다고 노래한 것이다.

　　야사에 따르면 허적이 4세 때 사다리도 없이 지붕 위에 올라가 참새새
끼를 물어뜯었다고 한다. 그 광경을 본 사람들은 장차 고관대작에 오르면
살상할 징조라고 입을 모았다. 허적이 정승이 되었을 때 여염집 처자가
혼인 후 비단옷을 입다가 잡혀온 일이 있었다. 그런데 허적이 직접 문초
를 하던 도중 처자가 죽게 되었다. 그녀는 '눈을 부릅뜨고 한참 노려보다
가 숨을 거뒀는데 그 뒤 아들 허견을 낳자 그 여자를 매우 닮아 있었다.'
(《청장관전서》) 허적이 소년 시절 마을 앞산에 사는 큰 구렁이가 종종 사람
들을 해치는 일이 있었다. 허적이 잡아서 칼로 쳐 죽이고 불에 태우자 연
기가 북쪽을 향해 날아갔다. 그 후 허적이 평안도사를 마치고 한성부로
돌아가기 전날 밤 청상과부와 하룻밤을 보내게 되었다. 1년 후 그녀가 갓
난아이를 업고 나타나자 허목이 구렁이의 넋이 환생한 것이니 죽이라고
해서 그 말을 따랐다. 두 번째 아들도 허목의 충고대로 했으나 세 번째
아들만은 차마 그럴 수 없어 거두었다. 이 일로 허목은 두 번 다시 허적
을 찾지 않았고 허견은 그렇게 성장할 수 있었다. 이 모두 허견 때문에
허적이 몰락했음을 반증하기 위해 탄생된 이야기가 아닌가 싶다.

　　허적이 죽었을 때 사람들이 부조로 염구를 가져왔는데 그들 모두 서

인이었다. 그중에는 의주부윤 이시술의 아들 이세장도 있었다. 이시술은 백성들의 월경으로 중벌을 받게 되었을 때 허적이 구원해준 그 의주부윤이었다. 이세장에게 허적은 은인이었으나 집이 빈곤해서 겨우 비단한 필만 가져왔다며 미안해했다. 억울하게 죽은 허적은 그를 알아주는 사람들에 의해 넋이나마 위로받을 수 있었다. 이시술을 위기에서 구해주고 돌림병으로 몰살당한 벗의 식구들 염을 해준 일 등이 인과응보로 드러난 것은 아니었을까.

허적 역시 친척이 찾아오면 식사대접조차 못할 정도로 젊은 시절에는 가난했다. 그 후 출세가도를 달리면서부터 형편이 나아지자 하사품을 모두 친척들에게 나눠줬다. 또 소속 관청에서 남는 물품은 이웃을 위해 썼다. 지인이 병들면 직접 가서 문병하고 여의치 않으면 잊지 않고 약을 보내 모두 그의 의기(義氣)를 칭송했다.

이완이 일찍이 정태화에게 한 말이 있다.

"허적은 오직 친족을 위하고 궁한 사람들만을 도우니 법도를 지키지 못할 것이야. 은혜가 친족이나 이웃에게는 미치지만 폐가 나라로 돌아갈 테니 허적은 반드시 의기 탓에 망하리라."(《공사견문》)

조선 후기 문신이자 학자인 성대중이 편찬한 《청성잡기》의 한 대목이다.

'허적을 은인으로 여긴 자가 많았음에도 화에서 벗어나게 하지 못했으니 두려운 일이다. 나를 은인으로 여기는 열 명보다 원수로 여기는 한 명이 무섭고, 나를 좋아하는 백 명보다 싫어하는 한 명이 무서우니 명철보신하는 군자는 이것을 알아야 할 것이다.'

왕의 부자, 신하의 부자

숙종이 근엄하게 말했다.

"요즘 경연석상이 엄하지 않아 여기저기서 하품을 하거나 잡담하는 소리가 끊이지 않는 등 마치 자기 사랑방에 있는 것처럼 처신들을 하고 있소."

좌우 신하들을 둘러보던 그가 명을 내렸다.

'과인은 신하들 앞에서 하품이 나오려고 하면 외려 입을 가리고 태만한 모습을 보이지 않으려 하고 있소. 헌데 경들은 등대했을 때 전혀 공경하고 삼가는 바가 없으니 말할 것이 있겠는가. 승지가 경계해서 단단히 단속하지 않았으니 추고(推考)하라."((임하필기))

숙종은 또 공자의 경우 물러날 때 공경하는 예로 종종걸음 쳐 신속히 나갔는데 그런 모습도 볼 수 없다며 볼멘소리를 냈다. 그때 누군가의 기침소리가 들리자 숙종이 미간을 찌푸렸다.

"옛 말씀에 부모 앞에서는 감히 기침도 하지 않는다고 했거늘 임금과 아비는 일체라는 것을 모르시오?"

인원왕후(숙종 계비) 김씨의 아버지 경은부원군 김주신이 머리를 조아렸다.

"예전 명국 조정에서는 담이 끓고 기침이 나서 참을 수 없는 자는 물러나 편히 쉬도록 했다고 하옵니다. 조회의 참석을 면해주었다고도 하니 우리 조정도 노쇠한 신하 가운데 천식을 앓는 자는 특별히 쉬게 하여 예의를 잃는 일이 없도록 하는 것이 마땅한 줄 아뢰오."

김주신의 말에 일리가 있어 숙종이 막 명을 내리려고 했다. 갑자기 좌의정 김창집이 끼어들었다.

"전하, 조금 전 병판 최석항과 형판 이언강이 한참이나 사사로이 한담을 나누며 하품까지 했사오니 꾸짖고 허물을 묻기를 청하옵나이다."

순간 숙종의 입에서 고함이 터졌다.

"좌상은 그 문제에 대해 이미 과인이 추고하라고 일렀거늘 그동안 졸기라도 한 것이오? 지금은 기침에 대해 논하고 있지 않소!"

정말 깜박 졸았었는지 눈을 비벼대던 김창집이 작은 소리로 대답했다.

"신은 기침 따위는 하지 않사옵니다."

기침은 하지 않을 만큼 건강에는 자신이 있었던 김창집은 왜 잠이 부족할 정도로 바빴던 것일까?

초서가 아닌 해서로 인생을 쓰리라

김창집(1648~1722)은 조선 후기의 문신으로 기사환국 때 아버지가 사사되자 은거에 들어갔다가 그 후 영의정까지 오른 인물이다. 숙종이 병석에 눕자 세자 윤(경종)의 대리청정을 주장하다가 소론으로부터 탄핵을 받았다. 숙종이 죽고 경종이 왕위에 올랐을 때 세제 연잉군(훗날 영조)의 대리청정을 주장하다 역시 소론의 반대로 무산되자 신임사화로 사사되었다. 본관은 안동(安東)으로 아버지는 영의정을 지낸 김수항이고 어머니는 호조좌랑 출신 나성두의 딸 안정 나씨다. 훗날 순조의 장인이 되는 김조순이 4대손이다.

서인이었다가 분당(노론과 소론) 후 노론에 가담하게 되는 김창집이 사마시에 합격한 것은 현종 13년(1672)이었다. 현종 15년 제2차 예송논쟁으로 화를 입은 아버지 김수항이 유배 중이라 과거를 미루고 있었다. 숙종 6년(1680) 경신환국으로 김수항이 유배에서 풀려나자 다음 해 내시교관을 거쳐 3년 뒤 공조좌랑으로 있을 때 정시문과 을과로 급제해 정언, 병조참의를 지냈다. 과거에 급제한 것은 37세 때로 비교적 늦은 나이였다.

아버지 김수항이 34세이던 현종 3년(1662) 청나라 사신 원접사로 파견되어 가던 길에 의주에서 김창집에게 보내온 답장이다.

'어제와 오늘 파발꾼 편으로 너의 서찰을 연달아 받아보았다. 어머니 모시며 편안히 지내고 있다는 것을 알게 되어 참 위로가 되는구나. 네가 말한 황 스승이 어떤 사람인지 모르겠으나 인물과 학문이 뛰어나고 잘 가르친다면 무슨 문제가 있겠느냐. 다만 예전부터 너희들이 다른 스승 집을 드나들면서 공부는 하지 않고 아이들과 무리지어 놀기만 했으니 얻은 것보다 잃은 것이 많았느니라. 지금도 그런다면 집에 조용히 앉아 있느니만 못할 것이다. 더구나 너는 이미 관례를 올리고 부인을 얻어서 지난날 어린아이였을 때와는 다르니 한층 신중하여라. 또한 서찰도 바

쓰지 않다면 해서로 정서하고 지저분하게 초서를 섞어 쓰지 않는 것이 지당할 것이다. 끝으로 연말연시를 편안하고 건강히 지내어 멀리서 염려하는 아비의 마음을 위로해 주기 바란다.'((문곡집))

이때 김창집 나이 15세로 김수항의 당부는 바른 길잡이가 돼주었다. 세상의 굴곡이 심할수록 서두르지 않고 두루 살피며 가려고 했다. 지저분하게 초서를 섞지 않는 온전한 해서로 인생을 써내려갈 생각이었다. 해서는 정서(正書) 또는 진서(眞書)라고도 한다. 하지만 아버지 김수항이 '正'과 '眞'이 불안한 정치 풍랑 속에서 휘둘리는 현실을 목도하게 되었다. 자신의 미래 또한 다르지 않았다.

경신환국으로 한바탕 소용돌이를 겪은 숙종 6년(1680)은 숙종에게 뼈아픈 해이기도 했다. 그해 정비 인경왕후 김씨가 20세의 나이로 두창을 앓다가 눈을 감았다. 김씨가 죽고 맞이한 계비가 병조판서로 있던 민유중의 딸이었다. 그녀가 바로 궁녀의 소설 《인현왕후전》으로 더 잘 알려진 인현왕후 민씨다. 민씨의 희비가 엇갈린 생을 가까이에서 지켜보던 한 궁녀가 그녀를 주인공으로 쓴 소설이다.

그녀의 희비는 궁궐로 들어오자마자 피부에 닿은 현실에서 엇갈렸다. 숙종보다 6세 어린 15세의 나이로 간택되어 궁궐생활을 시작한 그녀는 처음부터 이상한 기류를 감지했다. 숙종의 마음은 다른 곳에 가있었다. 그 주인공은 시어머니 대비 명성왕후 김씨에 의해 쫓겨난 궁녀 장옥정이었다. 숙종은 매일 그녀를 그리워했다.

경신환국 직후 대비 김씨는 남인과 결탁하고 있던 후궁들에 대한 처리를 단행했다. 사전에 모든 싹을 자르겠다는 취지로 그중에는 숙종이 총애하던 장옥정도 포함되어 있었다. 장옥정이 다시 궁궐로 들어올 수 있었던 것은 숙종 9년(1683) 김씨가 죽은 뒤였다. 숙종은 이제 누구의 간섭도 받지 않게 되어 노골적으로 장옥정을 총애했다. 그녀의 나이 25세로 숙종 12년 숙원을 거쳐 2년 뒤에는 정2품 소의로 승급하고 다음 해 정1품 희빈까지 오른다. 오라버니 장희재 역시 금군별장에서 총융사로 승진한다. 장희재와 그의 첩 숙정이 남인과 연합할 것을 선동해 장옥정은 그들과 한층 밀접한 관계를 유지하게 되었다.

숙종은 희빈 장씨에게만 빠져있어 인현왕후 민씨는 더 밀려났다. 숙종과 희빈 장씨의 관계를 대부분 야사에서는 '그들의 사랑이 불과 같아 한겨울 밤에도 부채가 필요했다.'는 표현으로 요약하고 있다. 숙종은 여색을 멀리하라는 신하들의 간언을 귀 아프게 들을 만큼 건강체질이었다고 전해진다. 두창을 이겨냈고 그 밖의 질병들을 앓은 바 있어도 강한 면역력 덕분에 역대 왕들과 비교했을 때 60세로 장수한 편이다.

숙종이 머리맡에 부채를 놓고 희빈 장씨와 사랑을 나누며 비교적 천수를 누릴 수 있었던 것은 블랙 푸드 덕분이기도 했다. 튼실한 오골계의 배를 가른 뒤 그 안에 흑염소 살코기, 검은콩, 검은깨 등을 넣고 푹 고은 것이 그의 보양식이었다. 쇠고기마저 검은 토종을 썼다.

서인 출신의 인현왕후 민씨가 잉태도 하지 못하는 상황에서 블랙 푸드로 다져진 숙종이 희빈 장씨만을 품자 서인들은 불안에 떨었다. 희빈 장씨가 아들이라도 생산하면 자신들의 앞날은 불투명해질 것이 자명했다. 더군다나 베갯머리송사 끝에 그 아들이 세자까지 된다면 모두 허사였다. 노심초사하던 그들이 묘안 하나를 생각해냈다. 서인 출신 가문에서 후궁을 선발해 그녀로 하여금 후사를 보게 한다는 각본이었다.

숙종도 후사를 위함이라는 조정대신들의 말에 물리칠 도리가 없었다. 그렇게 후궁으로 들어온 것이 충청도 청양현감 김창국의 딸 김씨였다. 김창국은 영의정 김수항의 조카로 이보다 단단한 포석이 없었다. 김씨는 숙의를 거쳐 소의가 되고 곧 귀인에 봉해질 정도로 명문가 출신다운 행진을 이어갔다. 주위의 부러움도 잠시 그녀 역시 몸이 매우 허약해 희빈 장씨에게 빠져있던 숙종의 관심 밖으로 밀려났다.

서인에게 위기가 닥쳤다. 숙종 14년(1688) 희빈 장씨가 왕자 윤(훗날 경종)을 낳았다. 30세 늦은 나이인 그녀에게는 일생일대의 크나큰 행운이었다. 인현왕후 민씨는 22세로 더 젊은 밭이었어도 불행히 아직 씨조차 품지 못하고 있었다. 서인에게는 희빈 장씨가 손톱 밑 가시였다가 아예 깊이 파고든 꼴이 되었다.

사양 끝에 받은 벼슬로 바라보니

숙종 15년(1689) 숙종은 서인을 의식해 아들 윤을 위한 방패막이를 세우고자 했다. 윤이 태어난 지 3개월 후 숙종은 조정대신을 모두 소집한 자리에서 단호하게 전교했다.

"민심이 흔들리는 것은 나라의 근본이 정해지지 않은 탓이오. 지금은 원자의 명호(名號)를 정하는 게 무엇보다 중요한 일임을 경들은 새겨들으시오. 만약 조금이라도 머뭇대거나 감히 이의를 제기하려는 자가 있다면 관직을 내놓고 당장 물러들 가시오!"

숙종은 윤의 위치를 확고히 해두려고 세자책봉을 알렸지만 대신들 대부분이 반대하는 쪽이었다. 서인인 그들은 중전이 아직 젊으니 서둘러 결정할 필요가 없다며 맞섰다.

숙종의 강경한 자세에도 끝까지 반대하던 송시열과 김수항 등은 유배형에 처해졌다. 송시열은 '제주도로 유배되었고 6월 국문을 받기 위해 한성부로 압송되어 오던 중 전라도 정읍에서 사약을 받았다.'(《미호집》) 결국 숙종의 의지대로 윤은 세자가 되어 왕위에 오르게 된다.

인현왕후 민씨를 투기죄로 폐위시키는 일이 벌어졌다. 숙종이 먼저 언급한 것으로 반대한 대신들을 처형하거나 유배시키고 희빈 장씨를 왕비에 책봉했다. 서인들은 대거 실각되고 이이와 성혼이 문묘출향(文廟黜

薨)되었다. 문묘에 배향했던 두 사람의 위패를 치워버리고 제사를 폐지한 것이다. 남인들이 재기용되었는데 이를 '기사환국'이라 한다.

남인이 재집권하게 되자 김수항은 유배지에서 사사되었다. 김창집의 슬픔과 충격은 커서 경기도 포천 백운산 암자에 들어가 은거를 이어갔다.

기사환국으로 힘겹게 집권한 남인은 불안했다. 자체적으로 정치력을 발휘한 성과가 아니라 서인에 대한 숙종의 염증과 혐오 덕에 얻은 산물이었기 때문이다. 세월이 흐르자 희빈 장씨에 대한 숙종의 애정도 서서히 식어갔다. 장씨가 갈수록 방자한 행동을 일삼자 멀리하게 되었고 민씨를 폐위한 일이 후회스러워졌다.

그 무렵 숙종이 새롭게 총애하게 된 여인은 무수리 출신의 숙빈 최씨였다. 어느 날 밤 폐비 민씨에 대한 회한으로 잠 못 이루던 숙종은 궁궐을 거닐었다. 한 궁녀의 방에 불이 켜있는 것을 발견하고는 천천히 다가갔다. 그곳에는 뜻밖에도 무수리 최씨가 민씨를 위한 만수무강을 축원하고 있었다. 최씨는 민씨의 시중을 들던 무수리였어도 그 행동은 목숨을 내놓아야 할 만큼 중죄에 해당되었다.

숙종은 자신 역시 민씨에 대한 그리움에 시달리고 있음을 깨달았다. 그날 최씨는 숙종의 승은을 입어 숙원이 되었고 아들 영수를 낳았지만 2개월 만에 잃게 된다. 그 다음에 출산한 아들이 훗날 영조인 연잉군이다.

서인의 공격으로 숙빈 최씨에 대한 독살설이 퍼지면서 남인들은 다시 정치적 위기에 내몰리게 되었다. 이른 바 '갑술환국'으로 숙종 20년 (1694) 숙종은 남인을 추방하고 다시 서인을 등용시켰다. 마침내 '인현왕후는 복위되고 장희빈은 왕후에서 빈으로 강등되었다.'(《미호집》)

갑술환국의 타격으로 남인은 완전히 정권에서 밀려나 재기할 기회조차 얻지 못했다. 실권을 잡은 서인은 그러나 노론과 소론으로 분당되어 논쟁을 이어가게 된다.

사사되었던 아버지 김수항의 관직이 추복되었다. 김창집도 병조참의에 임명되었으나 사직하고 아버지 묘가 있는 경기도 양주로 되돌아갔다. 승지, 대사간 등의 관직에 제수되었지만 그때마다 이유를 들어 거듭 사양하며 벼슬길에 나가지 않았다. 그 후 철원부사에 임명되자 다시 사직할 마땅한 명분을 찾지 못해 취임했다. 그의 정치행보가 분주해지기 시작했다. 도적떼의 출몰로 민심이 흉흉해서 관군을 동원해 수습하는데 심혈을 기울였다. 강화부유수, 예조참판, 개성부유수 등을 역임한 뒤 호조, 이조, 형조의 판서를 두루 거쳤다.

한편 왕비로 복위된 인현왕후 민씨의 기쁨은 오래가지 못했다. 원래 허약한 몸인데다 그동안의 마음고생 탓에 폐결핵을 앓더니 복위 7년 만인 숙종 27년(1701) 35세로 세상을 떠났다. 민씨가 죽기 전 희빈 장씨는 취선당 서쪽에 신당을 차려놓고 해괴한 저주행각을 벌었었다. 대상은 인현왕후 민씨로 이 일이 발각되어 오라버니 장희재와 함께 철퇴를 맞았다. 희빈 장씨에게 원한이 많았던 숙빈 최씨의 밀고였다. 숙종은 격분을 억누를 수 없었다.

"중전이 병든 지 한참이 지나도록 희빈은 단 한 번 문병하지 않았다. 또 중전을 민씨라 부르며 요망하다고도 했다. 남몰래 신당을 차려 매일 시녀 년들과 함께 중전을 저주까지 했으니 누가 용서할 수 있으랴!"

숙종은 그녀에게 자진할 것을 명했다. 입직승지와 홍문관에서 희빈 장씨를 변호하고 나섰다.

"희빈 장씨는 세자저하의 생모이기에 살려두셔야 하옵니다. 그래야 세자저하 역시 보존할 수 있사옵니다."

숙종에게 있어 무엇보다 소중한 것은 세자 윤이었다. 일단 장씨에게 내린 명을 거두고 저주사건과 관련된 시녀와 무당들에 대한 국문은 이어갔다. 이번에는 영의정 최석정이 세자와 종묘사직을 위해 희빈 장씨를 관대하게 처리해 줄 것을 여러 차례 청해왔다. 그러나 숙종은 그 사이 더욱 결심을 굳힌 상태였다. 보란 듯이 그를 귀양 보내고 장씨에게 다시 자진하라는 명을 내렸다. 조정대신들이 반대했지만 숙종은 어느 때보다 냉담했다.

"희빈이 중전을 질투하고 원망한 끝에 모략하려고 밤낮으로 빌었던 짓을 잊었는가? 흉측하고 불결한 물건을 궁궐에 묻은 것이 만천하에 드러나 비분강개하는 바이다. 이대로 지나친다면 나라의 우환만 키우는 꼴이니 종사와 세자를 위해 자진케 하려는 것이다."

병조판서로 있던 '김창집은 영의정 최석정, 좌의정 이세백 등과 연명으로 차자를 올려 명을 거둘 것을 청했으나 숙종은 이를 들이지 못하게 엄명을 내렸다.'(《명곡집》)

14세의 세자 윤은 조정대신들을 붙잡고 애걸했다.

"제발 내 어머니를 살려주세요. 앞으로 경들의 말이라면 뭐든 따를 테니 제발!"

어느 누구도 숙종의 마음을 돌리지 못했고 희빈 장씨 앞에 사약이 놓여졌다.

무자다병한 경종보다 영조를

숙종 31년(1705) 돈령부지사가 된 김창집은 다음 해 한성부판윤에 이어 우의정과 좌의정을 지냈다. 숙종 39년 청나라가 국경 한계를 정해주고 표피 바치는 것을 덜어준 일 등에 대해 사은사로 파견되었다. 오는 길에 '《전당시》, 《고문연감》, 《패문운부》 등 총 3백여 권의 서책을 가져왔는데'(《임하필기》) 황제 '강희제가 국왕에게 전하라면서 직접 준 것이었다.'

《《청장관전서》) 그리고 숙종 43년 마침내 영의정에 오를 수 있었다.

김창집은 숙종이 병석에 눕자 세자 윤의 대리청정을 주장했다. 그로 인해 소론으로부터 탄핵을 받았다. 윤은 어머니 희빈 장씨의 죽음으로 위축되기는 했으나 3년간 대리청정을 위해 나름대로 노력했다. 그의 포부와는 달리 숙종은 병환 중에도 암암리에 노론 좌의정 이이명과 독대한 자리에서 속심을 드러냈다.

"세자가 무자다병(無子多病)하다는 것은 좌상도 잘 알고 있을 게요. 그러니 세자를 폐위하고 연잉군을 세울 수 있게 힘을 써보시오."

숙종은 말년에 이이명과 독대를 자주 하면서도 그때마다 사관들을 따돌려 정확히 어떤 대화가 오고 갔는지는 실록에 남아있지 않다.

두 사람 사이에 오고간 밀담은 노론과 소론의 정치적 대립만 극에 달하게 만들었다. 정치적 부담감을 떠안게 된 숙종은 다른 방도를 찾았다. 경종의 대리청정을 지켜보다 행여 실정이 드러나면 트집 잡고자 했다. 그때 가서 연잉군을 내세우면 누구도 반대하지 않으리라는 속셈이었다.

정력가이자 무인의 기질을 지녔던 숙종에게도 황혼이 찾아왔다. 숙종의 주도 하에 세자 윤이 대리청정을 하던 숙종 45년(1719) 59세로 기로소에 들어갔다. 숙종의 몸과 마음은 이미 만신창이가 된 상태였다. 두창의 후유증과 화병, 안질, 등창 등에 시달리다 다음 해 숨을 거뒀다.

왕위에 오른 경종은 몸이 병약해 모두들 우려의 시선으로 바라보았다. 그는 늘 혼미한 정신이 지속되어 눈의 초점을 잃고 있었다. 이따금 벽을 마주하고 앉아 중얼거려 누군가와 대화하는 것으로 오해받았다. 깊은 밤 궁궐 안을 헤매듯 돌아다니고 간단한 일조차 기억하지 못할 때도 있었다. 숙종이 승하해 국상을 치르는 동안 '곡소리 대신 이유 없이 웃으며 툭하면 오줌을 싸고 머리를 빗지 않아 머리카락에 때가 잔뜩 끼어있었다.'(《단암만록》)고 한다.

그 와중에 경종은 자신을 지지하는 소론의 상소로 갈등하고 있었다.

"하루속히 희빈마마에 대한 신원을 서둘러야 하옵니다. 그분은 전하의 생모가 아니시옵니까?"

잔뜩 위축되어 있던 경종은 그 어떤 답변조차 하지 못했다. 실권을 잡고 있는 측은 노론이라 그들의 눈치를 볼 수밖에 없었다. 노론 태학생 윤지술이 맞불을 놓았다.

"희빈 장씨의 사사와 병신처분은 숙종대왕의 가장 빛나는 치적인데 행장에는 이를 애매모호하게 기록하고 있으니 시정해줄 것을 청하옵니다."

소론에서 내세운 주장을 묵살하려는 의도였다. 격노한 경종이 윤지술의 유배를 명하려고 하자 김창집이 만류했다.

"전하, 선비들의 사기를 지나치게 꺾으시면 아니 되옵니다."

경종은 노론의 입김에 한발 물러섰지만 계속 나약한 왕좌를 이어갈 수만은 없었다. 오히려 경종의 속사정을 파악하고 있던 노론 쪽에서 보다 단단한 보호막 물색에 돌입했다. 경종의 왕권이 막강해지면 자신들은 몰락이었기에 서둘러 연잉군을 세제로 책봉하려는 물밑작업이었다.

경종은 후사가 없어 여전히 용상이 부담스러웠다. 오랫동안 탕약까지 써봤으나 끝내 효과를 보지 못하자 부인 선의왕후 어씨가 어렵게 입을 열었다.

"종친 가운데 한 사람을 골라 양자로 삼는 것이 최선일 듯하옵니다."

어씨가 연잉군의 존재를 무시하듯 종친 가운데서 양자를 삼겠다고 하자 노론은 절박해졌다. 위기에 빠진 그들은 경종 1년(1721) 노론의 사간원 정언 이정소에게 상소를 올리게 했다. 후계자를 빨리 정해 난국을 해결하고 사직을 바로 세우라는 내용이었다.

상소를 올린 그날 밤 김창집이 대신들을 거느리고 경종에게 입대를 요청했다. 한밤중 주요대신들의 입대는 나라에 위급함이 있을 때만 가능한 일이라 경종은 당황했다. 소론은 단 한 사람도 없다는 것에 심상치 않은 분위기까지 읽을 수 있었다. 경종이 입대를 허락하자 김창집이 먼저 망설임 없이 고했다.

"전하, 일찍이 인종대왕께서 병석에 계실 때 대군으로 있던 명종대왕을 세제로 삼도록 한 예가 있사옵니다. 하오니 지금 그 위호(位號)를 세제로 정하는 것이 합당할 듯하옵니다."《임하필기》

김창집이 흔들림 없는 어조로 말을 이었다.

"또 송나라 인종은 춘추가 아직 노년에 접어들지 않았음에도 범진이 저위(儲位, 세자의 지위)를 세우도록 힘껏 간쟁했습니다. 대간의 말은 진실로 종묘와 사직을 위한 대계이온 줄 아옵나이다."《국조보감》

다른 대신들까지 독촉하자 망설이던 경종은 대안을 찾지 못한 채 요구를 받아들였다. 소론 대신들이 모두 퇴궐한 틈을 타 단체로 몰려왔다는 자체가 이미 강압의 분위기를 조성해 놓은 것이었다. 그들 위세에 위축된 경종은 선택의 여지가 없었다.

노론 4대신 김창집, 이이명, 이건명, 조태채는 세제책봉의 중요함을 내세워 대비 김씨에게 허락도 받아야 한다며 굳히기 작전을 폈다. 경종이 대비 김씨에게 찾아가 설명하자 그녀는 전혀 망설이지 않고 연잉군을 세제로 삼는다는 교서를 써주었다. 경종은 직접 교서를 대신들에게 내밀며 연잉군을 세제로 책봉하도록 명했다. 가장 먼저 반대상소를 올린 것은 소론의 사직 유봉휘였다.

"궁녀의 몸종인 천한 무수리에게서 태어난 자를 지존한 왕위에 오르게 하다니 이는 왕실에 대한 모욕이자 조선의 뿌리를 뒤흔드는 일이옵니다. 왕족 가운데서 찾자면 그보다 귀하고 영민하며 성군이 될 인물이 필시 있을 터인데 하필 비천한 자식을 올린다고 하시나이까. 하옵고 책봉이라는 것은 나라의 존망이 달려있는 중요한 일이거늘 시임 정승들이 듣지 못하고 신하들이 불참한 가운데 한밤중에 이루어졌다니 참으로 경악할 노릇이옵니다. 재론이 불가하더라도 임금을 협박하고 농락한 대신들의 죄는 묻지 않을 수 없사옵니다."

노론에서도 반박하고 나섰다. 세제문제로 왈가왈부하는 것은 대명천지에 있을 수 없는 일이라며 유봉휘의 국문을 청했다. 연잉군도 상소의 내용에 대해 심장이 떨린다는 표현까지 쓰며 난색을 보였다.

경종이 착잡한 심정으로 유봉휘에 대해 의논하라고 명을 내렸다. 조정대신과 삼사가 유봉휘를 국문한 뒤 나라의 근본을 동요시킨 죄로 다스려야 한다고 주청했다. 이때 소론 온건파 영수인 우의정 조태구가 경종을 독대한 자리에서 잘 설득해 유봉휘는 무사할 수 있었다. 반면 조태구는 유봉휘를 감쌌다는 이유로 탄핵을 받게 되었다.

강경한 노론에 의해 청나라 승인을 받아 연잉군의 세제책봉이 이루어졌다.

굽어보고 우러러 봐도 부끄러움 없어라

김창집이 경종에게 주청했다.

"전하께서 병약하시어 세제저하의 대리청정을 윤허하심이 종묘사직을 위해 최선인 줄 사료되옵니다."

경종은 담화, 종기 등의 지병이 심해져 정무수행마저 어려운 형편이었다. 국사의 재결이 제대로 이뤄질 수 없다는 여론 속에 권위가 더욱 실추되었다. 그 틈을 이용한 권신들의 전횡이 심화되어 경종은 하루하루 무기력한 날들만 붙잡고 있었다.

경종은 세제의 대리청정을 받아들였다. 그러나 왕의 보호를 공론으로 모은 소론 측의 강한 반발에 부딪혀 몇 차례 번복하는 일이 이어졌다. 경종은 친정을 계속 펼쳤으나 한번 불거진 대리청정은 예기치 못한 파국을 불러왔다.

"세제저하의 대리청정은 지극히 부당한 일이었사옵니다. 애초 그 말을 입 밖으로 낸 자들에 대한 처분이 있어야 마땅하옵니다."

소론 조태구 등이 목소리를 높이는 가운데 이조참판 김일경이 노론 4대신에 대한 탄핵을 감행했다. 대리청정을 건의했던 김창집, 이이명, 이건명, 조태채가 유배형에 처해졌다(신축옥사). 노론이 축출당하고 소론 정권이 수립되는 환국의 단행이었다.

노론이 실각하자 더 이상 연잉군을 비호해줄 세력은 없었다. 그 와중에 소론이 더 확실한 철퇴를 들고 나왔다. 연잉군이 왕위에 오르면 자신들의 안위가 위태로워지기 때문이었다.

경종 2년(1722) 연잉군의 발목을 잡기 위해 형조판서가 된 김일경이 목호룡을 시켜 고변하도록 했다. 김창집을 포함한 노론 4대신의 자제들이 경종을 시해하려고 했다는 내용이었다.

역모혐의를 받은 자들이 국문 도중 모두 죽자 유배중인 노론 4대신에게로 칼끝이 돌려졌다. 대사간 이사상과 지평 박필몽 등이 그들과의 관련여부를 밝힌 뒤 극형에 처할 것을 주장했다. 경종이 너무 심한 처벌이라며 윤허하지 않자 그들은 강경한 자세로 맞섰다. 그들의 고집을 꺾지 못한 경종은 노론 4대신과 60여 명의 처형을 허락했다. 그 밖의 연좌된 170여 명에 대해서도 유배형 등을 내려 치죄했다(임인옥사).

이 신임사화를 요약하자면 '신축년(1721)부터 임인년(1722) 사이에 일어났던 옥사로 연잉군을 세제로 책봉하는 문제를 둘러싸고 소론이 노론 4대신 등을 살육한 사화'(《매천속집》)였다.

김창집은 손자 김성행이 주동자의 하나로 지목되어 경상도 거제도에 위리안치 되었다가 다음 해 성주로 이배되어 사약을 받았다. 김창집에게 사약을 가져온 사람은 조광조의 후손 의금부도사 조문보였다. 그가 사약을 어서 마시라며 독촉하자 김창집이 호통을 쳤다.

"네 이놈! 너는 조상을 생각하지 않느냐!"

김창집은 의연한 자세로 시를 남기고는 도성을 향해 절한 뒤 사약을 마셨다.

> 아비 사랑하듯 임금 사랑했으니　(愛君如愛父)
> 하늘의 해 내 붉은 마음 비춰주리　(天日照丹衷)
> 선현께서 남기신 이 두 구절　　　(先賢此句語)
> 슬프기가 고금에 한가지로다　　　(悲絕古今同)

1과 2행은 훈구파가 일으킨 기묘사화로 사약을 받으면서 조광조가 지은 절명시의 구절이다. 김창집은 조광조가 남긴 그 마음이 바로 자신의 심정이라며 조문보를 꾸짖었던 것이다.

아버지 김수항의 부정이 담긴 서찰을 가슴에 품고 살아온 김창집이었다. 그는 아들 김제겸에게 마지막 말을 아버지의 당부대로 해서로 남겼다.

'천리 밖에 끌려와 온갖 욕을 다 받았으니 도리어 한번 죽어 모든 것을 잊는 것만 못하구나. 성산에 도착해서야 비로소 후명(後命, 귀양중인 죄인에게 사약을 내림)이 있음을 들었다. 이제 금오랑이 도착하면 바로 목숨을 거두어 갈 것이다. 허나 굽어보고 우러러 보매 부끄러움이 없으니 웃음을 머금고 지하에 들어갈 것이다. 다만 너와 서로 못 보고 게다가 생사조차 알지 못하니 이 한스러움만은 다함이 없구나. 단지 네가 잘 대답해서 살아 옥문을 나오기만 바랄 뿐이다. 거제도에 있을 적에 이미 영결을 고하는 편지를 보냈으니 이번에는 자세한 말은 되풀이 하지 않겠다.'

간절한 바람과는 달리 김제겸은 김창집이 사사되자 경상도 울산에 유배되었다가 다시 부령으로 옮겨진 뒤 처형되었다. 김제겸은 조성복, 김민택과 함께 신임사화 때 죽은 삼학사로 꼽힌다. 우부승지였던 그는 훗날 좌찬성으로 추증된다.

김창집은 아버지 김수항과 함께 부자 영의정 가운데 하나다. 또 유배 후 사사되었다는 같은 운명으로 기록되어 있다. 김창집은 생전 소현세자 빈 강씨 일족의 억울함을 상소해 신원과 복권을 시킨 인물이다. 이이명, 이건명, 조태채와 노론 4대신으로 불렸고 동생인 김창협, 김창흡, 김창업, 김창즙, 김창립 등과 더불어 '육창(六昌)'으로 일컬어진다.

김창집의 관작이 복구되고 시호 '충헌(忠獻)'이 내려진 것은 영조 1년(1725)의 일이다. 이때 영조는 노론 4대신을 의미있게 회상했다.

"김창집, 이이명, 이건명, 조태채 이 네 사람의 문집을 보면 문장은 그리 중요하지 않지만 충절이 높다. 시대를 가슴 아파하고 나라를 걱정하는 그들의 마음이 시문에 나타나 있어 읽는 사람으로 하여금 눈물을 흘리게 한다."(《홍재전서》)

경종의

조태구

문정(文貞) 조태구(趙泰耈, 재임 1721~1723)

역사의 심판이
이다지 빨리 올 줄이야

김일경이 탄핵을 감행해 연잉군의 대리청정을 건의했던 노론 4대신 김창집, 이이명, 이건명, 조태채가 유배형에 처해졌다. 이 신축옥사로 노론이 축출당하고 소론 정권이 세워지게 되었다.

소론의 영수 조태구는 칼자루를 쥐게 되어 사촌동생 조태억과 함께 막강한 세력을 과시했다. 노론 4대신의 생사여탈이 그들 손에 놓이게 되었다. 조태구의 또 다른 사촌동생인 조태채에게 처음 유배형이 내려졌을 때였다. 조태채는 아들과 조카들이 조태구를 찾아가 도움을 청하려고 하자 단호하게 만류했다.

"죽음은 천명이라 순응할 뿐인 것을 어찌 구차하게 면하려 한다는 말이더냐. 모두 부질없고 어리석은 일이니 그만 두어라."

조태구가 찾아가자 조태채는 오히려 태연하게 웃기까지 했다.

"우리들이 어찌하여 역신(逆臣)이겠소. 저군(儲君)은 나라의 근본이니 잘들 하시오. 만약 그대들이 본분을 다하지 않는다면 훗날 역사의 심판이 두려워질 테니 조심하시오."(《도곡집》)

목호룡의 고변까지 더해져 결국 노론 4대신은 유배지에서 사사와 참수로 죽임을 당했다.

조태채가 죽었다는 소식을 들은 조태구가 혼잣말을 흘렸다.

"역사의 심판이 두려웠다면 애초 나서지를 않았겠지. 조심은 자네가 했어야 했네. 그렇게 역사에서 허망하게 사라질 것을 왜 앞에 나서 화를 자초했는가?"

역사는 무서운 것이다. 그 역사의 심판을 두려워하지 않았던 조태구의 당당한 행보는 어디로 향하고 있었던 것인지.

노론 4대신의 힘 앞에서

조태구(1660~1723)는 조선 후기의 문신이자 소론의 온건파 영수로서 노론과 대립하던 중 세제 연잉군의 대리청정을 반대해 철회시킨 인물이다. 그 후 노론 4대신을 역모죄로 몰아 죽게 한 뒤 영의정에 올랐다. 유봉휘, 이광좌, 최석항과 함께 경종 대의 소론 4대신으로 불렸다. 본관은 양주(楊州)로 아버지는 좌의정과 돈령부영사를 지낸 조사석이고 어머니는 권후의 딸 안동 권씨다. 노론 4대신의 한 사람인 조태채의 사촌형이다.

숙종 9년(1683) 생원이 된 조태구는 3년 뒤 별시문과에 조태채와 함께 병과로 급제해 설서, 문학을 거쳤다. 숙종 17년 예문관검열로 있던 중 아버지 조사석이 범한 죄에 연루되어 승진에 불이익을 받았다. 우의정 이었던 조사석은 희빈 장씨 어머니 윤씨와 오랫동안 연문을 이어오고 있었다. 이를 숙종에게 알린 대제학 김만중만 처벌을 받았다. 그 후 조 사석은 좌의정을 거쳐 돈령부영사에 올랐으나 숙종 16년 경종의 세자책 봉 하례에 참석하지 않은 죄로 유배되어 2년 뒤 그곳에서 죽었다.

유배되었던 김만중은 다음 해 풀려났다. 그동안 숙종에게 줄 의미 있 는 한글소설 《사씨남정기》를 완성할 수 있었다. 인현왕후 민씨의 폐위를 후회하고 있던 숙종에게 이것이 전해져 심적 파동을 일으켰다. 배경은 명나라지만 숙종이 희빈 장씨에게 현혹당해 민씨를 내쫓은 일을 풍자한 내용이 녹아 있었다. 숙종은 민씨에 대한 미안함과 함께 그리움이 간절 해졌다.

승지와 이조참의를 지낸 조태구는 출세가도에 속도를 냈다. 숙종 28 년(1702) 충청도관찰사를 시작으로 형조참의와 대사성을 지냈다. 그 후 부제학과 호조판서를 거치다 숙종 36년 파직이라는 걸림돌을 만나게 되 었다. 동지사로 청나라에 다녀오다 '옥전현에서 하루 묵던 중 표문(表文) 과 자문(咨文)을 넣어 둔 궤를 도둑맞았는데 정본은 찾았으나 그 부본을 잃어버렸기'(《숙종실록》) 때문이었다. 청나라 황제 강희제가 먼 길을 와서 조공하고 돌아가던 중에 당한 일이니 너그럽게 면죄하라는 조서를 보내 왔다. 숙종의 생각은 달랐다.

"큰 화가 미치지 않았다 하더라도 이는 실로 전무후무한 일이로다. 만 약 엄중하게 지켰더라면 어찌 이런 근심이 있었겠는가? 군명을 욕되게 함이 자못 심하니 조태구를 파직토록 하라."

잠시 주춤했던 조태구는 한성부판윤에 이어 6조의 판서를 두루 역임 하고 판의금부사, 우참찬, 좌참찬을 거쳐 숙종 46년(1720) 숙종의 국장 때 우의정이 되었다. 당시 영의정은 김창집이고 좌의정은 이건명이었다. 조태구는 소론의 영수로서 그들과 대립각을 세우게 되었다.

숙종의 뒤를 이은 경종은 병약하고 후사마저 없어 좌불안석이었다. 야사에 따르면 경종의 어머니 희빈 장씨가 사약을 마시기 전 유언처럼 간절하게 말했다고 한다.

"내 아들, 아니 세자를 꼭 한번만 보게 해주시오. 마지막 간청이오."

잠시 후 경종이 나타나자 갑자기 돌변한 그녀가 이를 갈 듯 외쳤다.

"이씨 집안 씨를 말리겠다!"

저주를 퍼부은 그녀가 경종의 고환을 있는 힘껏 잡아당겼다. 경종은 그 자리에서 기절했는데 자식을 낳지 못하게 되자 이 일이 원인이라는 추문이 돌았다. 노론이 연잉군을 후계자로 삼기 위해 전략적으로 퍼뜨린 것이라는 설도 있다.

경종이 후계자 문제로 연일 고민하자 부인 선의왕후 어씨가 종친 중에서 선택해 양자로 삼자는 제의를 해왔다. 어씨의 아버지 어유구는 원래 노론 출신이었으나 소론이 경종을 지지하자 당파를 바꿨다. 어씨 역시 소론으로 기울어져 숙종의 두 번째 계비인 대비(인원왕후) 김씨와는 반대 노선에 서게 되었다.

어씨가 양자론을 내세우자 노론은 절박해졌다.

"후사가 없을 때 양자를 들여 가통을 잇는 것은 우리 조선의 사회법제상 정당하고도 자연스러운 일이지 않소!"

"어허, 이거 참으로 낭패입니다. 만약 그렇게 된다면 앞으로 우리의 입지는 장담 못 할 것이외다."

위기에 빠진 노론은 경종 1년(1721) 노론의 사간원정언 이정소에게 상소를 올리게 했다.

"전하의 춘추가 한창이신데도 후사가 없어 나라의 형세가 위태롭고 민심은 어지럽사옵니다. 작금의 혼란을 수습하기 위해서는 후계자를 빨리 정하는 길밖에 없으니 부디 대비마마께 품의하고 대신들과 상의해 사직을 바로 세울 대책강구에 힘쓰시기 바라옵나이다."

그날 밤 김창집이 노론의 대신들만 거느리고 입대한 자리에서 연잉군을 세제로 삼을 것을 주청했다. 예조판서 이의현도 거들었다.

"정종대왕께서 태종대왕을 세제가 아닌 세자로 책봉한 일이 있었사옵니다. 중국의 역대 사례를 살펴보더라도 모두 태제(太弟, 황위를 이을 황제의 동생)로 삼았으니 그리 정하는 것이 합당할 줄 아옵니다."((임하필기))

강압적으로 나오는 그들 앞에서 주눅이 든 경종은 윤허할 수밖에 없었다. 노론 4대신은 대비 김씨의 허락도 받아내기 위해 다시 경종을 설득했다. 경종에게서 설명을 듣고 난 김씨는 잠시 후 두 장의 종이를 내밀었다. 한 장에는 해서로 '延礽君'이란 세 글자가 적혀 있었다. 다른 한 장은 한글교서로 연잉군을 후계자로 삼아야 하는 이유가 담겼다.

"효종대왕의 혈맥이자 선대왕의 골육으로는 주상과 연잉군 뿐이니 다른 논의가 있을 수 있겠는가."((경종실록))

대비 김씨가 밝힌 '효종대왕 혈맥'은 곧 효종, 현종, 숙종의 '삼종(三宗)'으로 소현세자가 아닌 효종의 계통에 따른 왕통을 말하는 것이었다. 경종이 직접 연잉군의 세제책봉교서를 대신들에게 건네며 최종 명을 내렸다. 소론의 사직 유봉휘가 반대상소를 올렸지만 노론의 강력한 반발로 그 어떤 영향력도 발휘하지 못했다.

청나라 《문헌통고》에 그때의 조선 관련 내용이 기록되어 있다.

'강희 61년(1722) 2월, 조선국 임금 경종이 동생 연잉군을 세제로서 종사를 잇게 해달라고 청해오자 허락하는 성지가 내렸다. 4월, 내각학사 아극돈과 이등시위 불륜을 정사와 부사로 보내 연잉군을 조선국 세제로 봉했다.'

조태구 등 소론은 한발 물러서야 했지만 포기할 수는 없었다.

고작 2년의 권력을 위해 싸운 것인가

경종이 병약하다는 이유를 들며 영의정 김창집이 연잉군의 대리청정을 주장하고 나섰다. 발등에 불이 떨어진 조태구는 유봉휘를 옹호했다고 탄핵을 받아 근신 중에 있어 더욱 절박했다. 근신 중에는 상소조차 올리지 못하는 것이 관례였다. 그는 사생결단의 각오로 '규례를 어기고 창경궁 협문인 선인문을 통해 몰래 입궐했다.'((경종실록)) 이를 안 승정원에서 필사적으로 막아서는 동안 경종으로부터 만나겠다는 명이 내려졌다. 소론 4대신 유봉휘, 이광좌, 최석항 등과 함께 경종 앞에 선 조태구는 눈물까지 보이며 대리청정 철회를 간곡히 요청했다.

"보위는 임금의 뜻대로 처결하지 못하는 것이옵니다. 정유년(숙종 43년)의 경우 선왕(숙종)께서 여러 해 동안 질환으로 고생하시고 춘추도 이미 많으신 때라 지금의 처지와는 사뭇 다르옵니다. 하여 그것을 예로 삼을 수 없사오며 더욱이 세제저하의 사정이 불안해질 수 있음을 유념하셔야 하옵나이다."

조태구의 절절함에 뒤이어 다른 대신들도 이구동성으로 지지한다며 머리를 조아렸다. 이미 김일경 등이 대리청정 철회의 연명상소를 올린 뒤라 경종은 더욱 궁지에 몰렸다. 경종이 주청을 받아들이자 소론은 이를 계기로 주도권 쟁취에 혈안이 되었다.

얼마 후 조태구는 기회다 싶어 노론 4대신을 공격했다.

"전하, 애당초 대리청정은 부당한 일이었으니 이를 주장했던 자들에 대한 명백한 치죄가 따라야 할 줄 아뢰오."

소론이 맹공을 가하는 중에 강경파 이조참판 김일경이 노론 4대신을 탄핵했다. 이 신축옥사로 연잉군의 대리청정을 건의했던 노론 4대신과 관련자들은 유배형에 처해졌다.

소론이 득세하자 노론이라는 울타리를 잃은 연잉군은 위기에 몰렸다. 조정을 장악한 소론의 위세 속에서 왕좌에 오르기도 전 위태로워질지 모른다는 두려움에 시달렸다. 그때 김일경이 판의금부사 심단과 모의해 연잉군을 제거한 뒤 왕손 가운데서 추대한다는 계책을 세웠다. 그는 환관 박상검을 통해 연잉군을 없애기로 작정했다. 사주를 받은 박상검은 자신의 심복 환관 문유도와 상궁 석렬, 필정 등과 짜고 실행에 옮길 준비를 서둘렀다.

평소 연잉군이 경종에게 문안 다니는 길에 여우가 출몰한다며 덫을 놓고 출입을 아예 막아버렸다. 연잉군이 고립되자 김일경과 박상검은 급기야 '세제를 폐해 서인을 만든다.'는 교서를 꾸미기로 했다. 이 음모를 세제궁 환관 장세상에게 전해들은 연잉군은 눈앞이 캄캄해졌다. 경종을 만날 길이 없는 상황이라 더욱 애가 탔다. 노심초사 끝에 자결만이 최선이라는 생각이 들었다. 그는 독약 두 사발을 만들어 부인 세제빈 서씨에게 함께 죽자며 흐느꼈다.

서씨가 만류하는 동안 동이 트자 두 사람은 입직하던 시강원설서 송인명의 도움으로 담장을 넘어 대비전에 숨어들었다. 마침 자리에서 일어나 머리를 매만지고 있던 대비 김씨는 두 사람이 불쑥 들어오자 놀랐다. 연잉군의 말을 듣고 난 그녀는 더욱 아연실색했다.

"아니, 그놈들이 감히 그런 일을 꾸몄다는 게요? 당장 대전으로 앞장들 서시오!"

김씨는 버선발로 연잉군 내외를 데리고 경종에게 달려갔다. 박상검이 두 궁녀와 함께 연잉군을 서인으로 삼는다는 경종의 전교를 조작하고 있었다. 이를 본 김씨는 사태의 절박함에 격분해서 당장 교서를 내렸다.

"김일경 일파가 획책한 음해를 낱낱이 밝히고 세제의 지위를 바로 세우라!"

김씨는 힘주어 신하들에게 하교했다.

"경들은 주상과 세제를 보호해 삼백 년 이어온 종사를 지키고 선왕의 유교가 헛되지 않도록 힘쓰기 바라오."(《국조보감》)

김씨의 명에 의해 박상검과 문유도를 잡아들이고 국문을 열었다. 두 사람은 물론 상궁들과 관련자 모두 죽음을 면치 못했다. 국문과정에서 '석렬과 필정은 매를 맞다 죽고 박상검과 문유도는 거열형에 처해졌다.'(《국조보감》) 의금부에서 이졸들을 풀어 체포하게 했을 때 '석렬은 이미 집에서 자살했다.'(《경종실록》)고도 한다. 더 이상 사건이 확대되지 않아 김일경만은 무사할 수 있었다.

조태구는 연잉군이 등극하면 자신들이 벼랑 끝으로 몰린다는 것을 잘 알고 있어 초조해졌다. 그때 다시 나선 인물이 형조판서 김일경이었다. 그가 경종 2년(1722) 목호룡을 시켜 고변하도록 했다. 목호룡은 노비에서 양인으로 신분 상승된 '시를 잘 짓고 풍수지리에도 뛰어난'(《청성잡기》) 인물이었다.

"저들은 삼수(三手)를 이용해 전하를 시해하려고 했사옵니다."

목호룡이 말한 삼수는 자객을 이용해 살해하는 대급수, 궁녀를 사주해 수라상에 독을 넣는 소급수, 숙종의 고명을 위조해 경종을 폐출시키는 평지수였다. 그는 노론이 숙종 말년부터 경종을 죽이기 위해 모의했다고 진술하며 범인을 지목했다.

"시해계획에 가담한 자들은 바로 노론 사대신의 자제들이옵니다."

조정에서는 즉각 역모를 파헤치기 위해 국문을 열었다. 연루된 자들이 하나둘 매를 맞고 죽어갔다. 모두가 시인하지 않은 이유는 집안의 도륙이기 때문이었다.

유배중인 노론 4대신도 무사할 수 없었다. 조태구는 그들마저 극형에 처해야 한다는 여론몰이로 경종을 압박했다. 좌고우면 속에서 갈등하던 경종은 그들의 주장을 끝내 꺾지 못했다. 노론 4대신과 관련자의 처형을 윤허하고 연좌된 자 모두 귀양 보냈다.

"세제저하에 대한 관련여부도 명백히 밝혀야 하옵니다."

조태구는 끝까지 연잉군을 물고 늘어지려고 했으나 그것만큼은 경종이 따르지 않았다. 연잉군은 방패막이 대비 김씨 덕분에 신임사화에서 제외될 수 있었다. 경종의 동생에 대한 우애도 한몫을 했다.

신임사화 이후 조태구는 확실한 소론정권을 수립하게 되었다. 영의정에 오른 그는 소론 대신들과 국론을 주도하며 무소불위의 권력을 휘둘렀다. 노론에 대한 가혹한 탄압도 멈추지 않았다.

조선 역대 불운한 왕 가운데 한 사람이 경종이다. 즉위 전후로 심신에 타격을 주는 일들이 산재했다. 경종에게 어린 시절의 총명함은 조금도 남아있지 않았다. 우울증과 크고 작은 질병들에 시달려 심신이 극도로 쇠약해진 상태였다. 왕위에 있는 동안 무엇 하나 주도적으로 추진할 수가 없었다. 《경종실록》은 경종의 형편을 적나라하게 드러내고 있다.

'근심과 두려움이 쌓여 병을 초래했고 깊어갈수록 고질화되어 즉위한 이래로 정사를 돌보는 데 게을리 했다. 조회에 임해서는 침묵으로 일관했으며 정사를 신하들에게 맡겼다.'

경종의 무기력은 중요한 과제 하나를 풀지 못하고 지나치는 과오마저 낳았다. 신임사화를 막 겪고 조정의 정세가 바뀐 지 얼마 되지 않았을 때 '대신과 삼사 및 관료들이 조태구 일파와 김일경 신축소하칠인(辛丑疏下七人)에 대해 죄상을 파헤쳐 처벌할 것을 청했지만 경종은 연잉군이 관련된 탓에 철저하게 다루려고 하지 않았다.'(《미호집》) 신축소하칠인은 연잉군의 대리청정 철회를 위해 연명상소를 올렸던 김일경과 소론 강경파 이진유, 윤성시, 박필몽, 서종하, 정해, 이명의를 말한다. 한편 연잉군 즉위 후 김일경이 처형되고 정해가 죽은 뒤 남은 이들을 '소하오인' 또는 '소하오적'으로 부른다.

노론 4대신과 수많은 사람의 피와 목숨을 밟고 영의정이 된 조태구의 정치시계가 갑자기 멈춰버렸다. 경종 3년(1723) '심장과 횡격막 사이 침이나 약으로 고치지 못하는 곳에 병이 든 그는 생사를 넘나드는 상황에서 잠깐 가마를 타고 입궐해 정무를 본 뒤로 더 악화되었다며'((경종실록)) 사직상소를 몇 번 올렸다. 그때마다 경종은 윤허하지 않고 다시 조정에 나올 것을 권유했으나 그는 끝내 일어서지 못하고 눈을 감았다. 세무십년이라는 말이 들어맞게 불과 2년의 최고 권력을 누린 뒤였다.

치적 없이 심판대에 오르다

경종에게도 죽음의 그림자가 다가왔다. 경종 4년(1724) 당쟁의 절정기를 지나고 있는 경종은 더 이상 버티지 못하고 건강악화로 병석에 누웠다. 오한과 신열이 심해 수라를 들지 못할 때가 많았고 이따금 혼미한 증상을 보이기도 했다. 병세가 위급해지자 연잉군이 직접 병구완을 감독했다.

대비전에서 게장과 생감을 보내왔다. 어의 이공윤 등이 두 음식은 상극이라며 만류했지만 연잉군이 묵살해버렸다. 모두의 우려와는 달리 경종은 입맛을 조금 되찾아 예전보다 만족할만한 수라를 들게 되었다. 연잉군은 다음 날 다시 게장과 생감을 올렸는데 그날 밤부터 경종이 고통을 호소했다.

"가슴과 배가 아프구나. 누군가 세게 조이는 것처럼 너무도 아파."

심한 설사까지 겹쳐 탈수로 의식을 잃어갔다. 내의원에서 급히 탕약을 조제하려고 하자 연잉군이 끼어들었다. 인삼과 부자(附子)로 달인 차를 쓰라는 연잉군의 말에 이공윤이 펄쩍 뛰었다.

"하오나 그렇게 되면 기를 돌리지 못하옵니다."

이공윤은 강력히 반발했지만 세제의 명이라 어쩔 도리가 없었다. 차를 가까스로 받아 마신 경종의 눈동자가 조금 안정되는 듯했다. 한시도 자리에서 떠나지 않고 있던 연잉군은 세 번을 더 올리게 했다. 경종은 다음 날 새벽 갑작스레 숨을 거뒀다. 경종의 급서는 엄청난 파장을 몰고 왔다.

시침에 의해 급서한 효종과 시약청 설치 하루 만에 죽은 현종과는 비교도 되지 않을 정도의 의혹이 터졌다. 독살설이었다. 정치적이고 의학적인 정황이 뒷받침해주고 있었다. 소론 강경파와 선의왕후 어씨가 노론의 연잉군을 폐출하려고 도모하던 중이었다. 게장과 생감은 민간의 일반 의원조차 꺼려하는 상극이었다. 연잉군의 강압적인 치료방법마저 도마에 올랐다.

독살설에 대한 의혹을 잠재울 만한 배경도 공존해 있었다. 연잉군에게 있어 경종은 자신을 살려준 존재였다. 또 큰 이변이 없는 이상 왕좌에 오를 수 있는데 굳이 무리수를 두었겠느냐는 것이다. 사정과 달리 여론은 연잉군 편이 아니었다. 경종의 독살설은 이미 민간에까지 퍼져있는 상황이었다. 야사에 따르면 훗날 연잉군이 즉위한 뒤 행차 때 누군가 튀어나와 '임금을 독살한 놈!'이라며 욕까지 했다고 한다.

경종이 승하하기 전 연잉군이 '관대를 벗지 않고 간병했고 탕약은 반드시 직접 맛보고서 올렸다.'(《국조보감》)는 것이 진실이라면 독살설에서 어느 정도는 자유로울 수 있다. 그래야 경종이 위독한 상태가 되자 '눈물을 흘리며 어찌할 바를 모르다가 종묘사직과 산천에 두루 기도하도록 명을 내렸다.'거나 눈을 감자 '상을 당해 머리를 풀어헤치는 것이 옳은지 물어 유신들이 국조오례의에 세자와 대군 이하가 피발을 한다는 구절이 있다는 대답을 듣고 그대로 따랐다.'(《임하필기》)는 그의 행동도 자연스러운 연결이 된다.

경종이 죽고 즉위한 연잉군 영조는 왕과 신하들의 정책방향이 서로 다르다는 것을 절감하고 있었다. 그는 '좋은 정치'를 펼치기 위해 문무 백관들에게 직언을 구했다. 그때 노론의 이의연이 우선 소론을 처벌해야 된다는 상소를 올렸다.

"선왕께서 병환 중이실 때 소인들이 총명함을 흐리게 해서 명문세가에 죄를 씌워 죽게 했사옵니다. 이들이 저지른 모반의 죄부터 물어 바로 잡아야 하옵니다."

노론은 '신임사화 때 억울하게 죽은 사람들 모두 조태구를 비롯한 소론 4대신과 그 일파들이 자행한 부당한 형벌의 희생자'((정암집))라며 공론을 모았다. 신임사화가 모략으로 일어난 것임이 명백히 드러나자 집권세력 소론이 그대로 있을 리 없었다. 대사간 권익관과 사직 이명언 등이 이의연을 공격했다.

"전하께서 즉위한 것은 대비마마와 선왕의 결정에 의해 이루어진 일인데 저들은 자신의 공으로 돌리려 하고 있사옵니다."

영조는 이의연의 상소에 내심 무게를 두고 있었기에 처벌할 생각이 없었다. 그런데 소론에서 너무 강경하게 주장하자 마지못해 이의연을 귀양 보내려고 했다. 소론에서는 영조의 조치에 불만을 드러내며 국문할 것을 요청했다.

영조는 작심한 듯 김일경과 목호룡도 함께 국문하라는 명을 내렸다. 유생 홍득일이 친히 국문해야 한다는 상소를 올리자 영조가 허락했다. 신임사화를 사주한 김일경과 고변을 담당했던 목호룡이 국문장에 끌려나왔다. 두 사람은 이미 죽음을 각오하고 있어 눈에 불을 켜댔다. 특히 김일경은 영조가 경종을 독살했다고 확신하는 상태라 격정으로 폭발할 지경이었다. 영조를 향해 왕으로 인정하지 않겠다는 듯 '나리' 또는 '너'

라고 불렀으며 자신을 '나'라고 지칭했다.

"서로 입만 아프니 속 시원히 어서 날 죽여라!"

김일경이 끝내 공모자가 없다고 우기며 도발까지 하자 분통이 터진 영조는 두 사람을 처형하도록 명했다. 국문 도중 심한 매에 시달린 이의연은 옥중에서 죽었다. 그는 노론임에도 소론이 끝까지 물고 늘어지는 바람에 비참한 최후를 맞게 되었다.

목호룡이 스스로의 운명을 점친 적이 있었는데 점괘에 '인(寅)에서 일어나 진(辰)에서 패한다.'(《청성잡기》)고 나왔다. 그래서인지 '임인년'에 동성군에 봉해졌고 '갑진년'에 처형되었다.

영조 1년(1725) 노론은 김일경과 목호룡의 죽음만으로 만족할 수 없었다. 영조의 대리청정을 반대하며 노론 4대신들을 공격하는 상소를 연명으로 올린 나머지 6명도 국문할 것을 요청했다. 영조도 내심 바라던 바라 그들을 삭탈관직 후 쫓아냈다. 또 김일경과 목호룡을 국문할 때 죄를 더 묻지 않았다는 죄목으로 삼사 모두 파직시키고 그 자리에 노론 민진원, 정호, 김조택 등을 앉혔다. 소론에서 노론으로 다시 정권교체가 이뤄졌다. 을사년의 일이라고 해서 '을사처분'이라 부른다.

노론의 재집권과 동시에 잠시 잊혔던 조태구에 대한 역사의 심판도 있었다. 조태구는 신임사화의 원흉으로 탄핵을 받아 관작이 삭탈되었다. 조태채 등 노론 4대신의 관작을 회복시키고 '그들 집에 제물과 제문을 보내 제사 지내도록 명했다.'(《국조보감》)

본분을 다하지 않는다면 역사의 심판이 두려워질 것이라는 조태채의 말에 콧방귀를 뀌었던 조태구는 결국 불명예를 떠안았다. 그의 당당했던 행보 끝이 닿은 곳이다. 다만 직접 겪지 않고 사후의 일이라 그에게는 다행일지도 모르겠다. 그러나 진정한 역사의 심판은 먼 후세의 관점으로 종결되는 것만은 아니다. 정작 본인은 인지하지 못하고 은연중 묻히기를 바라는 것이 현세의 그릇된 치적이다. 흔히 위정자들이 애용하는 말 가운데 하나가 역사가 심판해줄 것이라는 애매모호한 포석이다. 후세의 평가를 기대하고 후손들의 포장을 바라면서 현재를 분탕질하는 것은 무책임한 행동이다. 역사에 '만약'이라는 말이 소용없듯이 '행여' 역시 자리할 곳이 없다. 어느 시대의 정치가나 지도자라도 현재 속에서 평가받고 단죄되어 미래의 질서가 되어야 한다.

후세의 심판은 먼 미래의 일이 결코 아니었다. 시문에 조예가 깊고 특히 예서에 능해 전서의 이인상과 함께 조선시대 대표적 서예가로 불린 사람이 송문흠이다. 영조 9년(1733) 사마시에 급제한 그가 몇 년 후 세자 호위를 담당하는 익위사시직이 되었을 때의 일이다. 마침 조태구의 아들 조현빈이 세마로 뽑혀 제수되었다. 이를 안 그는 부끄럽게 여기고 '의리상 적신의 아들과 동료가 될 수 없다며 그날로 벼슬을 버렸고 얼마 후 다시 익위사에 들어갔으나 또 조현빈이 오게 되자 역시 물러났다.' (《강한집》)

심판대에 오르지 않아도 훗날 이래저래 휘둘리는 것이 죄인의 몫인가 보다. 조태구가 경기도 과천에 별저를 소유하고 있었는데 영조 대 영의정을 지내게 되는 김상로가 이를 늘 탐냈다. 조태구가 죽은 뒤에도 몇 차례 구입하려고 했으나 매번 거절당하자 애를 태우던 중 영조 31년 (1755) '나주 벽서사건'이 터졌다. 이른바 '을해옥사'로 소론 일파가 노론을 일소할 목적으로 일으킨 역모사건이었다. 김상로는 기다렸다는 듯이 '조태구 등에게 역적 처벌법을 소급적용해 그들의 재산몰수를 청한 뒤 마침내 호조로부터 헐값에 사들일 수 있었다.'(《청성잡기》) 그는 이곳에 경기도에서 가장 호화스러운 저택을 지었다. 그 후 사도세자의 처벌에 적극 가담했다가 영조가 후회하자 유배를 가야 했다. 특명으로 풀려났지만 사후 정조가 즉위하자 관작추탈에 저택은 몰수되었으며 소급적용하는 법도 폐지되었다. 그가 신원, 복권된 것은 고종 대의 일이다.

조태구가 복관된 것은 그보다 후인 순종 2년(1908)의 일로 시호 '문정(文貞)'이 내려졌다. 그가 죽었을 때 경종은 '이제 현덕(賢德)을 잃으니 그 놀랍고 슬픈 감회를 말로써 다 비유할 수 있으랴.'는 말로 하교를 시작했다. 사관은 경종의 마지막 말도 빼놓지 않았다.

'다만 관직에 있을 때 치적이 있었다는 말은 못 들었다.'《경종실록》

영조의

홍봉한

익정(翼靖) 홍봉한(洪鳳漢,
재임 1761~1762 1763~1766 1768~1770)

신은 오직 임금만을
알 뿐이옵니다

영조가 성균관유생들의 출석상태를 점검할 때다. 홍봉한은 혼인해 가정을 갖고 있던 탓에 출석률이 낮아 5년간 자격정지 처벌을 받게 되었다. 이 일로 앙금이 남았을 홍봉한이 영조를 직접 알현하게 된 것은 8년 뒤였다.

영조 19년(1743) 영조는 9세가 되어 관례를 치른 사도세자와 성균관을 참배하고 유생들 상대로 알성시를 시행했다. 성균관장의였던 홍봉한이 낙방하자 다음 날 영조가 불렀다.

"유생 임원 가운데 으뜸 자리 장의인 그대가 낙방하다니 참으로 안타깝도다. 다음에는 꼭 급제하도록 하라."

홍봉한은 영조의 격려에도 불구하고 두 번째 시험에서도 미끄러졌다. 반면에 영조는 8년 전 첫 만남과는 달리 홍봉한에게 호감을 갖게 되었다. 노론 집안 출신인 그의 딸을 사도세자 빈으로 결정할 만큼의 관심과 기대였다. 그녀가 《한중록》의 저자이기도 한 혜경궁(헌경왕후 추존) 홍씨다.

"세자빈을 홍봉한 집안의 여식으로 정했으니 이 어찌 기쁘지 않겠는가!"

간택이 시작되기도 전 이미 홍씨가 세자빈으로 내정되어 있을 정도였다. 사도세자의 생모인 영빈 이씨와 누님 화평옹주가 미리 불러 예절교육까지 시켰다. 홍봉환은 친정을 떠나 별궁에 기거하던 홍씨에게 《소학》과 《어제훈서》 등을 가르치며 세자빈으로서 부족함이 없도록 애를 썼다.

"딸아이가 태어나기 전 꿈속에서 흑룡을 봤었는데 우리 가문에 이런 영광이 있을 줄이야!"

홍봉한은 종9품직에 있다가 왕실과 사돈이 되면서 갈망하던 과거시험에 급제할 수 있었다. 그 후 초고속 승진가도를 달려 영의정까지 오르게 된다. 그 질주의 끝은 사도세자 죽음과 맞닿아 있었다. 그는 자신과 당파가 다르다는 이유로 사위를 죽음으로 몰고 간 비정한 장인이었다.

무수리 아들 왕과 광패한 세자

홍봉한(1713~1778)은 조선 후기 문신으로 혜경궁 홍씨 아버지이자 사도세자(장헌세자, 장조 추존)의 장인으로 영의정에 오른 인물이다. 영조의 탕평책에 부응해 당쟁의 폐해와 인재 발탁 등의 내용을 담은 시무 6조를 제시하며 국정쇄신에 노력했다는 평가를 얻고 있다. 한편 세자의 비참

한 죽음을 반대하지 않고 오히려 빌미를 제공한 당사자가 되었다. 본관은 풍산(豊山)으로 아버지는 예조판서를 역임한 홍현보고 어머니는 공조판서를 지낸 임방의 딸 풍천 임씨다. 부인 한산 이씨 사이에 아들 홍낙인, 홍낙신, 홍낙임, 홍낙윤과 정조의 생모 혜경궁 홍씨 등의 딸을 낳았다. 영조 대 좌의정을 지낸 홍인한이 이복동생이다.

영조 20년(1744) 홍봉한의 집으로 세자빈책봉 부절(符節)과 예물이 들어오는 날이었다. 이른 아침부터 집 앞이 사람들로 술렁였다. 낙과로 인해 어두운 그림자만 드리워졌던 예전의 모습과는 전혀 달랐다. 활기가 넘치고 사람들로 붐비는 것이 잔칫집보다 더한 분위기였다. 평소 발길이 없던 먼 일가들까지 찾아와 축하의 말을 건넸고 벌써부터 은밀한 청탁을 해오는 사람도 있었다.

홍봉한은 그해 정시문과 을과로 급제해 사관이 되고 여러 벼슬을 거친 뒤 다음 해 종2품에 특진되어 광주부윤까지 올랐다. 이를 놓고 양사가 비판하는 것을 영조가 무마시켰다.

세자(사도세자)가 영조와 어머니 영빈 이씨 사이에서 둘째 서자로 태어난 것은 영조 11년(1735)이었다. 그는 생후 백일 만에 영조 정비 정성왕후 서씨의 양자가 되어 생모 이씨 품을 떠나야 했다. 다음 해 10세 때 요절한 이복형 효장세자의 뒤를 이어 세자로 책봉되었다.

어린 세자는 환관과 상궁들 손에 성장했다. 이들 대부분은 예전에 경종을 섬기던 사람들이었다. 이들로부터 경종의 독살설과 노론에 대한 부정적인 말들을 들으며 자라게 되었다. 자연스럽게 영조와 노론세력에 대한 반감을 품게 되었고 소론의 목소리에 더 귀를 기울였다. 이 같은 성장기는 그의 비극적 운명을 만든 과정이었다.

영조는 학문에만 전념하는 것이 세자의 도리라고 생각해 빈틈을 주지 않았다. 세자는 상궁들과 목검으로 칼싸움 놀이하는 것을 더 즐겼

다. 그 시각에 서책을 읽었다며 어머니 영빈 이씨를 속인 것이 문제였다. 영조는 세자를 크게 꾸짖고 함께 어울린 상궁들을 처벌해 죽게 만들었다.

세자는 더욱 더 영조를 두려워하고 거리감을 두게 되었다. 영조의 엄격함은 완벽한 세자를 만들기 위한 방침이었다. 무수리 자식이라는 자신의 열등감처럼 행여 생길지 모를 약점에 대한 우려가 컸다. 영조는 왕위에 올랐어도 여전히 지울 수 없는 것이 무수리에게서 태어난 왕이라는 수식어였다. 특히 소론의 신하들은 노골적으로 못마땅한 시선을 보내왔다. 개중에는 아무나 하는 왕 부럽지 않다는 경멸까지 담겨있는 것 같아 영조는 속이 뒤집혔다.

"이쯤 되면 막가자는 거지요. 내가 바보 왕처럼 보이시오? 그럼 사대부 출신 어머니 몸에서 나온 경들이 임금을 하고 정치를 하시오!"

신하들의 눈총을 견디지 못해 이렇게 소리쳤다고 야사는 영조의 속사정을 전하고 있다.

영조 25년(1749) 15세가 된 세자의 대리청정이 시작되자 영조는 기본 지침을 내렸다.

"신하들이 아뢰는 일마다 그저 그렇게 하라는 식으로 대답하면 필시 정사를 그르칠 우려가 있다. 의심스럽고 모르는 것이 있으면 꼭 대신들에게 묻고 스스로의 생각을 더한 뒤 결정하도록 해라."

대리청정은 순탄하지 않았다. 세자는 부유한 양반지주보다 가난한 농민들 보호와 구휼에 더 집중했다. 부정부패와 연결고리를 갖고 있던 집권층 노론의 눈에는 가시처럼 여겨졌다. 영조 역시 세자의 처신이 못마땅해도 뾰족한 대안을 찾지 못해 지켜볼 뿐이었다. 그러다 지나치다 싶으면 호되게 꾸짖거나 폭언까지 서슴지 않았다.

영조의 견제에도 20세가 넘은 세자는 소신껏 대리청정을 해나갔다.

노론인 영의정 김상로와 병조판서 홍계희의 잘못을 지적하는 일도 많아졌다. 노론에서는 세자가 소론 중심의 정치를 한다며 긴장하는 분위기였다. 급기야 김상로와 홍계희가 세자를 거세하고자 작심했다. 이들과 뜻을 같이한 사람은 영조의 후궁 숙의 문씨, 계비 정순왕후 김씨, 누이 화완옹주였다.

영조의 총애를 받자 숙의 문씨는 세자의 어머니 영빈 이씨를 함부로 대했다. 이 일로 정비 정성왕후 서씨에게 종아리를 맞은 일이 있었다. 이때부터 그녀는 영빈 이씨와 세자에 대해 원한을 품고 노론과 손잡았다. 정순왕후 김씨는 아버지 김한구가 노론이라 같은 노선을 고수하고 있었다. 그녀 역할은 세자모함에 열을 올리는 노론의 분위기를 영조에게 전하는 것이었다. 모함은 숙의 문씨도 마찬가지였고 누이 화완옹주까지 합세했다. 그녀가 암암리에 국정간섭과 사람의 생사마저 좌우하는 일을 벌이자 세자가 호되게 나무랐던 것이 원인이었다.

"세자를 따로 경운궁에 가있게 하라!"

세자에 대한 구설이 계속되자 영조는 더 참을 수 없었다. 이 상황에서 김상로, 홍인한, 김한구, 홍계희 등 노론이 세자가 몸이 허약하다는 소문을 퍼뜨렸다. 세자는 어쩔 수 없이 치료를 위해 열약을 마셨으나 약독으로 화기가 치밀어 이상행동을 보였다. 가만히 앉아 있다가도 갑자기 궁궐 밖으로 뛰쳐나갔다. 말을 타고 달리며 미친 사람처럼 고함을 지르고 사방팔방 뛰어다니기도 했다. 그러다 조금 진정이 되면 제 정신으로 돌아와 혼자 중얼거렸다.

"내가 어릴 때는 모두가 유약하다고 했거늘 지금에 와서는 왜 이토록 광패해졌을꼬."

영조와 사도세자 사이에서

어영대장, 예조참판, 경연동지사 등을 지낸 홍봉한은 영조 32년(1756) 평안도관찰사로 임명되었다. 어느 날 세자에게서 서찰이 왔다. 22세의 사위는 장인에게 쇠약해진 몸과 마음에 대해 호소하고 있었다.

"병 하나를 얻었는데 깊어만 가고 나을 기약이 없습니다. 번뇌를 달래며 지내고 있을 뿐입니다. 하루하루 열은 높아가고 울화는 극도로 들어차 미쳐버릴 것만 같습니다. 울화를 낮게 하는 약제에 대해 잘 알고 계신다니 부탁을 드립니다. 다른 사람들은 알지 못하게 제게 맞는 약을 지어 보내주십시오."

영조 33년(1757) 《영조실록》의 기록만 봐도 세자의 불안전한 심리상태를 엿볼 수 있다. 세자의 태도를 나무라는 영조에게 내의원도제조 유척기가 진언한 대목이다.

"지금 전하께서는 엄위가 너무 지나치시기에 세자저하가 늘 두려워하고 위축되어 응대할 때 머뭇거리는 것이옵나이다. 삼가 바라옵건대 지금부터는 심기가 화평하도록 힘쓰시고 만일 잘못이 지나치다 싶으면 조용히 훈계해 서서히 깨닫게 이끌어 주신다면 조만간 자연히 낫는 효험을 볼 것이옵니다."

홍봉한은 세자가 사위지만 자신에게 의지하려는 것이 부담스러웠다. 세자는 소론 쪽에 완전히 기울어져 있었다. 홍봉한은 노론의 중심적 역할을 하고 있는 위치라 그런 세자를 위해서 할 수 있는 일이 없었다. 장인과 사위를 떠나 노론과 소론이라는 입지가 더 중요했다.

다음 해 판의금부사로 임명되어 내직으로 돌아온 홍봉한은 이어 의정부좌참찬, 호조판서 등을 거쳐 금위대장을 지냈다. 그는 세자의 더욱 광패해진 모습을 바라보게 되었다.

세자는 대리청정 과정에서 영조를 비롯해 노론과 소론의 당파 간 정치적 갈등에 휩쓸려 심신이 극도로 쇠약해진 상태였다. 평상시에도 불안에 시달렸고 특히 심리적 압박 때문에 새 옷을 갈아입지 못하고 가슴 통증에 시달리는 등 이상증세가 심각했다. 그러던 어느 날 총애하던 후궁 경빈 박씨를 살해하는 일이 벌어졌다. 그녀가 옷을 갈아입는 세자의 시중을 들 때였다. 갑자기 옷 갈아입기를 두려워하는 의대병이 발병한 세자가 그만 실성해버렸다. 그는 옷이 몸에 맞지 않는다며 박씨를 폭행해 죽였다. 박씨에게서 낳은 갓 돌이 지난 은전군도 칼로 내리쳐 연못에 던졌다. 은전군은 평소 세자의 비행을 지켜보던 계비 정순왕후 김씨 측근들에 의해 목숨을 건질 수 있었다. 김씨는 연잎 덕분에 가라앉지 않고 기적적으로 살아난 은전군을 하엽생(荷葉生, 연잎이)이라 불렀다. 훗날 영조는 자신의 서손자인 은전군의 자(字)를 연재(憐哉, 가련하다)로 지어주게 된다.

영조 34년(1758) 영조가 세자의 폐위를 명하자 도승지 채제공이 죽음을 각오하고 만류해 겨우 철회시켰다. 그럼에도 세자의 비행은 끝이 없었다. 자신을 보살피던 환관과 나인들을 함부로 죽이고 비구니 출신의 가선이라는 여인을 궁궐로 불러들였다. 궐내 궂은일을 담당하는 액속 무리들과 어울려 방탕한 생활을 즐겼고 저자 상인들의 물품을 마구잡이로 거둬들였다.

경운궁이 뒤숭숭한 가운데 홍봉한은 영조 37년(1761) 우의정에 올랐다. 그가 일약 승진해 우의정이 될 수 있었던 것은 전임 민백상의 자결 때문이었다. 숙의 문씨와 화완옹주가 세자에게 은밀히 접근해 치료차 평양에 다녀오라고 권한 것이 사건의 발단이었다. 함정에 밀어 넣으려는 계략이었으나 세자는 진심으로 받아들였다. 그가 평양으로 떠나자 숙의 문씨는 즉시 영조에게로 달려가서 고했다.

"세자가 근신하기는커녕 유람을 떠났다고 하옵니다."

영조는 그럴 리 없다며 믿지 않았다. 세자를 비판하는 상소가 올라왔지만 홍봉한이 중간에서 손을 써 영조에게 알려지지 않았다. 홍봉한은 비록 세자가 눈엣가시처럼 여겨졌어도 더 큰 화를 염려해 막았던 것이다. 그런데 정순왕후 김씨의 오라버니 김구주가 나섰다. 그는 세자의 평양행을 막지 못하고 비판상소까지 알리지 않은 홍봉한을 탄핵하는 밀봉상소를 영조에게 올렸다. 영조는 그래도 세자를 믿었는지 김구주를 질책했다.

한참 후에야 세자가 평양에 갔다는 것을 눈치 챈 영조는 대노해 영의정 이천보에게 당장 조사해 보고하라고 명했다. 차마 따를 수 없었던 이천보는 고뇌 끝에 자결해버렸다. 영조의 같은 명령에 좌의정 이후와 우의정 민백상 역시 차례대로 목숨을 끊었다. 세자가 경운궁에 없다고 확신한 영조는 격노했다.

"당장 세자를 잡아오도록 하라. 내 용서치 않을 것이다!"

도승지 채제공 등이 명을 거두기를 간청하자 영조는 깊은 고려 끝에 한발 물러서기로 했다.

삼정승의 혼을 미처 달래주기도 전에 홍봉한은 그해 좌의정으로 승진하고 판돈령부사로 전임되었다가 곧 영의정에 올랐다. 영조가 세자의 증상에 대해 묻자 홍봉한이 고했다.

"세자저하가 앓고 계신 것은 단정지을만한 형상도 없는 병 아닌 병으로 호전과 악화를 반복하며 끝이 없사옵니다. 조정에 임해 정신을 차리면 실수하는 법이 없으나 내전에 계실 때는 실로 근심되는 일들이 많았사옵니다."《영조실록》

노론은 진단조차 명확하지 않은 병으로 고생하는 세자의 필적까지 위조했다. 작성된 거짓 내용의 문건을 숙의 문씨를 통해 영조 앞에 펼쳐놓게 했다. 심지어 조작한 영조의 어찰을 세자에게 보내 침전인 강녕전으로 가도록 만들기도 했다. 한밤중 곤히 자던 영조는 느닷없이 찾아온 세자의 정신상태를 더욱 불안히 여기게 되었다.

김상로가 영조 앞에서 무고하는 일이 벌어졌다.

"세자저하가 경종대왕의 죽음에 관해 의심을 품고 있는 줄 아옵니다."

평소 세자가 노론에 대해 노골적으로 적대감을 표출하는 것에 불만이 었던 김상로의 앙갚음이었다. 영조는 당장 세자를 부른 자리에서 크게 꾸짖었다. 우의정 조재호가 세자보호에 나섰으나 홍봉한이 영조의 귀를 다시 자극시켰다.

"소인의 간사한 말을 믿으시고 대사를 그르치는 일이 없도록 하옵소서."

화가 난 영조는 조재호를 귀양 보낸 뒤 사사하도록 명했다. 무고는 극에 달해 영조 38년(1762) 급기야 영조에게 청천벽력 같은 소리가 날아들었다.

"세자저하가 반역을 꾀하고 있사옵니다!"

노론은 쉽게 세자를 제거하지 못하자 김한구, 홍계희, 윤급 등이 공모해 나경언(형조판서 윤급의 종)을 시켜 거짓으로 고변하게 했다. 조선왕조의 가장 비참한 사건 가운데 하나인 '임오화변'의 직접적인 원인이었다. 나경언은 그동안 세자가 벌인 비행을 과장해서 조목조목 나열해 올리기도 했다.

그대로 받아들일 수밖에 없었던 영조는 일단 홍봉한에게 조사하도록 명을 내렸다. 소론을 대하는 세자의 원칙적인 행동에 불만이 많았던 그는 역모가 사실이라며 얼버무리듯 고했다. 영조가 세자를 극형에 처하기로 결심한 뒤 나경언의 목부터 베라고 명하자 신하들이 반대하고 나섰다.

"국문을 통해 고변의 배후자부터 밝혀야 옳은 줄 아뢰오!"

영조는 신하들의 말을 무시했다. 이미 홍봉한이 역모임을 인정했기에 고사할 필요는 없다고 판단해버렸다. 영조의 입에서 당장 세자를 잡아 들이라는 엄명이 떨어졌다.

사위를 죽게 한 장인

세자가 한참 동안 대전 앞에 엎드려있었지만 영조는 모른 척했다. 승지가 고하자 그때서야 창문을 밀치고 소리쳤다.

"네가 왕손의 어미를 때려죽이고 여승을 궁으로 들였으며 평양에 유람했으니 이것이 세자로서 행할 일이더냐? 사모를 쓴 자들 모두 나를 속였는데 나경언이 없었더라면 아무것도 몰랐을 것이다. 네가 처음부터 왕손의 어미를 진정 사랑했거늘 어찌 죽음으로 내몰았느냐? 그가 아주 강직했었기에 필시 네 행실을 간하다가 죽임을 당했을 것이다. 또 장차 그 여승의 아들을 왕손이라 하며 내게 문안할지도 모를 일이다. 이러고도 나라가 망하지 않겠는가?"(《영조실록》)

세자가 분한지 가슴을 치면서 나경언과 대질시켜달라고 청하자 영조의 일갈이 이어졌다.

"그 역시 나라를 망칠 일이다. 대리청정의 세자가 어찌 죄인과 대면한다는 말이더냐?"

세자가 끝내 눈물을 터뜨리며 목메어 소리쳤다.

"소자 가슴에 든 화증(火症)을… 여기에 들어와 나가지 않고 있는 이것을 풀고자 하옵니다!"

영조는 조금도 물러서지 않았다.

"차라리 발광을 하는 게 나을 것이다. 썩 물러가라!"

세자는 힘없이 금천교로 가서 다음 명을 위해 대죄했다. 홍봉한이 영조 앞으로 가서 머리를 숙였다.

"전하, 대조(大朝, 섭정중의 왕)께 충성하는 자는 소조(小朝, 섭정중인 세자)

에도 충성하는 것이옵니다. 나경언의 불충은 이미 논할 것도 없으니 마땅히 해당되는 율로 논해야 옳은 줄 아옵니다."(《영조실록》)

그 말에 대노한 영조는 홍봉한의 파직을 명했다. 영의정에서 파직된 홍봉한은 우의정 윤동도가 적극 변호해줘 좌의정에 제수될 수 있었다.

나경언의 목은 날아갔지만 아직 세자에 대한 처벌이 남아있었다. 영조는 세자를 다시 부른 자리에서 직접 칼을 뽑아 던져주며 자결할 것을 명했다.

"더는 너의 극악무도한 행동을 못 보겠다. 지금 네 스스로 죽으면 조선의 세자라는 이름은 지킬 수 있을 것이다!"

신하들이 울면서 만류해도 영조는 외면하듯 시선을 돌렸다. 병조판서 구선행이 갓을 벗고 엎드려 통곡했다.

"전하, 이 어인 날벼락 같은 일이옵나이까. 부디 그 명만은 거두어 주시옵소서!"

별감들도 들고 있던 조총을 바닥에 내려놓고는 소리 내어 울었다. 세자가 무릎을 꿇고 석고대죄를 청해도 영조의 눈에서는 광기마저 뿜어졌다.

"내가 죽으면 삼백 년 종사가 망하는 것이고 네가 죽는다면 종사가 편안할 것이니 그 길밖에 없다. 너 하나 베지 못해 종사를 망칠 수는 없지 않겠느냐?"

이 광경을 몰래 지켜보고 있던 11세의 세손 산(훗날 정조)이 튀어나와 아버지 세자 뒤로 가더니 울먹였다.

"제발 제 아비를 살려주시옵소서!"

영조의 분노는 누구도 막을 수 없었다. 세자가 끝내 칼을 집어 들지 못하자 영조는 폐서인한 뒤 뒤주에 가두도록 명했다.

"세자는 총명해서 성군으로 기대했으나 난잡하고 방종한 짓만 배웠도다. 멋대로 언교를 지어내고 군소배들과 어울리니 나라가 망할 지경에 이르렀노라."

세자가 살려달라고 애원해도 영조는 미동조차 하지 않았다. 급히 입궐한 홍봉한은 그러나 그 어떤 간언도 하지 못한 채 물러나왔다. 영조는 혜경궁 홍씨와 세손 산 등을 홍봉한의 집으로 보냈다.

8일이 지나자 영조가 뒤주를 열라고 명했다. 대전에 머물고 있던 그는 차마 가서 확인해 볼 엄두가 나지 않았다. 세자가 죽었다는 소식이 들려왔다. 세자 나이 28세로 《궁궐지》에 담겨진 그의 마지막 모습과 영조의 반응이다.

'8일째가 되자 아무 소리도 없었다. 뒤주를 열어보니 세자는 드러누운 채 한쪽 다리를 잔뜩 구부리고 있어 도저히 펼 수가 없었다. 박은 못들은 모두 휘어져있으니 이 얼마나 참담한 지경인가. 자식의 모습을 전해들은 영조의 눈시울이 금세 젖어들었다.'

세자가 죽은 정확한 날짜는 없고 연도와 월만 기록되어 있다. 그의 죽음과 연관이 깊다고 알려진 '뒤주'도 정작 《영조실록》에 없는 말이다. 단지 '안에 엄중히 가뒀다(自內嚴囚).'고만 되어 있다. 뒤주라는 표현은 그의 부인 혜경궁 홍씨가 쓴 《한중록》에 나온다. 세자가 어느 곳에서 죽었는지에 대한 정확한 진위도 밝혀진 것이 없다. 그 후 편찬된 《정조실록》에 '한 물건(一物)'이라는 조금 더 구체적인 표현이 등장하는 것을 봐서 넓지 않은 협소한 공간이지 않았을까 추측된다. 뒤주가 설득력을 얻고 있는 이유인데 벽장이라는 해석도 있다.

영조는 세자가 뒤주 속에 갇힌 동안 잠을 편히 이루지 못했다. 누군가 틈 사이로 죽을 떠먹여준다는 말에 철저하게 막으라고 한 것이 새삼 가슴을 때렸다. 그는 세자를 위한 마지막 명을 내렸다.

"세자의 예로 장례를 치러주어라."

세자를 위해 쓴 〈어제사도세자묘지문〉에는 그를 가둔 것이 죽이기 위해서가 아니었다며 원통해하고 있다.

노론은 끝내 자신들의 야욕에 눈이 멀어 부자간의 이간질로 세자를 죽게 만들었다. 더군다나 세자는 장인 홍봉한의 일가에 의해 희생된 것이다. 영조에게 '뒤주'라는 묘안을 제시한 것이 바로 홍봉한이라는 해석도 있다. 영조의 엄명 앞에서 세자가 망설이자 그가 귀띔한 것으로 설마 그 안에 갇혀 죽게 될 줄은 몰랐다는 것이다.

세자의 비극은 아버지와 장인에게 외면당하고 부인에게서조차 마음을 얻지 못한 결과였다. 노론 명가였던 혜경궁 홍씨가 소론 쪽에 섰거나 세자가 노론으로 처신했다면 달라졌을 것이다.

흑룡이 나르샤

사위를 죽게 만든 홍봉한은 영조를 위로한답시고 칭송을 아끼지 않았다.

"삼가 아뢰옵건대 이번 일은 참으로 전하께서 나서지 않았다면 과연 누가 무엇으로 처리를 했겠나이까. 신은 진실로 존앙하는 바이옵니다."

영조는 홍봉한의 말이 귀에 들어오지 않았다. 모두 김상로 탓이라고 여겨 그를 파직 후 충청도 청주에 부처시켰다. 그는 세손 산을 안은 채 울면서 '김상로는 네 아비의 원수'라는 말을 자주했다. 김상로는 풀려나 봉조하로 대접받지만 사후 정조 산이 관작을 추탈한다.

세자의 묘를 찾은 영조가 침통한 얼굴로 말했다.

"모두 종사를 위해 벌인 불가피한 일이었구나. 그날 처음으로 아버님이라 부르는 소리를 들었다. 오늘 찾아온 것은 그런 네 마음에 보답하려 함이고 우리 부자간 갚아야 할 의리와 은혜를 마치려 함이다. 또 내가 친히 제주가 되려고 찾아왔느니라."

영조는 세자의 위호를 회복시켜 사도세자라 했다. 아들을 죽인 것에 대해서는 회한의 눈물로 답했지만 그 죄만은 그대로 인정했다. 그리고 세손 산을 요절한 장남 '효장의 양자로 삼아 계통을 잇게 했다.'(《국조보감》) 공식적으로 혜경궁 홍씨의 아들이 아니라는 뜻과 같았다.

홍봉한은 사도세자가 죽자 사직하고 잠시 물러나 있다가 영조 39년(1763) 다시 영의정에 복직했다. 주청사로 청나라에 다녀오고 영조의 탕평책에 많은 협조와 도움을 주는 등 영의정으로서의 역할에 충실하고자 노력했다. 그 후 파직과 복직을 거듭하다 영조 46년 관직에서 물러나 종신 명예직인 봉조하에 임명되었다.

영조의 뒤를 이어 왕위에 오른 정조는 대신들에게 못을 박듯 이 말부터 강조했다.

"과인은 사도세자의 아들이로다. 선왕께서 종통의 중대함 때문에 나를 효장세자의 아들로 명하셨던 것이다."

사도세자의 죽음에 대해 진상을 밝히겠다는 의도가 포함된 것이었다. 정조는 어머니 홍씨의 친정, 외갓집과 깊은 관련이 있으며 노론세력과 연루되었다고 판단했다. 그는 사도세자를 죽음으로 몰고 간 그들을 처벌할 생각이었다. 그때 부교리 이노술이 그들의 처벌을 재촉하는 상소를 올렸다.

"홍봉한은 오랫동안 정권을 잡고 있으면서 임금을 배신하고 백성들에게 죄를 지은 자로서 모두가 죽여야 한다고 하오니 엄히 다스리소서."

정조가 법대로 처리하라는 엄명을 내렸다. 홍인한 등을 귀양 보내고 숙의 문씨는 작호를 삭탈한 뒤 사가로 내쫓았다. 정순왕후 김씨에 대해서는 손을 댈 수가 없어 대신 오라버니 김구주 일파를 숙청했다. 화완옹주 역시 서인으로 강등되었고 홍인한과 숙의 문씨는 얼마 후 사약을 받았다.

"주상은 조부의 진심을 잘 헤아려야 할 것이오. 사도세자는 가슴에 든 병으로 죽은 것임을 명심하시오."

혜경궁 홍씨가 설득하는 바람에 홍봉한에 대한 처벌은 이루어지지 않았다. 홍씨는 친정을 신원시키겠다는 염원으로 가득했다. 《한중록》에 남편 사도세자는 무고가 아닌 정신질환으로 죽은 것이라고 쓸 수밖에 없었다. 아버지 홍봉한에 대해서도 그의 주장대로 종사를 위한 처사였다고 기록했다. 또 끝까지 사도세자와 세손을 지키려했다는 변호의 글도 잊지 않았다. 사도세자는 정신질환자이며 그런 아들을 죽인 영조는 비정한 아버지라고 묘사된 《한중록》은 홍봉한과 홍씨의 정치적 의도가 깔린 합작품이라는 견해도 있다.

정조 2년(1778) 홍봉한이 죽자 정조는 궁중용 관곽(棺槨)인 동원비기를 내리고 3년 기한으로 녹봉을 계속 지급하게 했으며 시호 '익정(翼靖)'을 하사했다. 《영조실록》 속 홍봉한의 졸기에 비해 조금은 과분한 처사가 아니었나 싶기도 하다.

'홍봉한은 10년 동안 정권을 잡고 있으면서 나라를 좀먹고 백성을 병들게 했으며 선류(善類)들을 미워해 은밀히 비방하고 헐뜯어 명예를 실추시킨 일이 많았다. 〈중략〉 임오년 화변이 있었을 때 대부분의 신하들은 간담이 무너져 내려 어찌할 줄을 몰랐는데 홍봉한이 앞장서 자신은 오직 임금만 알 뿐이라고 했다. 그리고 얼마 안 되어 다시 정승에 오르자 거리낌 없이 방자한 짓을 벌였다.'

홍봉한이 방으로 들어오는 흑룡 꿈을 꾼 뒤 혜경궁 홍씨가 태어났을 때의 일이다. 아들일 것이라 믿었던 그는 홍씨를 보자 실망했다. 그런데 범상치 않은 아이라는 아버지 홍현보의 말이 들어맞았다. 정조가 태어나기 하루 전 사도세자가 꾼 꿈 역시 달려드는 흑룡이었다. 꿈에서 깬 사도세자는 나라에 큰 경사가 생길 징조라며 이불에 직접 그 흑룡을 그렸다. 그것을 혜경궁 홍씨가 정조를 출산한 경춘전 동쪽 벽면에 걸어두었다.

흑룡의 기를 받아 태어난 정조가 즉위 직후 가장 먼저 한 일은 아버지 사도세자 죽음에 대한 진상파악이었던 것은 인지상정이다. 어느 정도의 치죄는 이루어진 셈이다. 용솟음을 예상하게 되는 정조가 과연 어디까지 날 수 있을지는 미지수였다.

정조의 채제공

문숙(文肅) 채제공(蔡濟恭, 재임 1793~1793)

죽어서도 재주를 부리는 충신

산사에서 공부하던 14세의 채제공은 권문세가 출신 동문들에 비해 궁
핍해서 시주마저 제때 하지 못할 정도였다.

"돈도 실력이야. 돈 없으면 부모를 원망하라고."

동문들의 조롱과 멸시 속에서도 기죽지 않고 열심히 수학한 끝에 마
침내 고향으로 돌아가게 되었다.

"그동안 한솥밥을 먹던 우리가 이제 헤어져야 하니 각자 시 한 수를
지어 나눠 갖도록 하는 게 어떤가? 그 시를 보면 장차 누가 장원급제할

지 점쳐볼 수도 있을 테니 말이야."

이조판서의 아들이 제안하자 모두 찬동하며 시를 짓기 시작했다.

가을바람 스산한 고목에 매가 새끼를 치고　　(秋風枯栢鷹生子)
싸늘한 달 눈 덮인 산에 호랑이 정기 키우노라 (雪月空山虎養精)

채제공이 지은 시를 받게 된 대사헌의 아들이 눈살을 찌푸렸다. 엄동설한을 앞둔 가을에 매가 새끼를 낳다니 그동안 헛공부를 한 것이 틀림없다며 속으로 비웃었다. 그런 주제에 호랑이의 기상을 본받으려고 하는 것 같아 더욱 한심한 생각이 들었다. 집에 온 그는 아버지에게 형편없는 동문도 있었다며 채제공의 시를 보여주었다. 시를 보던 대사헌이 무릎을 치더니 아들을 크게 꾸짖었다.

"가을바람 스산한 고목은 영화를 잃게 될 명문세가를 꼬집은 것이다. 또 매가 새끼를 깠다고 하는데 이는 자신을 업신여기는 너희들이 우둔하고 볼품없는 무리라고 조롱한 것이다. 너도 알다시피 가을에 태어난 새끼가 온전히 겨울을 나고 매의 구실을 하겠느냐. 결코 용맹스러운 송골매는 되지 못한다고 비웃은 것이다. 그리고 눈 덮인 산에서 호랑이의 기개를 키운다는 것은 어떤 난관이 있어도 굽히지 않고 학업에만 정진하겠다는 대장부의 호연지기를 말하고자 함이다. 바로 자신을 드러낸 것인데 그래 이 아이의 이름이 무엇이더냐?"

관심이 없어 고향과 이름조차 기억나지 않는다는 아들의 말에 대사헌이 혀를 찼다.

"어허, 너는 참으로 아까운 벗을 놓쳤구나. 필시 그 아이는 장차 큰 인물이 될 것이다."

가난한 소년 도승지가 되어

채제공(1720~1799)은 조선 후기 문신으로 남인이자 허목 중심의 청남(淸南, 남인의 한 일파) 계열로서 사도세자의 신원과 정조의 탕평책을 추진한 인물이다. 본관은 평강(平康)으로 아버지는 동지중추부사를 지낸 채응일이고 어머니는 이만성의 딸 연안 이씨다.

채제공은 영조 11년(1735) 불과 15세로 향시급제를 이룰 수 있었다. 그후 성균관에서 수학하다 23세에 문과시험을 보려고 했으나 여전히 궁색해 지필묵조차 마련할 길이 없었다. 쉽게 탈피하지 못한 '흙수저' 운명일지라도 좌절과는 거리가 멀었다. 그에게는 패기와 젊음이 자산으로 남아있었다. 명망 높은 한 재상의 집 대문을 두드렸다.

"열다섯에 초시하고 이제 재주를 시험하려 하나 종이와 붓이 없어 도움을 청하고자 합니다."

채제공의 당당한 모습에 탄복한 재상이 흔쾌히 지필묵 한 짐을 내오도록 했다. 채제공은 종들이 가져온 그것을 쳐다보더니 고마워하기는커녕 낭패스럽다는 낯빛이었다.

"소인이 비록 기와에 맹물로 글을 쓰는 빈한한 선비지만 직접 이것을 지고 가게 하실 겁니까?"

당황한 재상이 얼른 사과하고는 종을 시켜 집까지 옮겨주라고 일렀다. 집을 나서는 채제공의 뒷모습을 한동안 넋 놓고 바라보던 재상이 저도 모르게 혼잣말을 터뜨렸다.

"틀림없이 재상감이로다!"

그해인 영조 19년(1743) 정시문과 병과로 급제한 채제공은 승문원권지부정자에 임명되었다. 5년 뒤에는 영조의 특명으로 탕평책의 제도적 장치인 한림회권(翰林會圈)에 선발되어 청요직인 예문관사관에 올라 정통관료로 성장할 수 있었다.

348

당시 영조는 극한으로 치닫고 있는 당파싸움에 머리가 터질 지경이었다. 복안을 찾아 골몰하던 끝에 즉위 초부터 기획했던 탕평책의 본격적인 시행을 선언했다. 영조는 붕당에 의해서가 아니라 왕이 정국을 주도하는 것만이 최선이라고 믿었다. 그래서 어느 한쪽으로 치우치지 않는다는 '탕탕평평평평탕탕(蕩蕩平平平平蕩蕩)'의 치세를 갈망하며 노론이든 소론이든 이에 따르는 온건파 인물들을 등용하고자 했다(기유처분).

영조 5년(1729) 영조가 노론과 소론의 당쟁일소를 위해 탕평책을 논하던 날이었다. 영조가 주안상 위 요리들 가운데 하나를 지목하며 입을 열었다.

"이것의 이름은 탕평채로 탕평은 서경 홍범의 '왕도탕탕왕도평평(王道蕩蕩王道平平)'에서 나온 것이오. 임금은 자기와 가깝다고 쓰고 멀다고 쓰지 않으면 안 된다는 인재등용원칙이오."

이것이 묵무침 탕평채(蕩平菜)의 유래라고 전해지는데 주재료가 청포묵으로 그 밖의 쇠고기와 채소들을 함께 무쳐낸다. 한가운데 자리한 푸른색 미나리는 동인, 흰색 청포묵은 서인, 붉은색 쇠고기볶음은 남인, 고명으로 쓰인 검은색 석이나 김 가루는 북인을 각각 상징했다. 서인, 노론의 집권기였기에 주재료가 흰색의 청포묵이라는 점이 흥미롭다. 재료들이 한데 어우러져 조화로운 맛과 색을 내는 것처럼 정치에서도 화합과 평화를 원한다는 뜻이었다. 영조의 노력에도 불구하고 당쟁은 가시지 않았지만 깊은 뜻이 담긴 요리만큼은 지금까지 전해지고 있다.

영조가 펼치고자 한 것은 노론과 소론 사이에 균형을 맞추는 쌍거호대(雙擧互對)의 인사정책이었다. 적재적소의 배치도 중요했으나 노론 한 사람을 등용하면 소론에서도 선발하겠다는 취지였다. 상호 견제가 가능하도록 분배해 독단을 막고자 했다. 그러자면 편향되지 않게 다양한 의견을 정확히 듣는 것이 급선무였다. 남인 채제공이 청요직으로 꼽히는 예문관사관에 오를 수 있었던 이유였다.

영조는 또 인재라면 가리지 않고 등용한다는 능력 위주의 유재시용(惟才是用)으로 전환해가면서 왕권 지지의 탕평세력을 확보해갔다. 영조의 노력에도 한계가 있어 당쟁은 소멸되지 않았다. 탕평책에 위기의식을 느낀 노론이 장기집권을 위해 더 강경하게 나왔기 때문이다. 소론 역시 발톱을 숨긴 채 역전의 기회만 엿보고 있었다. 대립은 쉽게 가시지 않아 결국 임오화변을 불러오게 된다.

순조롭게 출발한 채제공의 관직생활에 오점을 남기는 일이 벌어졌다. 영조 27년(1751) '한 중인(中人) 소유의 무덤이 있는 산을 빼앗으려다가 구타당하자 반성할 줄은 모르고 세도를 믿고 그를 몇날 며칠 가둬놓았다.' (《영조실록》) 그것으로 모자라 형조에 이송해 속전(贖錢, 죄를 면하고자 바치는 돈)을 함부로 거두기까지 했다. 조정의 수치라는 죄명 아래 채제공은 1년 넘게 강원도 삼척에서 귀양살이를 해야만 했다.

심기일전한 채제공은 영조 29년(1753) 충청도암행어사로 균역법 실시 과정 상 드러난 폐단과 변방의 대비 문제를 진언하는 것으로 재기를 꾀했다. 2년 뒤 '나주 벽서사건'이 일어나자 죄인의 심문서 작성 등의 임무를 맡은 문사랑으로 활약했다. 이 사건은 '을해옥사' 또는 '윤지의 난'이라고도 불린다.

영조 4년(1728) 정권을 장악한 노론과 그들의 후원을 받았던 영조에게 반발해 일어난 것이 이인좌의 난이었다. 나주 벽서사건은 그 후 노론이 권력을 더욱 확고히 하는 데 결정적인 역할을 한 소론 윤지가 일으킨 역모사건이다. 윤지는 김일경의 옥사에 연루되어 귀양을 간 뒤 20여 년 동안 동지들을 끌어 모으고 있었다. 그러다 마침내 나라를 비방하는 글을 전라도 나주의 객사에 붙였지만 체포되었다. 한성부로 압송된 그는 박찬신, 김윤 등과 처형당했다. 윤지의 일파 심정연도 조정을 비난하는 글을 쓴 혐의로 관련자들과 함께 처형대에 올랐다. 이 사건으로 소론은 대부분 몰락의 길을 걸어야 했다.

채제공은 이때의 공을 인정받아 동부승지로 제수되었다. 이천도호부사, 대사간을 거친 그는 《열성지장》 편찬에 참여한 공로로 영조 34년(1758) 도승지로 임명되었다. 그해 영조가 사도세자의 폐위를 명하는 비망기를 내렸다.

"세자저하의 폐위만은 있을 수 없는 일이옵니다. 부디 국본과 사직을 위해 그 명만은 거둬주시옵소서!"

채제공은 죽을 각오로 물러가라는 영조의 호령에도 불구하고 엎드려 주청했다. 그는 끈질긴 설득 끝에 일단 명을 거두게 했지만 사도세자와의 관계만은 호전시킬 수 없었다.

진실 되고 충성스러운 신하

대사간, 대사헌, 경기도관찰사를 지내던 중 영조 38년(1762) 모친상으로 관직에서 물러난 채제공은 그해 또 하나의 큰 슬픔을 겪어야 했다. 영조는 끝내 무고로 사지에 몰린 사도세자에게 자결을 재촉하다가 극단의 명을 내렸다. 채제공이 상복차림으로 달려가 절규했다.

"전하, 목숨을 내놓고 청히오니 결코 세자저하를 해하셔서는 아니 되옵니다. 차라리 소신을 죽여주시옵소서!"

사생결단의 외침조차 영조의 결심을 돌려놓기에는 역부족이었다. 영조는 사도세자가 죽고 나서야 뒤늦은 참회로 밤잠을 이루지 못하며 번민에 시달렸다. 노론에 기울었던 자신을 깨닫고 정신 차렸을 때는 이미늦은 뒤였다. 그는 궁궐 밖으로 내보냈던 세손 정조와 사도세자의 폐위에 이어 죽음까지 반대했던 유일한 신하 채제공만을 급히 불러들였다.

영조가 정조를 끌어 앉고 눈물을 보였다.

"세손은 가슴 깊이 새겨들어라. 김상로가 네 아비의 원수임을 잊지 말아야 하느니라."

채제공을 바라보며 그가 말을 이었다.

"또 여기 있는 채제공은 사심이 없고 진실 된 내 신하요 충성스러운 네 신하이니라."

채제공은 복상이 끝나고 영조 40년(1764)부터 개성유수, 예문관제학, 비변사당상을 거쳐 안악군수로 재직 중 부친상을 당해 다시 관직에서 물러났다. 그 후 홍문관제학, 함경도관찰사, 한성부판윤을 지냈다. 병조, 예조, 호조의 판서와 세손우빈객 등을 거쳐 영조 51년 평안도관찰사로 나갔을 때 봉변을 당하기도 했다. 그는 서얼에 대한 허통(許通)을 비판하고 반대하며 '서류통청(庶類通淸)은 국법의 문제가 아니니 풍속에 맡겨야 한다.'는 주장의 상소를 올렸다. 허통은 서얼들에게 내려졌던 족쇄인 금고법을 풀어 과거시험에 응시하도록 허락한 제도였다. 그는 이 일로 거리에서 서얼 출신에게 욕설과 함께 구타까지 당했다.

채제공에 대한 영조의 신임과 총애는 변함이 없었다. 영조가 병환으로 자리에 눕자 내의원제조로서 병구완을 맡았고 정조의 대리청정이 시작돼서는 호조판서와 좌참찬으로 책임을 다했다. 이때 정조의 왕위계승에 소극적이던 홍봉한과 아예 반대한 홍인한, 정후겸 등을 역적이라며 공박하기도 했다. 특히 화완옹주의 양자인 공조판서 정후겸은 홍인한과 손잡고 정조의 대리청정을 극렬하게 방해하고 있었다. 정후겸은 '품행이 거만한데다 예의가 없고 막대한 재물착복 등 전횡을 일삼던'(《영조실록》) 인물이었다. 그는 정조의 비행을 날조해 유언비어로 퍼뜨렸다. 정조를 보호하고 있던 세자시강원설서 홍국영을 제거하려고 탄핵까지 벌이며 광분할 정도였다.

영조 52년(1776) 영조가 죽자 형조판서 겸 판의금부사로 사도세자를 모해했던 영의정 김상로, 홍계희 등에 대한 옥사를 처결했다.

정조 1년(1777) 정조 즉위 후 집권 노론세력은 기존의 노선을 고수하며 정치적인 우위를 관철시키고자 했다. 이를 벽파라 했으며 타 당파의 정계진출도 허용하면서 왕의 정책을 지지하던 일부 노론세력을 시파라 불렀다. 달리 말해 사도세자의 죽음을 놓고 종사를 위해 당연한 일이라는 주장(노론벽파)과 안타까운 일이라는 주장(노론시파)으로 갈린 것이다. 벽파세력은 영조의 계비 정순왕후 김씨 처가인 외척을 중심으로 한 노론 일부가 축을 이루고 있었다.

그 후 불리한 입지였던 벽파는 정조가 죽고 정순왕후 김씨의 수렴청정이 시작되자 정국을 주도한다. 그러나 순조 4년(1804) 수렴청정이 폐지되고 이듬해 김씨가 죽으면서 시파의 반격으로 다수의 벽파가 축출된다. 순조 7년에는 완패해 시파가 실권을 잡는 구도로 전환되기도 한다.

"사도세자의 복권을 결단하심이 옳은 줄 아뢰오."

정조가 즉위하자마자 채제공이 내세운 주장은 반대 여론에 막혀 당장 이룰 수 없었다. 개인적인 슬픔과 군주에 대한 존엄은 달라야 한다며 김종수 등이 반박했다. 시기가 되었다고 판단한 정조가 팔을 걷어붙였다.

정조는 어머니 혜빈 홍씨를 혜경궁으로 높이고 영조의 유지에 따라 효장세자를 진종대왕으로 추존했다. 생부 사도세자에게도 장헌세자라는 존호와 함께 묘 역시 수은묘에서 영우원으로 격상하면서 경모궁이라는 묘호를 올렸다. 정조로서는 무엇보다 왕통에 대한 정리가 시급했기에 서둘렀다.

그 후 경기도 양주 배봉산 기슭에 있던 영우원은 정조의 지시에 따라 지금의 자리로 옮겨져 현륭원(顯隆園, 융릉. 경기도 화성시 안녕동)이 된다. 현륭원 주변에 송충이 떼가 들끓어 솔잎을 모두 갉아먹는 일이 발생했을 때다. 아버지 세도세자의 무덤에서 벌어진 일이라 정조에게는 사소한 것도 용납되지 않았다. 화가 난 그는 그곳에서 잡아오게 한 송충이 몇 마리를 산채로 삼키며 소리쳤다.

"괘씸한 놈들. 차라리 내 오장육부를 뜯어먹어라!"

현륭원으로 솔개와 까마귀들이 날아들어 송충이를 잡아먹는 바람에 다시 숲이 울창해졌다고 한다.

정조는 또 한 가지 매듭지어야 할 일을 잊지 않았다. 홍인한과 정후겸 에게 사약을 내렸다. 그들과 함께 즉위에 반대했던 형조판서 출신 홍지 해와 나머지는 유배 등의 형벌로 다스렸다. 또 본궁을 경희궁에서 창덕 궁으로 옮겼다. 규장각제도를 시행해 후원에 본각인 주합루와 서고 건 물들을 짓게 했다. 문치의 왕정을 펼칠 만반의 준비였다.

채제공은 동부승지 홍국영과 함께 도성의 호위를 담당하고 있었는데 정조를 암살하려는 역모사건이 터졌다. 정조는 아버지 사도세자의 죽음 에 직접 관여한 자들은 숙청했어도 여전히 반대세력을 거느리고 있는 형국이었다. 그들은 정조를 제거하기 위한 밀모를 멈추지 않았다. 사도 세자를 죽음으로 몰고 갔던 나경언 고변의 주동자 홍계희 자손들에 의 한 '정유역변'이었다.

홍계희의 아들 홍지해는 철퇴를 맞고 귀양을 갔지만 그 가문은 여전 히 불안 속에 지냈다. 그들은 가해지는 압박에 못 견뎌 역공을 취하기로 했다. 홍계희의 손자 홍상범은 궁궐에 암살단을 난입시켜 정조를 살해 할 계획이었다. 깊은 밤을 틈타 거사를 실행했지만 정조가 수상한 소리 를 듣고 호위무사들을 부르는 바람에 실패했다. 14일 후 다시 시도했으 나 그동안 경계수준을 높여놓고 있던 호위무사들에 의해 체포되었다. 정조를 죽인 뒤 사도세자 후궁 경빈 박씨의 아들 은전군을 왕으로 추대 하려고 했었다는 음모가 드러났다. 정조는 은전군을 사사하고 홍상범과 그 일가 및 주동자 23명 모두 처형했다. 귀양살이를 하고 있던 홍지해는 아들 홍상간과 두 동생인 홍술해, 홍찬해가 대역죄로 처형되자 함께 주살되었다.

일각에서는 정유역변이 정조의 자작극이라고 보기도 한다. 정말 반대세력이 실행에 옮겼다면 보다 철저하게 준비하고 전개해 실패하지 않았을 것이라는 주장이다. 정조가 반대세력을 제거하기 위해 꾸민 구실로 보는 견해다.

정조를 위하는 마음

정유역변으로 가슴을 쓸어내린 정조는 세손시절부터 든든한 울타리가 돼주었던 홍국영을 불렀다. 그를 도승지로 임명하고 숙위소를 설치하게 해 자신의 신변보호에 나섰다. 숙위소는 대전을 밤새 지키는 금군의 신변과 만약의 사태에 대비해 건양문 동쪽에 따로 둔 왕의 호위소였다. 홍국영은 숙위대장까지 겸하며 정조를 가까이에서 호위했다.

채제공 역시 수궁대장을 겸직하게 되었으나 돋보이는 것은 홍국영이었다. 정2품의 채제공이 정조가 도성 밖에 거둥할 때 궁궐을 지키는 임무라면, 정3품이지만 홍국영은 최측근 호위였다. 홍국영은 숙위소에서 정사를 결재하며 정조의 반대세력에 대한 숙청작업을 단행했다. 당시 권력의 대부분은 벽파가 장악하고 있었다.

가까이에 두었다고 모두 아군은 아니었다. 정조가 칼잡이로 내세웠던 홍국영은 기대와는 다른 행보를 이어갔다. 그에게 정사를 상주하고 결재할 수 있도록 많은 권한을 주었던 것이 화근이었다. 도승지 겸 숙위대장이라고 하면 현재의 대통령 비서실장과 경호실장급 지위였다. 한편 채제공은 형조판서로서 법무부장관에 해당되었다. 도승지는 왕명을 하달하고 백성과 신하의 목소리를 상달하는 중책이었다. 자칫 왕을 무능하게 만들며 국정농단의 문고리를 쥔 채 호가호위할 수도 있는 자리다.

숙위대장 역시 월권행위로 사익을 추구하고 왕의 귀를 막을 수 있는 위치였다. 반면 의금부는 왕명을 받들어 주로 대역죄를 저지른 중죄인을 다스리는 등 정부의 전복세력을 색출하는 기관으로 판의금부사가 총괄했다. 판의금부사를 현재로 따지자면 국정원장으로 볼 수 있지만 홍국영 앞에서는 허수아비였다. 절대권력 대통령 비서실장과 경호실장이 각각 국민의 지탄과 총탄에 의해 무너진 바 있다. 조선사 속 홍국영도 종말 전까지 막강한 권세를 누렸다.

권력은 사람을 변하게 하는 마력이었다. 형조판서 채제공은 물론 판의금부사 정홍순조차 손을 못 댈 정도로 홍국영의 권세는 날로 커져만 갔다. 일반 관리들과 원로대신들까지 입궐하면 숙위소부터 찾아 국정을 논의하는 판국이 되어갔다. 마치 또 하나의 어새를 움켜쥐고 있는 형세였다. 그는 세도정치(勢道政治, 세도가에 의해 정사가 좌우되던 정치) 위력을 계속 유지하기 위해 정조 2년(1778) 정조에게 후사가 없다는 구실로 13세의 누이를 후궁에 앉혔다. 그녀가 원빈 홍씨인데 기대와는 달리 다음 해 갑자기 죽었다. 왕의 외척으로 집권하려던 계획이 수포로 돌아가자 홍국영은 정조가 새로 후궁을 들이지 못하게 강력히 반대하기도 했다. 이때 '홍국영의 방자함이 날로 극심해 온 조정이 감히 그의 뜻을 거스르지 못할'(《정조실록》) 정도였다. 그의 권세는 정조를 뛰어넘고도 남을 만큼 최고 정점으로 하늘을 찔렀다. 그가 일삼는 횡포와 전횡이 정후겸 못지않다고 해서 대후겸(大厚謙)이라 불렀다.

정조 3년(1779) 채제공은 더는 두고만 볼 수 없었다. 정조의 노론 측 측근이었다가 권세가로 변한 그와의 마찰이 빈번해졌다. 그러다 벼슬을 버리고 낙향까지 하게 되자 대신 철퇴를 든 것은 정조였다. 아무리 세손 시절부터 큰 도움을 주었고 은인과도 같은 존재였으나 방관할 수만은 없었다. 그러던 중 정조 4년 홍국영이 정조의 비 효의왕후 김씨에게 올리는 음식에 독을 넣었다가 발각되는 일이 벌어졌다. 홍국영은 김씨가 누이 원빈 홍씨를 살해했다고 믿고 있었다.

정조는 용인술 실패로 가슴을 치면서도 차마 그를 죽일 수 없어 삭탈관직 후 도성에서 추방하고 재산을 몰수했다. 강원도 횡성으로 쫓겨난 홍국영은 이곳저곳 떠돌던 끝에 강릉의 한적한 바닷가에 거처를 마련해 지냈다. 실의에 빠져 술로 버티던 몇 개월 뒤 33세의 나이로 세상을 떠났다. 병사했다고 알려졌는데 정황상 화병이었을 것이라는 추측이 지배적이다.

홍국영의 세도가 조정에서 사라지자 채제공은 정조 5년(1781) 예조판서로 등용되었다. 소론의 영의정 서명선 정권이 집권하고 있었는데 그와 노론 대제학 김종수 등으로부터 공격을 받았다.

"예판 채제공은 평소 홍국영과 친분이 있었으며 사도세자의 신원을 과격하게 주장해 조정에 근심을 더하고 정후겸 등이 처단되었을 때 그들과 다를 바 없는 흉언을 입에 담은 죄인이옵니다."

채제공이 반론을 펼치려고 했다.

"홍국영과는 전하를 보호하기 위해 당색을 초월한 관계였을 뿐이고 사도세자의 일은 당연히 신하로서…."

채제공이 말을 잇지 못할 만큼 서명선과 김종수의 거센 공방이 뒤따랐고 다른 신하들까지 합세했다. 채제공은 벼슬을 내려놓고 한성부 근교 수락산에 들어가 무려 7년이 넘는 은거생활을 이어갔다.

채제공이 다시 정조의 부름을 받은 것은 정조 12년(1788)으로 우의정에 특채되었다. 그는 은거생활 동안 마음에 새겨두었던 '6조 진언'을 비로소 정조에게 바쳤다.

"지금 나라에 필요한 것은 황극(皇極, 왕의 자리)을 바로 세우고 당론을 없애며 의리를 밝히고 탐관오리의 징벌과 백성의 어려움을 근심하고 권력기강을 바로잡는 일이옵니다."

조부 영조가 일찍이 가슴에 넣어주었듯이 정조는 역시 채제공이 자신의 충신이라며 더욱 신임하게 되었다.

정조가 채제공 등과 함께 선릉(성종 능호)으로 참배하러 가던 길의 일이다. 어가가 한강의 서빙고나루에 이르렀을 때 상류가 갑자기 불어나 하류 선창이 범람해 해가 저물도록 건널 수가 없었다. 신하들은 어가를 돌리자 일단 강가 정자로 가서 기다려보자 등등 의견이 분분했지만 정조는 아무런 명을 내리지 않았다. 잠시 후 정조는 채제공에게 왜 한 마디도 없느냐며 질책했다. 채제공이 화가 잔뜩 난 어투로 말했다.

"대소 신하 누구 하나 앞장서 계책은 내놓지 않으면서 단지 시끄럽게 떠들어대기만 하고 있사옵니다. 날이 어두워질 때까지 어가를 움직이지 못했으니 이 어찌 나라의 체모라 하겠사옵니까. 신하들과 장수들을 다 그치고 게을리 하는 자는 군율로 다스리소서."(《국조보감》)

정조는 채제공의 말이 옳다고 하면서도 작은 일에 어떻게 그런 명을 내리겠느냐며 망설였다. 채제공은 어가를 수행하던 군사와 인근 백성까지 총동원시켜 단시간에 길을 냈다. 백성을 동원했다며 그를 비난하는 소리가 있었지만 정조는 달랐다. 부족한 자신을 부모로 여겨 자식처럼 달려와 준 백성들에게 부끄럽다며 명을 내렸다.

"동원된 두 고을 백성에게 사환곡을 돌려받을 때 덧붙이는 모곡을 면제하고 군사들 또한 포상하며 조세를 덜어주도록 하라."

채제공은 정조의 어진 정치를 부추기고 백성에게 혜택이 가도록 만든 것이었다.

신해박해와 화성 축성

영조 14년(1790) 좌의정이 된 채제공은 독상(獨相)으로 3년간 정무를 처리하게 된다. 영의정과 우의정이 궐석인 상태라 행정수반이 갖는 책무는 결코 가볍지 않았다. 그를 시험이라도 하듯 정조 15년 천주교 박해사건인 '신해박해'가 일어났다.

처음 학문으로 받아들였던 천주교는 점차 신앙운동이 되어갔다. 그후 교세가 확대되자 정조 12년(1788) 정언 이경명은 천주교를 그대로 두면 '충효사상과 군신관계를 어지럽히고 나아가 나라 전체의 기강이 무너질 수 있으니 엄금해야 한다.'고 상소를 올렸다.

이때 채제공 역시 자신의 뜻을 내비쳤다.

"서학의 학설이 성행하고 있어 신이 천주실의라는 책을 구해 보았더니 바로 이마두(마테오 리치)가 애초에 문답한 것이었사옵니다. 헌데 인륜을 손상하고 파괴하는 설이 대부분이라 도리를 어지럽히는 것이 심각하였사옵니다. 하옵고 천당과 지옥에 관한 설이 있기 때문에 지각없는 시골 백성들이 쉽게 현혹될 것으로 사료되옵니다. 문제는 그것을 금지하는 방도 또한 어렵다는 것이옵니다."

정조는 천주교를 사학(邪學)으로 규정했으나 박해하지는 않고 탄력적으로 대응했다. 그러다 전라도 진산에서 양반가 출신 윤지충이 모친상을 당해 천주교식으로 장례를 치른 일이 알려졌다. 더군다나 신주를 불태웠다는 소문까지 나자 패륜아라며 전국의 공분을 샀다.

"당장 인륜을 저버린 역적의 목을 베시옵소서."

"사학을 엄금하는 뜻으로 엄중히 처단해야 하옵니다."(《심리록》)

신하들까지 들고 일어나자 채제공이 소신을 밝혔다.

"맹목적인 강경책보다는 교화를 우선해야 하옵니다. 교화를 통해 바른 길과 성리학으로 되돌아올 수 있는 기회를 주심이 마땅한 줄 아뢰오."

공론은 채제공의 신념보다 강한 기류를 형성했다. 윤지충은 금지발총죄(禁止發塚罪)인 불효, 불충, 악덕 등의 죄목으로 처형되었다. 정조는 천주교를 엄금하기는 했으나 윤지충에 대해서는 단지 금지발총죄로만 다스렸던 것이다.

신해박해 후 천주교에 대해 우호적인 신서파(信西派)와 철저하게 반대하는 공서파(攻西派)로 조정대신들이 양분되었다. 그러나 정조의 탄력적 대응으로 천주교는 비교적 확대될 수 있었다. 채제공 역시 천주교에 대해 '하느님(上帝)이 굽어 살펴 사람들의 좌우에 오르내린다는 설'((정조실록)) 등은 호의적으로 해석했다. 다만 '인륜을 무시하고 높이 떠받드는 대상이 하나는 하느님(玉皇) 하나는 조물주(造化翁)이고 제 아비는 세 번째로 여겨' 비문화적이고 비윤리적인 것으로 보았다. 신자들을 처벌하기보다 교화를 통한 회유책을 중요시한 것은 분명했다. 정조의 대응책과 맞물린 채제공의 방침으로 좌의정 재임기간 동안만큼은 천주교도에 대한 박해가 확대되지 않았다.

그 후 천주교는 조선 후기에 커다란 영향을 미친다. 정조 19년(1795) 청나라 신부 주문모(周文謨, 세례명 야고보)가 밀입국해 활동할 무렵에는 전국의 신도수가 4천여 명을 헤아릴 정도로 성장했으며 정조 말년에는 더 늘어나게 된다. 주문모가 등장하자 대규모 천주교 박해가 일어나 남인의 입지는 곤궁에 빠진다. 반면 노론이 더욱 견고해져 영·정조시대를 관통해온 탕평책의 한계가 드러난다. 이는 세도정치 속 조선 후기의 거센 풍랑을 예고하는 어두운 징후였다.

정조 17년(1793) 영의정이 된 채제공은 함경도 안변에 사는 한덕부라는 자의 옥사를 접하게 되었다. 한덕부가 술에 취해 재물을 놓고 김남익과 다투던 중 구타해 3일 만에 죽게 한 사건이었다. 그동안 두 차례나 구타를 당한 적이 있었던 채제공이라서 그랬을까. 김남익의 사체를 검안해보니 '음경의 피부가 벗겨지고 적색을 띤 채 딱딱했으며 고환이 청색으로 쭈그러져있었다.'((심리록))는 말에 강경한 의견을 보였다.

"발로 찬 것이 비록 죽이고자 한 의도가 아니었다고 해도 결국 죽었으니 용서는 힘들다."

채제공은 영의정으로서의 재임은 짧아 다음 해인 정조 18년(1794)부터 주로 수원 화성 축성을 담당하게 되었다. 정조와 함께 현륭원에서 제사를 지내고 성지를 살펴보던 때의 일이다. 정조가 채제공에게 일렀다.

"이 성을 화성(華城)이라고 이름 지었는데 빛날 화(華)와 꽃 화(花)의 글자 음이 서로 통한다. 화산의 뜻은 대개 팔백 개의 봉우리가 이 한 산을 둘러싼 채 보호하는 것이 꽃송이와 같다고 해서 붙여진 것이다. 그렇다면 성의 남북을 조금 길게 만든다면 또한 버들잎과 같은 뜻이 될 것이다."(《국조보감》)

축성공사에 최고 책임자가 된 채제공의 포부도 남달랐다. 2년 뒤 준공된 이 읍성은 유네스코 세계문화유산에 등재돼 있다. 정조의 꿈과 열정이 투영된 화성은 채제공의 개인적 목표와 포부이기도 했다. 조선 후기 실학을 집대성한 실학자 정약용의 도움도 더해진 결실이다. 그는 화성을 독창적이게 축성했으며 거중기 설계와 유형거 고안으로 큰 조력자 역할을 했다. 정조가 현륭원으로 행차할 때 놓은 '배다리'도 빼놓을 수 없다. 배를 이용하는 것보다 안전하고 수월해 백성들에게도 환영을 받았다. 그런 정약용마저 채제공을 찬양하는 데 인색하지 않았다. 그는 〈번옹화상찬〉을 통해 '그 웅위하고도 출중한 기개는 천길 높이 깎아지른 절벽의 기상이었지만/남을 해롭게 하거나 사물을 해치려는 생각은 조금도 마음속에 두지를 않았네/군자답도다 이 어른이여'라며 칭송했다.

영·정조시대의 막이 내리고

조선을 대표하는 명재상 가운데 하나인 채제공의 사인은 지금 시각에서는 너무도 허망한 것이었다. 채제공은 수원 화성의 축성을 끝낸 뒤인 정조 22년(1798) 사직했다. 정조는 사궤장을 하사하며 거듭 만류했으나 그는 자신보다 덕망 높은 인사에게 넘긴다는 뜻을 굽히지 않았다. 정조는 그를 판중추부사에 임명한 뒤 원로로서 정사를 도와줄 것을 부탁했다. 그해 겨울부터 다음 해 봄까지 조선에 독감이 크게 창궐했다. 이 독감으로 인해 '12월 30일 홍낙성, 1799년 1월 3일 청나라 황제 건륭제, 1월 6일 조선의 이민보, 7일 김종수, 18일 채제공이 죽었다.'(《정조실록》) 전국적으로 12만 8천여 명이 목숨을 잃은 끔찍한 재앙이자 정조에게는 큰 슬픔이었다.

채제공의 죽음을 애도하는 정조가 내린 하교 가운데 일부다.

'그동안 조정에서 벼슬하며 지켜온 굳은 의리는 참으로 탄복할 만한 것이었으나 지금은 다 소용없는 일이 되었다.'(《홍재전서》)

영조가 각인시켜준 것처럼 채제공은 정조에게 있어 소중했던 충신이었다. 그는 채제공이 생각날 때마다 화성을 둘러보며 이렇게 말하지 않았을까.

"경을 가슴으로 기억하겠소."

채제공을 가슴이 아닌 머리로만 기억하는 무리가 있었다. 노론벽파는 채제공을 천주교를 긍정적이게 보는 자들의 수괴로 지목했다. 순조 1년 (1801) '황사영 백서사건'이 일어나고 천주교에 대한 탄압이 시작되자 삭탈관직을 당했다. 그의 관작이 회복될 수 있었던 계기는 순조 23년(1823) '만인소'가 올라왔을 때였다. 경기도, 충청도, 전라도, 경상도, 강원도, 황해도의 유생 9,996명이 올린 서얼도 차별 없이 임용할 것을 요청하는 상소였다.

'문숙(文肅)'의 시호를 받은 채제공에 대해 정약용은 '지위가 참판에 이르렀으나 어버이 섬김에 있어서는 비천한 일도 마다하지 않아 매번 퇴조하면 즉시 조복을 벗고 땔감을 안고 가서 부친의 방에 손수 불을 땠는데 구들장의 온도를 염려해서였다.'(《다산시문집》)는 감회를 남겼다. 채제공의 심성을 잘 읽을 수 있는 대목으로 그의 성품은 다른 이에게도 미쳤던 것으로 보인다. 오래 전 추위와 굶주림에 시달리던 과부 한 사람이 오직 채제공만이 도움을 주리라 여겨 그가 잘 되기를 축원한 일이 있었다. 기도가 통했는지 정말 '얼마 뒤 채제공이 평안도관찰사에 제수되자 과부의 사정을 알고는 즉시 천금을 보내와 아들을 장가보내고 생계를 꾸려갈 수 있었다.'(《항산집》)고 한다.

채제공이라는 존재가 누구보다 강하게 인식되어진 것은 역시 정조다. 그는 신하들에게 종종 문제를 제시하고 재능을 시험해보고는 했는데 관련된 흥미로운 이야기가 전해진다. 정조는 오래 전 자신이 독창적으로 만든 '화부화(花復花)'라는 기발한 문제가 있었지만 채제공 때문에 꺼낼 수가 없었다. 단박에 헤아릴 것 같아서였는데 그가 세상을 떠나자 기회라고 여겼다. 그런데 아무도 풀이하지 못하리라는 정조의 예측은 빗나갔다. 규장각 말단 학사가 장원으로 뽑혀 정조 앞에 불려나왔다. 정조가 어떻게 뜻을 정확히 알았느냐고 묻자 그가 대답했다.

"실은 송구하오나 한성으로 오는 길에 용인 어느 산마루를 지날 때 만난 노인이 일러주었사옵니다. 날이 저물어 허둥대고 있자 그 노인이 자신의 집에서 하룻밤 묵게 해주었는데 앞으로 시험을 보게 되면 화부화가 제목이 될 것이라고 하였사옵니다."

정조가 괴이한 생각이 들어 고개를 갸웃거리자 그가 말을 덧붙였다.

"소신이 그게 무슨 뜻이냐고 물었더니 꽃이 진 자리에서 다시 피는 꽃이라 일러주며 우리네 삶에서 쉽게 접할 수 있는 아주 흔한 목화라고 했사옵니다."

순간 전율하듯 몸을 떤 정조가 그 노인의 생김새를 물어보니 학사가 설명해주었다.

"키가 훌쩍 컸으며 갸름한 안면에 코도 크고 두툼한 입술을 하고 있었사옵니다. 하옵고 왼쪽 눈동자가 소신이 아닌 다른 곳을 바라보고 있었사옵니다.”

정조는 다른 것은 몰라도 실제 채제공의 왼쪽 눈이 외사시라 깜짝 놀랐다. 당장 사람을 보내 학사가 하룻밤 묵었다는 장소를 찾아보게 했다.

“그곳에 집은 없었고 단지 무덤이 하나 있어 살펴보니 전임 재상 채제공의 묘비가 보였사옵니다.”

그 말에 정조가 감탄하면서 소리쳤다.

“오, 죽어서도 재주를 부리는 내 충신이로다!”

꽃이 진 자리에 다시 피는 꽃은 정조의 염원이었는지 모른다. 그 마음을 채제공도 알고 있었으리라. 정조를 언급할 때 항상 ‘영·정조시대’, ‘영·정조의 조선 후기 중흥기’, ‘영·정조의 르네상스’ 등 선왕인 영조가 불가분의 관계로 따라붙는다. 그만큼 영조와 정조 두 왕의 정치역정은 밀접했다. 사도세자가 늘 교집합으로 자리하고 있어 더욱 그렇다. 한편으로는 탕평책을 통한 당쟁일소를 꾀하고자 했던 고리였다. 그러나 불투명한 현실이라 정조는 자신의 뒤를 이을 아들이 새롭게 피어날 꽃이 될 수 있을지 내심 기대와 함께 불안감을 드러낸 것이다.

정조가 품은 불안감대로 이른바 ‘영·정조시대’의 정신은 순조까지 이어지지 못한 채 맥이 끊어지고 만다. 정조가 죽자 정국은 다시금 과거로의 후퇴였다. 그 역행의 바람을 불행히도 순조는 막지 못했고 아버지 정조만큼의 정치력과 의지 또한 발휘하기에 역부족이었다. 그 혼란기에 순조의 외척인 안동 김씨 권신들은 세력 확장으로 세도정치시대를 본격화했고 조선호는 중심을 잃어간다. 왕이 국운을 좌우하지만 권신 역시 흥망성쇠의 축이 될 수 있음을 역력히 보여주고 있다. 순조는 결코 순조롭지 못한 치세를 이어간다.

그 위기 속에 또 한 사람의 불안한 청백리 영의정도 공존한다.

순조의
김재찬

문충(文忠) 김재찬(金載瓚, 재임 1812~1816 1821~1823)

한 쌍의 반딧불로 살았어도
후회 없어라

김재찬이 오위도총부도총관 이창운의 종사관에 임명되었을 때 일이다. 대개 발령이 나면 먼저 최고책임자에게 찾아가 인사를 하는 것이 도리였으나 시기를 놓쳐버렸다. 김재찬을 괘씸하게 여긴 이창운은 군법으로 다스리겠다며 엄포를 놓았다. 이 소식을 들은 김재찬은 겁이 나서 우의정으로 있던 아버지 김익에게 도움을 청했다.

"아무리 사정이 있어도 인사를 하지 못한 죄는 크다. 도총관은 네가 무관을 경시한다고 여겼을 수도 있으니 당장 사죄하여라."

김익은 김재찬에게 서찰 한 장을 들려 보냈다. 아무런 글자도 없는 백지 서찰을 읽어보던 이창운이 말했다.

"우상대감께서도 할 말이 없으셨던 모양인데 그대를 군법으로 극형에 처할 수도 있음이로다."

당황하는 김재찬에게 그가 한 가지 제안을 했다. 한 달 동안 매일 당직을 선다면 선처해주겠다는 것이었다. 그날부터 김재찬은 집에도 가지 못한 채 그에게서 평안도 42군의 지세와 사정을 속속들이 익히게 되었다. 그곳의 산천과 길 그리고 무기고와 곡식창고 등에 대해 통달할 수 있었다. 마지막 날 이창운이 흡족해하며 말했다.

"이 정도면 서북지방에서 어떤 난리가 생겨도 능히 다스릴 수 있을 걸세. 실은 행여 벌어질지 모르는 그곳의 사변에 대비해 그대와 같은 인재가 필요해서 그동안 잡아두고 가르친 것이네."

그 후 이창운이 죽고 김재찬이 영의정이 되었을 때 평안도에서 홍경래의 난이 일어났다. 김재찬은 알고 있던 정보와 지식으로 난을 평정하는 데 도움을 줄 수 있었다.

선견지명이 뛰어났던 도총관과의 이 일화 앞에서 잠시 생각이 머문다. 청백리 재상의 한 사람으로 평가되는 김재찬이 일찍이 찾아온 홍경래에게 거사자금을 주었기 때문이다. 거사에 쓰일 것이라고 예상치 못했으니 이해는 된다. 그러나 난이 진압되자 홍경래와 만났다는 증거를 없애려고 한 것은 어떻게 받아들여야 할지 물음표를 던지게 한다.

어린 순조를 앞에 두고

김재찬(1746~1827)은 조선 후기의 문신으로 영조와 정조에 이어 순조 대 여러 관직을 역임하고 영의정까지 오른 인물이다. 본관은 연안(延安)으로 아버지는 영의정을 지낸 김익이며 어머니는 윤심재의 딸 파평 윤씨다.

영조 50년(1774) 사마시로 진사가 된 김재찬은 이어 정시문과 병과로 급제했다. 그 후 정조 5년(1781) 예문관검열로서 《이문원강의》를 편집한 능력을 인정받았다. 아버지 김익과 같은 관청에서 근무하게 되자 사직 상소를 올리기도 했다.

"신의 아비 김익은 예문관제학을 겸임하고 있으니 이는 부자가 한 관에서 함께 벼슬자리를 더럽히고 있는 것이 되옵니다. 청컨대 속히 신을 체직시켜 주옵소서."(《정조실록》)

정조는 행여 생길지 모를 폐단을 위해 윤허했다. 청렴한 김재찬의 성품을 높이 사고 있던 정조는 정조 9년(1785) 평안도 성천부사로 떠나는 그에게 격려가 담긴 시를 내렸다.

> 본분이 청결해야 산수를 가까이할 수 있는데　(分淸方可近烟霞)
> 산골짜기의 관청 생활은 맑기가 집 같으리　　(峽裏官居淨似家)
> 홍약과 청릉에 대하여 묵은 빚이 많으니　　　(紅藥靑綾多宿債)
> 거기 머물며 일 년의 꽃을 잘 보고 오게나　　(好敎留看一年花)

정조 11년(1787)에는 강원도관찰사로 울릉도에 들어가 그곳의 실태파악 임무를 맡았다. 울산 출신 어부들이 몰래 건너와서 물고기와 전복 그리고 향죽을 채취하는 일이 빈번했다. 김재찬은 경계를 소홀히 한 절도사와 부사의 처벌을 건의하고 단속을 강화시켰다.

그 후 홍문관제학, 대사헌 등을 역임하던 중 아버지 김익이 병석에 누웠다. 이에 관련된 이야기가 전해지는데 김익의 병세가 날로 중해지던 때였다. 김재찬으로부터 김익의 상태를 전해들은 정조는 병에 쓰라며 산삼을 하사했다. 성은에 감격한 김재찬은 퇴청하자마자 아버지에게 산삼을 바쳤다. 기뻐할 줄 알았던 김익은 불같이 화를 냈다.

"너와 같은 신하가 있으니 앞으로 나라꼴이 암담하구나. 자고로 임금이 대신을 대우할 때는 사사로운 감정에서 비롯되는 것이 아니니라. 대신에게 산삼을 주시려면 당연히 정해놓은 절차를 따라야 하거늘 어이하여 퇴청하는 아들을 통해 준다는 말이더냐. 너 역시 예를 간하지 않고 받아왔으니 이 또한 불충이다. 당장 전하께 갖다드려라!"

김재찬은 산삼을 다시 정조에게 올리며 김익의 마음을 그대로 전했다.

"전하의 성은에 감격한 나머지 예와 절차를 미처 생각지 못한 소신을 꾸짖어주시옵소서."

정조는 김익의 청렴함에 대해 칭송하며 과실을 인정했다. 즉시 정중한 문안의 어찰과 함께 어의를 보내 김익의 치료에 도움을 주었다.

정조 14년(1790) 김익이 죽자 김재찬은 잠시 관직에서 물러났다가 정조 18년에 규장각직제학으로 재임명되었고 평안도관찰사를 지냈다. 정조 20년 올린 장계가 문제가 되어 파직당하는 일이 있었다. 장계를 작성하다 표기의 오류를 범한 탓인데 단순한 실수가 아니라 그의 단점이 아닌가 싶다. 3년 후인 정조 23년에도 '수궁대장에서 파직되었는데 올린 장계에 종사관의 이름을 잘못 썼기 때문이었다.'(《정조실록》) 정조는 2개월 후 김재찬에게 과오를 만회할 수 있는 기회를 주었다.

"옛날에 어떤 유신은 상소를 올릴 때면 실제로 '삼가 백 번 절합니다.'는 머리말을 그대로 실천했다고 한다. 헌데 나이 들어 근력이 미치지 못하자 절을 오십 번으로 줄이고 머리말을 '삼가 오십 번 절합니다.'로 고쳤다. 또 근래 어떤 중신은 처음에만 장계에 이름을 쓸 때마다 손을 씻고 의관을 바로잡았다고 한다."(《홍재전서》)

그러면서 김재찬을 재등용하라는 하교를 내렸다. 아마도 끝까지 실천 못 하는 정신과 형식보다는 김재찬의 가능성에 기대를 더 걸었던 모양이다.

이조판서, 좌참찬, 한성부판윤 등을 거친 김재찬은 사은사로 청나라에 다녀오고 규장각제학에 임명되었다. 정조 24년(1800) 정조가 죽자 《건릉표석음기》를 지었고 종1품으로 품계가 올랐다. 지실록사로서 《정조실록》 편찬에 참여하기도 했다.

11세의 솜털 보송한 순조가 용상에 자리를 잡고 앉았다. 그 아래에 모인 김재찬을 포함한 문무백관들이 일제히 머리를 조아렸다. 이윽고 카랑카랑한 목소리가 수렴 뒤에서 터져 나왔다.

"선왕(정조)께서는 정학(正學)이 밝아지면 사학은 자연히 소멸될 것이라고 늘 말씀하셨다. 허나 지금 듣자하니 사학이 옛날과 다르지 않게 한성에서부터 경기도, 황해도, 충청도에 이르기까지 불길처럼 인다고 한다. 사람이 사람 구실을 하는 것은 인륜 덕분이오, 나라가 바로 서게 되는 것은 교화가 있기 때문이다. 헌데 사학은 부모도 없고 임금도 없어서 인륜을 무너뜨리고 교화에 배치되어 금수와 같은 지경에 이르렀도다. 하여 저 어리석은 백성들이 나날이 변질되고 어긋나 마치 어린 아기가 우물에 빠져 들어가는 것 같으니 상심하지 않을 수 있겠는가. 각 지역 수령은 그 안에서 오가작통법을 닦아 밝히고, 그 통 내에서 만일 사학하는 무리가 있으면 민가의 수장이 관가에 고하도록 해 징계하되 반드시 의벌(코를 베는 형벌)을 시행해 진멸하도록 하라!"(《순조실록》)

수렴 뒤에서 힘주어 말하고 있는 사람은 영조의 계비 정순왕후 김씨였다. 순조는 세자책봉이 이뤄진 그해 즉위한 탓에 세자수업을 받지 못했다. 특훈이라도 가능했으면 좋으련만 11세의 어린 나이라 수렴청정이 필요했다. 김씨는 순조가 즉위하자 왕실 최고 어른이라는 이유를 내세워 수렴 뒤에 앉았다.

어새를 쥐게 된 김씨는 순조 즉위 초 정국 최대의 쟁점으로 떠오른 사학에 대해 엄금한다는 하교 중이었다. 오가작통법(五家作統法)은 범죄자 색출과 세금징수 및 동원 등을 위해 5가구를 한 통(統)으로 묶은 호적제도였다.

조선의 성리학에 대립되는 학문을 사학이라고 일컬었다. 조선 중기에는 양명학이 후기에는 천주교와 동학이 이에 해당되어 배척당했다. 그런 이유로 김씨의 말은 신분체제를 유지하기 위한 단속으로 비쳐질 수 있었다. 실제로는 자신과 뜻이 같은 노론벽파가 반대당인 남인과 일부 노론시파를 탄압하기 위한 구실이었다.

개혁군주로 평가되는 정조의 치세 동안 남인들은 하나의 세력을 형성하게 되었다. 남인 일부가 새 학문이자 종교였던 서학(천주교)을 수용했는데 이를 신서파라 불렀다. 정조 사후 정순왕후 김씨가 수렴청정을 하며 사학근절 명목으로 신서파를 공격했던 벽파 중심의 세력을 공서파라고 했다.

공서파의 가장 강력한 배후인 정순왕후 김씨는 왕권과 다를 바 없는 정치력을 휘둘렀다. 왕과 같은 권위와 방식으로 권력을 행사했으며 스스로 여주(女主)나 여군(女君)이라고 자처할 정도였다. 과감한 국정운영을 이끌며 주요 조정대신들에게 충성서약을 받아내기도 했다.

김씨는 정조의 장례가 끝나자마자 사도세자의 동정론을 펼친 시파에 대한 대대적으로 숙청작업을 착수했다. 벽파인 공서파와 결탁하고 있던 그녀는 시파 등의 신서파를 모함해 천주교에 대한 일대 금압령을 내리기도 했다.

정순왕후 김씨의 꼼수

정순왕후 김씨가 드디어 숨겨두었던 발톱을 드러냈다. 숨 고르며 기다리던 그녀에게 기회가 찾아온 것이다. 사도세자 죽음과 연루되어 사사된 친정 오라버니 김구주의 원한을 갚아주기 위해 복수의 칼을 뽑았다.

김씨는 6촌 오라버니 김관주를 이조참판에 제수하고 벽파들을 대거 등용했다. 그들은 정조 재위 동안 개혁의지에 동참하며 등용된 세력들(시파, 신서파, 남인)에 대한 제거를 감행했다. 남인들이 오랜 세월 정권에서 밀려나 있는 동안 받아들였던 것은 천주교였다. 벽파들은 이를 빌미삼아 그들을 완전히 몰아내려고 혈안이 되어갔다.

순조 1년(1801) '신유박해'의 서막이 올랐다. 벽파 영의정 심환지와 공서파 대사간 목만중이 주동한 일이었다. 천주교 신앙의 선구자였던 이가환, 권철신 등이 고문 도중 죽었다. 이승훈, 정약종(정약용 셋째 형), 최필공, 홍교만, 최창현 등의 목이 달아났으며 자수한 청나라 신부 주문모도 참형을 면치 못했다.

정약용은 당시 상황을 자신의 《다산시문집》에서 이렇게 남기고 있다.

'정조께서 승하하시니 조정의 판국이 일변해 당인들이 밤낮으로 몰려다니며 생살부를 만들어 사람을 죄에 얽어 넣었다. 주문모가 몰래 우리나라로 들어와 서학을 선교한 지 이미 6년이 되었을 때다. 그 물이 스며들고 불이 붙듯이 교세가 확장되어 한성에서부터 시골에 이르기까지 함께 교습하는 상하 남녀가 가는 곳마다 수백 명씩 되었지만 나와 이가환은 상황을 전혀 알지 못했다. 단지 재난이 일어날 소지가 만연해 오래지 않아 화가 닥치리라는 것만 알뿐이었다.'

주문모는 국내 최초의 외국인(청나라) 신부로 정조 19년(1795) '변복하고 몰래 우리나라에 와서 북악산 아래 숨어 서학을 널리 알린'(《다산시문집》) 인물이었다. 그는 정약종, 황사영을 만나 왕실 여인들에게도 세례를 해주었다. 체포령 아래 교도들이 연이어 처형되자 자수한 뒤 순교했다.

그에게 세례를 받은 사도세자의 서장남이자 정조의 이복동생인 은언군, 부인 송씨, 며느리 신씨 등도 사사되었다. 이보다 더 확대되는 사건이 터졌다. '황사영 백서사건'으로 황사영은 정약현(정약용 첫째 형)의 사위였다. 주문모에게 세례를 받았고 열렬한 천주교도였던 그는 신유박해가 일어나자 숨어 지내고 있었다. 그러다 황심과 함께 천주교도의 박해 상황을 청나라에 알리자는 백서(帛書)를 작성해 베이징(북경) 주교에게 전달하려고 했다. 그러나 발각되는 바람에 수포로 돌아갔고 그는 '대역률(大逆律)이 적용되어'(《국조보감》) 능지처참에 처해졌다. 황사영 백서사건을 끝으로 신유박해는 막을 내렸지만 교도 약 1백 명이 처형되고 약 4백 명이 유배되었다. 벽파를 비난하는 세력들까지 포함되어 있었다.

정순왕후 김씨는 한시름 놓았다. 만 1년 동안 천주교도를 박해한 성과로 벽파 중심의 조정을 이끌어낼 수 있었다. 천주교를 놓고 '순조대왕이 깊이 근심하고 멀리까지 염려해 불끈 노한 나머지 조사해 체포하고 처벌하기를 조금도 가차 없이 했다.'(《면암집》)고 하지만 어디까지나 김씨가 좌지우지하던 일이었다.

순조 2년(1802) 수원부유수와 우참찬이 된 김재찬은 수렴청정 속 조정의 기류가 불안정하다는 것을 감지했다. 정순왕후 김씨의 주도 하에 정국이 한 물살로 흐르는 것은 분명했으나 정도인지는 의문이었다. 그러던 중 순조 3년 흡족한 발판 위에서 조정을 주무르던 김씨가 돌연 수렴청정을 거둔다고 하교했다.

김씨가 결단을 내린 이유는 곳곳에서 발생한 화재 때문이었다. 순조가 즉위하자 국운이 다했다는 조짐인지 각지에서 대형화재가 꼬리를 물기 시작했다. 평양부와 함흥부에서 연이어 큰불이 나더니 한성부 창덕궁 선정전도 화염에 휩싸였다. 부랴부랴 진압시킨 5일 후에는 운종가 보신각거리에서 또 대형화재가 났다. 민심은 날로 흉흉해져갔다.

조선시대 화재사건은 나라를 뒤흔든 온갖 난(亂) 만큼이나 파문을 몰고 왔다. 궁궐 안이든 사대문 밖이든 혹은 먼 지방이라도 화재발생은 왕에게 있어 마음의 짐과도 같았다. 왕의 자질이 부족하거나 국운이 다해 벌어지는 일로 여겼다. 반란의 서막 역시 대부분 방화였던 터라 화재소식이 들려올 때마다 조정은 경색되었다. 정순왕후 김씨의 입에서 장탄식이 쏟아졌다.

"그동안 잠도 못 자고 침 맞아가며 국정을 돌봤거늘 내가 이러려고 수렴청정을 했나. 자괴감이 들 정도로 괴롭기만 하고…."

213년 후 광화문과 시청광장 일대를 비롯해 전국에서 타오른 촛불을 연상케 하는 역사의 한 페이지다. 국민의 염원을 담아 비바람과 눈보라 속에서도 꺼지지 않고 타올라 새로운 길을 열어주었던 현대사를 떠올리게 한다.

김씨는 진심이 아니었다. 모든 것이 자신 탓이라며 수렴청정을 끝내겠다고 밝혔으나 내심 조정대신들이 명을 철회하라고 간청하기를 바랐던 것이다. 조정 안팎에서 벌어지고 있던 불미스러운 일들이 자신 탓이 아니라는 것을 그들에게서 검증받기 위한 꼼수였다.

"타오른 불들은 민심이 아니옵니다."

이런 말이라도 듣고 싶었지만 순조의 정비 순원왕후 김씨 아버지 김조순이 발 빠른 암약을 펼쳐 그 뜻은 무너졌다. 조정에서 세력을 키우고 있던 인물이 바로 안동 김씨 김조순이었다. 정순왕후 김씨는 섭정을 거둔 지 1년 만에 61세로 눈을 감았다.

김재찬과 홍경래

순조 5년(1805) 우의정에 임명된 김재찬은 부임을 거절했다. 그 죄로 황해도 재령에 부처되었으나 다음 해 풀려날 수 있었다. 영중추부사로 있던 그에게 어느 날 손님이 찾아왔다. 평안도 용강 출신 홍경래로 김재찬이 한성부 유력자라고 판단해 도움을 청하고자 온 길이었다. 김재찬이 부정부패를 일삼던 고관이나 안동 김씨 세력에게 불만을 품었으리라 믿고 있었다. 그는 세도를 더해가며 정치를 문란하게 만드는 세력과 과거시험제도 등 사회적 모순을 뒤엎고자 거사를 꿈꾸던 중이었다. 김재찬에게 그대로 털어놓을 수는 없었다.

"소인 일찍이 향시에 합격해 과거시험을 보았지만 재력과 권력이 없어 낙방하고 말았습니다. 더군다나 서북 출신이라 천대하고 차별하는 통에 도저히 살 수가 없습니다. 이런 처지로 벼슬은 요원하니 대감께서 장사 밑천을 대주신다면 훗날 꼭 이 은혜를 갚겠습니다."

곰곰 생각하던 김재찬은 서른 중반의 늦은 나이였지만 새롭게 다지려는 홍경래의 꿈을 격려해주고 싶었다.

"돈을 갚지 않아도 좋으니 부디 용기 잃지 말고 꼭 부자가 되게나. 그래서 나라를 위해 좋은 일에도 쓰고."

그는 평안감영에 보내는 서찰을 써서 홍경래에게 건넸다.

"암요. 기필코 나라를 위해 쓰겠습니다요."

홍경래는 그 길로 평안감영으로 달려가 2천 냥을 얻어낼 수 있었다. 김재찬은 그 돈이 5년 후 벌어질 거사의 자금으로 쓰일 줄은 까마득히 몰랐다.

순조 7년(1807) 다시 우의정에 임명된 김재찬은 문란하던 과거시험의 폐단을 지적해 시정하게 했다. 또 전국적으로 횡행하던 불법채금업의 일소에 심혈을 기울였다. 다음 해 좌의정에 오른 그는 친정 중인 19세의 순조를 적극 보좌하고 나섰다.

순조는 친정을 하면서 용상이 홀가분해졌으나 또 다른 무게를 짊어져야 했다. 장인 김조순 및 안동 김씨들의 권력 강화가 날로 거세지고 있었다. 김이익, 김이도, 김달순, 김희순 등이 조정의 요직을 모두 차지한 채 전방위적인 전횡을 일삼고 뇌물까지 챙겼다. 인사제도의 기본인 과거제도가 다시 문란해지는 등 정치기강이 무너져갔다.

순조는 정조의 정책을 거울삼아 그에 따른 국정주도로 극복하고자 애를 썼다. 그럴 때마다 김재찬은 순조가 실무에 전념하면서 국정파악에 나서도록 곁에서 도왔다. 암행어사 파견과 왕권을 견고히 하기 위한 친위군대 강화에 대한 진언도 아끼지 않았다.

순조 9년(1809) 흉년이 들자 김재찬이 고했다.

"흉년에 권분(勸分)하는 것은 예로부터 있어왔던 일이옵니다. 소위 권분은 흉년 때 관청에서 부자들에게 곡식을 내도록 권해 기민에게 나누어 주는 것이옵니다. 하오니 재앙을 입은 고을로 하여금 먼저 백성들에게 보조하도록 조치하되 원치 않으면 강제성이 없도록 해야 하옵니다. 강제로 나누어 주게 할 경우 그 책임이 수령에게 있게 되오니 미리 잡도리하심이 어떠하리까."(《목민심서》)

순조는 김재찬의 의견에 따라 시행토록 했다. 순조의 정책을 비웃기라도 하듯 소수 가문에 의한 세도정치는 막강했다. 영·정조 대의 탕평책에도 꺾이지 않던 그 힘을 평정하지 못한 순조는 건강마저 해쳐 무기력에 빠졌다. 유례없는 기근까지 휘몰아쳐 정신적 고통은 이루 말할 수 없었다. 순조는 비참한 현실 속에서 또 하나의 장벽과 만나게 되었다.

도탄에 허덕이던 민생 아래 사회혼란이 생겨났는데 '경오년(1810) 무렵 크게 번진 유언비어'(《목민심서》) 때문이었다. 그 틈을 노려 순조 11년(1811) 홍경래 무리가 '다복동 금점을 근거지로 군사를 일으켜'(《경세유표》) 평안도 일대를 점령한 뒤 관군과 접전을 벌였다.

홍경래는 순조가 즉위하던 무렵부터 이미 북쪽지방을 두루 돌아다니며 사전준비를 하고 있었다. 그는 정세파악과 동조세력 모집을 하면서 봉기의 시기를 기다렸다. 거사자금은 물론 지식인과 이름난 무사들을 확보한 그는 마침내 거병해 8개 군 장악에 성공했다.

"전하, 속히 징병을 실시해 봉기군 토벌에 나서야 하옵니다."

김재찬의 주청으로 순조가 명했지만 평안도절도사로부터 올라온 장계에 담겨진 것은 절망이었다.

"사흘 동안 징병을 했지만 이에 응하는 사람이 한 명도 없었사옵니다."(《임하필기》)

어느 시대든 위기에서 제몫을 해내는 사람은 반드시 있었다. 목사 조북해가 날아드는 돌멩이와 화살 속에서 성을 순시하며 관군을 격려했다. 갓 무과를 통과한 신진무관들이 달려와 사기진작에 일조했다. 시기적으로 관군들에게 투지를 기대하기 힘들다는 것이 문제였다.

송림(현 평안북도 박천군 송림동) 전투를 위해 함종부사 윤욱렬이 관군을 이끌고 안주의 백상루에 머물고 있었다. 관군들은 태평한 시절이 오래 지속되어 온 탓에 전투 경험이 많지 않아 두려워하는 기색이 역력했다. 이를 간파한 윤욱렬이 일부러 술에 잔뜩 취한 뒤 곯아떨어졌다. 그 모습을 본 관군들은 의외로 조금씩 안정되어갔다.

"우리 장군님은 전투가 코앞인데도 두려움을 모르다니!"

"싸움터는 결코 사지가 아니라는 뜻인가? 까짓것 한번 해보지 뭐."

다음 날 날이 밝고 전투가 시작되자 '군사들은 단숨에 강을 건넜고 모두 용감하게 싸워 적을 크게 물리쳤다.'(《임하필기》)

봉기군은 남쪽지방으로 진출을 꾀하다가 관군에게 대패하고 농민들과 함께 평안도 정주성으로 들어가 저항을 이어갔다. 성이 쉽게 함락 되지 않자 관군은 순조 12년(1812) 성을 폭파시켜 진압했다. 홍경래와 지휘부 대부분이 조총에 맞아 전사하거나 한성부로 압송되어 참수되었다. 체포된 3천 명 가운데 부녀자와 어린이를 제외한 2천 명에 이르는 가담자가 일시 처형되었다.

근대 이전 조선시대를 강타한 민중봉기로 평가되는 이 농민항쟁은 지배체제 밖에서 성장한 지식인과 무사들이 주체였다. 그런 관점에서 조선 후기 지배체제를 붕괴시키는 중요한 과정의 하나가 되었다.

"홍경래는 죽지 않았다."

"그는 지금 섬에서 다시 봉기를 준비하고 있다!"

정주성전투가 끝난 직후 기이한 소문이 민간에서 끊임없이 나돌았다. 그는 새 세상을 염원하는 백성들 마음에 영원한 전설로 남았다.

김재찬이 홍경래가 난을 일으키자 가장 먼저 떠올린 것은 그를 통해 평안감영에 보냈던 서찰이었다. 행여 그와의 만남이 알려질까 우려해 사람을 보내 서찰을 은밀히 찾아낸 뒤 태워버리게 했다.

나라살림은 끝이 없어라

순조 12년(1812) 마침내 영의정에 오른 김재찬의 눈에 비친 것은 여전히 백성들의 고된 삶이었다. 설상가상 전라도와 경상도에 흉년으로 기근이 극심하게 되자 대책마련을 서둘렀다. 그는 대동미 회수시기를 늦추고 전라도는 4분의 1, 경상도는 3분의 1로 줄이도록 해서 민생을 도왔다.

홍경래의 난이 평정되었어도 순조는 여전히 평온을 되찾지 못했다. 굶주림에 시달리는 백성들을 비롯해 도적과 거지들의 출몰로 걱정이 태산이었다. 김재찬이 주청했다.

"도성 안의 걸인들 중 전국에서 흘러 들어온 자는 호적이 있는 고을에 부속시켜 거느리게 하고 원래 한성부에 살던 자는 진휼청에서 날짜를 계산해 양식을 주도록 하소서."《순조실록》

다음 해인 순조 13년(1813) 제주도 토호 양제해에 이어 2년 뒤에는 경기도 용인의 이응길이 민란을 일으켰다. 순조는 그 후로도 흉서사건, 모반운동, 괘서사건 등이 이어져 마음 편할 날이 없게 된다.

순조의 무능, 안동 김씨의 세도정치, 흉흉한 세상은 팔도를 떠도는 일명 방랑시인 김삿갓을 탄생시키기도 했다. 본명이 김병연인 그가 삿갓을 쓰게 된 직접적인 원인은 조부 김익순이었다. 김익순은 홍경래의 난 때 평안도 선천부사였는데 봉기군에게 항복하고 말았다. 그 때문에 연좌제로 집안이 풍비박산되는 꼴을 겪었다. 당시 5세였던 김병연은 숨어 지내다 사면 후 과거시험에서 김익순을 비판하는 내용의 답으로 급제했다. 그때 김익순이 자신의 조부임을 비로소 알게 된 그는 충격에 빠졌다. 20세 무렵부터 벼슬을 버린 채 방랑자로 떠돌기 시작했다.

"나는 감히 하늘을 볼 자격 없는 죄인이로다."

그런 이유로 늘 커다란 삿갓을 쓰고 다녀 '김삿갓'이라는 별칭이 붙게 되었다.

순조 14년(1814) 여러 지방의 농사가 재해를 입는 일이 벌어지자 김재찬의 직무도 분주해졌다. 그는 일단 '호조와 선혜청으로 하여금 황해도와 평안도의 곡식들을 사들이게 하고 함경도 교제창의 곡식과 강원도 각 고을의 곡식을 비축했다가 봄이 되면 배로 운송할 수 있게 했다.'(국조보감) 흉년과 기근은 예상외의 소요를 초래하기도 했다. 다음 해 천주교에 대한 탄압인 '을해박해'가 일어났다. 경상도와 강원도에서 벌어진 일로 조정은 또 한 번 진통을 겪게 되었다.

신유박해 이후 조정에서는 천주교를 사교로 규정하고 교도들을 억압해왔었다. 그들은 경상도와 강원도 두메산골로 피신해 교인촌을 이뤄 생계를 유지해나갔다. 혹심한 기근이 이어지자 재산에 욕심을 낸 일부 백성과 지방관이 그들을 박해하기 시작했다. 을해박해가 다른 박해와 다른 것은 조정의 결정 없이 지방관 자의에 따라 전개되었다는 점이다.

순조 18년(1818) 판중추부사가 된 김재찬은 순조 21년 영의정으로 복직했다. 그해 8월, 평안도에 전염병(콜레라)이 창궐해 10만여 명이 목숨을 잃는 참사가 발생했다. 전쟁과 반란 이상으로 인명을 앗아가는 것이 전염병이었다. 콜레라를 호랑이가 물어뜯는 고통과 같다고 해서 호열자(虎列刺) 또는 호역(虎疫)이라고 할 만큼 공포의 대상이었다. 가뜩이나 백성들이 기아에 시달리고 있는 상황에서 10만 명이 넘는 인명피해가 나자 순조의 심적 충격은 매우 컸다. 장마와 홍수로 인해 큰 손실을 보는 등 천재지변까지 끊이지 않던 터라 그 무게는 더했다. 재위 34년 가운데 무려 19년에 걸쳐 수재 등 크고 작은 천재지변이 잇달아 발생해 백성들 삶은 극심한 고통의 연속이었다.

김재찬의 심신도 지친 상태였다. 순조 23년(1823) 영중추부사가 된 그는 4년이라는 시간 동안 쇠해진 몸을 추스르다 결국 눈을 감았다. 순조는 시호 '문충(文忠)'을 내리며 안타까운 마음을 하교에 담았다.

"선왕조 때부터 인정을 깊이 받았고 내가 계승한 뒤로는 가장 오랫동안 위임해 공로가 많아서 지금까지 우뚝하게 나라의 기둥이 되었다. 그런데 뜻밖에 병들어 마침내 세상을 떠나 하늘이 어진 이를 남겨 두지 않았으니 내 장차 누구를 의지한다는 말인가?"(《순조실록》)

청백리로 일컬어지는 김재찬은 나라살림을 맡아 효율적으로 꾸려간 재상으로도 알려져 있다. 일찍이 그의 어머니가 살던 집을 수리하던 중 은이 가득 담긴 항아리를 발견하고는 다시 묻어두고 서둘러 이사 갔다고 한다. 행여 아들 김재찬이 태만하고 오만해질까 걱정되어서였다. 그런 어머니의 영향인지 그는 나라살림에 능력을 발휘할 수 있었다.

김재찬에게도 부족한 면이 있어 완벽한 재상으로서의 명성은 얻지 못한 듯하다. 어느 날 이른 아침 등청하는 김재찬을 본 죽 장수 노파가 말했다.

"내가 저 사람 삼대(三代)의 안광(眼光)을 모두 보아서 잘 안다. 그의 구대조는 마치 한 쌍의 횃불처럼 생겼었고 아비는 한 쌍의 촛불처럼 생겼

는데 저 사람은 이제 한 쌍의 반딧불과 같다."(《임하필기》)

　김재찬의 9대조 김전은 중종 대 영의정을 지냈고 아버지 김익은 정조 대의 영의정이다. 김재찬이 이 말을 전해 듣고 노파를 수소문했지만 행방이 묘연했고 두 번 다시 나타나지 않았다고 한다. 3백여 년 전 인물인 김전의 눈에서 횃불을 보았다는 '노파는 귀신이 아니면 이인(異人)'(《임하필기》)일 텐데 김재찬이 직접 만나 귀띔이라도 얻었더라면 반딧불 이상의 빛을 낼 수 있었을까.

헌종의

조인영

문충(文忠) 조인영(趙寅永, 재임 1841~1844 1850~1850)

철종의 즉위나 막고 죽을 것을

따뜻한 봄날 조인영은 오랜 만에 조정을 떠나 벗인 김정희(추사)와 한강에서 놀이를 즐겼다. 배를 타고 한가롭게 봄바람을 만끽하던 중 조인영이 갑자기 턱을 감싸더니 고통스러워했다. 치통이 시작되어 참기 힘든 지경에까지 이르렀다.

"이거 낭패로군. 하필 강 한가운데서 이가 아프다니."

김정희도 걱정이 되어 물었다.

"심한가? 옥수수대나 마늘이 있으면 좋으련만. 소금도 쓸 만한데 바다도 아니고 참⋯."

조인영이 몸을 기울여 손으로 강물을 뜨며 말했다.

"이가 없으면 잇몸이라고 어디 바닷물 대신 강물을 써볼까."

조인영은 서너 번 떠올린 강물을 입에 물고 양치하듯 하자 조금씩 통증이 가라앉았다. 그는 이때부터 기막힌 처방이라 여겨 치통이 생길 때마다 물을 이용했다. 오래된 의서(醫書)에 의하면 정말 '치통이 생기면 물을 입에 머금는다는 설이 있는데 계속 양치를 하면 차도를 볼 수 있는 처방으로 이는 조인영이 스스로 터득한 묘법과 부합된 것이었다.'(《임하필기》)

자신의 치유책에 탁월했던 그는 조선 후기 아픈 치아였던 천주교에 대해서는 어떤 묘책을 썼을까. 꼭두각시 왕 철종의 옹립에는 어떤 자세를 취했는지도 궁금하다.

세도정치와 삼정문란

조인영(1782~1850)은 조선 후기 문신으로 순조 정비 순원왕후 김씨의 수렴청정과 더불어 안동 김씨 세도정치가 가동되자 풍양 조씨 중심에 서서 영의정을 지낸 인물이다. 기해박해를 일으켜 천주교를 탄압했으며 풍양 조씨 세도정치의 대표적 권신이다. 본관은 풍양(豊壤)으로 아버지는 이조판서를 역임한 조진관이고 어머니는 부사를 지낸 홍익빈의 딸 남양 홍씨다.

조인영은 조선에 고구마를 도입한 조엄의 손자이기도 하다. 또 형 조만영의 딸이 효명세자(익종 추존, 순조 외아들) 비 신정왕후 조씨로 그녀 아들 헌종의 외종조부가 된다.

조인영은 관직생활 전부터 김정희와 함께 금석문(金石文, 쇠종과 비석 등에 새겨진 글)을 수집하고 연구하는 일에 몰두했다. 순조 16년(1816) 성절사

일행을 따라 청나라에 가서 그곳 금석학자인 유연정과 인연을 맺고 조선의 금석탁본 수십 종을 기증한 일도 있었다.

다음 해 귀국한 조인영은 매듭지을 일이 있어 김정희와 북한산을 올랐다. 비석에 남아있는 글자를 다시 신중히 살펴보던 그가 확신에 찬 소리로 외쳤다.

"지난번에 찾아낸 이것이 진흥왕비가 틀림없네!"

완벽을 기하기 위해서 '공인(工人)에게 탑본하게 해보니 완전히 닳아 없어져 해석 불가능한 것을 제외한 자획이 분명해 의심의 여지가 없는 글자가 모두 92자였다.'(《임하필기》) 최종적으로 고증까지 거친 뒤 《해동금석존고》와 함께 유연정에게 보내 우리나라 금석문 모음집인 《해동금석원》 편찬에 큰 도움을 주었다.

조인영이 식년문과에 장원급제한 것은 순조 19년(1819)으로 곧바로 종4품 홍문관응교에 임명되었다. 이때 김정희도 급제했는데 조인영은 장원급제로 보통 종9품에서 출발하는 것과 달리 파격적인 인사였다. 그해 형 조만영의 딸이 효명세자 세자빈이 되면서 더욱 주목받았다.

순조 22년(1822) 함경도암행어사로 소임을 다한 뒤 대사헌에 특진했다. 그 후 경상도관찰사, 이조참의, 대사성, 예조참판 등의 요직을 두루 거쳤다. 그가 경상도관찰사로 부임하기 전의 일이다. 부산 동래의 범어사에 있는 낙안이라는 승려가 어느 날 다른 승려들에게 일렀다.

"장차 가마를 타고 온 자가 안으로 들어오면 절의 역(役, 징집과 노동)을 없애줄 것이다."

낙안은 곧 입적했고 그로부터 몇 년 후 부임한 사람이 조인영이었다. 그가 가마를 타고 관내시찰 중 사찰 앞에 이르렀을 때였다. 사찰 안의 기운이 범상치 않아 안으로 들어가 보니 그동안 누적된 폐단이 많았다. 그는 일일이 파악한 뒤 모두 해결해주었다.

문제는 사찰뿐만이 아니었다. 궁궐 밖 백성들은 흉년, 기아, 전염병 등으로 고통을 이어가고 있었다. 그 사이 조정에서는 국정주도권을 완전히 거머쥔 김조순의 세도정치가 극에 달했다. 상대적으로 권한이 줄어든 순조는 순조 27년(1827) 오랫동안 계획했던 대로 아들 효명세자에게 대리청정을 시키고 일선에서 물러났다. 효명세자는 조정 내의 기류를 잘 알고 있어 김조순 일파 견제와 함께 의욕적인 개편을 추진했다. 기대와 달리 3년 뒤 급서해 순조가 다시 정사를 볼 수밖에 없었다. 그는 효명세자의 죽음을 평생 한으로 여겼다.

순조 30년(1830) 조인영은 효명세자가 죽자 우부빈객으로서 4세의 어린 세손 환의 보전에 최선을 다했다. 순조는 세도정치에 밀려난 왕으로 죽을 때까지도 그 굴레에서 벗어나지 못했다. 무력감에 허덕이던 그에게 마지막이 찾아왔다. 순조 34년(1834) 펼치고 싶었던 치세에 대한 아쉬움과 그로 인한 비통함만을 남긴 채 숨졌다. 보위를 잠시도 비워둘 수 없어 8세의 환이 즉위했다. 그가 조선시대 왕 가운데 가장 연소자로 왕위에 오른 헌종이다.

순조는 헌종의 보필을 조만영에게 맡긴다는 유언을 남겼다. 조만영은 헌종의 외조부로서 풍양 조씨가 정계로 진출하자 그 중추적 위치에서 안동 김씨와 세도를 다투게 되었다. 순조의 유언은 안동 김씨 세력을 견제하기 위한 방편이었다. 유촉을 받은 조만영은 국정운영에 적극적으로 나설 명분이 충분했다. 헌종 1년(1835) 대왕대비(순원왕후) 김씨의 수렴청정이 시작되었다. 헌종이 너무 어려 불가피한 일이었는데 안동 김씨의 세도정치가 더욱 굳어져갔다. 이를 견제하며 조인영 형제는 풍양 조씨의 중심인물로 자리매김했다. 조인영은 대제학, 호조와 형조의 판서를 두루 역임하며 호위대장과 어영대장 등으로 병권을 장악한 조만영과 함께 세도기반을 구축해나갔다.

세도정치가 고착되면서 궁궐 밖의 피폐함은 극심해졌고 곳곳에서 누수현상이 드러났다. 관리임용의 근간인 과거제도와 국가재정의 3대 요소이자 기본인 삼정(三政, 전정·군정·환정)의 문란으로 국정은 혼탁해지고 민생고는 가중되었다.

전정(田政)은 토지에 세를 부과해 수취하는 제도와 이에 관련된 행정이다. 전란 등으로 토지대장이 유실되거나 소각되자 양반과 지주들의 은결(隱結)이 늘어나 국고는 채워지지 않았다. 은결은 탈세를 위해 부정과 불법으로 누락시킨 토지였다. 일종의 고액체납자로 인해 손해를 보는 것은 일반 백성이었다. 불모지나 다름없는 공터에까지 세금을 매기는 등 갖가지 세금부과로 유랑민이 속출했다.

군정(軍政)은 나라의 방위와 치안을 위한 의무군역과 조세제도다. 군역을 하거나 군포를 내면 되는데 전정의 문란으로 상당수가 유랑민이 된 탓에 감당할 백성의 수는 급격히 줄어든 형편이었다. 양반은 군역과 군포의 부담이 없어 군정은 갈수록 취약해졌다. 어린이, 노인, 이웃 심지어 사망자에게까지 군포를 거두자 백성들은 이중고에 시달렸다.

환곡(環穀)은 춘궁기에 빌려준 쌀과 보리 따위를 추수 후에 받는 것으로 처음에는 백성을 위한 제도였다. 부패가 거듭되자 이자를 받는 조세수단으로 변질되어 궁핍한 백성들에게는 심한 고초였다. 의무적으로 빌려가게 한 곡식에 고리대금을 부여했다. 모래와 겨 등을 섞어 빌려 주고 받을 때는 온전한 쌀만 요구하는 횡포마저 일삼았다.

눈물까지 섞인 혈세로 신음하는 것은 궁박함에 찌든 일반 백성이었다. 양반과 부자들은 제도를 보호막 삼아 오히려 수혜자가 되어 윤택한 삶을 누렸다. 특히 군역과 군포에서 자유로웠던 상류층들이 관료가 되었을 테니 백성의 고충을 헤아릴 수나 있었을까. 어느 시대든 힘없는 백성이 당해야 하는 고통은 다르지 않았다.

백성들이 삼정문란 속에서 민생고로 허덕이는 가운데 헌종 2년(1836) 남응중과 남경중 등이 주도한 역모사건까지 터졌다. 한성부에 거주하던 남응중은 서인과 남인의 대립으로 민심이 흉흉해지자 충청도 목천현(현 충청남도 천안시)으로 들어가 살았다.

그 후 남경중, 문헌주, 남공언 등과 모의해 사도세자 서장남 은언군의 손자를 왕으로 추대할 계획을 세웠다. 일단 청주를 점거한 뒤 그곳을 근거지로 거병할 생각이었다. 그러던 중 지방 이속 천기영이 고변하는 바람에 역모 가담자 대부분이 체포되자 남응중은 재빨리 피신했다. 그는 일본으로 도망치기 위해 부산의 왜관(일본인의 입국·교역 등을 위한 장소)에 숨어들어 도움을 청했다. 그런데 그가 '극도로 흉악하고도 부도한 말을 지어내 두 나라 관계를 부추기자 왜인들도 믿지 않고 조선에 넘겨주었다.'(《헌종실록》) 조정에서는 남응중을 대역죄로 능지처참에 처한 후 그 머리를 왜관에 매달았다. 나머지 20여 명도 극형을 면치 못했고 고변한 천기영은 포상으로 오위장에 임명되었다. 일본과의 관계를 돈독히 한다는 의미로 도움을 준 왜관에 은자 1천 냥을 주기도 했다.

역모사건으로 한때 긴장했던 조정은 여전히 해결되지 않고 있는 민생고에 골머리를 앓아야 했다. 그중에서도 날로 늘어만 가는 거지들 문제가 대두되자 조인영이 아뢰었다.

"전하, 도성 곳곳에 쓰러져있는 걸인들로 인해 다른 백성들마저 고통을 겪고 있는 실정이옵니다. 그들 중에는 이미 죽은 자도 있어 행여 돌림병이 생길까 염려되오니 성심으로 해결방안을 강구해주시기 바라옵나이다."

조정대신들의 주청이 이어지자 헌종은 난감했다. 당장 구휼할 뾰족한 방법이 떠오르지 않았지만 거지들도 나라의 백성이기에 외면할 수 없었다. 정조 대 이후 왕실에서는 겨울이 닥치면 그들에게 필요한 가마니나 옷가지 등을 마련해주고 있었다. 헌종 역시 선대의 예를 참고해 대책을 세웠다.

"한성에 있는 걸인들에게 은전을 내리고 옷이 얇아 고통을 겪는다는 군사들에게도 똑같이 베풀도록 하라."

임시방편이나 전시행정이 아니라 그들에 대한 헌종의 관심은 계속 이어졌다. 나라 도움은 거지들에게 최소한의 생활을 유지할 수 있는 유일한 끈이 되었다. 거지의 수가 늘어나는 원인이 되기도 했다.

목소리가 커지는 조인영

헌종 5년(1839) 조인영은 천주교 박해의 거대 폭풍인 '기해박해'를 일으켰다. 기존의 박해처럼 천주교를 배척하기 위한 것이었으나 안동 김씨(시파) 세도를 빼앗으려는 풍양 조씨(벽파) 가문의 야욕이 숨겨져 있었다.

천주교 신봉자들은 대부분 현실에 불만을 가진 세력이었다. 불만의 고리들은 지배계급을 주무르고 있던 세도가에 대한 비난으로 연결되었다. 신해박해 이후 한 풀 꺾였던 천주교세가 다시금 불길을 당겼다. 프랑스 신부 피에르 필리베르 모방(나백다록)이 삿갓에 상복차림으로 변복한 채 압록강을 건너 단신 입국한 것은 헌종 1년(1835)이었다. 그는 삼엄한 감시 속에서 전도에 힘썼고 뒤를 이어 샤스탕(정아각백) 신부 역시 심혈을 기울였다. 두 사람의 노력으로 9천 명 가까이 교도 수가 증가하자 위협을 느낀 조정에서 천주교 금압령을 내렸다.

우의정이 된 조인영은 천주교 배척을 위한 《척사윤음》을 지어 헌종에게 올렸다. 헌종은 이를 발표하며 강조했다.

"오가작통법을 더 강화시켜라!"

기해박해로 교도 70여 명이 참형을 당했다. 박해에 시달린 그들 가운데 과반수가 부녀자였다. 헌종 12년(1846)에는 우리나라 천주교 최초의 신부 김대건을 처형하게 된다.

조인영이 경연에서 주장했다.

"이단이 성행하는 것은 정학이 천명되지 못해서이옵니다. 사교를 배척하고 정학을 숭상하는 뜻에서 도학의 계통을 이은 제현의 서원에 치제할 것을 간청하옵니다."((동춘당집))

조인영은 확실한 역사의 흔적을 위해서인지 끊임없이 목소리를 냈다. 그가 '부모를 사랑하고 조종을 본받으며 하늘을 공경하고 백성을 구제하라는 4개 조항을 진언하자'((국조보감)) 헌종은 비록 자신이 불민해도 그 말을 실천하겠다고 받아들였다. 대왕대비 김씨도 홍문관으로 하여금 이를 써서 벽에 붙여놓고 반성할 수 있는 자료로 삼게 했다.

조인영은 오랜 벗인 김정희의 구명에도 뛰어들었다. 외교사절로서 막 북경 행을 준비하고 있던 김정희의 발목을 잡은 것은 '윤상도의 옥사'였다. 부사과로 있던 윤상도는 순조 30년(1830) 호조판서 박종훈, 강화유수를 역임한 신위, 어영대장 유상량 등을 탐관오리로 탄핵했다. 그런데 군신 사이를 이간시켰다는 죄로 순조의 미움을 사서 유배되었다. 이때 김정희의 아버지 김노경은 배후를 조종했다는 혐의로 역시 유배길에 올랐다. 그 후 순조의 배려로 풀려나 판의금부사에 복직되고 김정희도 성균관대사성 등을 역임할 수 있었다.

모두 매듭지어졌다고 여겼던 윤상도의 탄핵사건은 10년이 지난 헌종 6년(1840) 대사헌 김홍근이 재심의 논죄를 상소하면서 새롭게 불거졌다. 탄핵상소를 올렸던 윤상도와 관련자들은 다시 의금부로 압송되어왔다. 윤상도는 아들 윤한모와 함께 대역죄로 처형되었다. 그런데 국문 도중 대사헌 김양순의 입에서 윤상도 상소는 김정희가 기초한 것이라는 말이 나왔다.

김정희는 생사의 기로에 서게 되었다. 그를 극형으로 다스려야 한다

는 여론 속에 조인영이 급히 '차자를 올려 잘 헤아려 처리하기를 청했다.'(《헌종실록》)

"비록 윤상도의 옥사 내용과 김정희의 연루가 분명하다 할지라도 이를 토설한 김양순은 이미 국문 도중 죽고 없사옵니다. 대면해서 확실히 밝힐 길이 사라졌으니 힐문할 방도 또한 없는 상황이옵니다. 김정희는 줄곧 억울함을 호소하고 있사오니 가벼운 처벌로 다스려 옥체에 누가 되는 일이 없게 하소서."

심사숙고 끝에 헌종이 하교했다.

"대신이 옥체와 법을 말한 것은 실로 공평하고 정대한 논의이니 의심스러운 죄일지언정 형을 낮춰주는 것이 마땅하도다. 죄인 김정희를 제주도에 위리안치토록 하라."(《헌종실록》)

죄와 벌에 대한 조인영의 시각은 일반 백성을 다룰 때 역시 잘 드러나고 있다. 그해 경상도 의령에 사는 여인이 억울함을 호소하기 위해 남산에 불을 지른 일이 벌어지자 조인영이 고했다.

"방화는 사형에 해당하는 죄이기는 하오나 시골구석의 어리석은 백성이 법률을 몰라 벌인 일이옵니다. 형조에서 벌을 준 뒤 잘 타일러 보내도록 윤허하시옵소서."(《국조보감》)

헌종 7년(1841) 조인영이 영의정에 오르자 안동 김씨를 압도하며 풍양 조씨의 세도를 굳게 다져나갔다. 어느 때보다 조인영의 목소리에는 권위가 실려있었다. 다음 해 세 고을의 유생과 무사들에게 응제를 시행하고 모화관에서 군사사열을 할 때였다. 조인영은 헌종 앞에서 근엄하게 입을 열었다.

"군사사열은 나라의 중대한 정사이옵니다. 천하태평이라도 전쟁을 망각하면 반드시 위태롭게 되오니 국방을 위하고 무예를 연마하는 일에 잠시도 소홀할 수 없사옵니다. 하오나 군사(軍事)를 다스림에는 근본이 있으니 그것은 견고한 갑옷이나 예리한 창칼과 군사훈련 등이 아니옵니다. 덕을 두텁게 하고 예를 숭상하며 정사에 힘쓰고 형벌을 신중히 하는 것이옵니다. 만약 그 근본을 바란다면 학문을 강론하지 않고는 달리 방법이 없사오니 전하께서는 부디 이에 힘을 쓰시옵소서."(《국조보감》)

18세가 된 헌종에게 시급한 것은 군사의 다스림이 아니라 아들을 낳는 일이었다. 민진용과 이원덕 등이 주도한 모반사건이 드러나 조급함을 부추겼다. 그들은 헌종 10년(1844) 죽은 전계군(은언군 서자)의 장남 회평군 원경을 왕으로 추대하려고 모의하다가 발각되어 모두 처형되었다. 전계군의 남은 두 아들인 영평군 경응과 덕완군 원범(훗날 철종)은 강화도로 귀양을 보냈다.

헌종에게 왕위를 이을 왕자의 탄생은 더욱 절실해졌다. 왕권강화와 입지확립을 위한 최선의 방법이라 그는 여색을 탐하기 시작했다.

겸손 속에서 재기를 꿈꿨지만

안동 김씨의 세도정치 기틀을 다진 사람이 김조순이었다. 그가 죽자 뒤를 이어 아들 김유근이 실권자가 되었다. 김유근마저 세상을 떠나고 동생 김좌근이 등장했으나 연륜이 적어 실력발휘를 제대로 하지 못하고 있었다.

풍양 조씨 쪽에서는 조만영의 아들이자 신정왕후 조씨의 오라버니인 조병구를 내세워 국정을 주도해나갔다. 조병구가 세상을 떠나고 조득영의 아들 조병현이 그 뒤를 이었다. 그러던 중 풍양 조씨 가문에 위기가 닥쳤다. 헌종 12년(1846) 중심적 역할을 하던 조만영이 죽자 정권은 다시 안동 김씨 수중으로 되돌아왔다. 조인영은 벼슬에서 물러나 은거 아닌 은거생활에 들어갔다.

조인영은 칩거하면서 방문객을 일절 들이지 않았다. 유일하게 허락한 것은 바둑 상대인 참판 출신 한 사람이었다. 대국을 할 때마다 조인영이 몇 집씩 이기는 바람에 그만은 오히려 환영하고 있었다. 하루는 그가 잘 아는 사이라며 조선 팔도에서 이름난 국수를 데리고 찾아왔다. 조인영은 반가워하며 자신과의 대국에 앞서 두 사람을 먼저 맞붙게 했다. 그런데 국수가 검은 돌로 먼저 두자 깜짝 놀라며 물었다.

"조선에서 이길 자가 없다고 들었는데 어찌 내게도 못 미치는 사람 앞에서 굽히는 것이오?"

국수가 웃으며 대답했다.

"저희는 원래 이렇게 둡니다."

그 말에 잠시 생각하던 조인영은 화가 나서 참판 출신에게 소리쳤다.

"그대는 어찌 이 늙은이를 그처럼 속일 수가 있다는 말이오!"

그날 이후 '그 참판 출신과는 평생 바둑을 두지 않았다.'(《임하필기》)는 조인영은 한 가지만은 확실히 깨달을 수 있었다. 실력자는 결코 겉으로 그 실체를 드러내지 않으며 겸손으로 가려둔 채 살아갈 수도 있다는 처세였다. 그동안 보란 듯이 위세를 드러내온 끝에 남은 것이라고는 정적과 실각의 뼈아픈 현실이었다. 그가 재기할 만한 기회마저 찾기 힘든 시국이 이어지고 있었다.

헌종의 후사를 위해 헌종 13년(1847) 간택 후궁을 들이자는 결정이 내려졌다. 헌종 정비 김조근의 딸 효현왕후 김씨는 헌종 3년(1837) 10세 때 왕비에 책봉되고 4년 뒤 혼례를 올렸었다. 당시 '명망 있는 집안에서 태어난 김씨'(《각사등록》)는 2년 후 16세의 나이로 소생도 없이 요절했다. 대왕대비 김씨에게는 예기치 못했던 난관이었다. 그녀의 정권유지계획은 효현왕후 김씨가 죽음으로써 차질을 빚게 되었다. 그녀는 순조의 유촉을 존중하는 의미에서 풍양 조씨 가문과 협력관계를 유지하기로 했다. 당연히 안동 김씨 가문이 주도하는 밑그림을 바라고 있었다.

1년 후 다시 왕비 간택령이 내려졌다. 왕비 간택자리에 가지 않는 것이 법도임에도 헌종은 직접 보고 싶다며 나섰다. 그날 첫눈에 반한 것이 김재청의 딸 김씨였다. 헌종은 그녀를 비로 삼고 싶었으나 현실이 허락하지 않았다. 왕실 어른들에 의해 왕비가 된 것은 병조참판과 금위대장 등을 역임한 홍재룡의 딸 효정왕후 홍씨였다. 홍씨의 몸에서도 후사를 기대할 수 없어 결국 간택 후궁을 결정하게 되었던 것이다.

구중궁궐이라는 말이 무색할 만큼 백성들은 그 안에서 벌어지는 일을 속속들이 알고 있었던 듯하다. 시조시인이자 사학자인 이은상이 수집한 조선의 동요 가운데 '간드렁가'라는 것이 있다고 한다. 자식이 없는 헌종을 안타까워하며 왕위가 간당거린다는 뜻으로 불렀을 것이라는 해석이다.

헌종은 3년 전 그리움만 남겼던 김재청의 딸 김씨를 불러들였다. 권력을 쥐고 있던 안동 김씨들도 효정왕후 홍씨의 친정인 남양 홍씨 가문을 경계하고 있어 묵과할 수밖에 없었다.

후궁 김씨에 대한 헌종의 사랑은 특별했다. 오랫동안 꿈속에서나 품었던 여인이 현실이 되고 보니 관례 따위는 대수롭지 않았다. 김씨를 곧장 정1품 빈에 올리고 별궁 낙선재까지 지어주었다. 애틋한 사랑도 후사를 생산하는 것과는 별개였는지 경빈 김씨마저 슬하에 자식을 두지 못했다. 자식 복이 없었던 헌종은 강화도 더벅머리 총각을 왕위에 앉히는 원인제공자가 된다.

겸손으로 자신을 감춘 채 조용히 지내던 조인영에게 작은 영광이 있었다. 헌종 14년(1848) 《국보조감》이 완성되었는데 '영중추부사 조인영이 총재가 되어 21개월 동안 만든 14권이었다.'(《국보조감》) 세종이 명한 이후 역대 조선 왕들의 업적 가운데 모범될만한 사실을 수집해 기록한 역사책이었다. 대부분 실록에서 발췌했지만 조인영은 《일성록》과 《승정원일기》 그리고 각 사(司)의 전례에서도 선별해 수록했다. 순종 대 완성되는 총 90권 28책 가운데 조인영이 14권을 책임졌던 것이다.

왕의 업적을 시험하듯 그해부터 이양선(異樣船, 서양 함선)들이 출몰했다. 영국, 미국, 프랑스 등 서구 열강세력들이 해안지방에 상륙하자 민심이 어수선해졌다. 그들은 통상 및 천주교 탄압중지 등을 요구하며 난폭하게 굴었다. 모범이 될 만한 치세를 실천하기도 전에 그 즈음 헌종의 몸에 이상이 생겼다. 면역력이 떨어진 육체에 병마가 찾아왔다. 야사에서는 아들을 두겠다는 조급한 마음에 궁녀들과 무리한 정사를 벌인 탓으로도 그려지고 있다.

어느 날 겨우 기력을 회복한 헌종은 답답해서 일어섰다. 바람을 쐬며 거닐다 수리중인 인정전 앞에 멈췄다.

"무슨 공사인고?"

인정전은 순조 4년(1804) 발생한 화재로 재건축되었는데 헌종 대 들보가 끊어지는 일이 있었다. 이 사고를 누구도 고하지 않아 헌종은 모르는 상태였다. 마침 이날 수리를 하면서 몇 자(尺) 낮게 짓고 있는 중이었다. 그런데 '들보가 부러진 뒤 얼마 되지 않아 헌종이 승하'(《임하필기》)했다. 23세 때인 헌종 15년(1849)의 일로 실록에는 사인에 대한 구체적인 언급이 없다.

헌종이 후사를 남기지 못한 채 죽자 위기에 몰린 조정은 초긴장 상태였다. 대왕대비 김씨는 다급해져 대신들을 불러 모았다. 다음 왕위의 후보자 임명을 위한 발 빠른 조치였다. 조인영이 울부짖었다.

"관리와 백성들이 복이 없어 이런 하늘이 무너지고 땅이 갈라지는 애통한 변고를 만났사옵니다. 오백 년 종사가 갑자기 이렇게 될 줄 뉜들 알았겠나이까. 생각건대 지금은 종사를 맡길 일이 한시가 급하오니 부디 누가 이어야 할지 속히 하교하소서."

수렴 안에서 대왕대비 김씨의 목소리가 들려왔으나 흐느낌에 섞여 뚜렷하지가 않았다. 글로 달라는 간청에 김씨가 '광의 셋째 아들이다(卽璜之第三子).'고 적어주며 덧붙였다.

"종사의 부탁이 시급한데 영조대왕의 혈육은 오늘 승하하신 주상과 강화에 사는 전계군(전계대원군 추봉) 이광의 셋째 아들뿐이로다. 하여 이를 종사의 부탁으로 삼으니 그가 곧 원범이로다."(《헌종실록》)

김씨는 '즉각 원범을 덕완군으로 삼은 뒤 영의정 정원용에게 명해 강화도로 가서 새 임금을 맞이해오게 했다.'(《국조보감》) 사도세자의 서자이자 정조의 이복동생인 은언군은 상계군, 풍계군, 전계군 등의 아들을 두었다. 그중 전계군의 아들(원경, 경응, 원범) 가운데 김씨가 지목한 인물이 원범(철종 아명)이었다.

헌종이 죽자 가장 민감하게 반응할 수밖에 없었던 것은 권력의 중심이었던 안동 김씨 가문이었다. 권력유지에만 급급했던 그들은 편법을 동원했다. 자신들이 원하는 대로 움직여줄 왕이 필요해서였다. 가장 적합한 인물이 농사꾼 총각 강화도령 원범이었다. 헌종의 6촌 이내에는 종친이 없었지만 7촌 이상에서 몇 명 찾을 수 있었다. 원래 항렬로 따지자면 동생이나 조카뻘 되는 인물이 왕통을 이어야 마땅했다. 종묘에서 선왕 제사 때 항렬이 높은 이가 낮은 이에게 올리는 것이 법도에 어긋나서였다. 그럼에도 불구하고 안동 김씨들은 헌종의 7촌 아저씨뻘 되는 원범을 지목했다. 권력유지를 위해 왕실법도마저 무시한 전횡이었다.

철종이 즉위하자 민심수습을 위한다는 명목 아래 조인영은 영의정에 다시 임명되었다. 그러나 풍양 조씨의 부활을 위해 힘써보지도 못한 채 다음 해인 철종 1년(1850) 눈을 감았다. 시호 '문충(文忠)'을 하사받은 그의 나이 69세로 비교적 천수를 누린 셈이었다.

영의정 조인영이 조회에 참석했을 때의 일이다. 그는 새 조복을 입고 와서 눈에 띄는 반면 우의정 정원용은 매우 낡은 차림이었다. 대신들이 정원용의 검소한 덕을 거론하자 조인영이 얼른 그와 조복을 바꿔 입으며 넉살을 떨었다.

"이러면 검소와 사치가 순식간에 뒤바뀐 게 되는 거요?"

그러자 모두가 '두 사람이 어질면서도 희학(戱謔, 농지거리)을 잘 한다고 일컬었다.'(《임하필기》)

얼떨결에 조인영의 조복을 입은 정원용은 영의정이라는 중책도 맡게 되었다. 조선 불운한 왕 가운데 한 사람인 철종을 위해 과연 어떤 역할을 할 수 있을는지.

철종의 정원용

정원용

문충(文忠) 정원용(鄭元容, 재임
1848~1850 1859~1863 1869~1869)

차라리 노신이
눈물을 흘리오리다

정원용은 강원도관찰사로 떠나기 전 평소 존경하던 판의금부사 이석
규에게 인사를 하러갔다. 부임지가 강원도라고 하자 이석규가 말했다.

"관동지방에서 나는 흑앵두와 흑복분자는 맛이 꽤 달기로 유명하다
네. 가면 반드시 맛을 보게나."

다음 해 돌아온 정원용이 이석규를 방문한 자리에서 아쉬움을 털어놓
았다.

"말씀하신 대로 흑복분자를 구해 맛을 보았는데 천하일미였습니다.

헌데 끝내 흑앵두는 구경할 수가 없었지요."

그 후 정원용이 형조판서로 있을 때 이조판서 이광문과 바둑을 두게 되었다. 진 사람이 주전부리 값을 내자는 이광문의 말에 정원용은 문득 흑앵두가 떠올랐다. 종을 시켜 저자를 샅샅이 뒤지게 했지만 역시 구할 수 없어 아쉬운 대로 보통의 앵두를 사다놓고 대국을 시작했다.

앵두 한 쟁반을 옆에 놓고 하나씩 집어먹으며 바둑에 두는데 그런대로 입에 당겨 쉬지 않고 손이 갔다. 바둑에 몰입하다보니 이따금 서로 앵두 알을 바둑판에 놓는 실수를 범하기도 해서 유쾌함이 더해졌다. 그렇게 '바둑에 정신이 팔려 날이 저문 줄도 모르다가 다 끝내고 일어날 때 보니 앵두의 즙이 옷 앞자락에 흥건했다.'(《임하필기》)

비록 흑앵두는 구할 수 없었으나 보통의 앵두로 무사태평하게 하루를 보낸 날이었다. 정원용의 운명을 예고하는 일처럼 여겨지기도 한다. 그는 헌종의 뒤를 이을 귀하고 찾기 힘든 후계자 대신 보통의 인물을 모실 수밖에 없었다. 헌종이 후사 없이 죽자 안동 김씨들은 권력을 지키려고 서둘러 왕실 법도마저 무시한 채 헌종의 7촌 아저씨뻘 되는 원범을 지목했다. 강화도에서 평범한 농사꾼으로 살아가던 원범을 직접 데려온 것이 정원용이었다.

그는 조선 후기를 흥건히 적시게 될 비운에 갇힌 왕의 눈물을 보게 된다.

강화도령을 모시러

정원용(1783~1873)은 조선 후기 문신으로 20세에 과거급제를 해 마지막 영의정을 지낼 때까지 71년간 관직에 있으며 91세로 장수한 인물이다. 청백리의 한 사람이며 과거급제 후 눈감을 때까지 쓴 일기 《경산일록》을 남겼다. 본관은 동래(東萊)로 아버지는 돈령부도정을 지낸 정동만이고 어머니는 예조판서를 역임한 이숭우의 딸 용인 이씨다.

순조 2년(1802) 정시문과 을과로 급제한 정원용은 승정원가주서를 거쳐 예문관검열, 홍문관부응교, 대사간 등을 지냈다. 순조 19년 충청도에 큰 홍수가 나서 민가 2천 호가 떠내려가거나 붕괴되는 일이 있었다. 좌부승지로 있던 정원용이 위유사로 파견되어 재해 상황을 살피고 조세를 경감하는 등의 구휼에 힘썼다. 순조 21년에는 평안도에 괴질이 크게 번져 10여만 명의 사망자를 내는 참변이 발생했다. 민심이 동요하자 정원용이 다시 위유사가 되어 수습과 안정의 임무를 맡았다.

순조 27년(1827) 강원도관찰사 등을 역임한 정원용은 동지사로 청나라에 다녀오고 헌종 3년(1837) 예조판서에 승진한 뒤 이조판서, 우의정을 거쳐 헌종 8년 좌의정이 되었다. 그 후 판중추부사로 있다가 영의정에 오른 것은 헌종 14년의 일이었다. 다음 해 정원용은 순조에 이어 헌종까지 두 왕의 죽음을 지켜봐야 했다.

헌종이 죽자 대왕대비 김씨는 시·원임 대신들이 모인 희정당에서 눈물을 쏟았다.

"하늘이 어찌하여 이런 슬픔을 준다는 말이오!"

정원용이 허리를 숙이며 말했다.

"신들이 복이 없어 이런 아픔을 당했으니 하늘과 땅이 아득하기만 하옵니다. 무슨 말씀으로 우러러 위로하겠습니까마는 종사가 매우 위태로우니 모두가 바라는 바는 오직 대왕대비마마이옵니다. 종사의 대계는 한시가 급하오니 속히 하교하소서."

김씨가 무슨 말을 하는데 소리가 작고 울먹이고 있어 잘 알아들 수가 없었다. 정원용이 수렴을 향해 목소리를 높였다.

"바라옵건대 슬픔을 누르시고 분명히 하교해 신들이 똑똑히 듣게 하소서. 하오면 이는 막중한 일이라 말씀으로만 받들기 어려우니 문자로 써서 내리소서."

김씨가 전계군 이광의 셋째 아들이라고 써서 내밀자 정원용이 물었다.

"연세가 지금 몇이옵니까?"

"열아홉이오."

감정을 추스른 김씨가 정색하며 하교했다.

"봉영(奉迎)의 행차가 내일 대궐로 들어올 것이니 예조에 일러 거행하도록 하고 군호는 덕완군으로 해서 들이도록 하시오. 또 은언군 내외의 복작도 당일로 거행하게 하시오."

정원용은 새 왕을 모시기 위해 강화도로 향했다. 고아나 다름없는 원범은 강화도에서 힘겹게 살아가고 있었다. 손바닥만 한 논에 기댄 채 나무를 해다 팔아야만 겨우 입에 풀칠할 수 있는 초가 살이 궁핍한 삶이었다. 그는 강화도에서 사는 내내 끊임없이 감시를 받아왔다. 하루는 그 감시임무를 맡은 권가의 아들과 싸우다 돌로 이마에 큰 상처를 낸 적이 있었다. 그 일로 원범은 권가에게 온갖 구박까지 받게 되었다. 감시 속에 살게 된 이유는 강화도에서 귀양살이를 시작한 14세 때부터 종친을 둘러싼 불길한 소문이 나돌았기 때문이다. 종친이라도 함부로 처신하면 서슬 퍼런 안동 김씨 세력에 쥐도 새도 모르게 죽을 수 있다는 것이었다.

원범이 정원용의 행차를 발견하고 다락 또는 산으로 피신했다는 것이 야사 쪽 묘사다. 정원용의 일기 《경산일록》에 그와 다른 구체적인 상황이 담겨져 있다. 정원용이 '갑곶진에 도착해 배에서 내리자 강화유수 조형복이 기다리고 있었다.'고 한다. 정원용은 원범의 연령대와 근접한 총각들 명단을 만들게 했다.

"이름을 이어서 부르지 말고 글자 하나하나를 풀어서 말해보게나."

총각들이 차례대로 호명되던 중 한 이름이 정원용의 귀에 강하게 박혔다.

"다음은 으뜸 원에 모범 범자를 쓰는 올해 나이 열아홉인 원범입니다."

조형복이 다 쓰러져가는 초가 한곳을 지목해줘서 찾아낼 수 있었다. 원범이 방문을 열고 나오자 정원용과 호위무사들이 일제히 바닥에 부복했다. 당황한 원범이 물었다.

"할아버지는 누구세요?"

정원용이 눈을 크게 뜨려다 다시 고개 숙이며 말했다.

"신 영의정 정원용은 강화에 사는 이원범에게 왕위를 잇게 하라는 대왕대비전의 명을 받고 온 길입니다."

"저, 보통사람이에요. 제가 무슨 임금을 할 줄 안다고 그러세요?"

원범은 끝까지 버텨보려고 했지만 궁궐에서 내린 명이라 두려웠다. 가마가 출발하자 원범은 누군가를 찾기 위해 뒤돌아보았다. 그의 시선에 들어온 것은 첫사랑 봉이가 아니라 슬금슬금 뒤따라오고 있는 감시꾼 권가였다. 사색이 된 원범이 정원용에게 애원하듯 말했다.

"저기 자꾸만 따라오는 저 자를 좀 막아주시오. 내 살다가 저렇게 사람 질리게 하는 자는 처음이오."

왕통을 이으라는 명에 묶여 입궐한 원범은 덕완군으로 책봉되었다. 즉위식을 위해 차려입은 대례복이 어색하기만 했다. 난생처음 써보는 면류관과 무겁고 답답한 9장복이 곤혹스럽게 만들었다. 음력 6월 한여름이라 온몸은 금세 땀으로 젖어 당장이라도 훌훌 벗어던지고 싶었다. 원범은 참다못해 곁에 있던 환관에게 짜증을 부렸다.

"아저씨, 이거 꼭 써야 되요?"

입고 있는 도포자락을 흔들며 상궁에게도 투덜거렸다.

"아줌마, 그냥 홑저고리 하나만 입으면 안 되나요? 어휴, 더워 미치겠네!"

강화도 우물에 담가두었다 마시던 시원한 막걸리 생각이 간절했다. 작별의 인사조차 나누지 못한 봉이는 지금 어떻게 지내고 있을지 애가 타기도 해서 당장 달려가고만 싶었다.

헌종이 승하한 지 3일 후 원범은 어리둥절한 가운데 즉위해 왕이 되었다. 안동 김씨 세력이 권력유지를 위해 순진한 강화도령 원범을 데려와 용상에 앉힌 순간이었다. 원범으로서는 새로운 출발이자 과거로 회귀하고 싶어 몸부림치는 시간의 시작이기도 했다.

막걸리 한 사발이 그리운 왕

철종을 처음 본 대왕대비 김씨의 감회는 남달랐다. 철종이 태어난 순조 31년(1831) 김씨는 아버지 김조순이 웬 아이를 안겨주며 잘 키워달라는 꿈을 꾸었다. 꿈에서 깬 김씨는 예사롭지 않게 여겨 그날의 일을 기록해 두었다. 그 후 '철종이 궁궐에 들어왔을 때 보니 모습이나 태도가 꿈속에서 본 아이와 똑같았다.'(《행장》)

김씨가 조정대신들에게 말했다.

"오늘은 주상께서 등극하신 첫날이오. 무릇 임금이면 백성을 사랑하는 것은 물론이요 부지런히 배우며 근검절약하면서 군신들을 예우하고 공경해야 할 것이오. 주상께서 후일 일거일동이라도 이 훈계에 어긋나게 되면 대신들은 바른길로 이끄시오."(《철종실록》)

대신들은 철종이 배움이 짧고 정치경험도 없다며 김씨의 수렴청정을 주청했다. 정원용이 운을 떼었다.

"대왕대비마마의 명으로 말미암아 종사를 잇게 되었으니 참으로 다행한 일이옵니다. 하오나 새 주상은 아직 정무에 어두우니 수렴 뒤에 계실 것을 신들은 바라옵나이다."

다른 신하들도 입을 모았다.

"신 등은 마땅히 정성과 심력을 다해 도움이 되도록 힘쓰겠사오나 이 일은 역시 대왕대비마마께서 안에서 이끌어 주시기에 달렸다고 보옵니다."

김씨의 입가에 미소가 크게 걸렸다. 61세의 그녀는 헌종에 이어 2대째 수렴청정을 하게 되었다. 조선 후기 정치판도는 왕과 신하의 대립구조를 지나고 당파 간의 대결차원을 넘어서고 있었다. 왕비 가문이 왕, 신하, 당파를 휘어잡는 시대로의 전환을 맞이한 것이다.

대왕대비 김씨는 수렴청정이 가동되자 헌종 대 세도가였던 풍양 조씨 가문에 대한 공격의 포문을 열었다.

"조병현을 전라도 섬에 위리안치 하라. 그 자는 궐에 드나들면서 임금의 덕에 누를 끼쳤고 백성의 피폐함을 초래한 장본인이다."

조병현은 3개월 후 사사되었고 그의 일파인 윤치영, 서상교, 신관호, 김건 등도 유배형에 처해졌다.

철종 1년(1850) 철종이 환관을 시켜 종이 한 꾸러미를 가져오게 하더니 정원용에게 하사했다. 정원용이 꿇어앉아 펼쳐보니 해서로 쓴 8폭짜리 《시경》의 〈소아〉 '천보장(天保章)'이었다.

"과인이 근래에 쓴 것이오."

철종이 멋쩍게 웃으면서 말하자 정원용이 이마가 바닥에 닿도록 엎드렸다.

"글씨가 고상하고 담백하면서 바르옵니다. 크게 공을 들이지 않았거늘 전하의 기예가 이처럼 뛰어나시니 참으로 기쁘고 경하스럽사옵니다. 신이 소중히 보관해 대대로 전하는 보물로 삼겠나이다."(《국조보감》)

"내 글씨가 보물로 삼을 만한 가치가 있겠소?"

용상에 앉아있지만 철종은 왕으로서의 위엄과는 거리가 멀었다. 주눅이 든 채 기를 펴지 못하는 날들을 이어가고 있었다. 그런 왕을 영립하는 데 일조한 정원용 역시 착잡한 심정이었다. 그는 영중추부사가 되어 잠시 정치일선에서 한걸음 물러섰다.

철종은 아직도 현실을 실감하지 못할 만큼 과거에 묶여있었다. 항상 감시의 눈초리 아래 하루하루 먹고 사는 일이 전부였어도 그 생활이 그리웠다. 궁궐의 삶은 하나같이 낯설고 답답할 뿐이었다. 꾹꾹 눌러 담은 보리밥에 우거지국을 실컷 먹어보는 것이 소원이었던 농사꾼이었다. 시원한 막걸리 한 사발이면 하루가 즐거웠다. 그 소박하지만 자유로웠던 시간에서 나와 하루아침에 왕이 되었으니 쉽게 용상이 익숙해질 리 없었다. 산해진미의 수라상 앞에서도 이따금 마음이 동하지 않았다. 갈증을 풀어줄 막걸리를 찾았지만 궁궐 안에는 그마저 없었다.

진퇴양난 아래 근엄하고 까다로운 왕실과 궁중의 법도를 조금씩 익혀갈 때인 철종 2년(1851) 보다 낯선 환경에 놓였다. 그해 6세 어린 김문근의 딸 철인왕후 김씨를 왕비로 맞이했다. 김문근은 대왕대비 김씨의 근친으로 왕위를 이어야 하는 짐까지 떠안게 되었다. 권력의 두려움을 실감하게 된 계기이기도 했다. 왕의 장인이 된 김문근을 중심으로 안동 김씨의 세도정치는 절정에 달했다.

대왕대비 김씨가 수렴청정을 끝내고 무거웠던 엉덩이를 들어 정치일선에서 물러났으나 달라진 것은 없었다. 친정을 시작한 철종 주변에는 여전히 국정농단 주도세력인 김씨의 친정 집안 인물들이 포진해 있었다. 장인 김문근은 대부분의 국정을 장악한 채 무소불위 힘을 자랑했다. 그의 조카 김병학은 대제학, 김병국은 훈련대장, 김병기는 좌찬성을 차지하고 앉았다. 조정은 김씨 가문의 독무대로 변했고 그들의 독주를 제지할 방어벽이나 과속방지턱은 없었다. 영은부원군이 된 김문근은 왕을 돕는다는 구실로 전횡의 중심에 우뚝 서있었다. 순조 대부터 시작되어 조선시대 후기를 관통해온 안동 김씨의 세도정치가 끊임없이 이어지는 정세였다.

과욕을 경계하소서

철종 8년(1857) 정원용이 회혼을 맞이하자 철종이 연회를 베풀면서 축하의 말을 전했다.

"두 사람이 만나 육십 해를 살아왔으니 참으로 축복할 일이오. 만일 사람들마다 경과 같이 수를 누리면서 오늘의 기쁜 날을 맞을 수 있다면 더없이 성대할 것이오."

철종이 직접 지은 글을 하사하자 정원용이 절하며 공손히 받았다.

"전하께서 지으신 글 가운데 '스스로 바란다(自希).'는 말씀이 있었는데 이는 성인이 덕을 닦아 복을 구하는 뜻으로 알고 있사옵니다. 일찍이 송나라 태조가 국운을 연면히 이어갈 방책을 묻자 이인은 '안민(安民)'이란 두 글자를 써서 올렸다고 하옵니다. 태종이 수를 오래 누릴 수 있는 영묘한 방도를 물었을 때 전국에서 뽑혀온 고령자들이 '과욕(寡欲)'이란 두 글자를 써서 올린 바 있사옵니다. 안민에 대해서는 전하께서 이인의 말을 기다리지 않고도 스스로 터득하시고 이를 써서 편액으로 걸었으니 다시 무엇을 더 진면할 수 있겠사옵니까. 하오나 편안함이란 저절로 이루어지는 것이 아니라 위에서 백성을 품어 보전한 후에야 가능한 일이옵니다. 과욕은 식욕이나 색욕을 말하는 것으로 사람에게 당연히 있는 것이옵니다. 이때 필요한 것은 절제라고 감히 아뢰옵나이다. 하옵고 이를 실천하려면 독서만한 것이 없사오니 바라옵건대 먹고 마시고 자는 일상생활을 조심하고 절제하며 독서로써 양생의 방도를 삼으소서."

정원종의 충심을 귀담아듣던 철종이 온화한 미소를 보였다. 그가 정원용의 잔에 술을 가득 따라주며 다 마실 것을 권했다. 그리곤 은으로 된 술병과 술잔을 하사하자 정원용이 말했다.

"신이 본래 술을 마실 줄 모르오나 지금 은병과 은배를 하사받았으니 이제부터는 마시겠나이다."

철종의 관심사는 강화도에서 즐겨 마시던 막걸리였다. 궁궐에 더 좋은 술이 있어도 투박하지만 정겨운 그 맛을 잊지 못했다. 철종의 마음을 헤아린 철인왕후 김씨가 소문이 자자하다는 이문안(현 서울시 동대문구 이문동)에 있는 막걸리를 올렸으나 그 맛이 아니었다. 철종의 막걸리에 대한 갈구는 환관들이 운종가 일대를 수소문하는 소동까지 벌이게 했다. 도성 안을 샅샅이 뒤진 그들은 운종가 뒷골목(현 서울시 종로구 종로타워 부근)에서 철종의 기억과 가장 흡사한 맛을 찾아낼 수 있었다.

철종이 강화도의 막걸리만을 고집한 것은 그만큼 그리움이 컸기 때문이다. 그 시절로 돌아갈 수 없는 현실에서의 대리만족이자 유일하고도 간절한 출구였다. 비록 자질이 부족해도 어느 위치에 서게 되면 리더가 되고 싶은 것이 심리다. 철종 역시 나름대로 치세에 심혈을 기울이고자 했다. 그마저 세도정치에 막혀 뜻대로 되지 않자 심한 허탈감에 시달렸다. 차츰 용상이 지겹고 두렵기까지 했다. 대신들의 눈치를 보는 가시방석 위에서 그가 돌파구로 찾은 것은 술과 여인이었다. 정원용의 진언에도 불구하고 날마다 쌓여만 가는 불만과 시름을 잊고자 주색에 빠져들었다.

친정 집안을 권력핵심에 앉힌 대왕대비 김씨는 철종 8년(1857) 69세로 숨을 거둬 순조와 합장되었다. 김씨가 죽자 왕대비로 있던 효명세자의 비이자 헌종의 어머니인 신정왕후 조씨가 대왕대비 방석을 차지했다. 조선호의 방향키를 또 살짝 바꾸는, 강한 치맛바람을 예고하는 순간이었다.

무기력과 시름 속에 허덕이는 철종이었지만 정원용만큼은 곁에 두고

자 애를 썼다. 철종 10년(1859) 영의정 자리로 돌아왔던 77세의 정원용이 치사를 청하자 윤허하지 않았다.

"경은 항상 늙었다고 말하나 경서에 이르기를 '사람은 오래된 사람을 찾는다.'고 했소. 사람이 나이가 많아지면 사무에 익숙해지기에 조정이 예로부터 노성한 자를 귀히 여겼던 것이오."(《국조보감》)

고립무원과도 같은 철종의 삶에 있어 정원용은 유일하게 의지할 수 있는 지지대였을 것이다. 그에게 정원용은 특별한 인연이었다. 자신의 옹립을 찬성하고 직접 궁궐로 데려온 사람이자 줄곧 최측근에서 조력을 아끼지 않던 존재다.

철종은 가장 믿을 만한 정원용을 곁에 두고 쇄신하고자 노력했다. 철종 12년(1861) 정원용과 독대한 자리에서 언짢은 심기를 드러냈다.

"최근 들어 간관들이 민사(民事)에 대해 한 마디의 말도 하지 않으니 참으로 개탄스럽소."

"전하께서 먼저 말할 수 있는 길을 열어 주셔야만 달려와 진언할 수 있는 것이옵니다. 일이 있을 때마다 남김없이 아뢰라는 뜻을 전하시며 삼사의 관원들에게 단단히 타이르소서."

"잘 알겠소. 요즘처럼 언로가 막힌 적이 없었기에 걱정이 되었던 것이오. 경 또한 일이 있을 때마다 남김없이 간하여 과인의 부족함을 채워주시오."

정원용은 자신이 철종 곁에 머물 수 있는 시간이 많지 않음을 자각했을 것이다. 그러나 그는 벌써 80세가 되었어도 아직 철종 앞에 나설 기력은 충분했다.

"정원용이 올해로 팔순이고 과거에 급제한 지가 육십 년이 되었다. 나이와 덕망이 모두 높고 세 조정을 두루 섬겼으니 이는 나라의 상서로다. 과인이 의지하고 조정과 백성이 선망하는 바로다."

철종 13년(1862) 철종은 정원용의 과거급제 60주년을 기념하며 친히 궤장을 하사하고 축하연회에 쓸 비용과 물품까지 실어 보냈다. 또 특별히 어주와 최고 악공을 보내는 등 우대를 아끼지 않았다.

고종 대까지 네 조정을 섬기게 되는 정원용은 다행일지 불행일지 아직 정정했다.

왕의 눈물과 신하의 어려움

안동 김씨의 세도정치는 헌종 대 문제가 되었던 삼정문란을 더욱 악화시켰다. 탐관오리까지 횡행해 백성들의 삶은 피폐함을 더해갔다. 농민들이 반발해 급기야 봉기로 이어졌다. 경상도 진주를 신호탄으로 함경도 함흥, 전라도 전주 등지에서 대규모 민란이 불붙었다. 민초들이 막혔던 가슴을 찢고 외친 함성의 '임술민란(壬戌民亂)'으로 노령의 정원용이 급히 입궐했다.

"민심의 동요와 그들의 횃불이 그 어떤 전쟁보다 무서운 것이옵니다. 삼정이정청(三政釐整廳)을 설치하고 모든 관료에게 지혜와 방안을 강구해 올리도록 해야 하옵니다."

철종은 민란수습을 위해 임시 특별기구인 '삼정이정청' 설치를 명했다. 삼정의 폐해를 바로잡기 위한 정책수립과 시행이 급선무였다. 정원용은 총재관으로서 다시 정치일선에 뛰어들었지만 조정에서는 민란수습의 의욕조차 갖고 있지 않았다.

"백성들 목소리를 다 들어줘야 한다는 게요?"

"나랏일에 머리가 다 아파요."

뿌리 깊은 세도정치에 묶여서 현실적인 문제파악마저 어려운 실정이었다. 그들을 향해 정원용이 고함을 내질렀다.

"정녕 그대들은 백성이 정치고 나라임을 모른다는 말이오!"

정원용의 책임이 어느 때보다 무거웠다. 처음에는 좌의정 조두순이 일을 주관했으나 끝내지 못한 채 곧 물러났고 정원용이 대신하게 되었다. 환곡을 없애주는 것으로 결말짓자는 조두순과 달리 정원용은 예전대로 따르되 잘 다스려 좋은 결실을 기대하자는 쪽이었다. 다시 조두순이 참여해 주장했던 대로 '그 법을 먼저 전라도와 평안도에 시행했으나 폐단이 여전하고 효과가 생기지 않아 한낱 유명무실한 법률이 되었다.' 《임하필기》 지방관아에서 행정업무를 보던 서리들의 반대와 지역과 계층 간의 불균형문제로 완전한 해결책은 되지 못했던 것이다.

철종 14년(1863) 철종의 폐에 심한 병이 찾아왔다. 늘 '근심과 피로 속에 애쓰다가 몇 해 전부터 병이 자주 들었고 이때 이르러 악화되었다.' 《국조보감》 온갖 치료에도 철종의 몸에 깊이 박힌 병마는 수그러들 기미를 보이지 않았다. 보위가 위태로운 와중에도 안동 김씨들은 정적제거를 통한 정권유지에만 혈안이라 조정은 복마전과도 같았다. 대신들은 철종이 국사를 소홀한 채 후궁 처소에만 드나들며 술로 세월을 보낸 탓이라고 비난했다. 철종은 철저하게 외면당한 상태에서 왕위를 이을 아들도 남겨두지 못하고 각혈하며 쓰러졌다.

"그때가 좋았어. 정말 좋은 시절이었는데, 다시 돌아갈 수만 있다면…."

철종의 눈에서 참았던 눈물이 하염없이 흘렀다. 그 모습을 바라보던 정원용은 고개를 돌렸다. 그해 12월, 창덕궁 대조전에서 33세의 젊은 왕은 뜨거운 눈물을 그만 멈추려는 듯 눈을 감았다. 재위 14년간 세도정치라는 족쇄에 묶여 곧은 정사 한번 펼쳐보지 못한 채였다. 일엽편주와도 같은 왕의 삶이었다.

강화도에 두고 온 첫사랑 봉이는 한평생 철종을 기다리면서 수절하며 살다 죽었다고 전해진다. 철종이 그녀를 잊지 못해 괴로워하자 왕실에서 사주해 살해했다는 내용도 야사의 붓끝은 조심스레 그리고 있다. 철종의 생을 더욱 안타깝게 바라보고자 만들어낸 이야기일 것이다. 철종은 자신의 삶과 사랑마저 송두리째 박탈당한 비운의 왕이었다.

재위기간 동안 철종을 지배하고 있었던 것은 과거로의 회귀갈망이었다. 유교의 갑갑한 틀과 원치 않았던 왕도에서 벗어나 자유로운 삶을 바랐다. 사대부가에서는 그를 두고 '강화도령'이라 조롱하며 별명삼아 불렀다고 한다. 철종은 차라리 그렇게 불러주기를 바랐을 것이다.

조선왕조의 흠이라는 판단에서인지 강화도령의 흔적을 지우려고 〈행장〉에서는 이렇게 그를 기리고 있다.

'임금께서는 어려서부터 총명하고 슬기로워 4세 때 천자문을 읽었다. 한 대목을 들으면 나머지 열 대목을 깨달아 알았고 필획도 완벽하고 보기에도 좋아 도움이나 예습이 없어도 능히 체득했다.'

세상에 잘 알려지지 않은 채 농사꾼으로 살았던 이력 탓에 보통 철종을 일자무식으로 알고 있다. 실록의 신뢰 정도를 떠나서 그도 종친이고 사대부가 출신이라 어릴 때부터 《천자문》과 《소학》 등 기본 소양에 필요한 서책들은 가까이 했을 것으로 미뤄 짐작할 수 있다. 한성부 중부 경행방(현 서울시 종로구 경운동)에서 출생한 그가 강화도로 귀양 간 것은 14세 때로 그때까지 더 깊은 공부도 가능했을 것이다. 왕위에 오른 것이 19세 때니까 불우한 삶은 5년 정도 밖에 되지 않는다.

철종이 승하하자 최고 어른인 대왕대비 조씨의 손에 왕실 권한이 쥐어졌다. 조씨는 철종이 눈을 감은 그날 기다렸다는 듯 어새를 대왕대비전에 봉납하라고 명했다. 곧바로 정원용을 원상으로 임명한 뒤 김좌근, 조두순, 김흥근, 정원봉 등 원로들이 있는 자리에서 전교를 내렸다.

"흥선군의 둘째 아들 명복을 사왕(嗣王)으로 정하고 효명세자의 대통을 잇게 하라!"

홍선대원군 이하응의 아들 명복(고종 아명)이 왕위를 잇게 되는 순간이
었다. 이하응은 인조의 셋째 아들인 인평대군 후손이다. 아버지 남연군
은 원래 이병원(인평대군 6대손)의 둘째 아들이었으나 후사가 없어 죽은
은신군(사도세자 서자)의 양자로 입양되었다. 이하응은 철종과는 6촌 관
계였다.

조씨는 일사천리로 명복에게 사위시킬 것을 명하고 '영의정 김좌근과
도승지 민치상을 보내 잠저에서 봉영해오게 했다.'(《철종실록》) 사실 이미
이하응이 찾아와 묵계 하에 후계자문제를 결정한 뒤였다. 그는 행여 안
동 김씨 가문이 나설지 모르니 선수를 쳐야 한다고 주장했다. 그동안 숨
죽이며 살았던 조씨였기에 그 제안을 흡족하게 받아들였다.

조씨는 12세 명복을 자신의 양자로 삼아 효명세자 후계자로 내세운
셈이었다. 그 저변에는 어린 왕 뒤에서 수렴청정을 하겠다는 밑그림도
깔려있었다. 후계자 결정권은 조씨가 갖고 있었기에 누구도 반박할 수
없었다. 안동 김씨 가문은 불만이 가득해도 입을 열지 못한 채 60년 세
도정치의 종말을 고했다.

원상이 된 정원용은 고종 즉위 전까지 국정운영을 책임지게 되었다.
다음 해 실록청총재관으로서 《철종실록》의 편찬을 주관할 때는 남다른
감회에 젖었을 것이다. 실록에 오르면서 철종은 무겁고 어색했던 곤룡
포를 완전히 벗을 수 있었는데 왕통은 다시 단절된 채였다. 조선왕조 시
조인 태조부터 472년간 이어온 《조선왕조실록》도 이것으로 끝이었다.
사전적 정의대로 '조선 태조부터 철종에 이르기까지 25대 472년간의
역사를 연월일 순서에 따라 편년체로 기록한 책'이 된 것이다. 이후 대
한제국 황제 고종과 순종의 실록은 간략하게 쓰였고 일제의 주관적 입
김이 작용되었기에 신뢰성이 떨어져 포함시키지 않았다.

철종의 죽음은 단순하지 않은 최후였다.

고종 6년(1869) 마지막으로 영의정을 잠시 지내던 정원용은 고종 10년 천명을 누리고 세상을 떠났다. 시호 '문충(文忠)'이 내려진 그는 권문세가 출신으로 20여 년간 여러 차례 재상을 지냈지만 늘 검소하게 생활하며 청렴결백했다고 한다. 사는 집이 군데군데 허물어진 상태였고 의복은 항상 남루했어도 욕심이 없고 맑아 청백리의 표상으로 기억되고 있다.

　　조선시대 역사상 71년이나 관직생활을 이어가고 조정 책임자로서 역할을 해낸 사람은 정원용이 유일하다. 재상으로서 어려운 일이 무엇이었느냐는 물음에 그는 이렇게 대답했다고 한다.

　　"어떤 것인들 어렵지 않겠느냐마는 왕실의 의식을 다루는 일이 가장 어려웠다."(《임하필기》)

고종의
김홍집

충헌(忠獻) 김홍집(金弘集, 재임 1894~1894)

마지막 왕, 마지막 영의정

청나라는 임오군란을 진압한 뒤에도 군대를 철수하지 않고 내정간섭과 개화파들에 대한 탄압을 이어갔다. 불만 가득했던 김옥균, 박영효, 홍영식, 서광범 등이 주축인 급진개혁파들은 마침내 고종 21년(1884) 갑신정변을 일으켰다.

그들은 우정총국 개국 축하만찬회 때 '불이야!'라는 외침과 함께 거사하기로 모의한 뒤 행동에 들어갔다. 약속대로 만찬회가 거의 끝날 무렵 다급한 외침이 터졌다. 순간 만찬회장은 아수라장으로 변하고 사람들이 우왕좌왕 달아났다. 명성황후 민씨 척족의 거두 민영익도 황급히 밖으로 뛰쳐나가다 기다리고 있던 자객의 칼에 쓰러졌다. 그는 전신에 자상을 입었지만 목숨은 건졌다. 거사를 주도했던 김옥균 등은 고종이 있는 창덕궁으로 달려갔다.

"사대당 일파와 청군이 변을 일으켰사옵니다!"

김옥균은 거짓 보고 후 고종에게 명성황후 민씨와 함께 경우궁으로 피신할 것을 주청했다. 그곳은 규모가 작아 만약의 경우 방어가 상대적으로 수월하다는 것이 이유였다. 고종은 믿을 수가 없어 꼼짝하지 않았다. 김옥균이 다급하게 재촉했다.

"그들이 지금 이곳으로 달려오고 있을지 모르옵니다. 어서 옥체를 보존하소서!"

그때 환관 유재현이 호통을 쳐댔다.

"지금 그대들은 국왕을 위협하자는 것이오!"

김옥균은 대꾸하지 않고 일단 고종과 민씨를 경우궁으로 옮기게 했다. 환관 유재현은 김옥균의 명령을 받은 동행한 무사가 휘두른 몽둥이에 맞아죽었다. 개화파들은 동원한 병력과 일본영사관 병사 등 2백여 명으로 경우궁 수비를 맡게 했다.

개화외교의 실력자로 인정받고 있던 인물이 김홍집이었다. 그가 정변에 가담하지 않은 이유가 있었다.

갑신정변에 가담하지 않은 이유

김홍집(1842~1896)은 조선 후기 문신으로 조선시대 마지막 영의정을 지낸 인물이다. 을미사변 후 일본의 압력과 보호 아래 개혁을 실행하다 규탄 받았고 광화문 앞에서 타살되었다. 본관은 경주(慶州)로 아버지는 개성부유수를 지낸 김영작이고 어머니는 중종과 선조 대 학자 성혼의 후손인 창녕 성씨다.

김홍집은 고종 4년(1867) 정시문과 병과로 급제해 승정원가주서, 훈련도감, 사간원을 거쳐 전라도 고흥현감을 지냈다. 이때 펼친 선정에 백성과 조정의 신망을 얻어 내직으로 승진할 수 있었다. 그 무렵 조선은 극에 달한 외세의 문호개방 압력으로 몸살을 앓고 있었다. 고종의 아버지 흥선대원군 이하응은 통상수교거부정책(쇄국정책) 속에서 병인양요, 신미양요 등의 충돌을 불러왔다.

병인양요(프랑스)와 신미양요(미국)에 대해 '이단을 물리친 일'로 바라본 《임하필기》 속 시각이다.

'병인년(1866) 서양 오랑캐가 강화도를 함락하고 조석으로 한성을 침범하려할 때 조정으로부터 민간에 이르기까지 모두 주화론(主和論)을 주장했다. 이하응이 벽에 양이가 침입하는데 싸우지 않으면 화해할 수밖에 없고 화의를 하면 나라를 팔아먹는 것이라고 써 붙이자 화의론이 점차 사라지고 적도 따라서 물러갔다. 신미년(1871)에 강화도를 재침범하자 돌을 깎아 위의 열두 자를 새긴 뒤 큰길에 세워 저들과 우리에게 확실히 알게 하자 적이 다시 물러갔다. 정의를 지켜내고 사론(邪論)을 물리친 것은 천지에 내세워 조금도 의심할 바 없는 일이었다.'

돌을 깎아 새긴 열두 자는 '洋夷侵犯 非戰則和 主和賣國'으로 '척화비'를 말한다. 흥선대원군은 먹의 한 면에 척화비와 똑같이 새겨 넣도록 묵공(墨工)들에게 명할 만큼 주도면밀했다. 항상 붓을 가까이 하는 관리와 선비들은 물론 상인들까지 하루에 한 번 이상 만져야 하는 것이 먹이었다. 사람들에게 쇄국사상을 강하게 심어주려는 그만의 심리전술이었다.

병인양요와 신미양요를 시작으로 고종 12년(1875)에는 일본 군함이 강화해협에 불법 침입한 운요호사건이 벌어졌다. 이것이 빌미가 되어 다음 해 일본과 불평등조약인 강화도조약(병자수호조약)을 맺게 되었다. 조정에서는 이 조약의 기만책을 깨닫고 난국돌파 해결책 모색에 들어갔다. 새 인재의 필요성이 절실해졌다. 김홍집이 내직으로 들어올 수 있었던 이유 가운데 하나이기도 했다. 김홍집은 호조, 공조, 병조, 예조의 참의를 차례로 역임했다.

김홍집이 본격적으로 조정에서 정치행보를 시작한 것은 고종 17년 (1880) 제2차 수신사로 임명되어 일본을 다녀오면서부터였다. 김홍집은 청나라 주일공사관참찬관 황준헌이 지은 《조선책략》을 가져와 고종에게 바쳤다.

"조선은 청국과 친밀하고 일본과 결속하며 미국과는 연맹해 세계발전의 대열에 참여해야 하옵니다."

김홍집은 조선이 러시아제국의 남하를 막으려면 이와 같은 외교정책을 써야 한다며 《조선책략》에 대해 역설했다. 그의 문물시찰 보고를 받은 고종과 명성황후 민씨는 더욱 적극적으로 문호개방에 앞장서게 되었다. 개화파의 지지를 받은 김홍집은 예조참판으로 승진했다. 《조선책략》 안에 '천주(天主, 하느님)와 야소(耶蘇, 예수)가 주자와 육상산과 같다.'(《면암집》)는 내용도 있었다. 위정척사론(衛正斥邪論)을 주장해온 유생들로서는 받아들이기 어려웠다. 그들은 정학과 정도를 고수하고 사학과 이단을 물리치자며 외국과의 통상반대운동을 견지하고 있었다. 유생 '이만손 등 만여 명이 궁궐로 달려가 위정척사의 상소를 올렸다.' (《성재집》) 그들이 연일 반대상소를 멈추지 않자 김홍집은 자리에서 물러났다. 김홍집이 재기용된 것은 고종 19년(1882)에 발생한 임오군란 때문이었다.

강화도조약 이후 근대 자본주의 국가에 대한 개국과 함께 새로운 문물이 쏟아져 들어왔다. 새 물결은 조정에서 예각을 만들며 대립화를 부

추겼다. 김옥균, 박영효, 홍영식, 서광범, 서재필 등이 주축인 급진개화
파와 명성황후 민씨를 포함한 친청수구파(사대당)의 피로 얼룩진 싸움이
불붙었다.

김옥균은 고종 7년(1870)부터 유대치와 박규수 문하에서 이동인 등과
교류하며 개화사상을 품었고 2년 뒤 과거급제로 관직에 진출한 인물이
었다. 고종 16년 이동인을 일본에 파견해 그곳의 정세를 파악하게 했다.
고종 18년에는 신사유람단 수신사로 일본의 새로운 문물을 시찰하고 돌
아와 군사제도를 개혁했다. 신식 훈련을 거친 별기군 창설도 이뤄냈으
나 다음 해 임오군란이 일어났다. 구식 조선군이 일본식 별기군과의 차
별대우와 밀린 급료에 대한 불만으로 일으킨 변란이었다.

명성황후 민씨 가문의 정권이 무너지고 다시 흥선대원군이 집권하자
사대당은 청나라에 구원요청을 했다. 김홍집은 유럽과 미국 열강의 통
상요구에 따른 문제와 임오군란의 수습까지 해낸 공으로 다시 기용될
수 있었다. 그 후 미국, 영국, 독일 등과의 수호조약체결 때는 부사로서
활약했다. 또 제물포조약체결에 외교수완을 발휘해 경기도관찰사에 임
명되었다.

임오군란을 제압한 청나라는 군대를 철수하지 않고 내정간섭과 개화
파에 대한 탄압에 돌입했다. 개화파는 사대당을 조정에서 몰아내기 위
해 고종 21년(1884) 갑신정변을 일으켰다. 그들은 창덕궁으로 달려가 고
종과 명성황후 민씨를 경우궁으로 옮기게 했다. 김옥균이 고종 앞에 다
시 섰다.

"내일 아침 날이 밝는 대로 조정대신들에게 입궐하도록 명을 내리옵
소서."

고종은 아무래도 조짐이 좋지 않아 답을 회피하려고 했지만 개화파들
이 코앞에 버티고 서있는 현실이었다. 개화파는 다음 날 아침 입궐하던

민씨 척족들을 축출하고 민영목, 민태호, 조영하, 윤태준 등 원로대신 6명을 죽였다. 조선 후기 문신 박대양의 《동사만록》에 담겨진 그때 상황이다.

'어둠을 틈타 흉악한 역적 김옥균, 박영효, 홍영식, 서광범, 서재필 등이 일본군과 결탁해 난을 일으켰다. 그들은 임금이 당황하는 사이 재상들을 죽여 종묘사직을 위태롭게 하니 화가 끝이 없었다.'

그들은 새 내각조직과 구성원 발표 후 개혁정책을 내놓았다.

명성황후 민씨 세력에게 구원 요청을 받은 위안스카이(원세개)가 청나라 군대를 불러들였다. 그는 청나라 사람으로 조선에 주둔하고 있던 군인이자 정치가였다. 그가 '청나라 장수 오조유, 장광전 등과 군대를 이끌고 궁궐에 들어가서 왜병을 쫓아내고 대가를 받들어 돌아오니 난이 잘 평정되었다.'(《동사만록》) 개화파는 치밀하지 못했던 준비를 후회하며 3일 만에 개혁의 꿈을 접어야 했다. 정변이 삼일천하로 끝나자 최후까지 고종을 보호하다 청군에게 주살된 홍영식과 달리 김옥균은 박영효, 서광범, 서재필과 함께 인천항을 통해 일본으로 망명했다.

개화의 필요성을 인식하고 조정을 대표해 열강과의 대외교섭에 앞장서온 김홍집은 아예 처음부터 갑신정변에 가담하지 않았다. 개화외교의 탁월한 실력가였어도 정권쟁탈에는 관심이 없었던 것이다. 그는 삼일천하의 뒷수습을 맡았고 오히려 존재가치가 더욱 높아져 우의정, 좌의정에 올랐다. 그리고 전권대신으로 한성조약을 체결하게 되었다.

갑신정변이 끝나자 조선은 일본에 그 책임을 물어 김옥균의 소환을 요구했다. 일본은 도리어 책임을 조선에 전가시켜 교섭을 조건으로 내세웠다. 고종 22년(1885) 김홍집은 일본 전권대사 이노우에 가오루와 전문 5조의 한성조약을 체결하게 되었는데 조선에 유리한 것은 전무했다.

'조선국은 국서로 일본국에 사의를 표명할 것, 피해 일본인에게 보상

금을 지불할 것, 일본 대위를 죽인 범인을 엄중 처벌할 것, 일본공사관 부지와 공사비를 충당할 것…'

김옥균의 소환 요구는 거부당한 채 한성조약으로 갑신정변에 대한 책임은 조선에게 돌아왔다. 일본은 이를 구실삼아 조선에 대한 침략을 한층 강화시켜갔다.

김옥균은 일본에서 이와다라는 이름으로 각지를 돌면서 활동하며 서서히 알려져 조정을 다시 긴장시켰다. 그는 살해위협에 시달리다 고종 31년(1894) 청나라 실권자 리훙장을 만나기 위해 상하이(상해)로 갔다가 한 호텔에서 자객 홍종우에게 피살되었다. 김옥균의 시신은 청나라 군함을 통해 인천항에 도착했고 한성부로 옮겨졌다. 10년 만에 시신으로 귀국한 그는 부관참시되었다.

김홍집 내각의 출범

열강들이 서로 견제하면서 조선을 노리고 있는 동안 궁궐 안 고종과 명성황후 민씨는 태평세월이었다. 정적 흥선대원군은 이미 날개를 잃은 채 유폐에 가까운 생활을 하고 있었다. 척신들까지 주변에서 보호막이 돼주고 있어 왕과 왕비는 하루하루 호위호식 속에 즐거움을 만끽했다.

궁궐 밖 백성들의 삶은 갈수록 비참해졌다. 그 고통은 전라도 고부군에서 곪았던 종기처럼 터졌다. 고종 31년(1894) 전봉준, 이용한 등 개혁지도자를 중심으로 동학교도와 농민, 소상인, 몰락한 양반들이 합세한 동학농민운동(갑오농민전쟁)의 발발이었다. 농민이 주축이 된 지배계층에 대한 조선시대 최대의 항쟁이었다.

청나라는 일본이 조선에서 세력을 확대하기 위해 버티고 있다는 것을 간파하고 공동철병을 주장했다. 일본은 역으로 공동간섭을 거부한 청나라에 대해 전쟁을 일으켰다. 갑신정변 이후 침략준비를 계속해온 그들은 청나라 군함에 불의의 포격을 가하며 전쟁을 도발했다(청일전쟁). 그들은 전쟁에서 우세해지자 강압적으로 조선의 내정개혁을 주장했지만 명성황후 민씨의 세력이 거부했다. 그들은 동학농민군의 지지를 받고 있던 흥선대원군을 끌어들이고자 민씨와 그 세력을 몰아냈다. 무력으로 경복궁을 점령한 뒤 흥선대원군을 입궐시켰다. 조선 후기 학자이자 애국지사 최익현의 《면암집》에 실린 내용이다.

'김홍집, 유길준, 김윤식 등이 일본공사 오토리 게이스케와 서로 안팎이 되어 나라의 정법을 크게 개혁하면서 개화(開化)라고 칭했다. 그런 뒤에 대원군을 궐내로 맞아들이고 거짓으로 정권을 준다 하면서 실제로는 참견하지 못하게 하고 관제도 개혁하려고 벼슬길을 크게 열었다.'

일본은 김홍집을 영의정으로 하는 '제1차 김홍집 내각'을 구성 후 내정개혁 담당기구인 군국기무처를 설치했다. 조선의 마지막 영의정으로 임명된 김홍집은 박정양, 김윤식 등과 개혁 작업에 착수했다(제1차 갑오개혁). 최익현은 이를 두고 '임금을 내맡기고 나라를 내맡겨 버린 일'(《면암집》)이라 표현하고 있다. 한편 갑오개혁으로 관제가 대폭 개편될 때 영의정 직제는 폐지되고 '총리대신'으로 바뀌었다. 초대 총리대신은 김홍집이다. 의정부가 내각으로 개칭되면서 '내각총리대신'으로 개편되고 내각의 권한이 대폭 강화된다.

조선에서 전쟁을 일으킨 두 나라를 보면서 농민군은 기가 막혔다. 전봉준은 농민군을 다시 집결시키고 항일구국투쟁을 선언했다. 전국 각지에서 모여든 수십만 명에 달하는 농민군은 한성부를 향해 진격했다. 그들은 공주 우금치마루에서 격전을 벌였으나 우세한 무기로 무장한 일본군과 관군에게 밀려 패배했다. 일본군에게 붙잡힌 전봉준은 압송되어 부하들과 함께 처형됨으로써 동학농민운동은 끝났다. 청나라와 일본의 개입으로 실패했지만 3·1 만세운동으로 계승된다.

농민군을 진압한 일본은 청나라와의 전쟁에서도 육·해 양군 모두 승리했다. 청나라는 일본의 주장대로 고종 32년(1895) 조선이 완전한 자주 독립국가임을 인정하는 것을 토대로 시모노세키조약을 맺을 수밖에 없었다. 일본은 노골적으로 조선의 내정간섭을 개시했다. 명성황후 민씨의 발언권을 원천봉쇄하고 흥선대원군을 정계에서 물러나게 했다. 또 갑신정변 때 일본으로 망명했던 박영효를 불러들여 김홍집과 연립내각을 만들었다.

'제2차 김홍집 내각'이 출범하자 내정 계획의 목표로 '홍범 14조'를 발표해 새로운 국가체계를 세웠다(제2차 갑오개혁). 이때 의정부를 내각으로 개편하고 일본인 고문관을 두어 더욱 철저한 내정간섭을 벌였다. 일본이 조선에 대해 침략적 간섭과 이권탈취에 혈안이 되어가자 고종은 불편한 심기를 드러냈다. 3국(러시아, 프랑스, 독일) 간섭으로 일본의 기세가 꺾여 친러정책을 펼쳐나갔다.

내부대신으로 재직하던 박영효는 근대적인 내각제도 도입과 지방제도 개편 등의 개혁을 통해 조선의 부국강병을 도모하면서 자신의 권력 기반을 공고히 구축할 계획이었다. 그러나 왕실과 주한일본공사로 있던 이노우에 가오루로부터 배척당했다. 박영효는 명성황후 민씨의 암살음모를 획책한다는 누명을 쓰고 다시 일본 망명길에 올랐다.

그해 친미파, 친러파와 제휴로 구성된 '제3차 김홍집 내각'이 들어섰다(제3차 갑오개혁). 조선의 노선을 등한시할 수 없었던 일본은 명성황후 민씨만 제거하면 만사형통이라는 판단 하에 을미사변을 일으켰다. 새로 취임한 주한일본공사 미우라 고로의 지휘 아래 실행되었다.

명성황후 민씨는 궁녀들과 함께 처소인 경복궁 내 건청궁 곤녕합에 몸을 숨기고 있었다. 일본의 떠돌이 무사인 낭인 1백여 명이 침입했다. 민씨가 달아나자 그들이 쫓아가 머리채를 잡고 내동댕이쳤다. 옥호루에서 쓰러진 민씨에게로 칼날이 날아들었다. 민씨는 온몸을 난자당한 채세자 척(훗날 순종)을 부르며 죽어갔다. 그들은 민씨와 비슷하게 생긴 궁녀들까지 모조리 찾아내 도륙하는 치밀함을 보였다. 미우라 고로는 이 '여우사냥'의 증거를 없애려고 했다. 그들은 피투성이 민씨의 시신을 홑이불에 싸서 근처 녹산으로 옮긴 뒤 태워버렸다. 한마디로 국제적 범죄였다. 수습한 뼈마저 근처 향원정에 던졌다. 연못이 아니라 근처에 묻었다고도 한다.

미우라 고로는 '민씨가 도망쳤다고 속이고 임금을 위협해 조서를 내려 폐서인하도록 꾸민 뒤 민씨의 죄악을 나열해 종묘에 고하고 교서를 반포'(《면암집》)하게 했다. 《면암집》에 실린 그와 외부대신 김윤식이 나눈 대화다.

"변고는 조선 사람의 짓이지만 우리 병사도 참여했다고 하는데 진상을 조사해 분명히 밝혀주시오."

"궐내로 들어온 것은 모두 귀국의 병사 옷으로 바꿔 입은 우리 병사들이었소. 귀국의 병사는 한 사람도 없었습니다."

미우라 고로는 친일파 인물 중심의 내각을 구성해 사건은폐를 서둘렀다. 또 여론을 의식해 폐서인했던 민씨에게 빈의 칭호를 내리게 했다. 왕비의 지위를 격하시킴으로써 민씨를 살해한 것을 합리화하려고 했던 것이다.

고종은 민씨가 돌아오기만을 기다렸다고 한다. 임오군란 때도 궁궐을 탈출한 민씨가 측근 윤태준의 집에 머물다 경기도 장호원과 충청도 충주로 은신처를 옮겨 다닌 적이 있었다. 민씨가 자취를 감추고 오랫동안 나타나지 않자 흥선대원군이 국상을 선포하려고 했었다. 그때 민씨가 윤태준을 통해 고종에게 자신의 건재를 알려왔기에 이번에도 희소식이 있을 것이라 기대했다.

민씨는 끝내 돌아오지 않아 죽음을 인정해야 했다. 고종 34년(1897) 민씨에게 명성(明成)이라는 시호를 내리고 그해 11월 시신 없는 장례식을 치른다. 고종이 황제로 즉위하면서 민씨는 명성황후로 추존된다.

단발령과 체포령

'제4차 김홍집 내각'은 을미사변을 수습하는 과정에서 철저하지 못했다는 비난을 받았다. 반일과 반외세 정서 속에서 불만이 팽배해있던 대다수 백성의 지지를 잃었다.

민심과는 달리 김홍집 내각은 일본의 압력과 보호 아래 본격적인 개혁을 단행했다. 그 가운데 단발령은 백성들의 더 큰 공분을 몰고 왔다. 을미사변으로 반일감정이 고조되고 있던 터라 분노는 클 수밖에 없었다. 단발의 이유는 '위생에 이롭고 작업에 편리하기 때문'이었으나 일반 백성들에게는 충격이었다. 기른 머리로 상투 트는 것을 효의 상징이라 굳게 믿고 있었기에 신체를 훼손하는 심각한 박해로 받아들였다.

고종은 이미 단발령 반포 당일 세자 척과 함께 머리를 잘랐다. 일본군은 궁궐 포위와 대포 설치 등 단발령 반발에 대한 만반의 준비를 끝낸 뒤였다. 고종은 어쩔 수 없이 국왕이 솔선수범을 보여 백성들이 따르게 한다는 명분 속에서 단발했지만 역효과를 불러왔다. 관원들이 칼을 들고 거리나 성문에서 강제로 백성들의 머리를 깎았고 심지어 집까지 쳐들어가는 일도 벌어졌다. 학부대신 이도재가 단발령을 거둬달라는 상소를 올렸다.

'우리나라는 머리카락을 아끼는 것을 큰일처럼 여겨왔사옵니다. 만약 하루아침에 깎아버린다면 4천 년 동안 굳어진 풍습은 무너지고 억만 백성의 흉흉해하는 심정은 헤아릴 수조차 없을 것이옵니다. 이 어찌 변란의 불씨가 되지 않겠노라 말할 수 있겠나이까?'(《고종실록》)

이도재의 우려대로 격분한 유생과 백성들이 의병을 일으켰다. 이들은 국모 복수와 개혁으로 인해 허물어져가는 성리학적 체제질서 복귀를 명분으로 내걸었다. 의병항쟁은 경기도, 강원도, 충청도 등에서 일어나 점차 경상도, 함경도, 전라도 등지로 확대되었다. 의병항쟁이 전국으로 들불처럼 번지자 정부에서는 친위대를 보내 진압하는 한편 선유사를 파견해 의병해산을 종용하기도 했다.

궁궐을 수비하고 있던 일본군까지 진압에 동원되었다. 고종은 그들이 자리를 비운 틈을 이용해 세자와 함께 비밀리에 움직였다. 고종 33년(1896) 궁녀들의 가마인 평교자를 이용해 경복궁 영추문을 나와 러시아 공사관으로 피신하는 이른바 '아관파천'의 단행이었다. 을미사변 후 친일정권에 둘러싸여 고통에 신음하던 고종을 궁궐 밖으로 나오게 한 일이다. 친일정권 타도와 새 정권수립 목표 아래 명성황후 민씨 측 친미파, 친러파의 관리와 병사들에 의해 도모되었다.

당시 고종을 보필하던 여인은 명성황후 민씨의 시위상궁이었던 엄씨(순헌황귀비)였다. 엄씨는 고종 22년(1885) 32세 때 고종의 승은을 입자 '민씨가 알고 크게 노해 죽이려고 한 것을 임금이 살려 주기를 간절히 빌어 궁궐 밖으로 쫓겨났었다.'(《매천야록》) 엄씨는 을미사변 후 고종의 명에 의해 환궁했고 아관파천을 계기로 러시아공사관에서 함께 생활하게 되었다. 다음 해 영친왕을 낳고 2일 후 귀인에 봉작되었다. 순빈, 순비로 진봉되고 나중에는 황귀비에 봉해진다. 비교적 늦은 나이인 32세의 엄씨가 고종에게 승은을 입게 된 것은 명성황후 민씨의 오판 탓이었다. 민씨는 그녀가 워낙 박색이라 고종이 눈길조차 주지 않을 것이라고 믿었다. 훗날 회자되기를 엄씨는 민씨와 똑같이 생겼다고 한다.

친러파 내각의 수립과 함께 김홍집 내각은 무너졌다. 여러 대신의 목이 날아갔고 김홍집에게도 칼날이 향했다. 아관파천 사실을 뒤늦게 알게 된 그는 고종을 알현하기 위해 급히 러시아공사관으로 달려갔다. 그를 기다리고 있는 것은 고종이 내린 체포령이었다. 그는 자신에게도 드리워진 죽음을 절감했다.

"전하를 뵙고 성심을 돌리고자 했으나 소용이 없게 되었구나. 이 한 몸 죽어 나라에 보답할 수 있으면 그것으로 족할 뿐이다."

고종을 만나지 못하고 돌아선 그가 정병하 등 일행과 함께 광화문 해태상 앞에 이르렀을 때였다. 경무청 순검에게 체포되고 말았다. 이를 알게 된 군중이 벌떼처럼 몰려들어 김홍집 일행을 에워쌌다. 일본 수비대 병사들이 달려와 자기네 진영으로 몸을 숨기라며 종용했다. 겁을 먹은 수행원들 역시 피신할 것을 권했으나 김홍집은 고개를 내저었다.

"나는 조선의 신하인데 남의 나라 군대의 도움을 왜 받겠는가. 그렇게 목숨을 부지하느니 차라리 내 나라 내 백성의 손에 죽는 것이 떳떳하다!"

김홍집의 말이 떨어지기 무섭게 군중에서 외침이 터졌다.

"너는 왜대신(倭大臣)일 뿐이다!"

"조선의 역적을 죽이자!"

그때 순식간에 돌 하나가 날아와 김홍집의 등을 쳤다. 그것이 신호탄이라도 된 듯 여기저기서 돌멩이들이 날아들었다. 김홍집과 정병하가 쓰러지자 성난 군중이 몰려들어 집단구타가 시작되었다. 김홍집은 온몸의 뼈가 부러진 채 피를 흘리며 죽어갔다.

김홍집의 시신은 군중에 의해 종로까지 끌려다녔고 효수되어 다시 돌멩이 세례를 받았다. 야사에 따르면 시신에 불을 지르고 살점을 떼어 씹어대는 자도 있었다고 한다. 김홍집의 식구도 무사하지 못했다. 다행히 이시영에게 시집간 큰딸 등 출가한 자식은 연좌제를 피할 수 있었다. 이시영은 독립운동가이자 정치가로 8·15 광복 후 1948년 제헌국회에서 초대 부통령을 지낸 인물이다. 한성부 집에 있던 부인은 소식을 듣고 절망했다. 연좌되어 관비로 끌려갈 것이 자명해 스스로 목숨을 끊었다. 어린 아들을 먼저 죽이고 자결했다고도 전해진다.

《고종실록》에는 단 한 줄로 그의 죽음을 기록하고 있다.

'전 내각총리대신 김홍집이 백성들에게 살해되었다.'

갑오개혁 때 재정과 경제부문의 대개혁을 단행했던 탁지부대신 어윤중은 고향으로 향하고 있었다. 김홍집과 마찬가지로 일본망명 제의를 거절한 뒤 혼자 충청도 보은으로 피신하는 중이었다. 농민들로부터 지지를 얻고 있어 그곳에 가면 안전하리라 믿었다. 그러나 경기도 용인을 지날 때 묏자리문제로 원한을 품고 있었던 낙향한 양반무리의 사주를 받은 종들에게 피살되었다. 나머지 유길준 등은 일본인 집에 숨어 지내다 그 후 일본으로 망명했다.

마른 길을 위해 젖은 길을 가다

개화파 김홍집과 정병하 등이 살해되고 친러 내각이 성립되자 한동안 조선은 러시아의 보호를 받게 되었다. 고종 34년(1897) 고종은 러시아와 일본의 협상에 따라 경운궁으로 환궁했다. 그해 연호를 광무(光武)라 고치고 국호를 대한제국, 왕을 황제로 해서 고종은 황제즉위식을 가졌다.

1904년(광무 8) 러일전쟁에서 승리한 일본의 요구로 고문정치(顧問政治)를 위한 한일협정서(제1차 한일협약)와 을사늑약(제2차 한일협약)이 체결되어 외교권을 빼앗겼다. 병자호란 이래 크나큰 국가존망의 위기였다.

고종은 1907년 네덜란드 헤이그에서 열리는 제2회 만국평화회의에 이준을 특사단 부사로 파견해 국권회복을 시도했다. 조선의 존재는 너무도 작았다. 일본과 영국대표의 방해로 확실한 성과를 얻지 못해 통분한 이준은 순국의 길을 택했다.

헤이그특사 파견은 엄청난 역풍을 몰고 왔다. 일본은 이를 빌미로 고종을 겁박했다. 궁지에 몰린 고종은 태자 순종에게 양위한 후 물러났다. 실권이 전무한 태상황이 된 고종은 일본이 대한제국의 마지막 숨통을 끊기 위해 최종적으로 벌인 한일신협약(제3차 한일협약)에 고개 숙여야 했다. 1910년에는 통치권마저 강탈당한 한일병합(경술국치)으로 통한의 눈물을 흘리게 된다.

고종은 '이태왕(李太王)'으로 불리며 덕수궁에서 지내다 1919년 1월 21일 승하했다. 고종이 눈감던 날 순종은 물론 다섯째 아들 의친왕, 일본에 볼모로 끌려가 있는 일곱째 아들 영친왕, 귀인 양씨가 낳은 8세의 덕혜옹주 가운데 임종을 지켜본 사람은 아무도 없었다.

고종이 죽자 일제에 의해 독살되었다는 풍문이 나돌아 항일감정이 극에 달했다. 고종의 인산일(출상일) 3월 3일에 맞춰 3·1 만세운동을 촉발하는 직접적인 동기가 되었다. 한일병합문서에 필요한 어새를 받기 위해 초대 조선총독 데라우치 마사타케와 헌병대장이 찾아오자 고종이 감기 때문이라면서 면담을 거절한 적이 있었다. 그러자 그가 강제로 내전까지 들어와 고종의 뺨을 때렸다고 전해진다. 그 정도였다면 허울뿐인 고종을 독살하는 것이 불가능하지만은 않았을 것이다. 독살설이 확대되자 일제는 서둘러 《매일신보》에 고종이 뇌일혈로 사망했다는 기사를 냈다.

고종이 생전 꿈에 전(田)자를 보고 잠에서 깬 일이 있었다. 기이한 생각이 들어 궁금해 하던 중 신하 한 사람이 해몽을 해주었다.

"밭 전(田)은 어(魚)에서 머리와 꼬리가 없는 것이오니 도마에 오를 물고기 신세이옵니다. 하옵고 갑(甲)에 다리가 없는 모양새로 볼 수 있으니이는 군사력이 약해진다는 뜻이옵니다. 입(口)이 열십(十)으로 나눠져 네

개의 입(口)을 만든 것으로도 풀이되니 의견이 하나로 모아지지 않고 분분해서 장차… 그러니까 앞으로 나라가 위태로워진다는 경고로 사료 되옵나이다."

말은 씨가 되어 고종은 임오군란(1882), 갑신정변(1884), 동학농민운동(1894), 을미사변(1895), 아관파천(1896), 을사늑약(1905), 한일병합(1910) 등의 대혼란을 맞게 되었다.

또 한 사람의 불운한 왕이 고종의 뒤를 이은 둘째 아들 순종이다. 헤이그특사사건의 책임을 지고 고종이 양위하자 뒤를 이어 즉위한 조선 제27대 마지막 왕이자 대한제국 최후의 황제다. 그는 5세 즈음부터 어머니 명성황후 민씨에게 '백성이 나라의 근본'이라는 가르침을 받아왔다. 그런 어머니를 을미사변으로 잃자 식음을 전폐한 채 충격에서 벗어나지 못했다. 22세의 그는 넋이 나간 사람처럼 민씨가 살해된 건청궁을 맴돌며 어머니를 부르다 기절하는 일도 있었다. 설상가상 3년 뒤 독다사건(고종과 순종의 차전용 주전자에 아편을 넣은 사건)까지 벌어져 몸과 마음은 극도로 쇠약해져갔다.

1905년 을사늑약체결로 '위태하던 국맥이 이에 이르러 끊어져'(《면암집》) 버렸고 외교권마저 일본에 빼앗긴 상황에서 순종이 떠안아야 하는 것은 풍전등화와 같은 나라의 운명이었다. 1910년 내각총리대신 이완용과 통감 데라우치 마사타케 사이에 조약이 체결되었고 순종에게 양국(讓國, 나라를 내줌) 조칙을 내리도록 했다. 국권을 상실한 경술국치인 한일병합이 이루어졌다. 말 그대로 한 나라의 수치이자 부끄러운 역사였다. 대한제국은 물론 건국된 지 518년 만에 조선왕조의 항해는 멈추고 일제강점기가 시작되는 순간이었다.

순종은 나라를 망하게 했다는 오명을 벗을 수 없게 되었다. 순종의 심신은 회복 불가능할 만큼 피폐해져갔다. 일제에 의해 창덕궁으로 옮겨진 그는 '창덕궁 이왕(李王)'이라 불렸다. 왕위의 허호(虛號, 실속 없는 칭호)는 세습되도록 하는 한낱 이씨 성을 가진 왕으로의 몰락이었다. 그들은 이미 그 전부터 조선을 격하시키기 위해 이조(李朝), '이씨 조선'이라 부르고 있던 터였다. 조선은 고려의 왕씨에서 이씨로 바뀐 것일 뿐 나라가 아니라고 폄하했기 때문이다. 한 나라가 새로 건국되어 발전해온 것이 아니라 왕조와 왕의 성(姓)이 바뀐 역성혁명 정도로 취급하려는 일본 사학자들의 속이 보이는 꼼수였다. 조선을 위축시켜 자신들이 근대화로 이끌어줄 수 있는 존재임을 내세우고자 했다. 현재는 단군의 '조선'과 구별하기 위해 사용하기도 하지만 일제가 조선을 격하시키기 위해 함부로 명명한 것이다.

순종은 폐위되어 16년 동안 창덕궁에 머물다 1926년 53세를 일기로 한 많은 생을 마쳤다. 일제라는 시대의 무력 앞에 무릎 꿇고 왕조의 종말을 체험해야 했던 장본인이었다. 사실 고종 집권 시기에 강압적 보호조약이 이루어져 순종이 아닌 고종을 조선의 마지막 왕으로 볼 수 있다. 하지만 역사의 책임을 지게 된 순종이었다. 그는 표류하던 난파선 조선호의 선장으로 속내를 앓다 떠난 인물이 되었다.

마지막 왕 고종과 함께 마지막 영의정의 시대도 이미 막을 내린 바 있다. 영의정은 조선 후기까지 이어지다 1894년 갑오개혁 때 일본관제의 영향으로 총리대신으로 개칭되었다. 다시 내각총리대신에서 1896년 내각 명칭이 의정부로 환원되어 의정대신으로 불리다 1910년 한일병합 이후 사라졌다.

왕과 영의정이라는 역사의, 정치의 기호는 이 땅에서 지워졌다.

조선호의 마지막 일등항해사 김홍집에 대한 시선이 남다를 수밖에 없다. 당시 그를 두고 '비 오는 날 나막신' 또는 '나막신 대신'이라 평했다고 한다. 나막신은 비에 젖어 진땅이 된 길을 갈 때 필요한 신이다. 날이 개고 마른 땅이 열리면 헌신짝으로 내팽개쳐지는 도구다.

김홍집은 조선의 마른 길은 개화 교류사상을 통한 발전에서 열린다는 신념을 굽히지 않았다. 다만 급진적인 수단과 방법이 아닌 점진적인 과정만이 구국의 열쇠라고 믿었다. 그의 일념과 달리 마른 길을 마련하기도 전에 정국의 혼란이라는 젖은 길 위에서 살해되는 비극으로 생을 마감해야 했다. 개화파의 몰락과 함께 역적으로 단죄되고 한일병합 후에는 친일파의 득세를 야기한 죄인으로 규정되었다. 8·15 광복 후 사위 이시영에 의해 복권의 움직임이 있었으나 보다 집중적인 재조명이 이뤄진 것은 1960년대 들어서였다. 한편 그에게 시호 '충헌(忠獻)'이 내려진 것은 1910년 한일병합 2개월 전이었다.

김홍집의 행적을 단순히 친일에 뿌리를 두고 있는 것이라고만 평가할 수 있을까. 난항과 무능한 왕 아래서 그의 선택은 가볍지만은 않았을 것이다. 단적으로 그처럼 죽을 수 있는 자 과연 있겠는가. 그에게 사욕이 키운 야망이 있었다면 난파 직전 또 다른 방향전환이 있었을지도 모른다.

역사는 개인이 아닌 우리가 함께 현재진행형으로 만들어가는 흔적이자 흐름이다. 하지만 누군가 생명을 다하고 소임을 다해 층층이 쌓이면 후세를 위한 거름 되고 교훈이 된다. 조선 역대 150여 명의 영의정이 징검다리가 되어 현재가 있다고 자부한다면 웅장해진다.

길에는 약속과 질서가 필요하다. 지금도 누군가는 자신보다 미래를 위해 그 길을 걷고 있을 것이다. 마른 땅을 위해 젖은 현실을 가야 하는 나막신처럼.

|참고문헌|

— 기초사료

《고려사절요》

《국조보감》

《대동야승》

《매천야록》

《선원보감》

《연려실기술》

《인현왕후전》

《조선왕조실록》

《한중록》

— 단행본 및 논문

강영민, 《조선왕들의 생로병사》, 이가출판사, 2009.

강주진, 《이조 당쟁사연구》, 서울대출판부, 1970.

김상기, 〈조선말 갑오의병전쟁의 전개와 성격〉,
        《한국민족운동사연구》3, 한국민족운동사연구회편, 지식산업사, 1989.

김중규, 《민중의 숨결》, 문예원, 1994.

박상진, 《조선조 영의정 박원종 연구》, 국학자료원, 2001.

박영규, 《조선왕실계보》, 웅진지식하우스, 2008.

송우혜, 《못생긴 엄상궁의 천하》, 푸른역사, 2010.

신동원, 《조선 사람의 생로병사》, 한겨레신문사, 1999.

신명호, 《조선의 왕》, 가람기획, 1998.

신명호, 《조선왕실의 의례와 생활, 궁중문화》, 돌베개, 2002.

신봉승, 《조선의 마음》, 선, 2005.

신영훈, 《조선의 궁궐》, 조선일보사, 1998.

안 천, 《황실은 살아있다》, 인간사랑, 1996.

윤대원, 《한국근대사》, 풀빛, 1993.

윤정란, 《왕비로 보는 조선왕조》, 이가출판사, 2015.

이규태, 《죽어도 나는 양반, 너는 상놈》, 조선일보사, 2000.

이덕일, 《당쟁으로 보는 조선의 역사》, 석필, 1997.

이덕일, 《사화로 보는 조선의 역사》, 석필, 1998.

이상태, 《조선역사 바로잡기》, 가람기획, 2000.

이성무, 《조선왕조사》1,2, 동방미디어, 1998.

이은순, 《조선 후기 당쟁사연구》, 일조각, 1998.

이태진, 《조선시대 정치사의 재조명》, 범조사, 1985.

이현희, 《붕당 속의 왕비와 왕자》, 명문당, 1988.

이현희, 《신하와 왕후의 대결》, 명문당, 1988.

임용한, 《조선 국왕이야기》, 혜안, 1998.

전영진 편저, 《한중록》, 홍신문화사, 2002.

정연식, 《일상으로 본 조선시대 이야기》1, 청년사, 2001.

최봉영, 《조선시대 유교문화》, 사계절, 1997.

최정용, 《수양대군 다시 읽기》, 학민사, 1996.

한국정신문화연구원편집부, 《한국민족대백과사전》, 한국정신문화연구원, 1997.

한희숙, 〈구한말 순헌황귀비 엄비의 생애와 활동〉, 2006.

허권수, 《조선 후기 남인과 서인의 학문적 대립》, 법인출판사, 1993.

H.B 헐버트, 신복룡 역, 《대한제국 멸망사》, 집문당, 1999.

W.A:son 그렙스트, 김상열 역, 《코레아 코레아》, 미완, 1986.

누가 조선의 영의정인가

지은이 | 이원준
펴낸이 | 최병섭　　펴낸곳 | 이가출판사
초판 1쇄 발행 | 2017년 11월 10일
출판등록 | 1987년 11월 23일
주소 | 서울시 영등포구 도신로 51길 4
대표전화 | 716-3767　　팩시밀리 | 716-3768
E-mail | ega11@hanmail.net
정가 | 16,000원
ISBN | 978-89-7547-115-5 (03900)